鏡という謎

その神話・芸術・科学

Mirrors in Mind

リチャード・グレゴリー 著
鳥居修晃・鹿取廣人・
望月登志子・鈴木光太郎 訳

新曜社

デイヴィッド・セインズベリーに捧げる

彼の深い思慮と寛大さに、わけても

エクスプロラトリ

体験科学センターの

最初の展示への資金援助に感謝して

Richard Gregory
MIRRORS IN MIND

First published in the USA by W.H. Freeman and Company 1997
Published in Great Britain in Penguin Books 1998

ありがとう

三十年このかた、折にふれて鏡の話題につきあってくださった多くの友人、学生諸君、そして同僚のかたがたに感謝したい。この本の大部分は、私がV・S・ラマチャンドラン博士とそのすばらしいご家族のもとに滞在していたとき、そして大学院の私の最初の教え子で古くからの友人でもあるカリフォルニア大学サンディエゴ校のスチュアート・アンスティス教授の研究室に滞在していたときに執筆した。

最初の原稿は、テレビ・プロデューサーのマイケル・クローチャーに目を通していただいた。ジョアンナ・ヒルトン夫人からは、シェイクスピアを引用するにあたって助言をいただいた。当時スペクトラム出版社にいたマイケル・ロジャーズには、辛抱強く見守っていただき、さまざまの面で助けていただいた。写真の多くは、大部分をセイラ・ウォーターソンに負っている。コメントや批評を寄せていただいたかたがた、とくにＦＲＳ（王立学会特別研究員）の物理学者、マイケル・ベリー卿には、深く感謝申し上げる。彼からは、いくつかの大きな誤りを指摘していただき、お蔭で今回それらを修正することができたと思う。

以上のかたがたのご尽力に加え、長年私の秘書を務めてくれているジャネット・ジョン女史も、本書の誕生の大きな礎になってくれた。

数々の知的冒険をサポートしてくれた、その寛大さと思慮深さに感謝して、本書をケンブリッジ大学の同窓生であるデイヴィッド・セインズベリーに捧げたい。これらの冒険は、鏡のなかの像とは違って、目には見えないが現実の冒険である。

ペンギンブックスのステファン・マックグレイスとキャロライン・プリティからは、この改訂版を出すにあたって大きな力添えをいただいた。また、本書をペーパーバック版として出版してくれたのみならず、本文や図に大幅な修正を加えることを快諾してくれたペンギンブックスにも感謝したい。

1998年　ブリストルにて

リチャード・グレゴリー

まえがき

心には意味などほとんどない
魂はたんなる見せかけだ
だから、味わい、触れることのできるものの訴えに
耳を貸そうじゃないか

――ピエト・ハイン

鏡の不思議さにはまったく驚くばかりだ。何年も前のことだが、哲学者でもある友人がケンブリッジ近くの村に家を買い、建築士に、浴槽の端の壁に鏡扉つきの棚をとりつけてほしいと頼んだ。ええと、扉のちょうつがいをどちら側にすればいい？ 建築士が言うには、もしちょうつがいが奥の壁側にあれば、扉を開けたとき鏡が見えなくなってしまうし、逆に手前にあれば、開けた扉が邪魔して、ものの出し入れができなくなる。哲学者の彼にも、答えがわからなかった。

鏡の話をもうひとつ。ニューヨークのとある摩天楼の所有者が、頭をかかえていた。エレベーターの待ち時間が長すぎて、人々の堪忍袋の緒が切れかかっていたのである。相談を受けた心理学者は、こう助言した。エレベーターのドアに大きな鏡をとりつけて、待っているときに姿が見えるようにするのがいいですよ。この冴えたアイデアが問題を解決した。

鏡を用いなければ自分の顔を見ることができないというのは、生物界の奇妙な気まぐれとしか言いようがない。なぜかというと、秘密の心の内をもらしてしまうのは、なんといっても顔の表情なのだから。ここでひとつの謎は、赤ん坊はどうやってほかの人間の表情を自分の感情と結びつけるのか、ということだ。つまり、赤ん坊だって、鏡を使わないかぎり、自分の顔を見ることなどできないではないか。どうやって、ほかの人間の微笑やらしかめ面やらを、自分の喜びや痛みにひきつけて読みとるようになるのだろう？　リオンティーズが『冬物語』のなかで言っているように、どうやって自分をほかの人々と関係づけ、彼らを自分に関係づけるのか、鏡に向かうときにいろいろと「笑いを作って」(注1)みて、発見するのだろうか？　鏡に映る像が、心と心の懸け橋の役目を果たすのだろうか？　ポリクシニーズは、こう言う。(注2)

カミロー、
おまえが顔色を変えたから、おれの顔色まで変わったことが
よくわかるよ、鏡のように。

鏡の不思議は今も昔も変わらない。たとえ現代の知識をもってしても、鏡はいまだに謎だし、刺激的だ。鏡は人をあざむきもするし、真実を映しもするから、魔法の鏡という言い回しがあるのもうなずける。鏡が、真実へのただひとつの窓になることさえある。たとえば、巨大な鏡のついた天体望遠鏡を使わなければ、はるか彼方の宇宙についてなにも知ることなどできない。しかし鏡はまた、実体のないいつわりの世界を作り出して人をだまし、混乱させもする。それは手品師の必需品だ。この本では、鏡――それは過去を映し、ときには未来を占いもする――の神話、歴史、そして

光と像の科学を紹介しよう。

鏡に映るものがなければ、鏡はないも同然だ。また人はたいてい、鏡のなかに自分しか見ないし、虚栄心をくすぐられたり、脅かされたりする。鏡に映る自分のイメージからどれだけのものを、どのように学ぶかは、まさに謎のひとつだ。これとはまた別の謎は、「鏡文字」である。左右がすべて入れ替わるのに、上下は逆転しない。ここでなんとも不思議なのは、こういうありきたりの現象が、どんな賢者にも、説明するのがすこぶるむずかしいということである。光学や知覚、物理学、哲学の本を見ても、この問題をめぐる混乱はまったく驚くばかりなのだ。

こういう事実は、知覚の錯覚や思考の錯覚について考えさせる。たとえば、鏡がもたらす視覚は触覚をともなわないから、子どもたちは、ものが最初の見かけとはずいぶん違っているということを学ばなければならない。それらは、硬かったり柔らかかったり、湿っていたり乾いていたり、冷たかったり温かかったり、重かったり尖っていたり、危険だったり安全だったり（口に入れて大丈夫だったり毒だったり）する。鏡の場合もそうだが、ものの重要な特性というのは、眼が作る像のなかにはない。網膜像は、光のパターンにすぎない。見ているものがどんなものかは、それを使うにしても避けるにしても、危険はともなうがともかく実験をしてみて、学ばなければならない。効果的なやり方は、それをつかんだり、もち上げてみたり、落としたり、なめてみたり、振ったり、かき回したりすることだ。火やマッチがどういうものかを知るためには、指をやけどすることも必要である。そのようにして、少しずつ、人は網膜像から対象を読みとり、錯覚と現実とを区別することが、完璧にではないにしても、できるようになる。

光、物質、心とはなにか、数千年にわたって探究が行なわれ、実験が繰り返されて、驚くべき理解がもたらされてきた。一歩前進するごとに、新鮮な驚きとまた新たな謎が生まれた。知らなければばならないことはまだまだ山ほどある。だれが、光は電気や磁気の波だと思いついたりするだろう？　鏡は電波のアンテナのようだとか、音叉のようだとか、考えたりするだろう？　しかし、光はあまりに奇妙で、ほかのなにものともまったく似てはいないのだ。

　いくつかすばらしい例外はあるけれども（一部はこの本で紹介しよう）、驚くことに、鏡が美術作品のなかに登場することはあまりない。だが例外的な作品もあって、ハッとする光景、実像と虚像の奇妙な混じりあい、他人のように見える自分が描かれている。(注3)

　この本で述べるのは、物としての鏡のことにとどまらない。心のなかの鏡についても述べよう。鏡は、なにが客観的に存在するのか、知覚や理解を通して、なにが主観的に生み出されるのか、という、古代からの疑問を映し出す。そして、物理学と心理学のいくつかの奇妙な疑問へと、さらにそういう疑問が知覚と理解に関係するところへと、われわれを誘《いざな》う。鏡は、盲とちょうど逆の状態だ。盲の場合は、触ることはできても見えないが、鏡に映った像は、見えても触れることができない。鏡の世界は触覚やほかの感覚によってチェックされないから、それは実在の世界の完全なコピーではない。しかし鏡はまた、それ以上のものだとも言える。というのは、視覚的想像力は、像が鏡からきたと知っていても、それに縛りつけられないからである。そういうわけで、歴史が記録に留められるはるか昔、静謐な水やガラス質の岩のなかの反射は、霊や悪魔がひそんでいることの視覚的な証拠とされたのだった。聖なる湖のなかに、人は、もうひとりの自分を見た。反射された像にだけ見られる独特の顔つきで、静かに、無感覚に、水のなかから、ほかの人間が見るように、こちらを見ている。鏡に映った像が、心や魂が身体とは別だという考えのヒントになったのはかなり確かではないだろうか。おそらく鏡が、自分の恐ろしい分身にとりつかれるという物語を思いつかせたのだろう。

鏡は、自然界にも見つかる。たとえば、ネコの眼を光らせているのがそうだし、夜行性の動物が暗闇のなかでものを見るのを助けているのも鏡である。魚のすぐれた鏡状のうろこは、明るい水中を泳ぐ魚の群れの隠れ蓑になる。最近、レンズではなくて、鏡を用いて結像する眼が発見されたが、自然界には、金属製の鏡はない。進化は、回折を利用したきわめて精密な眼を生み出した。その精密さは、現代の最先端の科学技術でやっと到達できるほどである。

あまり省みられることがないけれども、鏡のもつ多様な形式や機能は、比類ないほど不思議で、魅力的だ。鏡が不思議な理由は明らかに、鏡のなかの像に「手で触れて」相互作用することができないところにある。だから、さまざま考えたあげく、たいてい、「鏡映像の左右反転」を不適切に説明することになってしまう。聡明な人ほど、自分自身の幻にだまされて、誤りにおちいりやすい。実際多くの賢人が誤りにおちいっている。しかしいったん、どのように考えればよいのかがわかってしまえば、謎は氷解する。この本では、あえて、この謎をめぐる多くの友人や同僚たちの説は引用しなかった。というのは、率直に言って、「間違った」答えを紹介してその間違いを指摘するというのは、いたずらに読者を困惑させるだけだからである。しかしもちろん、私の説が誤っているとしたら、困惑するのは私のほうである。

鏡を通り抜けて、子どもたちがじかに手で確かめることのできる実験へ、そして科学の経験へとおもむこう。鏡の国の冒険から戻ったとき、アリスは、赤の女王を揺り動かした。科学者たちは、自然から秘密を揺さぶり出そうと、ものごとに干渉する。これは、子どもたちがおもちゃをいじりまわして、ときには壊してしまうのと似たところがある。さて、われわれも見かけの鏡の国を通り抜けて、子どもたちや科学がどのようにして見かけの向こうに真実を発見するのか、それを探る旅に出よう。

旅がどんなものになるにしても、どこを探せば答えが見つかるのかがわからなければ、闇夜に鏡を見ることになってしまう。そこでこの本では、心のなかの鏡を用いて、鏡映像の謎と不思議、そしてそれをどう理解するかに挑戦してみることにしよう。

目次

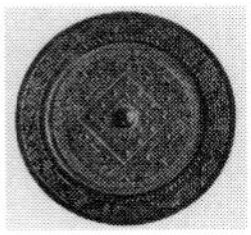

3　鏡の歴史と神秘　53

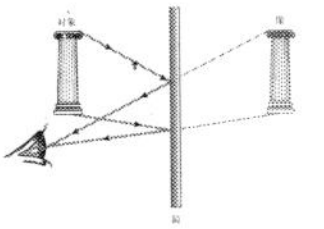

4　鏡映像の謎　91

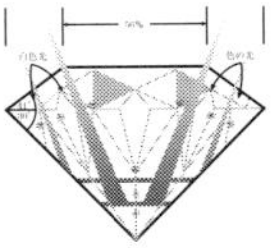

5　物質と光　133

8　あざむくのは鏡か知覚か　249

9　鏡の国を探検する　279

装幀――加藤光太郎

図版1　**レンブラント『自画像』**（1661-62）
明らかに，レンブラント（1606-69）は，自分が左利きに見えることに気づいて，手や腕を塗りつぶし，描き直している。X線でこの絵を見ると，それがわかる。25ページ参照。Kenwood House, Iveagh Bequest/English Heritage.

図版2　**ファン・アイク『アルノルフィーニの結婚』**（1434）
鏡を題材にしたおそらくもっとも有名なヤン・ファン・アイク（1390-1441）の絵。26ページ参照。
National Gallery, London/Bridgeman Art Library.

図版3　**カラヴァッジョ『メドゥーサ』**（1596-98）
イタリアの画家，カラヴァッジョ（1573-1610）は，劇的なテーマを描き，極端な遠近の短縮法を用いたことで有名である。この絵は，ペルセウスの鏡の盾（石にならないように彼を守っている）に映るゴルゴンのメドゥーサのおそろしいイメージを描いている。26ページ参照。Uffizi Galleries, Florence/Visual Art Library.

図版4　**ヴェラスケス『宮廷の侍女たち（ラス・メニーナス）』（1650頃）**
ヴェラスケス（1599-1660）によるこのもっとも謎に満ちた鏡の絵は，スペインの宮廷と画家を描いている。しかし，それらは，どのように鏡に映っているのだろうか？　26ページ参照。Prado Museum, Madrid/Visual Arts Library.

図版5　**ヴェラスケス『ヴィーナスの化粧（ロクビーのヴィーナス）』**（1648-51頃）
鏡に映ったヴィーナスの顔は，意図的にずっと大きく描かれている。したがって，ここでは芸術が科学に凱歌をあげている。27ページ参照。National Gallery, London/Visual Arts Library.

図版6　**ルーベンス『ヴィーナスの化粧』**
イヤリングの色が鏡のなかでは違っている。フランドルの芸術家で国際的な政治家，ピーテル・パウル・ルーベンス（1577-1640）は，まったく異なったスタイルで千点以上の絵画を描いた。28ページ参照。Private Collection/Bridgeman Art Library.

図版 7　**バーン＝ジョーンズ『不吉な頭』**（1886-87）
ラファエロ前派の芸術家，エドワード・バーン＝ジョーンズ卿（1833-98）は，驚くほどに静謐な庭園の情景のなかで水に映るゴルゴンのメドゥーサを描いている。28ページ参照。Staatsgalerie, Stuttgart/ Bridgeman Art Library.

図版 8　**マネ『フォリー・ベルジェールのバー』**
フランスの前印象派の芸術家，エドワール・マネ（1832-83）は，ゴヤやヴェラスケスに影響されて，生き生きとした情景を描写したが，この絵では大きな鏡を効果的に使っている。28ページ参照。Courtauld Institute Gallaries/Visual Arts Library.

図版 9　**ダリ『象を映す白鳥』**（1937）
スペインのシュールレアリスムの画家・彫刻家，サルヴァドール・ダリ（1904-89）は，数多くの錯視を含む視覚現象の科学的実験とデモンストレーションをうまく用いている。また彼は，ステレオ絵画もいくつか描いている。ここでは，湖の反射を使って，きわめて巧妙な多義性が創り出されている。この絵を逆さにしてみよう。28ページ参照。Private Collection/Bridgeman Art Library. © DEMART PRO ARTE BV/DACS 1996.

図版 10　**ホーフストラーテン『廊下の眺め』（1662 頃）**
レンブラントの弟子，サミュエル・ファン・ホーフストラーテン（1627-78）は，絵画の技術に関する著作を残しており，トロンプ・ルイユの専門家であった。この絵は，そのみごとな例である。最初見ただけでは鏡と同じように見えるが，トロンプ・ルイユは，知覚的には鏡とは異なって，平面に見えると同時に奥行きも感じられるという逆説的な特徴をもっており，また観察者の動きとともに奇妙に――実際の世界とは，そして鏡映像とも逆方向に――向きを変える。35ページ参照。Dyrham Park/National Trust Photo Library/Derek Witty.

図版11　**ブラグドンの「天空の鏡」（ルティエンスの設計による）**
エドウィン・ルティエンス卿（1869-1944）はこの麗しい幾何学的な池をこう名づけた。池は大空を樹木や館と結びつけている（イングランド北方にある）。59ページ参照。By kind permission of Viscount Ridley. Photographed by John Robinson.

光の加法　　**光の減法**

図版12　**光の混色（加法）とカラープリントの混色（白からの減法）**
トーマス・ヤングは1801年に，3つの色光を割合を変えて混ぜ合わせ，すべてのスペクトルの色と白を作り出した。1861年に，ジェイムズ・クラーク・マクスウェルははじめて，赤と緑と青のフィルターを通して写真を撮影し，それらを同じフィルターを通して投影して合成することによって，「記憶の鏡」のカラー写真を作った（驚いたことに，スペクトルにはない茶色のような色も再現された）。カラープリントでは，特殊なフィルターが，白から色を差し引くために用いられる。用いられるフィルターはシアン（青緑），マゼンタ（赤緑），黄（眼の網膜の赤と緑の錐体を刺激する）である。シアンは赤を差し引き，マゼンタは緑を差し引き，黄は青を差し引く。すべての色を差し引いたものは黒になる。170ページ参照。

図版13　**シャボンの膜の反射**

シャボン玉や水に浮いた油のような薄い膜には，回折によって色が生じる。では，なぜ薄い膜だけに色がつくのだろうか？　170-171ページ参照。Science Photo Library/© David Parker.

図版14　**ヴェルサイユ宮殿の鏡の間**

鏡の間はルイ14世（在位1643-1715）によって建てられた。当時の技術からしても驚異的だが，今日でもきわめて印象的であることに変わりはない。190ページ参照。Visual Arts library/Edimédia/J.C.Maillard.

図版15　**ハッブル宇宙望遠鏡によって明らかにされた星の誕生**
時間的にも空間的にもはるか彼方にある宇宙を，大きな望遠鏡の鏡――地球のまわりを回るハッブル宇宙望遠鏡――からの反射によって知ることができる。200ページ参照。NASA/Photri USA/Barnaby's Picture Library.

図版16　**最初のプラキシノスコープ**
1877年にパリのエミール・レイノーによって発明されたもの。内側の鏡の輪は外側の輪の半分の直径である。外側の輪の内壁には，少しずつ異なる絵が貼られている。この簡単なしかけが回転すると，絵が一箇所にとどまりながら，動いているように見える。これは，1834年にブリストルのウィリアム・ジョージ・ホーナーが発明した円筒に細いスリットのあいた初期のゾートロープよりも明るく，動きもなめらかである。225ページ参照。著者所蔵。

1 鏡のなかの自分

顔に心奪われた乙女たちは、しとやかさもかなぐり捨て、鏡に向かう。

——クロッカー

鏡がなければ、自分に対面はできない。もちろん、鏡があることで自分に対面するのがかえってむずかしくなることもあるが！　若い人たちは、鏡に映る自分の欠点を見つけたり、よいところを自賛したりして、自己を発見するのに——創り上げるのに？——余念がない。ときには眼をおおいたくなることもあるが、鏡に映った像はまごうかたなき自分なのだ。自分自身に耐えるだけの忍耐力が必要なのだが、ほんとうの自分と鏡に映った自分を比べようとすると、それはなかなかむずかしい。もちろん、ときにはごまかしもする。ブティックの試着室の鏡は、客を喜ばせるように、わずかにゆがめてあるそうだ。衣服や化粧は、ありのままの真実をよく見せるためのものであるから、鏡の場合もそうであって悪いわけはない。

アリストテレスが鏡をどのようなものと思っていたのか、二五〇〇年前までさかのぼって調べてみると、かなりびっくりさせられる。アリストテレスは、こう言っている。「感覚器官は、ほんのわずかな違いもすばやくとらえる。ひとつの例が、鏡のふるまいに見られる。このテーマは、それだけで見ても、注意深い研究と探究の余地を残している。同時に、この例からも明らかなように、視覚器官は対象から作用を受けるばかりでなく、逆に対象に作用をおよぼす」。この考え方は、現代の物理学とはまったく違う。アリストテレスは、現代とはきわめて異なる生理学と心理学にもとづいて、こう続けている(注1)。

もし生理期間にある女性が十分に磨き込まれた鏡を眺めるとしたら、鏡の表面は血のようにまっ赤に曇るであろう（その鏡が新しければ、その曇りをとり去るのは容易ではないが、古い鏡であればそれほど困難ではない）。理由は次のとおり。すでに述べたように、視覚器官は空気の作用を受けるだけでなく、輝く対象がそうであるように、能動的な過程も引き起こす。なぜなら、視覚器官それ自体が、色をもち、輝く対象だからである。生理期間にある女性の眼は、身体のほかの部分と同じ状態にあると考えてよい。さらにつけ加えるならば、眼には多くの血管がある。したがって、生理が起こっているときには、血液の活動がいつもより活発になり、眼の状態にも、われわれには見えない違いが生じ（なぜならば、生理と精液の性質は同じだから）、眼は空気のなかに動きを引き起こす。このことが鏡の表面に広がる空気の層にある種の性質を与え、その層を鏡に同化させ、そしてその層が鏡の面に影響を与えるのである。着ている衣服が清浄であれば、その衣服にはしみがつきやすい。というのは、清浄なものはしみ跡を際立たせ、清浄であればあるほど、わずかなしみも目立ってしまうからである。同様に、青銅の鏡の表面はなめらかだから、とりわけ影響を受けやすい（空気の影響は、一種の摩擦を与えたり、痕跡をつけたり洗浄するようなものと考えなければならない）。そして表面は清浄だから、表面に影響があると目立つのである。新しい鏡では表面の汚れが落ちにくいのは、その表面が清浄で、なめらかなためである。つまり、汚れが深く染み込むのは、表面が清浄だからであり、汚れが鏡一面に及ぶのは、表面がなめらかなためである。古い鏡で汚れが目立ちにくいのは、汚れが深く染み込まず、比較的表面についているからである。これらのすべてが、次のことを証明している。第一に、わずかな差異によっても動きが生み出されるということ、第二に、知覚がきわめて急速に生じるということ、そして第三に、色を感じる感覚器官は色によって影響を受けるだけでなく、逆に色にも影響をおよぼすということである。

アリストテレスから二五〇〇年を飛び越えて、次に鏡にかんする現代の考えをいくつか紹介しよう。アメリカの作家、ベニジョイ・ラ・ベルによると、美しい顔の探求は「自己の崇拝ではなく、理想の崇拝である」(注2)という。W・B・イェーツは、「世界創造の前に」(注3)という詩のなかで、このように歌っている。

まつげを黒く、
瞳をもっと明るい色に、
唇をもっと紅色にして、
これで申し分ないかと
鏡から鏡へ聞いてまわるといたしましょう。
虚栄心などないのです。
世界が創られる前の私の顔を、
探し求めているのですから。

イェーツの「もののふ、乙女、阿呆」という詩のヒロインは、鏡に映る彼女を愛している人々はだまされている、と言っている。

鏡のなかの姿を見ると、私はなんとも腹立たしくて、
この私には不相応に、私の影をほめそやされますと、
あかの他人をほめておられるのかと思います。
それとも、鏡の向こうの影を愛で、からかっておいでかと思います。
そして、明け方近くに眼を覚ますと、なんとも恐ろしくなるのです。
なぜなら心が叫ぶのです。「欺瞞が手に入れるものは残忍によって保たれねばならぬ」と。ですから心してくださいませ。
もしも、鏡の映す影のみを見て、まことの女性をご覧でないのなら。

ナンシー・ミットフォードは、こう述べている。「女性が鏡に映る自分をためつすがめつし、密かに手鏡に映る自分に見入るのは、一般に考えられているような、虚栄心のためであることはほとんどなく、たいていは、すべてが理想ほどではないという感情に由来するものだ。私は何度もそのことに気づいた[注4]」。さらに、シェイクスピアのヘンリー五世はケイトに、自分は「鏡に映して得意に思うところなどひとつもない顔の男[注5]」であると言っている。この作品は、鏡に映るものすべてが虚栄とは限らないという見方を確証している。

幼児に鏡で自分を見るようにさせたほうがよいかどうかについては、議論のあるところだ。鏡は、自己愛（ナルシシズム）を育むかもしれない。しかし、児童心理学者や教師のなかには、鏡を見る経験が子どもたちの自信を育むと信じている者もいる。心理学者のフリッツ・ウィッテルスは、子どもだったころについて、このように書いている[注6]。

私がまだ小さな子どもだったころ、私はひとりの「私」な

図1·1　**多重人格は鏡にどう映るか？**
重い解離性同一性障害をもつ人々はしばしば，鏡に映った自分を見ると，不快感や失見当識を経験する。多くの場合，彼らには，自分の像が予測どおりに見えることはほとんどない。それは，多重人格障害に陥ると自己像が変わるからである。この絵は，そのような患者における人格構造の多重性――さまざまの年代，性別，個性など――を（わかりやすく）具象化したものである。鏡に映る像が詳細に描かれているほど，その側面が意識のなかで焦点化されていることを示す。鏡の枠全体に描かれたジグザグの線は，この多重人格障害者では自己同一性がもろいことを暗示している。
From *Telling Without Talking: Art as a Window into the World of Multiple Personality* by Barry M. Cohen and Carol Thayer Cox. © 1995 by Barry M. Cohen and Carol Thayer Cox. Reprinted by permission of W. W. Norton & Company, Inc.

のだということ、たしかに見かけはほかの子どもたちに似ているが、基本的な点では異なり、彼らよりもはるかに重要な「私」なのだという、圧倒されるような思いに目覚めた。私は鏡の前に立ち、注意深く自分を観察し、自分の姿に向かって自分の名前でよびかける、ということを何度も繰り返した。私はたしかに、外の世界にある像から自分への懸け橋を作ろうとしていたのだ。その橋を渡れば、推し測りがたい自分のなかへ入り込んでいけもしよう。自分の像にキスしたかどうかは覚えていないが、これまでにそうしている子どもを何人か見たことがある。自分の像を愛することによって、彼らは自分を受け入れるのだ。

多重人格のように人格の分裂障害をもつ人々は、鏡に映る自分の像を見ると混乱してしまうことがある。彼らの自己像はくるくる変わるので、鏡のなかに見えるものとそのときの自己はめったに一致しない。心理的な自己像と物理的な自己像との間には、通常のレベルをはるかに越えたギャップがある。(注7) 図1・1はこのことを示している。

心を読む

だれでも、他者の心を読むのに多くの時間を費やしている。

また、自分はなにを考え、感じているのだろうかと心を探りながら、意を決するのに多くの時間を費やしている。自分が他者にどのように見えているのかを、ひとはどのようにして知るのだろう？　顔に現われるのは、どんな考えや気分なのか？　顔の表情から、どの程度他者の心がわかったり、自分の心を表わすことができるのか？　それらは、芸術や文学、そして科学にとってもいまだ解決されていない問題である。ローレンス・スターンは、小説『トリストラム・シャンディ』（1759-67）のなかで、トリストラムが彼の叔父トビー（注8）の性格を説明しようとするときの難しさを描いている。人はなぜ、他人の心を直接見ることができないように創られているのか？　トリストラムは、ギリシアのあら探しの神、モマスのようには説明できないのを残念がっている。トリストラムは次のように言う。もしモマスのようにできるなら、

> ある人間の性格を読みとるためになすべきことといえば、ただ椅子をひとつもって、蜜蜂の巣箱を光学的に調べるように、そーっとそばに寄ってなかをのぞき込み、——そしてありのままの心を子細に観察する。……さて今度はペンとインクをとり出して、見たこと、絶対間違いなしと言えることだけを書きつける、という以外にはなにも必要ない、ということになるだろう。

ローレンス・スターンは、伝記作家がこうした特権をもっていない、と嘆く。

> ……われわれの心というものは、身体を透かして輝くわけではなく、この世では、不透明な肉と血に暗く包まれているのだから、ひとりひとりの性格を的確につかもうと思えば、なにかほかの方法に頼るしかない。

トリストラムは、「叔父トビーの性格を彼の得意のやり方で描く」ために行動主義の方法をとる。だが、行動主義は、なにかが内面で起こっているということを否定した。現在、だれもが、その考えは間違っていることを知っているが！

心と身体が本質的に違うとみなされるのは、このように他者の心のなかを見ることができない——「光学」的には見えない——からだろう。それに、自分の身体と感覚や行動について考えてみても、他人との違いはそれほどはっきりしていないからである。指がなにかに触れれば、なんらかの感触がある。舌が食べものに触れれば、たしかに味がする。眼を開けば、なにかが見えるし、動かそうと意図すれば、奇跡のよ

うに手が動く。だから、身体は個人的体験と同じようにきわめて特殊な対象であって、意志をともなう行為は自己の身体のみと結びついている。他人を自分の思いどおりに行動させようとするには、説得したりわいろを贈ったり脅したりしなければならず、はるかに間接的である。われわれは、他人も自分と同じように痛みや喜びを感じると考えはするけれども、他人の感覚を体験することは不可能である。

　生物学的に言って、なぜ自分の顔の表情を直接見ることができないのかは、不思議といえば不思議だ。まるで、眼を閉じて字を書いたり絵を描いたりするようなものである。嬉しいとか退屈だとか、敵意をもっているとか怒っているといった顔の表情は、他者の心を読んで行動を予測し、適切な反応をするために欠かすことができない。脳には、顔の認識や手の動きのためだけに特殊化した部位がある。(注9) だから、思わずしてしまう顔の表情を本人が見ることができないということは、なんとも奇妙である。鏡は、役者が稽古をするようなときを除けば、ほとんど役に立たない。他人の顔からさまざまな感情や気分を読むことはあっても、自分の表情をいちいち鏡で見ることなどふつうはまずないからである。このことは、次のような奇妙な疑問にもつながる。自分の心のなかの感情のうちのどれが、外に現われる表情のどれと対応しているのかを、どうしたら知ることができるのだろうか？　笑いやその他の表情は、生物学的にどのような起源をもっているのだろうか？

　このことを説明する上で重要な考えは、チャールズ・ダーウィンによる見事な洞察である。ダーウィンは、微笑とかしかめ面などの意味が、人間以前の動物に見られる、人間の場合とは異なる顔面筋の機能から進化してきたと述べている。動物と、自分の子どもやほかのたくさんの子どもたちから得た豊かな証拠にもとづいて、彼はこの考えを、『人間と動物の感情表出』(注10)（１８７３）というすこぶる重要で魅力的な本のなかで展開した。

　ダーウィンは、この本のなかで鏡にはふれていない。けれども、そこで述べられている考えは、どのようにして顔から心を読みとるのかを理解する上で重要である。彼は、懸命にものを考えているときの額に皺を作る皺眉《しゅうび》筋、すなわち考えていることを示す筋肉の使用について述べている。ダーウィンは、彼以前に『絵画における表情の解剖学』（１８０６）を著したスコットランドの解剖学者、チャールズ・ベル卿の説を引用している。(注11) ベルによれば、考えていることを示すこの筋肉は、「……顔面筋のなかでもっとも目立ち、この筋のはたらきによって一生懸命考えているときには眉が寄り、そうした状態にあるということを、なぜかしら、しかし否応なしに伝えてしまうのである」。ダーウィンは、この考えにいささか承服しかねた。顔をしかめるのは考えているということを示しているのではなく、むしろ不快感を示している――長く考え続けることは不快だから――と考えた。皮肉なことに、ダーウィンが長くて幸せな人生を費やしたのは、まさにこの思索を長く続けることだったのだが。

ダーウィンは、いまは意味のある信号としての表情をもたらしている顔面筋は、もとはそれとまったく異なる生理的機能をもっていたのであり、その機能は生存にとって直接重要なものであった、と指摘している。たとえば、危険な状態では、顔をしかめることによって眼を最大限に機能させるとともに、眼のまわりの筋肉が血流量を制限して眼をダメージから守る。顔に現われるこのような機能的な変化を、霊長類は行動の予兆として読みとるようになった。そのため、それらの変化が、仲間や敵にとっては心を表すサインとして機能するようになった、というのである。

赤面はとりわけ興味深い。ダーウィンによると、赤面は人間だけに起こり、子どもでは、ある程度社会的な理解をもつまで生じない。ダーウィンは、赤面を罪の意識の外的なサインとしてとらえ、そのひとを信じてはならないということを伝える信号である、と考えた。赤面と共に困惑による混乱が生じるので、もっともらしい嘘を隠したりでっちあげたりすることはいっそうむずかしくなる。

ダーウィンは、1877年に発表した論文のなかで、鏡に対する幼児の反応について述べている。それは彼の長男、ウィリアムの三十七年前の記録にもとづくものであった。(注12)

> 生後4か月半のとき、彼は、鏡に映っている私と自分の姿を見て何度も笑った。おそらく彼は、それらが本物であると誤解していた。しかし、彼は後ろから私の声が聞こえると、明らかに驚きの態度を示した。多くの幼児と同様に、彼は自分自身を見て大いに喜び、それから2か月たたないうちに、それが鏡に映った像であることを完全に理解した。というのは、私が音をさせずにふざけたしかめっ面をしてみせると、突然後ろを振り向いて、私のほうを見たからである。しかし、彼が生後7か月のときに屋外にいて、大きなガラス窓の内側にいる私を見つけたとき、彼は困惑し、それがガラスに映った像なのかどうか迷っているように見えた。

ダーウィンはさらにつけ加えている。「生後9か月になる数日前のこと、彼は鏡のなかの自分の像と自分の名前を結びつけた。そして名前を呼ばれると、たとえ鏡から少し離れたところにいても、彼は鏡のほうを見た」。そして「9か月を数日過ぎたときに、自分の前の壁に影を落としている手やそのほかの対象は後ろ側にあるということを、彼は自然に学習した」。

ここで、おもしろい疑問が浮かぶ。幼児は顔に表出された感情をどのように判断するのだろうか――赤ん坊は、嬉しいときや悲しいとき、怒っているとき、あるいはほかの感情にあるときに、自分がどう見えるのかをどのようにして知るのだろう？　笑い声や泣き声のように音声をともなうときには、この疑問はそれほど不思議ではない。しかし、多くの表情は音声をともなわないし、しかも微妙だ。子どもは、いたずらっぽい、なにかを隠しているような、ずるそうな、興奮した、愉快そうな、あるいは悲しんでいるような顔つきができる。これらの表情は、鏡を通じて学習されるのではないのだろうか？

ケンブリッジの哲学者C・D・ブロードは、『精神と自然界におけるその位置』(注13)（1929）のなかで、子どもがどのようにして自分の感情と他者の表情とを関係づけるようになるかに頭を悩ませて、これがテレパシーの存在を示す証拠だとみなしている。他人の顔の表情を読むことは、自分自身の感情や表情の推測からは生じえない、とブロードは考えた。なぜなら、鏡を用いなければ自分の顔を見ることはできないので、怒りや喜びを感じたとき、あるいは痛みなどどんな状態であれ、自分の顔がどう見えるかについての情報はほとんどなく、したがって推論の土台となるものがないからである。ブロードは、他人の表情から心を読むことについて二つの説明を提示している。ひとつはテレパシー、もうひとつは、自然の表情と彼がよぶもので、遺伝的に受け継がれた生得的な知識のことを指している。

ブロードは、ひとつの可能性として、テレパシーに言及すること（彼は心霊研究に強い関心を寄せていた(注14)）を、次のように正当化している(注15)。

> もし読者が、大部分の哲学者には誇りが高すぎてできず、また大部分の科学者には偏見が大きすぎてできないことをするならば、そして生き霊のテレパシーにかかわる証拠や、SPR（イギリス心霊研究協会）で1922年10月にシジウィック女史がまとめたような1886年以来蓄積されてきた証拠を研究するならば、それらの事例の大多数はいま示唆したようなものだということがわかるだろう。

ブロードの結論は、こういうものだった。彼自身は、テレパシーのもつなんらかの力を証明することはできないけれども、それは顔の表情を読むときにある役割を果たしている、というのである。なぜなら、鏡ではひとつの心と別の心との関係を発見することはできないからである。ブロードの著作以来、テレパシーにかんする信頼のおける証拠は集まっていない。初期になされた主張は、詳しく調べれば調べるほど、疑わしいものに見えてくる。

　ブロードのもうひとつの理論、つまりわれわれが顔の表情に対する生得的な反応型を受けついでいるという理論のほうは、はるかに受け入れやすいように思える。こうした反応は、遺伝的に「書き込まれて」いるのかもしれない。悲しそうな顔を見ると悲しくなり、笑っている顔を見ると楽しくなる――生得的な反応としてわれわれは微笑し、笑い返す。しかし、これは氷山の一角にすぎないのかもしれない。なぜなら、顔の表情は文化によって多少異なるからである。表情が筋肉の機能的な動きから発展したものであり、生得的に受け継がれるというダーウィンの考えは、基本的な鍵であるように見える。しかし、社会集団ごとに、その社会に特有な表情があるので、後天的に学習される部分もあるに違いない。[注16]

自己

他人と意思疎通し、理解しようとするのはむずかしい。おそらくこの困難さが、ひとを二元論の哲学へと駆り立てるのだ（二元論は誤りなのだが）。二元論といえば、フランス合理主義の哲学者、ルネ・デカルト（１５９６‐１６５０）だが、よく知られているように、彼はすべてを疑うことから始めて、最終的にわれ思う、ゆえにわれありという結論に達した。[注17]デカルトは、それをひとつのジレンマとして表現している。

> しかしそのすぐあとで、次のことに気がついた。すなわち、このようにすべてを偽と考えようとしていた間も、そう考えていたこの私は必然的になにものかでなければならないのだ。そして「私は考える、ゆえに私は存在する」というこの真理は、懐疑論者たちのどのような途方もない想定をもってしても揺るがすことのできないほど堅固で確実であり、この真理を、求めていた哲学の第一原理として、ためらうことなく受け入れることができる、と判断した。

この議論にはあらゆる種類の難点がある。「私」が定義項と被定義項のどちらにも出てくるので、この主張は形式的な論理性に欠ける。そして、「私」や「自己」をもたないが考えるコンピュータを想像することも、現在では困難ではない。もちろん、「私」や「自己」をもたないコンピュータを想像するよりも、それらをもつコンピュータを想像するほうがずっと困難ではあるが。自己をどのように位置づけるかは、哲学者の間で議論のあるところだ。自己は、ひとつの内的な存在、つまり内的な眼なのだろうか？　あるいは、ひとつの構成概念——仮説——なのだろうか？　動物には自己があるだろうか？　赤ん坊は自己をもっているのだろうか？　こうした疑問は、実験によって答えるのがむずかしいように見える。しかし最近、アメリカの社会心理学者、ゴードン・ギャラップは、鏡を使って自己認識を調べるテストを考案している。[注18]

　ギャラップは、チンパンジーから始めた。まずチンパンジーを鏡に慣れさせたのちに、麻酔をかけ、その間に顔の片側に赤い絵の具で点を一つつけた。ギャラップが問題にしたのは、麻酔から覚めて鏡を見たチンパンジーが鏡のなかの赤い点に触るか、それとも自分の顔の赤い点に触るか、ということだった。得られた答えは、「高等な」類人猿は顔についた絵の具に触るが、「下等な」霊長類は鏡に触り、顔の絵の具には触らない、というものだった。ギャラップは、チンパンジーだけが鏡のテストに合格できたので、高等類人猿のみが自己認識をもつと解釈した（図1・2）。これと同じことを人間の赤ん坊で試みると（眠っている間に白い絵の具をつける）[注19]、乳児は鏡を触り、自分の顔には触らない。しかし、2歳を過ぎるころから、顔についた絵の具に触り、鏡には触らなくなる。赤ん坊でのこの結果は、人間では自己認識が生後2年間は存在しないことを示しているように見える。

　しかし、この興味深い観察結果の解釈については疑問がある。動物や人間の赤ん坊が、自分は特定の個人（個体）だとわかっているとしても、鏡に映っているのがほんとうに自分であるとわかるものだろうか？　つまり、自分がどのように見えるのかがどのようにしてわかるのだろう？　これこそ、ブロードが別の方向から考えた問題である。おそらくは、鏡に映っているのが自分であることを認識するようになるのは、動いてみて、鏡に映るその動きを見ることによってであろう。これは、自分で動いて体験してみる必要があるので、赤ん坊や人間以外の頭のよい動物にとっても、多少時間がかかるだろう。この点が、鏡のなかの自分を見ることと、写真や映画やテレビに映った自分の動作を見ることとの間の、本質的な違いである。というのは、鏡だけが動きからのフィードバックを即座に与えてくれるからだ。かりに、鏡を見ても

図1・2　**チンパンジーは鏡のなかの自分がわかる**
© Kim A. Bard, Yerkes Regional Primate Center, Atlanta.

自分だと認識できなかったとしたら、静止画像や動画のなかの自分もわからないであろう、と私は思う。録音された声を聞いて自分だとわかることさえ、最初はできないことがある。繰り返すが、それが自分自身だとはっきりわかるためには、対応関係のある動作が必要なのである。

動くことができるあらゆる動物は、障害物を避けることができる。したがって、彼らは身体イメージをもっているに違いない。このことは、動物がある種の自己感覚をもっているということを示唆している。しかしこれは、自覚的な自己意識とはまったく異なるものかもしれない。ここで参考になるのは、ロボットである。五十年前、脳科学の先駆者グレイ・ウォルター(注20)は、ヘッドライトがついていて、光を感じとることのできる眼もそなえた、単純な電気じかけのカメを作った。このカメは、ほかに仲間がいると互いに作用しあい、また鏡に映る自分にも働きかけた(注21)。

鏡面や白い面がヘッドライトに対向している場合、その反射光が十分に強いと、光に対するロボットの反応をコントロールする回路が作動するので、ロボットは自分の反射像に反応する。その結果光が消え、つまり刺激が遮断される。しかし、刺激がなくなると、また光がつき、刺激として見えるようになる。これが繰り返され、ロボットは、落ち着きのないナルキッソスのように、光を明滅させ、震え、そわそわしながら、鏡の前にい続ける。このように自己の反射像に反応するロボットの行動はきわめて特異的であるが、純粋に経験的な見地から言って、もし同じことが動物で観察されたなら、ある程度の自己意識の存在を示す証拠として受けとられるだろう。したがって、自己の反射像を見てもそれを別の動物であるかのようにあつかう多くの「高等」動物よりも、ロボットのほうがすぐれていることになる。

ここで問題になるのは、動物や人間の赤ん坊の行動は、グレイ・ウォルターの機械じかけの「動物」や、もっと洗練されたロボットの行動と基本的にどう異なるのか、ということである。特別なプログラムも組み込まれていないロボットが、鏡そのものによりも鏡に映った自分の像に多くの「関心」を向けたというのなら、ひどく驚かされる。しかし明らかに、このことは、ロボットが自分の像を特殊なものとしてあつかうということを示しているにすぎないが、このことこそ下等な動物やきわめて単純なロボットがしていることなのである。問題は、それが自己の感覚であるということを示すためには、「鏡に対する適切な行動」がどのような種類の「特殊な」行動でなければならないのか、ということである。

赤ん坊の実験を解釈するためには、彼らが鏡についての先行経験をもっていることが重要かどうかを知る必要がある。自分自身をまったく見た経験のない赤ん坊は、自分の顔につけたしるしに触るだろうか？　触らないとしたら、問題は、自己というより鏡そのものを発見するのに一年もの時間がかかるのかどうかである。鏡はおとなも混乱させるから、赤ん坊が鏡のなかの像を容易に解釈できたり、映っている対象を容易に認識できるとは考えにくい。このことは、おとなの視覚系の能力も超えた課題であり（97ページ参照）、きわめて複雑な判断力が必要となる。[注22]

結局この問題は、「自己」ということばがなにを意味するかによる。[注23]たしかに、自己は身体イメージ以上のものである。デカルトの言うように、自己をもっとも意識するのは、考えている間かもしれない。しかし、そのとき、自己の身体についてはほとんど意識していない。これは意識の問題につながるが、これについてはあとで（333ページ）ふれることにしよう。

ここに、鏡を使ったひとつの実験がある。この実験は、行動よりも心の哲学と心理学にとって示唆するところが大きい。この実験装置は、サンフランシスコのエクスプロラトリウム科学センターに最初に設置された。視覚と自分の筋・運動的な身体イメージが分離して、「自己の分離」が体験されるのである。この装置は垂直に置かれた鏡で、鏡に直交して棒が水平に突き刺してあり、棒には鏡をはさんでそれぞれの側にひとつずつリングがついている（図9・5参照）。一方は鏡の前に、他方は鏡の裏についている。一方のリングを左手でつかみ、もう一方のリングを右手でつかむ。たとえば鏡を右側から見るようにして、左側の手が隠れるようにする。そして、ゆっくりと左手を動かしてみよう。すると、右手が動いているように見える。そのため、身体イメージがはたらかなくなったような異様な経験をする（9章参照）。

　自分自身を経験するのは、いったいどのような状況でだろうか？　それは、眼と関係している状況でに違いない。たとえば、鏡映像に関係した簡単なテストをしてみるとよい。友人に眼を閉じてもらって、その額に文字を書いてみよう。そして「心の眼にはどんな文字が『見えますか』、それはふつうの文字ですか、それとも鏡文字ですか」、とたずねてみよう。友人の額にふつうに文字を書き、友人がそれを鏡文字だと「見る」なら、その文字を頭のなかの心理的自己の側から「見ている」ことになる。もしそれを正常な向きの文字と「見る」なら、心理的自己は顔の前にあることになる。もちろん、額に鏡文字を書けば、いま述べた関係と逆になる。

　デイヴィッド・クレッチとリチャード・クラッチフィールドの本に紹介されているもっと緻密な実験では、3の鏡文字とも見えるεのような多義的な文字（数字）が用いられている。このεは、文字Eか数字の3のどちらかに「見える」。ある実験では、被験者（202名の学生）の76％が3が見えたと報告している。[注24] これは、「内側からの」知覚である。女性に比べて男性のほうが、外側から、つまり彼らの顔と向きあった側から、自分自身を見る傾向が強いという報告もある。それはあたかも、彼らが自分の表情を映し出す鏡、そして自分が他者にどう見えるかを教えてくれる鏡をもっているかのようだ。

　人間にとって顔の表情が大変重要なのは、直立姿勢になったのが生物学的には最近のことだからかもしれない。恋人どうしはお互いの眼を見つめあう。しかし、対面的なコミュニケーションと愛の行為は、霊長類の、とりわけ人類の新しい（ここ数百万年の）姿勢に依存している。本人は自分の顔を見ることができないのに、眼や口が、意志、ならびに恐怖から愛までのあらゆる範囲の感情を表わすという理由は、おそらくここにあるのだろう。そしておそらくは、本人が表情を視覚的にチェックできないということが、感情をいつわるのを困難にしている。だから、表出された感情にはある程度の信頼性があり、一般的には信用できる。幸いなことに、完璧な演技者になることはきわめてむずかしい。

鏡療法

子どもの自己概念や他者との関係の発達にかんしては、精神分析学的な数多くの研究があって、鏡が用いられているものもある。(注25) 人々が自分自身をどのように見ているのかを調べるために、歪んだ鏡を用いた実験が行なわれた。トラウブとオーバック（1964）は、変形自在の鏡を作った。これは、実験の被験者は四つの電動の留め具を調節して鏡面を凹型や凸型にゆがめることができる。この「調節可能な身体歪曲鏡」は、身体の外見をどのように知覚しているかを探るためにデザインされた等身大の鏡で、観察者の鏡映像が、大きな歪みからまったくの歪みなしまで「連続して」変化するよう調節可能になっている。観察者は、歪んでいないように見えるまで、自分の鏡映像を調節する。実験からわかったことは、被験者がきわめて大きな歪みにも平気で、ときには自分がどのように見えているのかを覚えていない、ということであった。被験者が自分の鏡映像をたえず正しく調節するためには、歪んでいない像や写真が必要だった。歪みの識別がもっともよくできたのは、頭と肩だった。ある精神障害の患者は、「鏡に歪んで映っていることはわかったが、歪んでいる場所の判断が誤っていた。彼女は『脚は正確だけど、身体が大きすぎるわ』と言った。実際には、彼女の脚は短すぎ、だんだん細くなった先に小さな足がついていたのである」。何人かの被験者には、身体の外見の大きさの知覚に影響を与えることが知られている薬物が投与された。たとえば、アルコールを飲むと、頭が大きいと感じるようになる。薬物の効果とはまったく別に、一部の被験者は自分自身のゆがんだ像を見て、吐き気に襲われた。

鏡は、精神医学的な治療と体重コントロールの治療に用いられている。治療家のダニエル・カッポンは、自分では問題があると思っていない太りすぎとやせすぎの患者に、等身大の三面鏡に映る自分の姿を一日に数分間注意深く見るようにさせた。(注26) 患者たちは、ゆがんだ自己イメージをしだいに修正し、いくつかの症例では、食習慣を変えて健康な体重に達することができた。

失明と開眼

視覚が失われると、身体イメージにはなにが起こるのだろうか？　24歳で失明したジョン・ハルは、『岩に触れて――盲の経験』（邦題『光と闇を越えて』）という興味深い本のなかで、このことにふれている。(注27)盲の程度が進み、全盲になるにつれて、身体イメージを含む視空間の概念が徐々に失われていった。

> 私は、意識的な生の縁《ふち》にいるかのように感じる。それは、覚醒と眠りの縁《ふち》にいるというような文字どおりの意味においてではなく、もっと深い、不安を覚えさせるという意味においてである。私は、あたかも自分が考えるのをやめ、感じるのをやめようとしているような気がする。身体イメージが欠損しているため、事態はいっそう深刻なものになる。自分の身体を見下ろせないので、身体の輪郭が見えない。そのため自分の意識の連続性を保証することができない。……私は溶けつつある。私はもはや、身体のまとまりとして象徴されるような、特定の場所に凝縮されてはいない。

彼の体験、知識、そして知覚の変化には深刻なものがあった。「ときどき、私はどんどん深いところへと運ばれている。重みが私にのしかかっている。私の手にあった知識は消え去りつつある」。唯一のよりどころとなっているのは、自分の身体である。「私は、自分が唯一知っているもののところへ戻ってきた。ここにあるのは、震えて汗をかきながらベッドの縁に腰かけている私の身体である。胃は緊張し、こめかみはズキズキしている。私は自分が呼吸するのを聞き、心臓の鼓動を感じている。私は自分の外でなにが起こっているのかなにも知らない。知っているのは自分のなかのことだけである」。

生まれながらに、または幼児期から盲で、おとなになってから手術を受けて開眼した症例がまれにある。これらの症例は大変興味深いが、慎重な検討が必要だ。というのは、彼らは赤ん坊のまま時間を凍結しておとなになったのではないからである。赤ん坊と違って、彼らは長年にわたって、対象を操作し他者から学習するという経験をもっている。つまり、彼らが新たに獲得した視覚は、生直後の視覚に比べてはるかに多くの知識にもとづいている。また、手術前に彼らがどの程度の盲だったのかを知ることも重要だ。(注28)

最近まで、手術後数か月間は実質的になにも見えないか、あるいはほとんど見えない、と考えられていた。しかし、それとはまったく逆の知見がある。この数百年間に多くの症例が報告されていて、それをM・フォン・ゼンデン（１９３２）がまとめている。(注29)大多数の症例は、水晶体の白内障が原因の盲だった。注意する必要があるのは（必ずしも気づかれているわけではないのだが）、水晶体の摘出が眼球を傷つけ、有効な網膜像が得られるまでに数か月を要するかもしれないということである。角膜を切り開いて眼の水晶体をとり除くという、中世の初期に始まった水晶体摘出法とよばれる原始的な手術では、とくにその危険があった。ごく最近の角膜移植技術では、光学的に良好な眼が即座に得られる。視覚獲得手術のあと視覚の初期発達がどの程度の速さで起こるのかを知る上で証拠として使えるのは、こうした症例と、さらに最近の人工水晶体移植技術による症例だけである。

私は１９６０年代のはじめに、研究仲間のＪ・ウォレスとともに、そのような症例を研究する機会に恵まれた（注30）。「ＳＢ」（シドニー・ブラッドフォード）は、手術を受けたとき52歳だった。彼は、角膜に強度の白濁をもたらす感染症のため、おそらく生後すぐ、あるいは少なくとも生後10か月には両眼共に事実上の盲になっていた。われわれは、手術後もしばらくは彼が実質的に盲のままだろうと思っていた。しかし、

彼の視覚が決して未発達ではないことは、すぐにわかった。なぜなら、部屋にあるほとんどすべてのものの名前を彼は言うことができたからである。とても驚かされたのは、壁にかかった大きな時計を見て時刻を言うことさえできるということだった。あまり驚いたので、彼がどのような意味においても手術以前に盲だったということが、最初は信じられないほどだった。しかし、彼は、ガラスのない大きな懐中時計をわれわれに見せ、時計の針に手を触れることによってきわめてすばやく、かつ正確に時刻を知ることができることを示し始めた。手術以前には、いつもこの方法で時刻を知っていたようである。

視覚を得た当初から、ＳＢは鏡に魅せられていた。このことは、退院した翌日に明らかになった。われわれはこのときのことを、次のように報告している（注31）。

翌朝、朝食のとき、ＳＢは好んで、部屋を映す大きな壁鏡に向かって座った。彼は鏡に魅了され、好きになった。

一年後も、「彼はまだ鏡に魅せられていた。そして彼は、見る能力が向上していることにも気づいていた（注32）」。彼は、行きつけの「パブ」では、友人たちを直接見るよりも、壁にかかった姿見のなかに映る彼らを見るほうを好んだ。悲しいことに、鏡に映った自分や妻の顔を見るのは嫌だった！　多く

の点で、彼は盲人としての生活を続けた。たとえば、まっ暗ななかで触覚を用いて髭を剃るのを好んだ。

こういう事例では、とくに注意しなければならないことがある。それは、彼らが聡明だということである。正しい推測ができるので、実際よりもよく見えているかのように、まわりの者は思ってしまう。最初の移植直後に病室でSBに初めて会ったとき、私はたまたま、レインコートのポケットに一冊の雑誌を入れており、タイトルが見えていた。彼は即座に、そのタイトルを正しく言ってのけたのである！　われわれはそのときすでに彼がよく見えていることに驚いていたのだが、これはあまりにも見えすぎのように思われた。

われわれは、私のもっていた雑誌の名前を彼が正しく言ったときにまた驚くことになった。それはEverybody'sという雑誌（1959年1月17日号）で、表紙には縞のセーターを着た二人の音楽家の大きな写真が載っていた。彼は、雑誌名を正しく言ったが、その写真についてはなにもわからなかった。どうしてその雑誌だとわかったのかをたずねると、彼は「名前を読むことはできませんでしたが、最初の2文字のEVだけはわかったので、それがEverybody'sの一部だろうと思いました」と言った。さらに彼に聞くと、小文字を読むことはできないものの、大文字で書かれていればどの文字でも読めることが判明した。たまたま雑誌のタイトルは最初の2文字が**EVerybody's**と大文字で書かれていたので、読めたのだ。彼は「大文字だけは盲学校で、板木の上に彫られた文字を使って、触覚を通して教わりました」と話してくれた。小文字は教わっていなかった。このことは触覚的経験から視覚への直接的な転移を示しているという点で、とりわけ興味深い。また、比較的わずかな情報から、いかに正しい推測をすることができるか、ということも示している。このできごと以来、われわれは、知的な想像力が知覚障害を補っている可能性に、たえず注意をはらうようになった。

大文字だけであるが、文字を眼で読むことができたのは、盲学校で触覚を通して大文字を学習したためである。このような知見は、イタリアの心理学者A・ヴァルヴォによって1971年に確認されている。ヴァルヴォは、眼球の前方部分が形成不全の六人の症例（なかには哲学者もいた！）を研究した。[注33]彼らは、新しい技術によって、人工水晶体を装着された。[注34]ヴァルヴォは、彼らがすぐさま見て読むことができること、そして一般に、盲のときに触覚を通して学習したことは見ることができることを見出した。

ＳＢは、探索的な触覚を通じて得た開眼手術以前の経験を、新たに得られた視覚にすぐ役立てることができた。この事実が、この本の心の哲学の基礎になっている。鏡を前にしたときの混乱（きわめてよく見られる）は、効果的な視覚が対象との相互作用的な経験にもとづくものだということを如実に示している。こうした相互作用は、鏡では得られない。ガラスの保護ケースに囲まれた美術館の世界、映画やテレビのようなメディアの世界、あるいはプラトンの影の世界では、われわれもまた盲に等しいように思われる。もし触覚のない視覚の世界——鏡の世界——で育ったとしたら、盲と同じ状態になるだろう[注35]。

このような症例についての新しい研究が、日本で行なわれている[注36]。望月登志子・鳥居修晃（１９９２）は、当時13歳で視覚獲得の手術を受けた少女ＭＯに対して、鏡映像知覚の実験を行なった。彼女は、ＳＢと同じ角膜の移植手術を受けた。母親の話によると、４歳９か月のときから何度も手術を受けたが、それ以前は光が見えるだけで、色や形は見えなかった。

望月・鳥居は、次のように報告している[注37]。

研究は、およそ3年前（１９８９年10月10日）、ＭＯが2回目の角膜移植手術を受けた直後に開始された。そのとき以来、彼女はわれわれと視覚の学習を続けており、白い台紙の上に貼った色紙の色の識別や二次元図形の識別、そして机の上に置かれた立体模型の識別が徐々にできるようになった。

しかし、視空間内の対象を定位することはいまだに困難で、とくに鏡のなかの像の定位（対象の位置検出と識別も含む）は困難をきわめた。……われわれが検討したのは、鏡に映っている対象の定位に際してＭＯはどこを探索するか、自分の鏡映像を定位できるか、机の上に置いてある対象や自分が手にしている対象の鏡映像を定位できるか、という問題である。……実験室で、ＭＯを等身大の鏡の10～15センチ手前まで連れていった。彼女は鏡に向かって立ち、それが鏡であることは告げられずに、そこを見るように言われた。実験者は彼女の行動を観察し、ビデオカメラに記録した。彼女が鏡を観察した時間、鏡のなかの像に向けられた社会的反応の内容と回数、そして鏡の助けを借りて自分自身に向けられた行動なども記録された。

鏡に映った自分を初めて見たとき、彼女は触覚と視覚を用いて、鏡の表面を探索しただけでなく、鏡の後ろ側の空間も探索した（89年12月28日）。彼女は鏡に映った対象（つまり、自分自身）を定位することができなかった。鏡の後ろ側を探索するという行動は、89年12月28日から91年６月20日までの約18か月間続いた。彼女が鏡に映った自分、あるいは実験者とともに鏡に映った自分の定位に成功したのは、その7か月後のことであった。

彼女は鏡の後ろ側を探索することをやめ、ついに探索の空間を、鏡に向かっている自分の側に拡大した（91年10月15日）。たとえば、鏡のなかに緑色のものを見つけると、後ろを振り向いて、映っているのは木だということがわかった。

彼女が初めて鏡映像の定位に成功したときの対象は、自分自身ではなく、自分以外の人物であった（91年3月12日）。

鏡に映った自分を初めて見たときの彼女は、その対象の定位ができなかったばかりでなく、それが自分自身だともわからなかった（89年12月28日）。……われわれが、彼女に腕や手を鏡の前で動かすように助言すると、彼女は鏡の面上の動きを観察していたが、鏡自体が動いていると考えているようだった。彼女は、「鏡さん」と話しかけて、「あなたはだれですか」と言った。

鏡に映った自分の定位と識別が困難な状況は、3回目の実験（90年8月31日）まで続いた。しかし、変化が起こったのは、その7か月後に行なわれた4回目の実験（91年3月12日）のときだった。実験者のひとりが鏡に映った彼女の像を指して「これはだれですか」とたずねると、彼女は5回も「わかりません」と言い、「あなたはだれですか」と22回も繰り返したずねたのである。

だが、「私の動きをまねしている」と3回言ったので、われわれは「どちらがあなたですか」とたずねてみた。すると、鏡映像を注意深く観察した後に、彼女は自分の鏡映像を指差しながら、「これが私ですか」とこちらに問いかけてきた。だが、困惑している様子であった。

他者の鏡映像を知覚する実験は、3月12日から開始された。その日のMOは、実験者の像をいぶかしげに観察してから、それが自分の像なのかどうかを実験者にたずねてきた。さらに、鏡のなかに黒いものを見つけると、自分の横と自分の後ろ側の空間を探し始めた。最初は「だれかがここにいる」と言って、「あなたはだれですか」と2回たずねた。そして、実験者であることがわかると、「だれですか」、「Sさんですか」と実物にたずねた。引き続き、実物のSと鏡映像とを見比べて、鏡映像の黒い部分が実験者の頭だとわかった。すると、彼女は「頭の黒さで（Sさんと）わかった」と報告した。

このとき以来、彼女は自分の横に立っている他者（2人の実験者）の鏡映像の定位ができるようになった。ほとんどの場合、その鏡映像がだれかという識別には衣服の色を手がかりにしていた。6回目の実験の際に（91年10月15日）、実験者が手を動かすと、彼女は鏡映像のその部分を正しく指摘することが以前よりも容易にできるようになった。鏡映像の人物を識別するときには、髪、衣服の色、背の高さが手がかりとされた。彼女が顔の特徴を手がかりにしたと報告したことは、一度もなかった。

5回目の実験（91年6月20日）のとき、われわれは、手がかりとなる二、三枚の色紙（たとえば、黄色や赤）を彼女に手渡して、鏡に映る自分の認知を助けようとした。彼女は手にもった色紙を鏡の前で動かし、その動きを観察していた。……色紙を直接見れば、それらの色の名前を正しく言うことができたが、その動いているものが自分のもっている色紙であることにはなかなか気づかなかった。最初は、その色紙を自分の着ている洋服の色や身体の一部だと勘違いした。そのため彼女は、「私の洋服は白なのに、なぜ黄色に見えるのかしら」とか、「私の手は赤かったかしら」などと言った。

そのように鏡映像を解釈した後の段階では、色のついた部分をその色の服を着た他者であろうと彼女は推測した。したがって、「黄色の背の高い人が見えます」とか「緑色の人が鏡に寄りかかっています」と報告するのだった。そして第三段階になって彼女は、たとえば「私ではない」、「お母さんでもない」などと言いながら、色のついた部分がその部屋にいるだれかのものである可能性をひとつずつ消去していった。……

6回目の実験（91年10月15日）では、鏡の光学的な原理を彼女が理解しているかどうかを確認するために、テーブルの上に置かれたボールを観察してもらった。……最初は実物のボールとその鏡映像との区別がつかなかった。そのため、置かれたボールを実際の2倍の数で答えた。しかし、3回目の試行のとき、彼女は自分で鏡の後ろ側にボールを隠してみて、鏡映像がボールの移動と同期して消えることを見出した。4回目の試行で、鏡の手前にあるテーブルの上にボール2個を横に並べておき、「テーブルの上に実物のボールはいくつありますか」と実験者がたずねた。すると彼女は「2つです。あとの2つは鏡に映ったものです。鏡にはものが映るから……」と答えた。

鏡映像認知にかんする一連の実験を通して、次の4つの点が明らかになった。

1　探索する空間はどこか？
2　その際、どのように観察するか？
3　鏡映像のなかで、なにが認知しやすいか？
4　鏡映像のなかで、身体のどの部分が認知しやすいか？

MOが最初に探索したのは、自分と鏡の間の空間だった。次に、鏡の後ろ側の空間へと変化し、やがて自分の後ろ側の空間を探索するようになった。鏡映像と実物とを見比べた時点で、彼女はその像を対象に結びつけることが可能になった。……

認知がもっとも困難なものは、自分の鏡映像であった。他者の身体のなかで認知が一番容易な部分は、洋服であった。次いで容易なのは頭や手で、顔の認知がもっとも困難だった。

これらの結果は、彼女がなぜ自分の鏡映像の認知がきわめて困難であったのかを説明している。われわれは、鏡に映った自分を認知するとき、顔の特徴を手がかりとして用いなければならない。しかし現在も、彼女は、人の顔を視覚では識別できないのである。

通常とは異なる状態は、通常の状態を考える上で大いに参考になる。盲からの回復過程を鏡を用いて詳しく調べた日本のこの研究は、知覚の起源と発達を理解する上で注目すべき新しい証拠を提供している。しかし、特殊な事例はあくまでも典型的なものではないから、その解釈には慎重さが求められる。知覚の場合にも、重要なことは外に現われているものの陰に隠れていて、見るのがむずかしい。だからこそ、科学が、自然やわれわれ自身の隠れた深遠さに挑戦し対面する特別な機会を与えてくれるのである。

最後に、鏡に対面する実験をしてみよう。鏡のなかの自分の眼を見て、一方の眼からもう一方の眼へと視線を動かしてみよう。眼が動くのを見ることができるだろうか？　次に、友人に頼んで、あなたの一方の眼を見てからもう一方の眼を見るというのを繰り返してもらい、そのときの友人の眼を見てみよう。両者の違いには信じがたいものがある。友人の眼は、明らかに左右に動いている。あなたの眼も、友人の眼と同様動いているのだが、動かないように見える。なぜ自分の眼の動きは鏡のなかで見ることができないのだろうか？　これは、疑問として残しておこう。

2 芸術のなかの鏡

鏡は芸術家の教師である。

――レオナルド・ダ・ヴィンチ

想像力が理性とひとつになるとき、芸術の母となり、また芸術の驚異の源となる。

――フランシスコ・ゴヤ

画家は、すばらしいその描写力によって、微妙に変化する光の反射を――とくに水の上で変化する反射を――表現するというのに、驚くことに、鏡を描いた絵画はきわめて少ない。(注1)もちろん画家は、彼らだけが瞬間に永遠を与えることができたのだから、鏡よりもすぐれていると感じていた。しかし、1840年にいたって、事態は一変した。写真という信じられないほどありありとした「記憶の鏡」が出現して、画家たちに挑戦し、彼らを刺激することになったからである。最初、写真は、長い露出時間が必要だった。しかしその後、1秒の何分の1かあれば十分鮮明な写真が撮れるようになると、さざ波から反射する複雑で微妙な光の様相がついに眼の前に姿を現し、絵画にも描かれるようになった。とは言っても、眼に見える以上のものをとらえることには、危険がともなう。過度の写実主義によって、心の眼に映ずる絵画のイメージを破壊することになりかねないからである。何世紀もの間、鏡が絵と同じもののように誤って考えられていたので、鏡は画家にとって特別の難題だったわけだが、しかしいまや、写真が、絵の具を用いて現実を描き出す絵画に対して、不可能な、しかもある意味では不適切な基準を設定したのだった。

ルネ・ユイグは、その著『芸術の発見』の「自然の見かけを越えて」という章のなかで、こう述べている。(注2)

写実主義は、写実主義ならではの魅力と正当性をもっている。芸術から写実主義を排除するなど、とんでもない行為と言ってよいだろう。いずれにせよ、写実主義を正当に位置づけておく必要がある。そして、こうした問題を提起しているのが、まさに鏡なのである。絵画を、それが表現している対象のたんなる再現として見ることは、鏡に映る束の間の像を、鏡そのものととり違えるのに似ている。鏡自体は、その素材と特性をもち、それが反射している仮象の映像ではない。また鏡の表面に突きあたり、眼のなかにはね返ってきたこの顔やあの花々の映像でもない。鏡は、このような見せかけの背後に存在するのであり、反射現象の背後のたんなる担い手にすぎないのである。

すでに述べたように、いくつかの注目すべき例外（そのいくつかは以下で紹介しよう）は別として、鏡を描いた絵画は、驚くほど少ない。鏡が、画家たちが喜ぶような特別な見えと空間の延長――幻影と実在の多義性――を提供することから考えると、このことはいささか奇妙である。

ルネ・ユイグは、こう続けている。

絵画は、一定の物質、絵の具でおおわれた平面であり、そうした絵の具が、モーリス・ドニの有名なことばを借りるなら、「一定の秩序で組み立てられた」線と色彩を構成している。しかし絵画は、はるかにそれ以上のものだ。鏡とは違い、絵画には、眼に見える表面の背後に、心理的背景がある。すなわちそれは心の生命であって、芸術家たちは、そこから絵を描くのであり、これら線や色彩は、心の生命の可視的なサインなのである。鏡に映る見かけの奥行きをもった背景は、鏡の前の空間を映しているにすぎず、幻影にすぎない。絵画においては、その背景は別の「次元」、もうひとつの世界に導く。作品がそこへとわれわれを誘うのである。絵画はこの意味で、芸術家の魂なのだ。

別の対象を絵で表現することによって錯覚を生じさせ、錯覚の「実在性」を強調しようとする芸術家もいれば、絵画のパターンや色彩それ自体が特別の対象であるとして、そのインパクトに関心をもっている芸術家もいる。この二重の実在性の変形が、絵画への尽きない関心を支えているのであり、写真はそれにおよぶべくもない。

自然界の光の反射は、絵画をきわめて豊かなものにするが、鏡を描いた絵画や鏡を写した写真は、どうあっても期待ほどではない。というのは、鏡をのぞくときの、トンネルを通って別空間へと入り込んでいくような感覚に必要な、立体的な奥行きを欠いているからである。そしてつい最近まで、鏡そのものが一般に小さく、また現代の基準からすると、光沢を欠いていた。おそらくより重要なのは、一般に鏡に映る像が、もとの像よりも小さいという事実である。そこで芸術家たちはしばしば、絵画のなかの鏡に映る像を効果的なものにするため、「だまし」を行なわなければならない。これは、写真家がもちえない特権である。

鏡は、絵画——とくに自画像——を描くための補助として広く用いられてきた。その場合、芸術家が左右反転した自分を見ているということが欠点になる。光学的に反転する鏡を使って補償を行なえば、この問題を解決できるのではないだろうか？　そうするには、一対の鏡を直角に合わせたものを用いればよい（101ページ参照）。しかし、芸術家たちは、このような単純な解決方法を用いてはいないようだ。いろいろな理由から、デッサンや絵画には、多くの左右混同がある。ひとつの興味深い例が、図版1に示したレンブラントの1668年の自画像である。明らかに左利きに見えるのに気づいて、レンブラントは、手と腕を塗りつぶし、描き直している。この絵をX線で見ると、それがはっきりわかる。

版画では、一般に、左右逆に彫る必要がある。というのは、版画は、銅版・木版・石版から紙を引き離し表に返す印刷の過程で、左右が入れ替わるからだ。版画をプリントする人間は、もとの作品が反転して制作されたのかどうかとか、再逆転すべきかどうかなどを、必ずしも知っているわけではない。そのため、版画では誤って左右が反転している場合がある。反転印刷の問題は、写真でも起こる。しかし、版画制作とは違って、修正するにはただネガをひっくり返せばよい。この種の混同は、画家たちをすこぶる困惑させてきた。ファン・ゴッホは、彼の作品の売り手、弟のテオあての手紙のなかで、『馬鈴薯を食べる人々』の版画の左右が逆になってしまったとこぼしている。その結果、右利きの人が左利きに見え、絵の構図も変わってしまう。動きが含まれる場合には、これはとくに問題だろう。

一般に、悪い行為は、右から左に起こっているように描かれ、良い行為は、右への動きとして描かれる。しかし、イギリスの心理学者、クリス・マクマナスはたくさんの人に、よく知られた絵を鏡に映ったように左右反転させて示したところ、不思議なことに、ほとんどの人は絵が反転していることに気づかなかった。（注3）左利きは、一般の人々よりも画家や建築家にかなり多い。有名な左利きの芸術家には、鏡文字で『覚書き』を書いたレオナルド・ダ・ヴィンチや、その他ラファエロ、ホルバイン、パウル・クレー、パブロ・ピカソなどがいる。美術の学生では、一般の人々の約二倍の割合で左利きがいることが知られている。（注4）

鏡の美術小史

　鏡を描いたもっとも有名な絵は、フランドル絵画の初期の画家、ヤン・ファン・アイク（1386-1441）の『アルノルフィーニの結婚』である。この絵には、カップルの背後に大きな凸面鏡が描かれている（図版2）。これは、最初の全身の肖像画のひとつである。人物は商人のジョヴァンニ・アルノルフィーニと、商人の娘で彼の妻、ジョヴァンナ・セナミである。この部屋はおそらく、ブルージュの彼らの家である。鏡には二人の人物が映っているが、そのうちひとりはおそらくこの絵を描いた画家である。背後の壁には、ラテン語で「Johannes de Eyck fuit hic」という銘が刻まれている。画家が鏡とともに参加している、という意味であろう。つまり、「ヤン・ファン・アイクここにあり」は、「ヤン・ファン・アイクはこの鏡のなかにいる」ということを意味していると思われる。

　イタリアの画家ミケランジェロ・ダ・カラヴァッジョ（1569-1609）は、劇的なテーマと極端な遠近の短縮法を用いたことで有名だが、ペルセウスの盾に映ったゴルゴン三姉妹のひとり、メドゥーサのぎょっとした表情を描いている（図版3）。スペインの画家ディエゴ・ロドリゲス・ド・シルヴァ・イ・ヴェラスケス（1599-1660）は、宮廷画家だったが、すばらしい、必ずしもへつらうところのない写実主義を達成している。ヴェラスケスの『宮廷の侍女たち（ラス・メニーナス）』は、きわめて複雑で珍しい構成をもっており、鏡をじつに効果的に使っている（図版4）。画家（ヴェラスケス）は、絵を見る者のほうを向いており、キャンバスの後ろの部分が左側に見えている。中央の鏡には、二人の重要人物――王と王妃――が映っていて、鏡の周囲に王女と侍女たちが描かれている。では、王と王妃はいったいどこにいるのだろう？　彼らは、絵の中央にこちらに背を向けて立っているはずだが、そこには描かれていない。したがって、明らかに王と王妃の鏡映像は、架空のものである。鏡は当時としては巨大なものだったが（ヴェラスケスはきわめて高価な鏡をいくつも所有していたことが知られている）、その鏡映像は、ドラマチックと言うにはかなり小さい。

マイケル・レヴィ卿は、このきわめて複雑な絵を、こう記述している[注5]。

> 絵の実際の鑑賞者が立って見ているのと同じ場所に立っている観察者が、部屋の奥にかけられた鏡に映っている、といった鏡のトリックの効果は、当時スペイン王立コレクションに所蔵されていたファン・アイクの『アルノルフィーニの結婚』にヒントを得たのかもしれない。しかし、この部屋には、王女マルガリータ・テレーサと彼女を囲む侍女たち、そして仕事を続けている画家自身がいて、彼はおそらく、王と王妃の肖像画を描いていると思われ、その姿が鏡に反射して見えている。だまし絵的な複雑なしかけのなかで、この一群の人たちは、揺るぎない存在感を示している。あからさまに肖像画用のポーズをとっておらず、動きの一瞬がとらえられている。ひとりの侍女が王女にひざまずき、男の子が足で犬をなでている。背景には開いた扉があり、その矩形のなかに背後の光に照らされてひとりの男の姿が見えている。この絵は表現主義的に描かれているというだけでなく、宮廷生活の「印象」をかいま見せていると言えよう。この絵がどのようにして生み出されたのか、なにもわかっていない。ただそれは、ヴェラスケスの作品のなかでは異彩を放っている。おそらくこの作品は、古代エジプトの王室の秘宝のように、一般の人々の眼にはふれないように意図されていたのだろう。

同様によく知られたヴェラスケスの現存する唯一の裸婦、『ヴィーナスの化粧（ロクビーのヴィーナス）』は、１６４７年から５１年ごろにかけて描かれている[注6]。ゴヤの絵を思わせる横たわった若い女性の後ろ姿が描かれ、彼女の顔が、天使の支える鏡に映って見えている。鏡は、彼女の顔よりも遠くに置かれているけれども、その鏡映像は、画家の特権によって、あるべき大きさの少なくとも二倍に描かれている（図版5）。この点は、絵画や写真にとって、鏡を映したり描いたりする際の問題点である。というのも、鏡が主題の人物の奥に置かれると、鏡映像は、思いのほか小さくなるからだ。

フランドルの偉大な芸術家、ピーテル・パウル・ルーベンス（１５７７‐１６４０）は、１２００点以上の絵画を制作している。しかし彼は、一介の画家という以上の人物だった。際立った手腕と言語的な才能、そしてまた国際的、文化的な仕事もこなす傑出した外交官だった。彼は、ロンドンのバッキンガム宮殿やホワイトホールの晩餐会館にある重要な作品を制作し、チャールズ一世からナイトの称号を授けられた。

彼はおそらく、その肉感的な女性人物画でもっともよく知られるが、後期には、風景画にすぐれた作品を残している。彼の作品のなかで、鏡は『ヴィーナスの化粧』（図版6）に登場し、鏡に映ったイヤリングが異なった色に描かれている。

十九世紀までに、鏡は、もっと頻繁に描かれるようになっていた。ホルマン・ハントの『シャロット姫』（ラファエロ前派の最後の絵として知られる）は、同じ題名のテニソンの詩（1850）にちなんだ作品で、因習からの女性開放の始まりを反映している（図2・1）。エドマンド・スウィングルハーストによると、「おそらくハントが描こうとしたのは、シャロット姫が、鏡に映る世界だけを見るよう定められていた運命に反抗して、窓からランスロット卿を見ようと決心したその瞬間だった」(注7)。ハントは、彼のもっとも有名なこの絵の制作に二十年を費やした。バーン＝ジョーンズは、『不吉な頭』（図版7）で、異常なほど静寂な庭園の水面に映るゴルゴン姉妹のメドゥーサを描いている。

フランス印象派のエドガール・ドガ（1834-1917）は、女性、とくに踊り子の魅力のとりこになった。鏡は、踊り子にとってきわめて重要だから、彼の絵には、鏡をあつかった作品がよく登場する。彼の絵はあまりに大衆の心をとらえたため、やがて意外性の効力を失ってしまうことになった。鏡は、マネの絵にも登場している（図版8参照）。

これらの作品とまったく異なるのが、鏡をはじめとするさまざまな種類の多元的な表現によるルネ・マグリットの注目すべき実験である。あまりに鏡による反転を見慣れているので、マグリットの『複製禁止』のような反転しない鏡には、混乱してしまう（図2・2）。

スペインのシュールレアリスト、サルヴァドール・ダリ（1904-89）は、彼の多くの作品のなかに、知覚的な錯覚への陶酔を投影させている。それらのなかには、絵を回転させると見え方が変化するものがある。たとえば、『象を映す白鳥』（図版9）を見ながら、本を逆さにしてみよう。すると、象と白鳥が入れ替わる。ダリの『ナルキッソスの変身』（図2・3）は、ナルキッソスが湖に映る自分の姿に恍惚となっているところが描かれているが、朽ちはてそうな石の手が卵を支え、そこから水仙（ナルキッソス）の花が咲き出している。

古代ギリシア・ローマの時代から現代にいたるまで、鏡に向かって化粧したり髪を整えたりしている女性を描いた絵が制作されている。女性の芸術家は、鏡にどう反応しているのだろうか？　フランスの印象派の画家、ベルト・モリゾー（エドワール・マネの弟、ウジェーヌの妻）は、その絵『プ

図2・1　**ウィリアム・ホルマン・ハント『シャロット姫』(1886-1905)**
By kind permission of Manchester City Art Galleries.

図2・2　ルネ・マグリット『複製禁止』(1937)
By kind permission of Museum Boymans-van Beuningen, Rotterdam.

図2・3　**サルヴァドール・ダリ『ナルキッソスの変身』(1937)**
By kind permission of the Tate Gallery, London.

シケに向かって』(1891)で、大きな鏡に映る自画像を描いている。この肖像画には、マネが描いた彼女の肖像画『横たわるベルト・モリゾー』(図2・4)もごく小さめに、左右反転して、鏡の左上に描かれている。「プシケ(Psyché)」は、女性のプライベートな化粧室、すなわち女性の私室の鏡に名づけられた魅力的で刺激的な名称であった。アン・イゴネ(1990)は、ベルト・モリゾーの描いた『プシケに向かって』(図2・5)をこんなふうに分析している。

マネが描いたモリゾーの肖像画がこの絵のなかに出現しているということは、たしかに無気味である。それは、フロイトがその名を冠したエッセイのなかで「無気味」ということを定義しているのと同じ意味(55ページ参照)で、またネイル・ヘルツが、『フロイトと砂男』というフロイトと無気味さにかんするエッセイのなかで無気味さを洗練させているのと同じ意味で、無気味である。それは、自身の分身としての自分の過去の像の復活である。……

『プシケに向かって』は、一見ひとりのヌードモデルを描いたように見え、実際のモデルとその鏡に映った像が二重に見えている。しかし、その鏡に映った像にはさらに、マネの描いた肖像画がある。

鏡のなかに見える裸身の女性——男性からの性的な視線に

図2･4　エドワール・マネ『横たわるベルト・モリゾー』(1873)
From a private collection；© Witt Library, Courtauld Institute.

図2･5　ベルト・モリゾー
『プシケに向かって』(1891)
From a private collection.

対する受け身の対象――が、マネによって見られた彼女自身と並置されている。こうして二つを並置して、モリゾーは、そのどちらにも焦点を合わせない。どちらも、男性の眼に映った女性の自己の姿であり、モリゾーの視野のなかでは、決して溶けあうことはない。それらは、見ている者であることと見られている者であることの間の矛盾を暗示し、彼女の絵にとりついた幽霊のように存在し続けている。

彫刻では、鏡はごくまれである。重要な例外のひとつに、イギリスの芸術家、マイケル・エアトン（1921‐75）のブロンズ像がある。彼は、ギリシア神話の人物たちの像にいたる巨大な迷路のなかに大きな金属鏡を置き、またターンテーブルの上に載せられた小さな人物像の間にハーフミラー（半透明のアクリル板）をとり入れている。『とらわれしもの』、『囲まれた頭』や『鏡の双子』（図2・6）などの作品がそうである。これは実際、幻影と実在のたわむれであり、アルフレッド・フレンドリーの次のことばによく表現されている。（注8）

じっと丹念に観察すると、男の像が、ぼんやりとガラスのなかに出現したり、ガラスの上に映し出されたりする。ときにはある角度から完全な姿で、またときには部分だけが現われ、またたえず外部から入り込んでくるさまざまな事象に影響されている。

マイケル・エアトンは私の親しい友人で、目覚ましい創造的人生を送ったが、晩年の十年間は、結婚によって私の親戚となった。彼は、『鏡の不思議』というシリーズのテレビ番組を制作しようとしていたが、その矢先に亡くなった。『鏡の不思議』シリーズが、マイケル・エアトンとともに失われてしまったのは悲劇としか言いようがない。（注9）もちろん、私は彼から多くのことを学んだ。いずれにせよ、彼がまだ生きていたら、この本はまったく違ったものになっただろうし、もっとずっとよいものになっただろう。この本が彼の友人たちにとって、彼の記憶を思い出すよすがとなればと願っている。

遠近を映す

風景や静物を描いた絵画はどれも、おもしろい逆説的な特徴をもっている。二次元の平面の上に三次元を示しているからだ。三次元のステレオ絵画は別として（ダリが試みているが、絵画ではごくまれだ）、絵には、単眼で見た光景があるにすぎない。したがって、遠近法やほかの「単眼」の奥行き手がかりが、きわめて重要となる。

図2·6　**マイケル・エアトン『鏡の双子』(1973)**
反射し，反射される彫刻。
By kind permission of the estate of Michael Ayrton；© G. F. Faiers.

鏡のなかの光景は、遠近法的に完璧である。しかしこう言ってみても、なんの助けにもならない。画家が意味し用いる遠近法というのは、どのようにして三次元の世界を二次元の平面に表現できるか、ということだからである。たしかに、平面鏡は平らな面である。しかし、鏡の反射はガラス面上に閉じ込められているわけではないから、絵画とはまったく違う。鏡の遠近法は、光景を直接見る場合とまったく同じだ。したがって鏡は、いろいろな点で助けにはなっても、画家のもつ問題を解決してくれるわけではない。

鏡は、完全な三次元的視覚世界を誤った位置に示していることを除けば、いわば窓のようなものだ。この点は、絵画にとっても同じである。しかし絵画の像は、「リアルタイム」ではないし、多かれ少なかれ架空のものである。ステレオ絵画においてのみ、さまざまな特徴がリアルに、画面の手前にきたり後ろに行ったりする。ただし、すばらしく精巧に描かれたトロンプ・ルイユのような絵画では、陰影などの「単眼」の視覚手がかりがきわめて効果的である（図版10）。鏡に映る像は、観察者の動きとともに変化し、直接見ている対象と同じように、観察者の動きと逆方向に回転する。（注10）しかし、絵画や写真などの画像では、そのようにならない。おもしろいことに、奥行きがきわめてリアルに表現されている絵画や写真の場合には、観察者が動くにつれて通常生じるはずの運動視差や対象の回転が生じないので、見る者に混乱を生じさせる。このような絵画や写真は、観察者が動くにつれて、（通常の運動視差の方向とは逆方向に）回転するように見える。ただし、これは、絵画や写真のなかに奥行きがリアルに表現されているときだけ生じる。（注11）絵画は通常、その面が平らに見えると同時に、奥行きも感じられるといった、逆説的な特徴をもっている。この準‐半奥行き感は、それほど強いものではないが、むしろ、奥行きが完全に写実的に表現されている写真よりも安定した感じを与える。しかしときには、とくに建物の内部設計で、教会や宮殿の実際にはない部分をあるように見せたり、彫像を完全なものと見せるため、芸術家は手を尽くして本物らしく見える錯覚を作り出そうとする。こうした伝統は、古代のギリシア絵画にまでさかのぼる。しかし、賞賛はしばしば、「こんなものは、芸術でもなんでもない」という批判にとって代わる。たとえば、ルーカス・ド・エールは、ファン・アイクの作品を評して、「それは鏡だ。しかり、鏡であって、絵画ではない」と述べている。（注12）

まるで鏡に映っているかのように完全に仕上げられている絵は、それを見ながら動くとおかしなことが起こる。動くたびに、絵がその動きの方向に回転するように見える。これは、対象を直接、あるいは鏡を通して見るときに生じる運動視差とは、逆である。絵画では、われわれが動いても固定した視点で描かれたものを見ることになるが、このようなことは通常、見ている対象（たとえば人間）がこちらの動きにつれて動いているときにだけ生じる。通常の絵画で知覚される奥行きはそれほどはっきりとしていないため、この効果はそれほどよくはわからない。しかし、トロンプ・ルイユで、絵の表面がどこなのかはっきりしない場合はとくに、通常の絵画に見られるような逆説的で印象の薄い奥行きの代わりに、鏡に映っているかのような像が凍りついたように見え、見る者の動きにつれて奇妙な変形が生じる。（この印象は、絵自体が回転するときよりも、観察者が動くときによくわかる。もちろん、どちらも、網膜上での像の変化は同じだ。）

こうした効果を十分に味わうためには、複製でなく、実物の絵を見る必要がある。とは言いながら、トロンプ・ルイユの例を図版10に示した。トロンプ・ルイユは、豊富で微細な陰影と、正確な、あるいは誇張された遠近法によって、その効果を最大限に発揮する。こうした絵は、ゆがみが変化したり運動が逆になったりするから、ギャラリーのほかの絵を見る妨げになるだろう。そんなわけで、画家はふつう、写実主義をひかえることによって逆に多くのものを得る。光学的にも幾何学的にも正確な遠近法は、きわめて重要な発見だが、画家にとっては、功罪相半ばする。現在では、遠近法が完璧に使われるようなことはほとんどなく、まったく捨てられることもある。

絵画に鏡を利用する

幾何学的遠近法で描くのに、最初のころは鏡が使われていた。偉大なイタリアの技術者で建築家で発明家の、フィリッポ・ブルネレスキ（1377-1446）は、1413年より少し前に、フィレンツェでこの原理を発明した。(注13) とは言っても、彼以前の画家たちが対象を三次元的に表現する手法を発展させなかった、というわけではない。たしかに彼らもいろいろと試み、ある程度の成功は収めていた。しかし、ブルネレスキ以前には、眼の網膜に映る対象の像はその距離の増大に比例して縮小するといった鍵概念が十分理解されておらず、用いられてもいなかった。そしてレオナルド・ダ・ヴィンチ以前には、対象から眼にいたる光線の円錐を平面によって切りとることができ、遠近法的な絵はまさに、視覚の円錐を交差するこうした平面なのだということが明らかではなかった（図2・8参照）。視線方向の距離は、実際の距離、すな

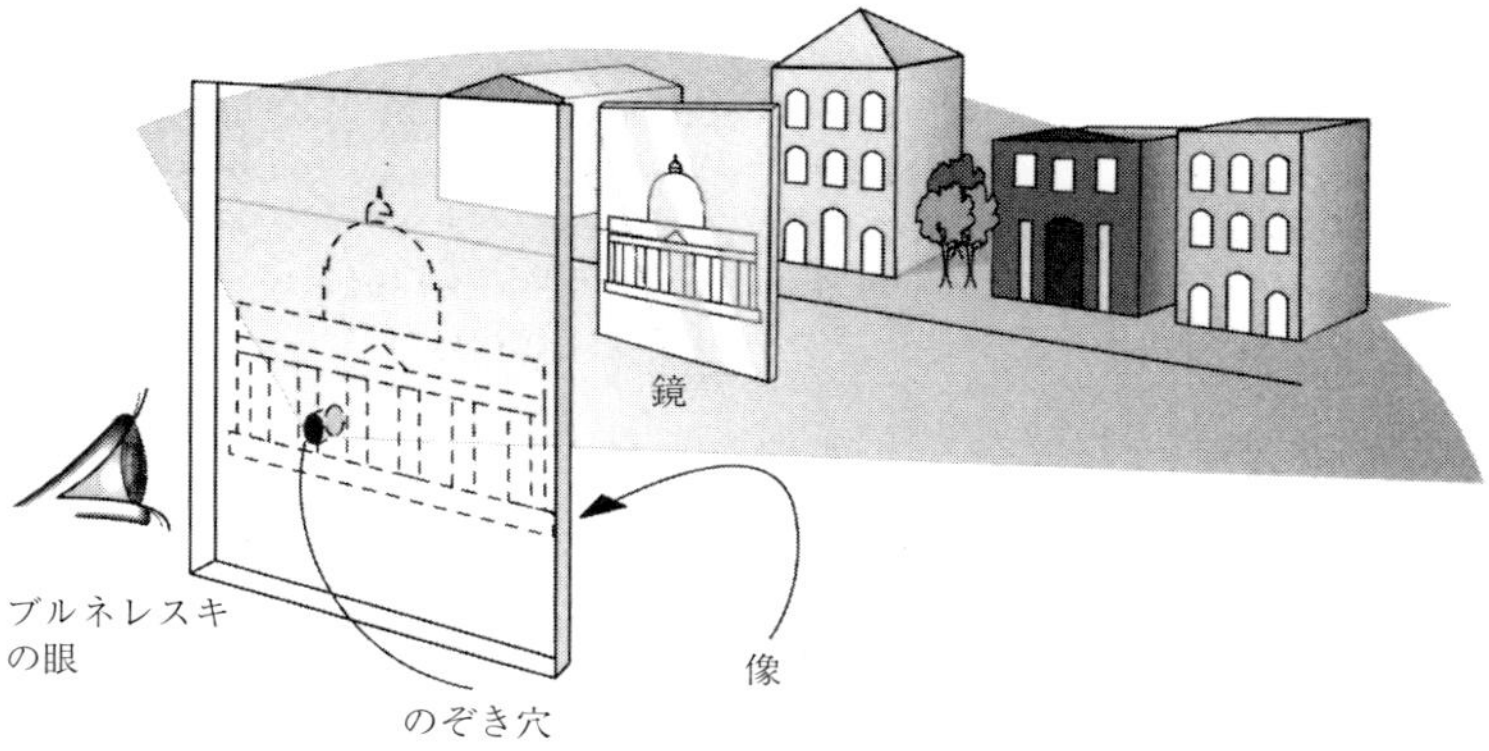

図2・7　**ブルネレスキの遠近法におけるヴァーチャル・リアリティ**
計画されている大聖堂の板絵に開けたのぞき穴を通して鏡を見ると，洗礼堂とシニョーリ広場によって囲まれた大聖堂が——建ったときと同じように——見える。

わち奥行きにかんしてまったく不確定である。したがって、遠近法の奥行きは、つねに（無意識的な）仮定に依存しているわけだが、この仮定が正しいとはかぎらない。遠近法は、大いに役立つが、絵に錯覚をもたらす大きな原因にもなる。

幾何学的遠近法が最初に使われたのは、建築予定のフィレンツェの大聖堂が、周囲の建物に囲まれるとどのように見えるかを示すためだった。ブルネレスキは、まず建つはずの大聖堂の板絵を描き、その板絵にのぞき穴を開け、その絵を鏡に映すことによって現在ある建物のなかにその絵を置いて、それがどう見えるかを眺めた（図2・7）。これこそまさに、十五世紀のヴァーチャル・リアリティ——現在の情景にセットした未来の光景——である。ブルネレスキは、遠近法を生み出す法則こそ知らなかったものの、鏡とその絵に開けたのぞき穴を使って、いまある建物と光景を遠近法的に描くことができた。法則は、その後で明らかになった。(注14) マーティン・ケンプによると、ブルネレスキの方法が画家たちに使われることはほとんどなかった。画家たちが幾何学的遠近法を使って、想像力が生み出す光景を描写できるようになるには、しばらく時を待たねばならなかったのである。

ブルネレスキの鏡の利用については、ジョン・ホワイトが『絵画空間の誕生と復活』（1957）のなかで詳しく述べているが、そこにはアントニオ・マネッティの『ブルネレスキの生涯』[注15]が引用されている。それは、正確な遠近法の最初の（そしてとうの昔に失われてしまった）例であるサン・ジョヴァンニ洗礼堂とドゥオーモ広場についての記述である。

そして彼が遠近法について最初に示した例は、およそ半ブラッチョ[注16]平方ほどの小さい板で、彼はその板の上に、外から見たサン・ジョヴァンニ・デ・フィレンツェ洗礼堂を正確に描き、外から見えるかぎりのものを描いた。彼はそれを、サンタ・マリア・デル・フィオーレ大聖堂の中央のドアを3ブラッチョほどなかに入ったところから描いたと推測される。それはきわめて入念にして精緻なもので、白黒の大理石の色からしてまさに正確で、それ以上に描ける細密画家などいはすまい。眼前の光景を描いているので、眼に入る広場の一部も描き込まれ、ミゼリコルディアに面した側では、見えるかぎりのカント・アラ・ペコーリのアーチと角が、またサント・ザノービの奇跡の円柱の側は、カント・アラ・パーリアも一望できるかぎり描かれていた。遠くのものも可能なかぎり描かれ、絵のなかの壁が空中に消えて見えなくなる空に及んでは、磨いた銀が貼られ、大気と自然の空とが映されて、雲もまた、風が吹くと銀地に映りながら静かに流れていくのが見えた。

マネッティは、このしかけがどのような位置関係にあったかを記している。

画家は、その絵を見る位置をひとつ確保し、その高さ、奥行き、左右の位置、さらに距離を一定に保つ必要があった。そうすればその一定点以外の場所からその絵を見たときのように情景がゆがんでしまうことはない。そこで彼は、この板絵に穴をひとつ開け、その穴がサン・ジョヴァンニ洗礼堂の絵の一部になるようにしたのである。その穴は、サンタ・マリア・デル・フィオーレ大聖堂の中央のドアの内側の、彼がその絵を描く際にとった位置から見ると、ちょうど真正面にあたり、彼がこの絵を描いたと想定される場所である。この穴は、絵が描かれている側では小豆ほどの小さな穴だが、裏側ではちょうど女性の麦わら帽のようにドゥカート金貨かそれよりちょっと大きくピラミッド型に開いている。観察者は裏側の大きい穴のほうに眼を置き、一方の手で板絵を眼に近づけ、もう一方の手で鏡をもって絵と向かい合わせになるようにして、絵が鏡に映し出されるようにする。手にもった鏡の距離は、1ブラッチョ弱から1ブラッチョほどの長さになるように調節し、彼がそれを描いたときの位置に合わせると、サン・ジョヴァンニ洗礼堂、磨かれた銀地に映る空や広場な

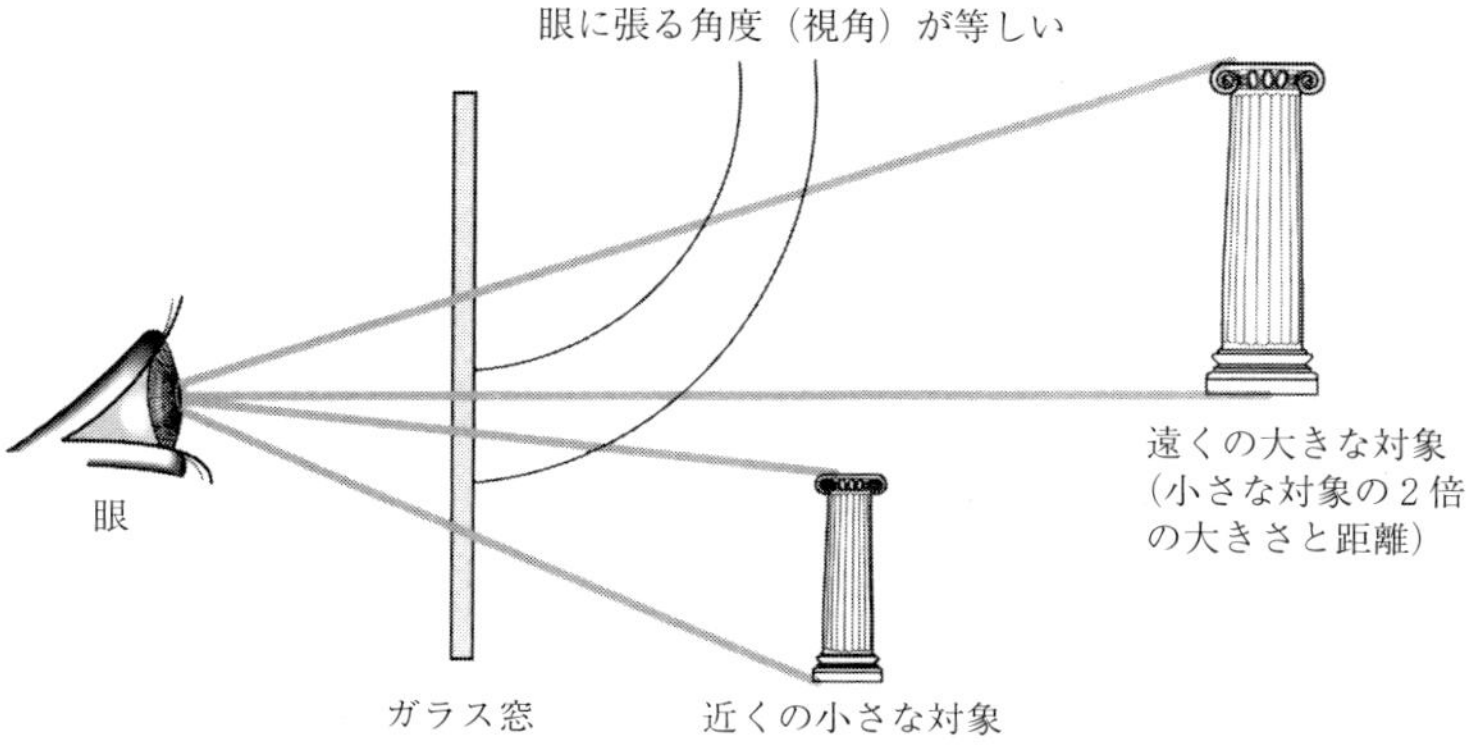

図2・8　**ガラスによって切断されたレオナルドの「ピラミッドの線」**
この図は，遠くにある大きな対象が，近くの小さな対象と同じ角度を——そして同じ網膜像を——眼に生じさせることを示す。遠近法的に完全な絵は，このガラス上に描くことによって生み出される。しかしこれは，いま眼の前にある対象だけにしか利用できない。

ど、すでに述べたまわりの情景が、あたかも実物のように見えてくる。私自身も、実際に試してみたことがあり、確信をもって証言できる。

レオナルド・ダ・ヴィンチ（１４５２-１５１９）は、その『絵画論』のなかで、遠近法——および光学的補助手段としての鏡と窓の利用法——についてこう述べている。

遠近法は、あらゆる対象がピラミッド状の線によって眼にその外観を伝えているということを経験的に確認する合理的な例である。等しい大きさの対象も、相互の距離にしたがって、ピラミッドの角度が大きくなったり、小さくなったりする。ここでピラミッド状の線とは、対象の表面の端から出発して、ある距離を移動し、単一点に集まる線を意味する。

これは、図2・8に示されている。レオナルドは、こう説明している。

あらゆる対象は、ピラミッドによって眼にその外観を伝えている。もとの対象の像は、このピラミッドが眼により近い位置で切断されるほど、小さくなる。ピラミッドの底面と接する断面によって、ピラミッドを切断することもできる。……

さらにレオナルドは、絵画と鏡に映る像とを比較する。

描写した自然と、絵画全体とが一致しているかどうかを知りたいなら、鏡を手にもち、実際の対象を映してみればよい。映っているものと描いたものとを比較して、注意深く、実際の対象と絵画が対応しているかどうかを、入念に鏡との関連で調べるのだ。鏡を――それは平面鏡のことだが――教師と考えるべきである。というのも、映った対象は多くの点で絵画と似ているからである。言うならば、平面上に描かれた絵画は、対象が立体的であるように見えるが、平面鏡も同じである。絵画は、ひとつの面しかもたない。鏡も同じである。また絵画は、丸くて浮き上がっているように見えてもつかむことができず、手で触って確かめることはできないが、鏡もまた同じである。鏡に映る対象が輪郭線や光と影によって浮き上がっているように見えるとすれば、あなたには鏡よりも強い光と影の絵の具の色があるのだから、それらの絵の具を適切に併せ使えば、ちょうど大きな鏡のなかに見える自然の対象さながらの絵を描くことができるであろう。

レオナルドはまた、芸術家たちに、完成半ばの作品を鏡を使って見るよう勧めている。

私が勧めたいのは、絵を描いているときには、手許に平面鏡を置いて、何度も自分の作品を映してみる、ということである。作品が反転するのでほかの画家が描いたもののように見え、欠点をいっそうよく判断することができるであろう。

遠近法は幾何学的であるが、また心理学的でもある。というのは、それが、視覚的な前提に依存しているからだ。この前提は、意識されない。この前提は、まったくチェックされることがないので、眼はきわめて容易にあざむかれてしまう。事実、そうだからこそ、絵画の遠近法がその威力を発揮するのだ！　絵画で遠近法が効果を発揮するのは、正常な対象についての前提を、平面上に描かれた奥行きという異常な世界へもち込むからである。これは、虚像の心理学的成分に似ていなくもない（95‐97ページ）。もちろん、対象の形の遠近法的前提は、鏡に映っている虚像の見かけの位置まで光線が鏡を貫いて続いているという単純な（誤った）前提よりも、はるかに豊富である。

遠近法が依存している間違った視覚的前提が、写実的な絵画という不思議を引き起こす。それらはまた、劇的な、そしてときにはおもしろい錯覚を生じさせる。遠近法で遊んでい

図2·9　**ウィリアム・ホガース『釣り人』(1754)**
この絵は，遠近法と遮蔽の視覚的手がかりを矛盾させて，生き生きとした視覚のパラドックスを生み出している。

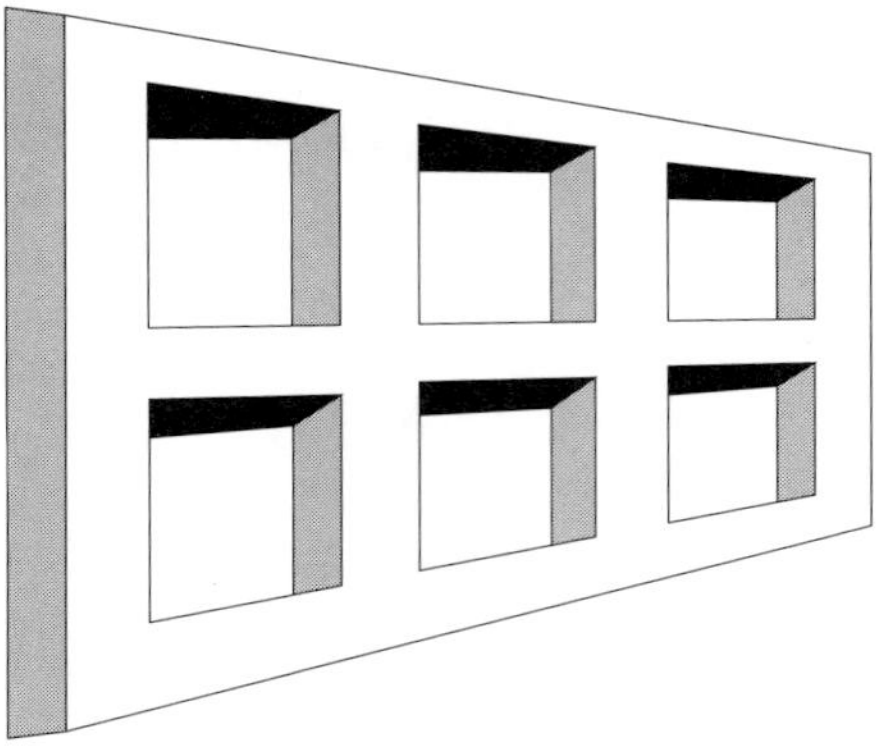

図2・10　**エイムズの窓**

この窓は，正常の四角の窓を斜め方向から見たときのような，遠近法的にゆがんだ台形をしている。そのため，これをゆっくり回転させると，眼では，通常の遠近法的な変形とは違った変形が起こる。脳は，起こっていることを誤って解釈してしまい，その結果，窓は信じられないような奇妙な運動をするように見える。

るもっとも初期の絵は、ウィリアム・ホガースの釣り人を描いた版画（１７５４）である。そこには、矛盾しあうさまざまな視覚的奥行き手がかりが使われている（図２・９）。ここに見られるような明白な錯覚は、絵画、そして知覚とトリックの科学について、多くのことを教えてくれる。

遠近法の錯覚

三次元の対象そのものが遠近法的に極端な形をしている場合は、強力な視覚的効果が生じる。これが、アメリカの画家で心理学者だったアーデルバート・エイムズ(注17)のすばらしいデモンストレーションの基礎である。なかでももっとも有名なのが、回転する「台形窓」と「ゆがんだ部屋」だ。とくにエイムズの台形窓は、静止した絵では適切に体験できないし、ことばでわかるように記述することもできない。しかし、作るのはきわめて簡単で、直接見て体験することができる（図２・10と２・11を参照）。奇妙な形をした部屋は、なんの変哲もない四角い部屋に見える。というのも、左側の遠いほうの壁や窓が、距離の増大に応じて拡大されているため、網膜像が通常の部屋と同じに保たれているからである。

エイムズのデモンストレーションは、長いこと視覚心理学

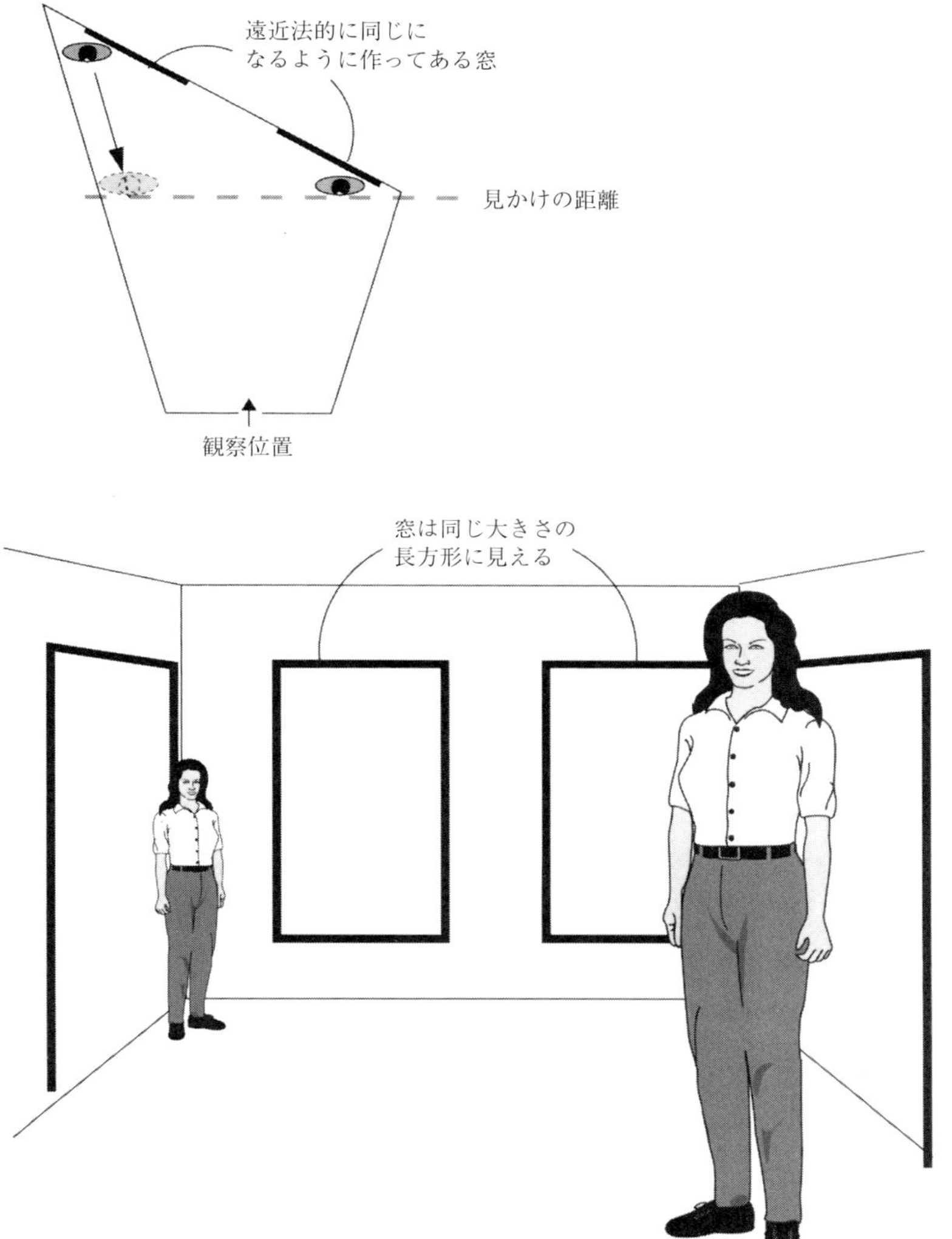

図2・11　**エイムズの部屋**

この図は単純化して描いてある。壁，床，天井のすべてが，距離が増すにつれて，大きく作られている。興味深いのは，見慣れた対象が内部に置かれたときに，この部屋がゆがんで見えるのか，それとも，その対象（たとえば人間）の大きさが実際とは違って見えるのか，という問題である。一般には，下の図のように，部屋が四角に見えて，人間の大きさが違って見える。

者に無視されていたが、アルバート・アインシュタインを含む訪問者たちに感銘を与えた。エイムズの友人ハドリー・キャントリルはアインシュタインに、このデモンストレーションを見ようとしない頑迷な、「刺激だけで知覚が決定されると考えている」心理学者たちへの不満を述べた。キャントリルがエイムズの窓を見せたとき、アインシュタインは破顔一笑して、「私は、同僚に納得させようとして時間を浪費してはならぬということを、何年も前に学びましたよ」と語ったという[注18]。

エイムズには、何人かの先達がいた。なかでも特筆すべきは、知覚の現代的研究の創始者、ヘルマン・フォン・ヘルムホルツ（1821-94）である。ヘルムホルツもまた、知覚が「刺激によって一義的に決定される」のではなく、独自の法則をもつと考えた。ヘルムホルツは、レオナルド・ダ・ヴィンチが理解していたと同じく、奥行き知覚に対する遠近法の意味を十分理解していた。ヘルムホルツは、エイムズのほぼ一世紀前に、ゆがんだ部屋の原理を記述している。彼には、正常な四角の部屋と同じ網膜像を与えるなら、どんな「ゆがみ」があっても正常な四角の部屋のように見えるはずだということに気づいていた。これがまさに、遠近法的に描かれた部屋の絵が通常の部屋らしく見える理由である。しかしヘルムホルツは、実際にゆがんだ部屋を試作してみることはしなかったようだ。エイムズのことばを借りるなら、ヘルムホルツは、ゆがんだ部屋とやりとり（transaction）しようとはしなかったし、したがってその力を完全に発見することもなかった。

ヘルムホルツはさらに、どのようにしてそしてなぜ、変哲のない見慣れた部屋が薄暗い光のなかでも、明るい光のなかではっきり見るわけでもないのに、四角に見えるのかを論じている。ヘルムホルツはこう書いている（1866）[注19]。

> しかし、日光がさんさんと差し込んでいるときにこのような部屋を見回すと、これらの条件下でも知覚像（知覚）のほとんど大半は、記憶や経験的要因によっているということがすぐ明らかになる。われわれが平行六面体を描いた絵の遠近法的なゆがみとそれらが投影する像の形に慣れているという事実は、あとで見るように、部屋の形と大きさについての推定に大いに関係している。片眼を閉じて部屋を眺めても、たしかに部屋は、両眼で見るのとまったく同じに見える。

そしてヘルムホルツは言う。

さらに、部屋のなかのすべての点を任意に眼から異なった距離に変えても、それらが同一視線上に保たれるなら、まったく同じ見え方をするはずである。

これは、エイムズの一世紀ほど前に書かれているが、ゆがんだ部屋についての正確な一般化された記述である。しかしヘルムホルツはこのような部屋を作らなかったのは確かなので、部屋のなかによく知っている大きさのものを置くと興味深いコンフリクトが起きることには気づかなかった。子どもの背の高さが三メートルにも見えるだろうか？　それとも、子どもを実際の大きさに保つため、部屋のほうがゆがんで見えるのだろうか？　これは、「ゆがんだ」部屋の網膜像をはるかに超えた、高次の認知的な問題である。しかし、視覚の大部分は、光学像とは――そしてじつに対象そのものとも――はるかに異なっている。

エイムズが示したように、身近な物理学の法則さえも侵犯される。これはまさに驚くべきことである。たとえば、ゆがんだ部屋で傾斜をつけた樋のなかにボールを転がすと、重力に反して転がり上がるように見える。このことは、知識、あるいは文化的経験の力が視覚を変えるという考えに疑いを抱かせる。しかし、異常なものを見ることができる（ありえないように思われるものさえ見ることができる）というのは、生物学的な重要性をもつ。有用か危険かはともかく、思いがけないできごとが起きるかもしれないからだ。異常なもの、一見ありえないように見えることに盲目なら、災厄を招きかねない。

映画と文学に登場する鏡

ここで、詩や小説、恐怖物語、映画などに登場する鏡についてふれておきたい。例には事欠かないし、なかには大変興味深いものがある。しかし残念だけれども、こういう話題は、目下のテーマの中心的な流れから離れすぎてしまう。そこで、映画については、例のマルクス兄弟の『我輩はカモである』（1933）に出てくる抱腹絶倒の鏡の場面、ジャン・コクトーの『オルフェ』（1950）の戦慄の鏡の場面、ロバート・ハマー監督による『夜の死』（1945）のなかの五つのエピソードのひとつ、マイケル・バルコンの「幽霊鏡」のなかで繰り広げられるドラマを想い起こすことで満足しよう。文学にまで話を拡げると、さらに横道にそれてしまうが、オスカー・ワイルドの中篇小説『ドリアン・グレイの肖像』を忘れることはできない。時間の凍りついた若き日の自らの肖像画と、日ごと逆らいがたく変化していく鏡のなかの自分の像とを比較するのは、写真が生まれる以前にはまず知られることのなかった精神的打撃だろう。オスカー・ワイルドは、現在のわれわれすべてが経験するこの状況を、簡潔に、だが効果的に逆転させる。年を経ても、ドリアン・グレイは変わらず若く、少女を自殺に追い込み、彼の肖像画を描いたバジル・ホールウォードを殺害するといった悪徳の人生にもかかわらず、美貌と汚れなきさまを保っていた。ドリアンが初めて自分の肖像画のなかに変化を見出したのは、こんなしだいである。

　クリーム色の絹のカーテンを通して入ってくる薄暗い間接光に照らし出されたその顔は、少しばかり、前とは変わったように彼には思われた。以前とは表情が違う。口もとに残酷な感じを浮かべた、とでも言えようか。まったく不思議なこともあるものだ。……思わずたじろいだ彼は、ヘンリー卿から贈られたもののひとつである象牙のキューピッドの枠つきの楕円鏡をテーブルからとり上げて、急いでその磨かれた表面をのぞき込んだ。肖像画に現われているような皺は一本もなく、彼の赤い唇は少しもゆがんでいなかった。これはどうしたわけだ？　……突然脳裡に、この絵が完成した日にバジルのアトリエで言った自分のことばがひらめいた。そうだ、完全に思い出した、あのとき自分は、自分の身体はいつまでも若さを保ち、この肖像画が年をとってくれればいいという気違いじみた願いを思わず口にしたのだ。自分の美しさは汚れることなく、代わりにキャンバスに描かれた顔が激情や罪の重荷を背負ってくれるように、と。

そこで、いまは使用していない上の部屋に肖像画を閉じ込めたが、ドリアンが若さを保つ一方、それはますます醜くなっていく。そしてついに、彼は、画家を殺害したナイフをとり上げて肖像画に突き刺す。

　大きな悲鳴が聞こえ、どすんと倒れる音が響いた。その叫びと苦悶のあまりのすさまじさに、召使いたちは、驚愕のあまり眼を覚まし、おそるおそる部屋を出た。……なかに入ってみると、壁には主人のみごとな肖像画がかかっていた。それは、召使いたちが最後に眼にした主人の姿そのままで、そのすばらしい若さと美貌は、ただ驚嘆を誘うばかりだった。床の上に、夜会服姿の男の死骸が横たわっていた。心臓にナイフが突き刺さっている。老けてやつれ、皺だらけで、見るからに厭《いと》わしい風体だった。指輪を調べてはじめて、これが何者であるかに人々は気づいた。

さて、わが偉大な詩人が鏡に映る像をどのようにとらえていたかについて述べて、この章を終えよう。シェイクスピアの時代、鏡は、だいぶ明瞭度が高まってきてはいたが、まだきわめて小さく、非常に高価だった。そういうわけで、見たいときいつでも自分を見ることができたのは、金持ちだけだった。明らかに、こういう事実が、自己イメージ、自己吟味、自我同一性に大きな影響をおよぼした。姿見は、内省的な思考を促した。オカルト的予見のための鏡占いが真摯に受けとめられた。鏡は、生と死のあわいを呼び寄せる象徴とみなされた。多くの詩人に詠われているが、とりわけジョン・ダンとシェイクスピアの天才によってみごとにとらえられている。

『リチャード二世』（１５９７）は、鏡に関連するエピソードと省察《リフレクション》に満ちている。この戯曲のプロットはほとんど、ウィリアム・ボールドウィンが１５５５年から８７年にかけて収集した『王侯の鑑』とよばれる、王侯貴族の物語――その多くが陰惨な結末で終わっている――にもとづいている。リチャード王が牢獄に幽閉されたとき、鏡を通しての自分自身との対話から、王はその境遇を受け入れるようになる。(注20) アーデン版の編者、ピーター・ユーアは、こう述べている。

> この瞬間に鏡を見たいという彼の願いには、あえて明らかにされないなにか、それゆえ衝動的でやむにやまれぬなにかが存在している。そして鏡をのぞき見る彼の行為には、激しくそして秘められたなにかが存在している。……鏡をとり寄せたのは、「なにもかも失ったいまのおれは、いったいどう見えるか」を問う行動だが、この問いの背後にはおそらく、「おれはもはや何者でもないのではないか」という問いが隠されている。……鏡が差し出されると、彼はそれを打ち砕くのである。

次は、リチャードの牢獄での独白である。

鏡をくれ、そこに読みとってやろう。
深い皺がまだ刻まれていないか？　深い悲しみが
あんなにもたびたびこの顔を打ち据えたのに
なんの深い傷も与えなかったというのか？
おれが栄えていたときのへつらい者のように、
鏡よ、おれをだますのか！　これが、
かつては毎日ひとつの屋根の下に、一万もの人間を
かかえていた顔か？　これが、太陽のように、
仰ぎ見るものをまぶしがらせていた顔か？
これが、愚かな行為の数々に顔を出し、
ついにはボリングブルックに面目をつぶされた顔か？
はかない栄光が輝いている、この顔には――

その栄光のようにはかないのだ、この顔は。
（鏡を地面にたたきつける）
それ、かくもはかなく、粉々に砕け散ったわ。
黙して語らぬ王よ、この冗談の意味がおわかりか？
私の悲しみが私の顔を砕くのも一瞬のうちということだ。
（『リチャード二世』）

シェイクスピアは、紹介しきれないほど数多く鏡に言及している。ここでは少しだけに留めるが、どれも示唆に富み魅力にあふれている。（注21）

『冬物語』第一幕、第二場
ポリクシニーズ　カミロー、
おまえが顔色を変えたから、おれの顔色まで変わったことがよくわかるよ、鏡のように。

『間違いの喜劇』第五幕、第一場
ドローミオ兄　（彼の双子の兄弟、ドローミオ弟に向かって）
おまえはおれの弟じゃなくて鏡みたいだぞ、
おまえを見ていると、おれもなかなか男前らしいや。

たった五行のなかに、シェイクスピアは、鏡を表わす「mirror」、「looking glass」、「glass」という三つのことばを使い分けている。

『リチャード二世』第四幕、第一場
リチャード二世　私のことばがまだイギリスで通用するなら、
ここにすぐ鏡（mirror）をもってこさせてくれないか、
私がいまどのような顔をしているか見たいのだ、
王の威厳の破産した顔というやつを。
ボリングブルック　だれか、鏡（looking-glass）をもて。
ノーサンバーランド　鏡（glass）がまいります前に、この書状、お読みくださいまし。

『ヘンリー五世』第五幕、第二場
王　もしこういう気性の男でも愛することができるなら、ケイト……
鏡に映して得意に思うところなどひとつもない顔の男でも
愛することができるなら――

『ヘンリー六世』第二部、第五幕、第一場

クリフォード　これはまたなんとも謀反人の雛鳥どもめ。

ヨーク　鏡を見てそこに映るおのれの姿にそう言うんだな。

以下の引用は、ヨーク公爵夫人が、亡くなった夫と、彼に瓜二つの二人の息子（彼らもすでに亡くなっている）について語っている場面である。彼らは、「粉々に砕かれてしまった」。「不実な鏡」は、グロスター公、のちのリチャード三世である。ここでも、『リチャード二世』の第四幕、第一場と同様に、鏡を示す「image」、「mirrors」、「glass」という三つのことばが五行のなかで使われている。

『リチャード三世』第二幕、第二場

公爵夫人　私もわが夫の死に会い涙した、
そしてそれからは夫の面影（images）を
息子たちに見て生きてきた。
それなのにいま、生き写しの鏡（mirrors）
が二つながら
悪意ある死によって粉々に砕かれた。
そして残された生きる慰めといえばあの不
実な鏡（glass）だけ、
映せば私の恥が見え、そのたび悲しくなる。

『トロイラスとクレシダ』第三幕、第三場

ユリシーズ　高慢を映す鏡には、高慢しか映らぬ
こちらが膝を曲げてもそれだけ
向こうは高慢になるだけだ。

『ジュリアス・シーザー』第一幕、第二場

キャシアス　どうだね、ブルータス、君は自分の顔が見えるか？

ブルータス　いや、キャシアス、眼はおのれを見ることができないからな、
なにかほかのものに映してはじめて見えるのだ。

キャシアス　まさしく。
だからみんな悲しんでいるのだ、ブルータス、
そのような鏡をもっていないがため、
その隠されたほんとうの値打ちを、君の眼に、
映し見ることができないのだと言って。

『ハムレット』第三幕、第一場（尼僧院の場面）

オフェーリア　ああ、あれほど気高いお心が、このように無惨に、
……流行の鑑（glass）、礼節の手本と讃えられ、
あらゆる人の賛美の的であったのに、すっかりおしまいだわ。

『ハムレット』第三幕、第二場

ハムレット（役者に振りつけをしながら）
芝居の狙いは、
その目的は
昔も今も、
いわば自然に対して鏡をかかげ、
善はその美点を、
悪はその愚かさを示し、
時代のさまをあるがまま
くっきり映し出すことにあるのだ。

『ハムレット』第三幕、第四場（妃の居間の場面）

ハムレット（ガートルードへ）
動いてはなりません。
鏡を見せてさしあげるまで、行ってはなりません
そこにあなたの心の奥底を、ご覧になることでしょう。

『尺には尺を』のなかで、アンジェロは、水晶球（scrying glass）について語っているようだ。

『尺には尺を』第二幕、第二場

アンジェロ　予言者のように
水晶球に見つめ入る。そこに現われる未来の悪事は、
すでにはらまれ、あるいは不注意にも
新たにはらまれ、いずれは卵の殻を破って生まれる、
それを防ぐ道はただひとつ、
生まれる前に殺すのだ。

「ソネット3」

鏡を見て映る顔に言いなさい
いまこそ、その顔が別の顔を作るべきときだと。

「ソネット22」

鏡よ、私が年老いたとお言いでない、

青春と君とが時を同じくするかぎりは。

少なくとも、これらの引用は、鏡のもつ豊かな意味がシェイクスピアによってとらえられていること、そしていつもながらに、彼の詩の力が、われわれの眼をかぎりない考察《リフレクション》に開かせてくれることを示している。

3

鏡の歴史と神秘

人間とは歴史を創造する動物である。
——ウィステン・ヒュー・オーデン

理性に見捨てられた想像力は、とほうもない怪物を創り出す。
——フランシスコ・ゴヤ

鏡の歴史には、工芸と技術、古代科学と現代科学、そしてオカルトが豊かに混じりあっている。これは、鏡は未来を、そして神々と人間の魂をのぞき見るために用いられたからである。女性が魂をもたないと考えられたこともあったが、女性が鏡に映らないという報告が行なわれた形跡はない。もちろんこのことは、男性が、少なくとも女性については、いかに非論理的だったかを証明している。

鏡の不思議な性質は、その名に反映されている。「mirror（鏡）」は、奇跡、不思議（miracle）という意味のラテン語に密接に関連している。すなわち、miratorium は「鏡」を意味し、miraculum は「不思議なもの」を、つまり既知の自然の力を超えたものを意味している。のちの時代の「speculum（鏡、反射鏡）」という語は、「speculate（熟考する）」という語に直接関係している。たしかにわれわれは、鏡が反射するものをじっと見つめ、考えをめぐらす。「window（窓）」という語は、語源がまったく違っていて、「wind（風）＋eye

（眼）」という意味のスカンジナヴィア語に由来する。

鏡は感情を大いに刺激し、また謎めいているから、鏡が神話や伝説、そして詩のなかに——そして、科学の秘法のなかにも——登場するのは、なんの不思議でもない。鏡はまるで魔法だ！　人類最初の絵が砂に描かれ、ついで三万年ほど前に、聖なる洞穴のなかに生命と魔力の躍動するみごとな絵画を描くヒントを与えたのが、なにかに映った像だったというのは大いに考えられることだ。あらゆる動物種のなかで、人間だけが絵を描き、構造化された言語をもつというのは、生物学的にも進化論的にも瞠目すべき事実である。象徴による表象が、人間を人間たらしめている。それはまた、神話と科学の基礎でもある。

神話も科学も、見かけの現象の背後にあると仮定された実在を理解し、コントロールしようとする。魔術はそれを、ことばと身ぶりによってコントロールしようとする。それは、自然の背後の知性を前提としている。その知性は一般にふれることができないが、おおよそ人間の姿形をしている。鏡のなかには、われわれの世界の幻影としてのコピーが存在する。そこには黙した、ときには透明な、しかし生命に似た存在が住まっている。静かな水面を見下せば、そこに映る頭は、神々とともに住む天空の亡霊だ。おそらく、心が身体とは別物であることを思いつかせたのは、うつしみの反射だろう。鏡のなかに、われわれは自らの感覚から分離した身体を見るが、そこは自分がいると思っている場所とは異なるからである。われわれは二重に存在する。だが、鏡の分身は、生きているとはとても言えない。

恐怖物語が、遠い古代の恐怖を反映しているのは明らかである。しかもたいていは、道徳的な含意をもっている。人々の行動がいつも、災難や死、そして死後の魂に対する罰への恐れに支配されてきたことを思えば、まことにもっともなことだ。ドラキュラのように魂をもたない存在は鏡に映らないとする伝説は、像は影を作ることができない、あるいはそれ自身の像を形成できないという考えを表わしている。もし鏡のなかに見えるのが自分の魂だとすれば、これは完璧に論理的ではないだろうか？　鏡に映った自分の像が吸血鬼だというのは、考えるだに恐ろしい。

民話や文学には、自分の分身——自分自身とほぼ同じで、多少とも生きている——についての話が豊富にある。現代では、これはとくに、ドイツ文学と精神分析のテーマである。ジークムント・フロイトは、興味深い論文、『無気味なもの』（注1）（1919）のなかで、この分身、二重自我（ドッペルゲンガー）と uncanny（無気味な）について考察している。フロイトは、いう語が脅威――ただしそれは、特別な種類の脅威だが――を意味するということから、その考察を始めている。フロイトは、ドイツ語の*heimlich*という語の両義性を指摘している。この語は、uncanny（無気味な）の意味にもなるし、あるいはその逆の、「友好的な」、「親密な」、「親しい」という意味にもなる。英語では、「familiar（親しい）」がドッペルゲンガー、つまり分身と同義で、分身は、脅威になるものと保護してくれるものの両方を意味している。

フロイトは、イェンチュの見解を考慮に入れている。イェンチュによれば、分身が無気味なのは、その不確かさのためである。すなわち、「一見生きているように見えるものにはほんとうに生命があるのか、あるいは逆に、生命のないものは、実際に生きていないのか」といった不確かさのためである。これには、「蝋人形、精巧に作られた人形、人造人間」などがあてはまる。フロイトは、このことを、オッフェンバックのオペラ、『ホフマン物語』に登場する半分生命をもつ人形と関係づけている。しかしフロイトは、不確かさやあいまいさ以上のものを見る。彼は、「砂男」の悪夢ではこのテーマは二次的だと考えている。砂男は、砂を投げて子どもの眼を見えなくしてしまう眠りの精である。フロイトは、失明の恐怖を、去勢恐怖の象徴だと見る。しかしこういう考えは、精神分析学者による独断にすぎないように思われる。子どもたちの半分にしかあてはまらないのだから、それはとうてい一般的な理論にはなりえない。そもそも、なぜ自分の眼が見えなくなるという直接的な恐怖があってはいけないのだろう？　この例は、夢や神話における象徴の力を示しているが、また、その力が偉大な思想家や科学者でさえも惑わしてしまうことを示してもいる。

フロイトは、『無気味なもの』（『分身』（1971）に収められている）のなかで、精神分析学者オットー・ランクの論文、『二重自我人格（ドッペルゲンガー）』（1914）に言及している。彼は、このランクの研究について、こう述べている。(注2)

> 二重自我のもつ、鏡の反射、影、守護霊、魂の存在の信仰、死の恐怖などに対する関係がここに研究されている。しかしこの考えの驚くべき発展史にも多くの光をあてている。というのは、二重自我とは、そもそも自我の破壊にたいする保険、ランクのことばによれば、「死の偉力への断固たる拒否」であった。どうやらあの「不死」の魂こそは、身体の最初の二重自我であったらしい。

オットー・ランク（1914）、そしてラルフ・ティムス

（1949）も、精神分析の視点から文学における分身について論じている。たとえば、ドストエフスキーの『カラマーゾフの兄弟』では、悪魔がカラマーゾフの分身として現われる。また、オスカー・ワイルドの『ドリアン・グレイの肖像』では、その肖像画が自己を良心から分離する（45-46ページ参照）。文学における分身はしばしば、道徳的な堕落、あるいはよりいっそうの悪をあらわにする。鏡や肖像画について語られるときも、そうであることが多い。モーパッサンの『楕円の鏡』では、そこまで明示的でない。強迫観念にとりつかれた芸術家が、彼の愛する若く美しい妻を櫓《やぐら》部屋に閉じ込めて、何日間も休むことなく彼女を描き続ける。絵が完成に近づき、色彩が真に迫るにつれて、彼女は衰えていく。最後の一塗りとともに、彼女は死んでしまう。

　鏡に映る像が無気味なものになりうるなら、読者を魅了してやまないモーパッサンの物語、『オルラ』におけるように、鏡に映らない場合はさらに無気味だ。

> 私の後ろには、背の高い、鏡つきの洋服ダンスがある。毎日、私はこの鏡の前で顔を剃り、洋服を着る。また、その前を通るごとに、頭のてっぺんから足の先まで、全身を映してみる。私は、あいつにいっぱいいくわせるために、ものを書いているふりをしていた。なぜなら、あいつも私を見張っているからだ。すると突然、私は感じた——私は自分のしていることをちゃんと知っている——あいつが、私の肩越しに本を読んでいるのが。そこに、ちゃんといるのが。私の耳にふれているのが。私は両手を広げて立ち上がり、倒れそうになるくらい急激に振り返った。おや？　真昼間のように明るいのに、私の姿が鏡に映っていない。鏡はからっぽで、澄みきって、奥深くて、光に満ちている。だが私の姿はそのなかにない。私は、そのまん前にいるのに。私は、その大きな、澄みきったガラスを、上から下まで見た。錯乱した眼で、見た！　もう、これ以上前に進む気にはなれなかった。身動きひとつしようとしなかった。あいつがそこにいることはよくわかっていたが、またとり逃がすかもしれないと思ったからだ。彼の暗黒の身体が、私が鏡に映るのを妨げているのだ。そして——どんなに恐ろしかったか！——突然、鏡の中心の霧のなかに、さながら水のヴェールを通して見るように、自分の姿がもうろうと見え始めた。私にはこの水が、左から右へゆっくり滑っていくように見え、刻一刻、私の姿がありありと見えてきた。……とうとう私は、毎日鏡に自分を映して眺めるときのとおりに、完全に自分の姿を認めることができた。私はあいつを見たのだ。まだあのときの恐ろしさが残っていて、いまでも震えが止まらない。

エドガー・アラン・ポーの小説、『ウィリアム・ウィルソン』では、鏡の存在すら、あいまいな体験となって終わる。富裕な悪漢ウィリアム・ウィルソンは、ことの顛末を第一人称で物語っていく。彼には、着るものからなにからすべての点で同じ見かけの、同じ名前の分身がいる。しかしその分身は、ささやき声しか発しない。悪者の「主人公」は、最初はイートンで、次はオックスフォードで、放蕩のかぎりを尽くす。オックスフォードでは、「主人公」がいかさまをして、貴族の友人から大金をまきあげようとしたまさにその瞬間に、分身が賭博パーティに乱入してくる。分身は、ドアを乱暴に開け放ち、そのあおりでロウソクの火は吹き消され、あたりはまっ暗になってしまう。そこで彼（分身）は、こと細かに、いかさまを暴露するのだ。

「諸君」、低い、はっきりした、しかも決して忘れることのできない、あのささやき声だった。私は骨の髄までゾッとした。「諸君、私はこの無礼を陳謝しようとは思わない。こうすることによって、私は義務を遂行しているにすぎないからだ。疑いもなく諸君はこの男、今夜グレンディニング卿からエカルテ［訳注　トランプゲームの一種］によって莫大な金をまきあげたこの男の正体を、まだなんにもご存じないように見える。……どうか彼の左袖のカフスの内側と、あの縫いとりしたモーニングの大形ポケットのなかにあるはずの、いくつかの小さな包みを、ひとつ点検願いたい」。……そのときの私の気持ちは、ことばに言い表わせるだろうか？　言い表わすとしたら、地獄の亡者のあらゆる恐怖を感じたとでも言うよりほかはない！……袖の裏からは、エカルテにいちばん肝心の絵札がことごとく出てくるし、モーニングのポケットからは、これも数組のカルタ札、しかもいままで勝負に使っていたのとまったく同じで、ただひとつ違っているのは、私のはその道のことばでアロンデとよばれるもので、役札はすべて上下の縁が心持ちふくらんでおり、同じく素札は左右の縁がふくらんでいる。こうしておけば、カモはふつう縦にカルタを切るから、自然と役札ばかりを敵に切って渡すことになるし、一方だますほうでは横に切って、これまた確実に相手に、点にならない素札しか渡らないようにできる。

仮面舞踏会で、年老いた公爵の若夫人に接近しようとしたとき、分身が——まったく同じ服装をして——現われる。ウィリアム・ウィルソンは分身に決闘を挑み、この自分を苦しめる道徳家の胸に剣を刺し貫く。そのとき、だれかが、ドアの掛けがねをはずそうとした。ウィルソンは、しばし眼を離した。

いままでありもしなかった場所に、大きな一枚の鏡――混乱のなかとは言え、たしかに最初そう思えた――が立っている。あまりの恐怖のなかそれに近づいていくと、向こうからも私の姿、だが土気色の顔色で、血まみれになったのが、よろよろとおぼつかない足どりで近づいてきた。そう見えたのだ。だがそうでなかった。それはわが仇敵――いまや断末魔の苦痛のなかに突っ立っているウィルソンだったのだ。仮面とマントは、脱ぎ捨てられたまま、床に落ちていた。彼の衣服の糸一筋も――彼のあの特異な容貌の線ひとつも――じつにそっくりそのまま私自身のものでないものはなかった！ まさにウィルソンだった。だが、もうかつてのあのささやき声の彼ではなかった。そして私は、私自身がしゃべっているのではないかと錯覚したのだが、はっきり彼はこう言った。

「君は勝った。私は負けた。だが、これからは君ももう死人だ――この世に対し、天国に対し、そして希望に対して！ 君は私のなかにあって生きていたのだ。その私の死によって、さあ、この私の姿、とりも直さず君自身だが、よく見るがよい、君はいかに完膚無きまで自分自身を殺してしまったかを！」

たしかに、そうと思われた分身も鏡に映った像も、生きてもおらず死んでもいない、というようにあいまいなのであれば、十分無気味だ。生と死は、そもそも人間の好奇心の始まりから中心的な関心事であり、また謎でもあった。ドラキュラが薄気味悪いものとして恐れられているのは、生きているとも死んでいるとも、どちらともつかないからだ。たいていの人は、機械に心を組み込もうという人工知能を作る科学的試みに、この種の不安を抱く。生きてはいないが、内に思考や感情を刻み込まれた仮面のように、自分自身の顔をもつ透明で黙した幻影が、動いたり笑ったりしかめ面をしたりするのを見ることほど、無気味なことがあるだろうか。はるか昔には、反射して映る像はまれにしか見ることがなかったので、驚異の的となった。現代人は、鏡に映る自分の分身を見慣れてしまっている。鏡をのぞくとき、魂の生死の両義性に直面しているのだと考えることはほとんどない。

人類学の古典、フレーザーの『金枝篇』[注3]によると、鏡にまつわる神話は霊魂の概念から始まるという。これらの神話が「常識」の基礎にあり、心は身体とは別の存在だという宗教的説明の基礎になっている。「原始的」思考では、霊魂は一般に、あらゆる点でその所有者と同じような小さな人間だと見られている（たとえば親指ほどの大きさかもしれない）。

フレーザーは、こう述べている。[注4]

ふつう未開人は、生命のない自然現象の過程を説明するのに、それが現象の内部や背後にいる生きもののはたらきによって生み出された、と仮定している。さらに未開人は、生命自体の現象についても同じように説明する。すなわち、もし動物が生きて動いているならば、それは、その動物を動かす小さな動物が内部にいるはずだ、と考えるのである。つまり、もし人間が生きて動いているとすると、それは、その人間を動かしている小さな人間か動物が、内部にいるからなのだ。この動物の内部にいる動物、人間の内部にいる人間こそが、霊魂なのである。

眠りは、一時的な死である。そして死自体は、魂が永遠にいなくなることである。戦士は、危険が迫った際、魂を守るため、自分の身体からそれを抜きとることもあった。病気の際には、魂が浮遊しがちであった。そうならないようにすることが、もっとも大切だった。鏡は、衰弱した魂をとらえるおそれがあるから、きわめて危険だった。そこで、病人が回復するまで、あるいは息を引きとってしまうまで、鏡にはおおいがかけられた。影や鏡に映る像は、その人の一部として――魂だと――考えられていた。そこで、長いこと水たまりを見つめるのは、危険だった。夢のなかで自分の像を見るのは、死の前兆かもしれなかった。こうした恐怖は、肖像画へと、その後写真へと拡大した。絵や写真によって、魂が奪われるかもしれないからである。

鏡映像の不思議は、静かな水面にもある。そこに映る自身の像は、水面からの距離だけ離れて、水面下にある。水に足を浸すと、いまでは知られているように屈折作用によって、折れ曲がって見える。物体は水の下では位置がずれて見えるため、見える姿と触った感じとが一致しない。そして、ほんとうの位置よりも近くに見える。また、水面を見て左の眼でウインクすると――ウインクを返すのは水に反射した右の眼である。しかし、向こうの端に横たわる遠くの光景に眼をやると、上下は逆さまに見えるが、横方向に逆転しては見えない。こうした観察は、有史以前の先祖たちを悩ませることがあっただろうか？　現在われわれは、人魚や深海の怪獣について、昔に比べればずっと懐疑的だ。しかし、スコットランドのネス湖の恐竜は、一般の人たちの意識からさほど遠いものではない。

イングランド北方、リドリー家の所在地、ブラグドンには、その建築家エドウィン・ルティエンスが「天空の鏡」と名づけた美しい庭池がある（図版11）。もちろん、最初の鏡は、静かな池の水であった。とは言え、池や湖のなかに自分自身を見るのは結構むずかしい。というのも、すぐ真下を見下ろさなければならず、急な斜面の土手がたとえしっかりしていたとしても、不安定な状態になるからだ。ようやく深い水面下をのぞき込むと、あたかも水に引き込まれたかのように、水面深くに自分を見る。鏡の池は、つねに神秘、神聖な趣きをもち、現実と幻想が溶けあっている。水鏡のなかに足を踏み入れると、ゆがんだ怪物と空とが混じりあい、水底の岩や砂の上に立つと、池の深みにいる生きものに触れる。どんな鏡も、すべてが幻影とはかぎらない。このことが、なぜ歴史と神話とをふるい分けることがきわめてむずかしいかの理由である。気づかないほどかすかなそよ風が、水面を波立たせ、その光学的な反響を乱す。しかし神聖な湖や池は、林にかくまわれて、憂乱や騒乱から守られてきた。

アメリカの作家シルヴィア・プラスは、その詩[注5]『鏡』の第二連目に、神聖な湖というこの考えを加えている。

私は銀、正確にして寸分の狂いもない。偏見もない。
見えるものすべてを、ただちに
あるがままに呑み込む――好悪で曇らされる前に。
私は残酷ではない。誠実なだけ――
見開いた小さな神の眼だ。
ほとんどいつでも、私は静かに対面の壁のことを考える。
ピンク色の、汚れた壁。あまり永い間見続けて
いまでは私の心の一部のようだ。でも、それはゆらめく。
いくつもの顔と暗闇が来ては去り、何度も私たちを切り離す。
いま私は湖。ひとりの女が私の上に身をかがめ
私の手の届くところに本物の自分を探している。
それから彼女は、あの嘘つきたち、蝋燭や月に顔を向ける。
私には彼女の背が見える、私はそれを忠実に映し出す。
彼女は涙と大きな手振りで私に応える。
私は彼女にとって重要なのだ。彼女は往きつ戻りつする。
夜の明けるごと、彼女の顔が暗闇と交替する。
私のなかに、彼女は乙女を沈めて殺した。そして私のなかで、
老女が
日ごと彼女に向かって上昇する、おぞましい魚のように。

ギリシアの神聖な林には女神ネメトーナが住まっていた。いまでは、アーチをなす石の大聖堂が聖なる森林である。洗礼のための聖水盤は、神聖な水鏡だ。「聖水盤（font）」ということばは、ラテン語の*fons*――「噴水」や「泉」――に由来する。キリスト教以外でも、スウェーデンのオットラーヴァにあるような、トール［訳注　北欧神話の雷・雨・農業の神］の彫刻をもつ聖水盤がある。中世には、魔術を行なうために、キリスト教の聖水盤からよく聖なる水が盗み出された。いまでも、古い聖水盤の石には、防御の蓋の鍵があった痕跡

を見つけることができる。イギリスの教会には、これがまだ残っていることがある。1236年、カンタベリー大司教、エドマンドは、悪魔の魔術から水鏡を守るため、すべての聖水盤に鍵をかけるよう命じた。

次に、さまざまな地域の鏡について、その歴史を見てみよう。

鏡小史——さまざまな時代、さまざまな地域

◆エジプト

記録に残るエジプトの歴史は、紀元前3100年までさかのぼる。鏡はつねに、便利で価値のある、また豊かな財産の象徴と見られていた。金属やガラスの鏡が作られる以前の、最初の携帯可能な鏡は、水を満たした鉢だった。これは、自分を見るには見下ろす必要があるから、不便だったし、全体の身体や衣服を見ることもできなかった。もちろん、こうした難点は、水面が水平であることから生じる。しかし、第一王朝前のエジプトでは、ときには水面を立てて、垂直にした！　湿らせた石板を壁にかけ、金属・ガラス以前の鏡として利用したのである。

エジプト人は、粒径の異なる石英砂を厳密に使い分けて、銅・銀・金の研磨を行なう達人だった。銅やときには金も鏡として使われたが、なかでも銀は顔の化粧に最適だった。というのは、銀が、もっとも自然の色合いの像を与えるからである。化粧は、焼けつくような日差しから、とくに眼の周囲を保護するために、エジプトで最初に始められた。アイシャドーは、顔を飾る以前に、必要に迫られて始まったのである。その後、「顔見」鏡を儀式の中心的道具として使う、非常に込み入った宗教儀式が発展した。（*ankh* ——生命の象徴——ということばを一部にもつ長い名前、*ankh-en-maa-he* は「顔を見るための鏡」という意味で、その省略形が「see-face（顔見）」である。）

知られている最初の金属鏡は、第一王朝（2920-2770BC）のエジプトの墳墓から出土した。銅製で、柄のついた洋ナシのような形をしている。この鏡は、エジプトで発見されたが、ヒッタイト起源であることが示唆されている。というのは、このような洋ナシ形の鏡は、その後のエジプトの鏡には見られず、ヒッタイトの彫刻に見られ、もっと後期の例もこの地域から出土しているからである。(注6) 第四王朝（2575-2415BC）以降のエジプトの鏡は、しばしばややつぶれた楕円形をしていて、太陽が水平線上にあるときの、大気の屈折によって変形した日の出や日没の状態を表現して

いる。（その扁平の縦横比はおよそ1対5で、典型的なエジプトの手鏡の縦横比とほぼ同じである。）

鏡は、墓のような暗い場所に、太陽の光を向けるのに用いられた。磨かれた円盤は、太陽――ラー神（エジプトの太陽神）――のように明るかった。したがって、鏡は神聖で、死者とともに埋葬されたのも不思議ではない。そして、石棺（*sarcophagus*「肉を食べる石」の意）[注7]には、死者が見えるように、眼が描かれていた。

顔は鏡を通して見えるのだから、墓のなかで死者の頭の下に置かれた鏡は、魂――カー、すなわち死者の分身（エジプト宗教の魂）――が鏡を通って神々のもとを訪れるのを可能にする、と信じられていたのだろう。それほど富裕でない人の墓の場合には、高価な金属の鏡の代わりに、木の円盤が使われた。そこには一般に、復活の文章と円形の太陽の絵の装飾がほどこされていた。

エジプトの鏡の柄には、よくパピルス文書が仕込んである。それらは、若さと日の出や光の象徴――ハヤブサの神、ホルス――に言及することによって、年齢による衰えと戦うと信じられていた。鏡の把手には、人間の形をしたものもあった。裸体の場合には、これらの人物像は女性の召使い、おそらくは円形の鏡――太陽と魂――のしもべを表わしている。（*hem-club* は、神のしもべとしての「召使い」を表わしており、円形の鏡の神性を証明している。）円形の鏡は、とくにハトホル――太陽神ラーの母親で愛と美の女神――と結びつけられていた。

ほとんどすべての古代エジプトの絵は、横顔で描かれている。身体の各部は特徴的な見え方で示され、それぞれがきわめて奇妙に組み合わせられている。そのため、肩、胸、膝、脚などが、解剖学的にはありえない形で一緒に表現されている。顔は、ほとんどつねに完全な横向きである。しかし、ハトホルは、まれな例外で、彼女だけが正面に顔を向けており、横顔ばかりが描かれたあまたの象形文字に囲まれているなかで際立っている（図3・1参照）。

ハトホル、彼女の変身したケテシュ[注8]、および出産に関係する小人神ベスのみが例外的に正面に顔を向けているが、それらは、身近なこれらの神々の鏡に映った像を表わしていたように私には思える（ただ、アマチュアとして、さまざまなエジプト学の文献を読み漁ってみたが、そういう記述を見つけることはできなかった）。そうなら、われわれは古代エジプトの鏡に映った顔を見ていることになる。「顔」の象形文字は、一本の垂直線――われわれと同じく、エジプト語の「1」を示す記号である――の上に正面向きの顔をおいたものである。

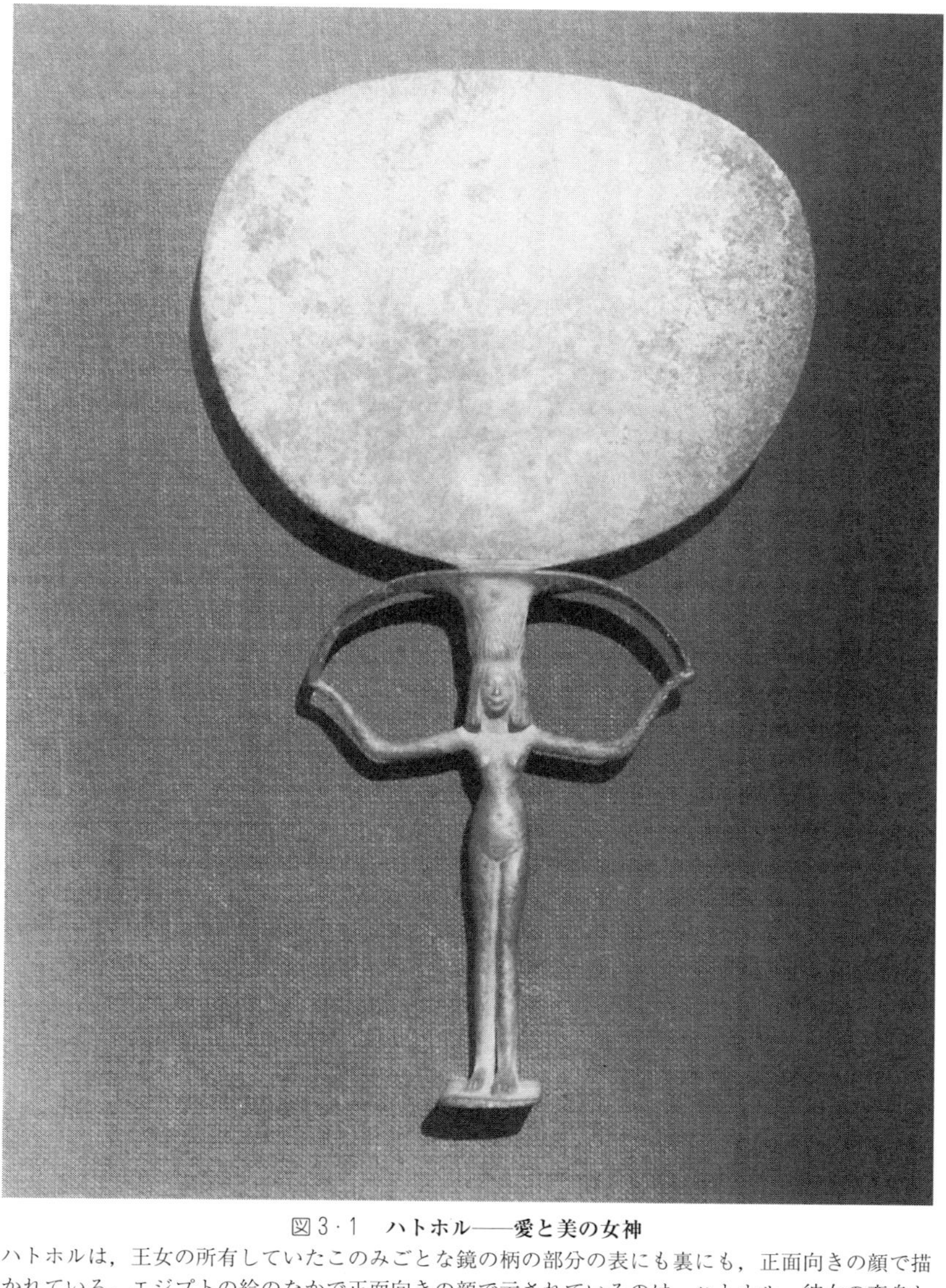

図3·1　**ハトホル――愛と美の女神**

ハトホルは，王女の所有していたこのみごとな鏡の柄の部分の表にも裏にも，正面向きの顔で描かれている。エジプトの絵のなかで正面向きの顔で示されているのは，ハトホル，彼女の変身したケテシュ，そして小人の神ベスだけである。

By kind permission of the Werner Forman Archive.

◆中　国

中国では、高度な冶金術や技能が、神話や魔術と分かちがたく結びついていた。このことは、科学一般の起源を反映しているが、中国の文明では、科学が魔術から解き放たれることはなかった。とは言え、中国人は、ギリシア人よりも前に、鏡にかんする光学の本質を理解していた。紀元前四世紀の技術書——『墨子』——には、平面鏡、凸面鏡、凹面鏡についての光学的記述がある。そこには、こう述べられている。「平面鏡の上に立って下を見ると、自分が逆立ちして見える」。さらに続けて、

> 平面鏡は、像がただひとつだけできる。その形、方向、色（白黒）、距離（遠近）、位置（斜めか直立か）などすべては、物体や光源の位置に依存している。いま、二枚の平面鏡をある角度をなすように置くと、二つの像が生じる。二枚の鏡を（ちょうつがいのように）閉じたり開いたりすると、この二つの像は、相互に反射しあう。反射した像はすべて、（眼のある位置の）反対側になる。

凸面鏡、凹面鏡の特性も同じように詳細に記述されていることから考えると、実験にもとづいた高度の技術が存在していたに違いない。中国では、ごく初期から、灯火を用いて遠い場所を照らし出す探照灯に、凹面鏡が使われていた。また点火鏡が火を起こすのに用いられ、凹面鏡は月の光をとらえるのにも使われていた。中国では、紀元前四世紀にはすでに、ギリシアとはまったく別個に、組織的な実験が行なわれていたのである。ジョゼフ・ニーダムによる偉大な研究『中国の科学と文明』によれば、中国人は、ギリシア文明以前に、多くの進歩した技術、とくに青銅の技術をもっていた。彼らは、天文学上の観察や、そのほか多くの観察を行なっていた。また、精巧な時計を含む独創的な発明を行なった。中国人は、紀元前約1200年の商の時代から、その後の二一〇〇年もの間、みごとな青銅の鏡——宇宙の象徴とされていた——を製作し続けていた。これらの鏡は、わずかに凸面をした円盤として鋳造され、裏面には哲学的ないしは宗教的な象徴が描かれていた。この鏡の円形は天空の宇宙世界を、その輝きは宇宙の知恵を表現していた。これらの「宇宙」鏡は、しばしば時空を——暗と明、冷と温、負と正、男と女などのバランスによって生じる調和の陰陽を——表現していた。

中国における象徴表現と鏡についての歴史は、ベンジャミン・ゴールドバーグが『鏡と人間』（1985）のなかで詳細

に記述している。[注9] この本によれば、鏡は、寺院の主要な所有物であり、また貴重な贈り物でもあった。たとえば、紀元前673年、皇帝は、妃に「鏡のついた大きな帯」を贈ったという。鏡はとくに、高い社会的地位にある男たちにとって重要だった。彼らは、きわめて精巧な被りものをかぶり、それにたえず注意をはらっていなければならなかった。[注10] 古代中国の鏡の銘文の目録が、ベルンハルト・カールグレン（1934）によって作成されている。それらは、天文学や占星術の象徴から道徳的、私的な教訓にまでおよんでいる。鏡はまた結婚の象徴でもあり、しばしばカササギの文様がほどこされている。これは、愛し合うカップルが所有していた鏡をめぐる古い言い伝えに由来している。二人は離別を余儀なくされたときに鏡を二つに割り、それぞれが鏡の半分を貞節の証として分かちもった。しかしその後、妻は不貞をはたらいた。そのとき、彼女の半分の鏡はカササギに変身し、彼女の夫のもとへ飛んでいき、秘密をもらした、という。[注11]

　貞節の象徴としての鏡は、古代の哲学者たちの考えに由来している。彼らによると、鏡は、人が世界と対面するときにつけている仮面を暴くものであった。したがって、鏡をじっと見つめることは、自己認識に、そして望むらくは、自己統制と誠実さにつながる。こうしたことの一部が、李白の詩（「代美人愁鏡二首」）のなかに表現されている。[注12]

《其一》
明明たる金鵲《きんじゃく》の鏡、
了了《りょうりょう》たり玉臺の前。
拂拭　氷月皎《しろ》く、
光輝　何ぞ清圓《せいえん》たる。
紅顔　昨日よりも老い、
白髪　去年よりも多し。
鉛粉《えんぷん》　坐《そぞろ》に相誤《あいあやま》る、
照らし来って空しく凄然《せいぜん》。

［訳——明るく輝く金鵲の鏡、了了と明るく玉台の前に置かれている。それを拭うと氷月のように白く、その光輝はなんと清くまろやかなことか。一方私の紅顔は昨日よりも老い、白髪は去年よりも多くなってしまった。私は鉛粉《おしろい》をつけ白いかんばせを残すが、鏡によってそれを照らし出されると空しく凄然とした趣きをまぬがれえない。］

《其二》
美人　此の盤龍《はんりゅう》の寶鏡《ほうきょう》を贈り、
我が金縷《きんる》の羅衣《らい》を燭《て》らさしむ。
時に紅袖《こうしゅう》を將《もっ》て明月を拂《はら》い、

爲《ため》に普照《ふしょう》の餘輝を惜しむ。
影中の金鵲《きんじゃく》飛んで滅《めつ》せず、
臺下《だいか》の青鸞《せいらん》　思い　獨《ひと》り絶《た》ゆ。
藁砧一別《こうちんいちべつ》　箭弦《せんげん》の若し、
去るに日有り、來《きた》るに年無し。
狂風吹却《すいきゃく》　妾《わらわ》が心を斷つ、
玉筯《ぎょくちょ》并せて墮《お》つ菱花《りょうか》の前。

［訳――愛しい人は、私にこの盤龍が刻まれた宝鏡を贈ってくださり、それは私の金縷の羅衣を照らした。そこで時々あでやかな袖で明月のようなその宝鏡を拭えば、あまねくものを照らすその余輝に心が痛むほどだった。その鏡に映った金鵲は飛び去ってもその影を残すようだし、台下の青鸞は鏡に映った自分の影を見て一鳴して命を絶つことだろう。藁砧《おっと》は一別してより、弦を離れた弓矢のように帰ってこない。去った日はあったのだが、帰ってくる年はいつになるかわからない。狂風は吹きすさび私の心を断ち、涙ははらはらとその菱花《かがみ》の前に落ちる。――以上二編、田口一郎訳］

中国の哲学者たちは、鏡の反射を心の省察と対比した。たとえば、荘子（350BC頃）は、鏡を心の平静さと比較している。この哲学者の心は、鏡のように、平らかで穏やかである。それは、怒り、美しさ、醜さを映し出すが、それ自体は中性で、それが映し出すものによって影響されることがない。

マニ教の「光の宗教」は、鏡を使って儀式を行なった。その創始者、マニ（213‐276AD）は、ペルシャ王シャプール一世の宮殿で、この新しい宗教を宣言した。しかしシャプールは、マニを敵の手に渡し、その敵はマニを迫害した。したがってマニはたしかに、中性でもなければ、事件に巻き込まれないでいたわけでもなかった。マニ教の鏡の精巧な裏面には、「光の果実」とされる葡萄が描かれている。それは、信心深い人に唯一もっともふさわしい食物であった。しかし、これらの神聖な象徴の保護があるにもかかわらず、中国人は恐怖に満ちていた。争いの絶えない当時の時代状況からすれば、当然のことだった。

鏡は、「創造に必要なエッセンス」をもつとされ、寺院で尊ばれていた。鏡は、身体の内臓器官を示すことができるとさえ、信じられていた。秦の始皇帝（220BC頃）は、照《しょう》骨宝《こつほう》（「身体の骨を照らす高貴な鏡」）と称される鏡をもっていたという。また、治癒の力をもった「X線」で見るような像を映すとされる鏡もあった。鏡は、グロテスクな動物（魑や魅）の形をした悪霊を見つけ出すのに用いられた。そうした鏡については、『古鏡記』のなかで、王度（隋王朝）によって記述されている。王度は、学者の候生から一枚の鏡をもらった。候生は、その鏡について、「それを手にもっていれば、人間たちから数百の魑が逃げ出すだろう」と断言した。王度は、６０６年に、旅の途中でその鏡の力を試してみた（注13）。

ある宿での話。宿泊していた美人の奴隷少女が奇妙な病いにかかったため、連れの男が彼女を捨てていったことについて、宿の主人が、王度に不満を述べたてた。彼は、この子を捨てたいきさつになにか妙なことがあるのを不審に思い、彼女が魅ではないかと考えた。彼は、例の鏡をもってきた。すると、彼女は、「私を殺さないで」と悲しげな叫び声をあげ、たちまち妖怪の姿を現わし始めた。王度がその鏡をしまったところ、少女は彼の前にひれ伏して、自分が、山の神の寺院の前にある大きな柳の木に住む齢千年の雌ギツネであることを告白した。罪を犯したので、この山の神の罰を避けるため、彼女は逃げ出し、人の姿となり、やがて結婚したという。そして疑うことをしない夫とともに何年も旅を続けた後、この宿に着いたが、そこで自分が病いにかかったため、夫は行方をくらましてしまったという。いまや正体がばれてしまい、当然死をまぬがれなくなったため、彼女は、酩酊の状態で死を迎えることを願った。王度は、酒をもってくるように命じ、この事件の証人となるように近所の人たちみなをよび集めた。すぐに、この美女は、酔いが回り、踊り始め、さらに激しく歌を歌い始めた。やがて、雌ギツネに変身した後、死んでしまったという。

この鏡には、長い歴史がある。それは、暗闇のなかで光るので、疫病の人々の治療に使われていた。またそれは嵐の海を鎮めた。じつは、これは強力な透光鑑であった。王度が、この鏡をもらったとき、学者の候生は、次のように言ったという。「太陽がこの鏡の上で輝くときにはいつも、［裏面の］この銘の墨が、鏡が反射する像のなかに現われる」。われわれはいま、これがどんなことを意味するかを知っている（69ページ参照）。

ＴＬＶ鏡（方格規矩四神鏡《ほうかくきくししんきょう》）とよばれるものは、魔術と科学とを結びつけている。ジョゼフ・ニーダム（注14）は、漢王朝のすばらしい青銅の鏡の裏面に、西欧人にはＴ、Ｌ、Ｖのように見える形からなる文様がほどこされていて、それが宇宙を象徴していることを示した（図３・２参照）。Ｌの形は、コンパスの四点を意味し、Ｖの形は宇宙の四つの隅であり、四季の開始を意味している。Ｔの形は、皇帝のところへと導く門内の幕を表わしているという。同様のＴＬＶの文様は、古代中国の日時計にも見られる。これらの文様はまた、占いの

図3・2
中国のTLV鏡
（方格規矩四神鏡）

六博《りくばく》にも見られる。明らかに、中国人にとって、科学とオカルトとは絡みあっていた。しかし、一般に、科学が魔術から出現するというのは事実である。(注15)科学や技術が実際的な成功を収め、魔術に挑戦するところとなり、それを追い払ったのである。この神話と科学の融合が、中国の青銅の鏡に刻まれた、次の銘文にも見られる。

漢の丹陽に、すぐれし銅の採掘場あり。
銀と錫を精錬し合金とならば、純潔の輝きを放つ。
この尚方［国営作業所］の王者の鏡は、完全にして無欠。
東方の竜、西方の虎が、悪運を退けしめる。
緋色の鳥と暗色の武人が、陰と陽とに調和する。
願わくば、豊かな行く末に子孫が栄え、
君が両親が永寿を保ち、君は富と栄誉をいや増し、
君が命が、厳となりて長らえ、
君が運命が、王侯貴族の運命と相競わんことを。

中国と日本の、かの有名な、長いこと神秘的とされた魔鏡には、鏡のなかの見えない文様を離れた壁やスクリーンに投影するという驚くべき特性をもつものがある。十九世紀末までは、おしなべて、これが金属を透過する光による、と考え

られていた。たとえば、十一世紀の中国のある記事には、次のように書かれている。(注16)

この世には、ある種の「透光鑑」が存在している。その背面には、解読不能な古代の様式で約二十の文字が刻まれている。このような鏡に、太陽光を反射させると、文字はすべて背面にあるのだが、文字が「透け」、それを家屋の壁に映すことができ、そこにはっきりとそれらの文字を読みとることができる。

この原理を論議している人たちによると、鏡が鋳造された際、薄い部分がまず冷え、厚い裏面の文様(隆起した部分)が遅く冷え、その結果青銅には、(きわめて細かな)皺が形成されることになる。したがって、文字は裏側にあるが、表面には、裸眼には見えないかすかな線(跡)ができ、光のなかに文字が現われる。……

私の家には、これらの鏡が三枚ある。そして、私は、他家で秘蔵されている鏡もいくつか見たことがあるが、それらは、きわめて類似しており、ごく古いものである。それらはみな、「光を透過する」。しかし、そのほかの鏡は薄くてもなぜ「光を透過」しないのか、私にはわからない。古人は、なんらかの特殊な技術をもっていたに違いない。

五世紀のある学者は、それが、二種の青銅を用いることによって生じる、表面の眼に見えない不規則性によると考えた。1832年、デイヴィッド・ブリュースター卿もまた、それが密度の差によって生じると考えている。最後に、二人のイギリスの物理学者、W・E・エアトンとJ・ペリー(彼らは日本に電気を紹介した)は、それらが製造されるところを見て、その秘密を発見した。(注17)鏡の裏には深い刻みが彫られていて、それが遠い壁に現われる、というのである。鏡の前面は、スクレーパー(削り器)を用いて、作られている。薄い部分は柔軟だから、あまりスクレーパーによる影響を受けず、わずかに凹面状になっている。(注18)このわずかな角度の変化が「光てこ」としてはたらき、反射する光を曲げ、離れた場所に像を投影するのである。ただし、その不規則性はごく小さいので、磨いた青銅の表面からは見えない(図3・3参照)。魔鏡には、「サンドウィッチ」のように、鏡のまんなかに彫り刻んだ文様が隠されているものもある。こうした鏡は現在も、中国で手に入れることができる。

◆日本

日本の古鏡は、中国の文様の影響を受けている。日本では、それらは、畏敬の念と自然に対する感謝の念という神道の考

図3・3　**中国の魔鏡**
同様の原理は，ふつうの鏡とフェルトペンを用いても簡単に示すことができる。照明や太陽によって照らされると，鏡の表面に記されたマークは，距離をおいたスクリーン上にはっきり現われる。中国や日本の魔鏡に驚くのは，表面にはかすかな不規則があるにもかかわらず，それがないように見えるからだが，これが遠くにゴーストのパターンを投影するのである（注19）。

えを表現するようになった。鎖国していた日本が世界に門戸を開くようになる十九世紀までは、金属鏡が作られていた。それ以降は、他国と同じように、鏡の素材としてガラスが金属にとって代わった。

日本の鏡にまつわる伝説は、神道による宗教支配を反映している。神道には、イデオロギーと公式的な神学がともに欠けているが、その実践の目標は、畏敬の念と感謝の意を喚起することにある。神の存在の明白なしるしは、アマテラス（天照御大神）——太陽女神——の鏡であった。ベンジャミン・ゴールドバーグによると、この起源は、次のような伝説によっている[注20]［訳注　『古事記』の記述とは多少異なっている］。

かつて、アマテラスは、下界の支配神のふしだらさを怒って天の岩戸に身を隠したが、そのため、地上はまっ暗となる。ほとほと困り果て、高天原《たかまがはら》の神々が集まり、隠れ場所からアマテラスを誘い出す方法を考え出そうとした。神々は、明々と火を燃やし、踊りを踊ったり、浮かれ騒いだり、祈祷の呪文を唱えたりしたが、まったく効果がない。最後に、神々は、二人の神に、聖なる山からとり寄せた金属で鏡を作るように命じる。ついで、神々は、興味をそそるように、岩戸の前でおしゃべりを始める。「ここにあるおそれおおい鏡は、清浄で、たとえようもないほど美しい。あたかもそれは、御身の尊い姿のようです。岩戸を開けて鏡を見ていただけるよう、祈りましょう。」そこで、アマテラスは、ひとりごとを言う。「私が岩戸に身を隠して、世が暗闇に包まれているというのに、どうして神々は、あのように陽気に楽しむことができるのでしょう?」そう言いながら、アマテラスは、外をのぞこうとして、そっと岩戸を開けた。その瞬間、鏡が隙き間に差し込まれた。アマテラスが、鏡のなかに自身の光輝く反射を見て、一瞬ためらっているとき、力持ちのひとりの神がアマテラスをしっかりつかみ、岩戸の外に連れ出し、地上はふたたび明るさをとり戻したという。

アマテラスは、この鏡を「私の御魂《みたま》と思い、私を敬うように鏡を敬い、鏡の表面から放たれるような純粋な輝きでこの国を治めること」を、子孫たちに命じている。この伝説は、六世紀に文字が導入されるまで、口頭で伝承されてきた。この鏡［訳注　八咫《やた》の鏡のことか］は、日本では、もっとも神聖な宝物として保存されている。

◆ギリシア

ギリシアの鏡、スペクルムは、薄い金属の円盤だった。それは通常、特別に錫を加えた青銅からできていた。わずかに凸面状をしており、一方の面が磨かれ、もう一方の面は無地のままか、なんらかのデザインの彫刻がほどこされている。大プリニウスは、発明を列挙し美術を論じた『博物誌』のなかで、鏡にふれている。(注21) 当時のガラスの鏡は、錫、またときには銀でコーティングされていた。これらはポンペイで発見されている。

初期のギリシアの鏡は、一見して、エジプトのデザインがもとになっている。柄は通常、台座に支えられた小さな人物像――アフロディテのことが多い――の形をしている。もうひとつの種類のギリシアの鏡は、ちょうつがいで固定された二つの円盤である。「箱鏡」とよばれ、一方の円盤は被いで、浅い浮き彫り装飾がほどこされていることが多い。最良のものは、紀元前400年ごろのものである。これらの鏡のなかに、「ガニュメデスがワシに連れ去られる」ところが描かれているものがある。コリントで発見されたもうひとつの鏡は、エロスが、ベンチに二人の少女とニンフと一緒に座り、パーン［訳注　ヤギの角と足をもつ森林・牧人・家畜の神］とゲームに興じているところが描かれている。別の鏡（大英博物館所蔵）では、裏にエロス像が描かれ、銀でおおわれている。それについている青銅のケースの裏には、アフロディテとエロスがルプッセ［訳注　打ち出し細工］で描かれている。ギリシアの鏡の一例を、図3・4に示した。

図3・4　**ギリシアの鏡**
ローシュ（1957）より。
By kind permission of the Musée du Louvre; © Réunion des Musées Nationaux.

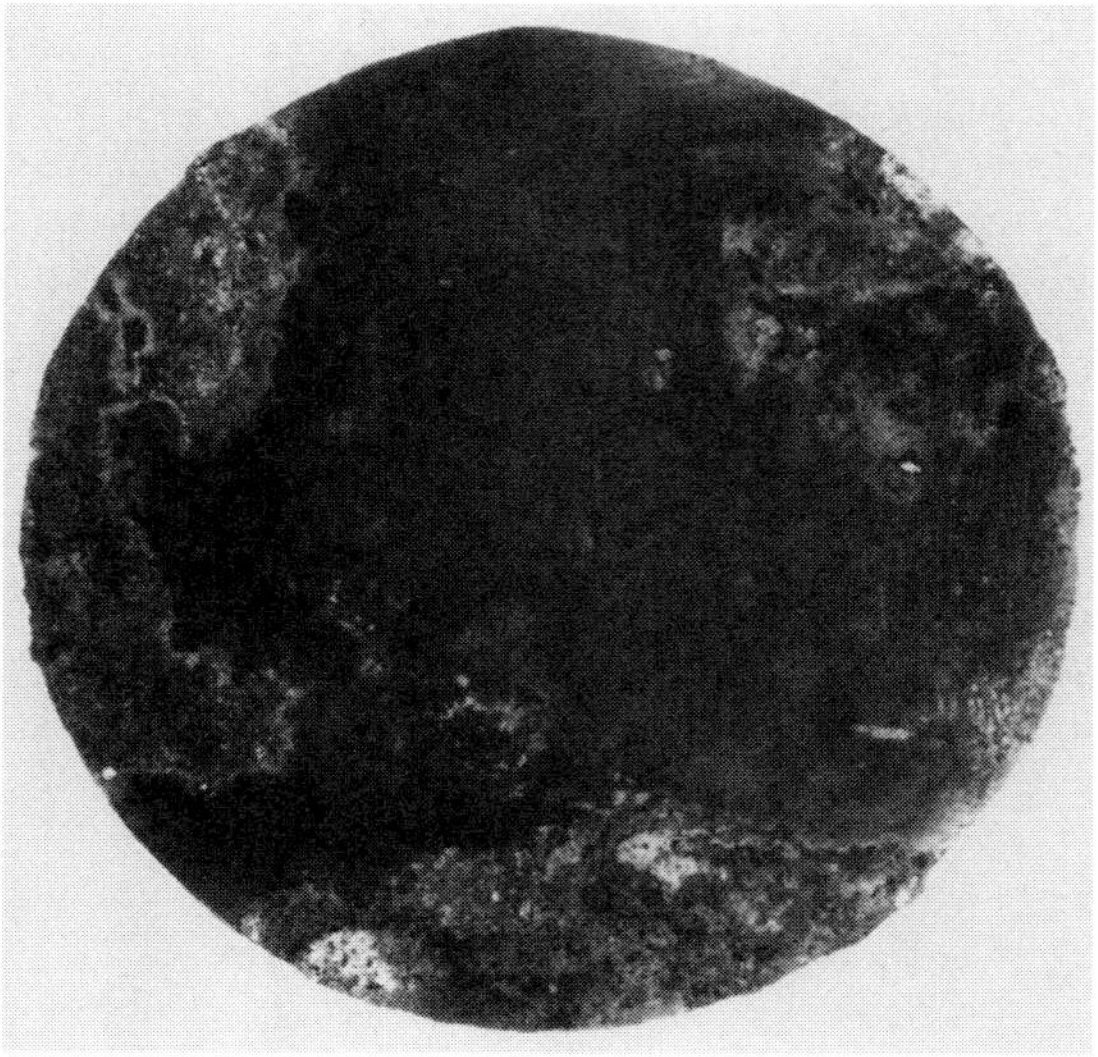

鏡は、ディオニュソスの秘儀における長い重要なイニシエーションの儀式に登場する。とくに、曇った鏡は、光学的に不鮮明なので、直接眼で見るよりも想像力を刺激したと思われる。(注22)それゆえ、鏡を通すと、秘密めいて見えたのではないだろうか？

二世紀のギリシアの旅行家、パウサニアスは、パトラス地方の儀式として、一本の糸につるした鏡を、その縁が水の表面に触れるまで井戸に下ろす儀式について記している。しばらくして、鏡は引き上げられる。鏡をのぞき込むと、そこには儀式が執り行なわれた病人の顔が見え、生きるか死ぬかを伝える。(注23)

しかし、あらゆる鏡神話のなかでももっともよく知られているのは、水面に映った自分自身の姿に魅せられたギリシアの若者、ナルキッソスの物語、そして彼が拒絶したニンフのエコーの物語だろう。トーマス・ブルフィンチ（１７９６-１８６７）は、(注24)その神話と伝説の軽妙な解説のなかで、次のように語っている。

けれどもエコーには、ひとつの欠点があった。それは、たいそうおしゃべり好きで、世間話でも議論でも、いちばん最後までしゃべっていないと気がすまないのだった。ある日、ユノー（ヘラ）が、もしや夫がニンフたちとたわむれあっていやしないかと探しに来た。エコーはおしゃべりをして、ニンフたちが逃げおおせるまで、ユノーを引きとめておこうとたくらんだ。ユノーはそれを見破り、こう言いわたした。「私をだましたその舌を、これから決して使うことはならぬ。だが、おまえは、最後までしゃべっているのが好きだから、それだけは許そう。人がしゃべったあと、それに応えるのはよいが、おまえのほうから、先に話し出すことはならぬ」。

狩りの間に友達から離れたナルキッソスを見ても、エコーは、彼に話しかけることができなかった。しかし、ナルキッソスが「だれかいるの？　ここに」と声をあげると、エコーは、「ここに」と応えた。ナルキッソスは、まわりを見回して、人っ子ひとり見えないので、「おいで」とよびかけた。エコーも、「おいで」と応える。だれも来ないのでナルキッソスは、もう一度、「なぜ、君はぼくを避けるんだい？」とよびかけた。エコーは、同じように問いかけた。ナルキッソスが、「さあ、一緒になろう」と言うと、エコーは、同じことばで応じた――そして、彼女の両腕で彼の首に抱きついた。しかし彼は、後ずさりし、叫び声をあげた。「手を放せ！　死んでから、君の自由にされたいよ！」「自由にされたいよ」と彼女は言った。しかし彼は、彼女を拒絶した。悲嘆のあまり、死んでいくニンフのエコーを残して。

耳や眼のこうした反響《こだま》や反射の効果は、オヴィディウスの『変身物語』のなかに、今日まで生き生きと伝えられている。(注25)

エコーはまだ身体もそなえていて、声だけの存在ではなかった、
だが、いまもおしゃべりで、
ことばも力強かったが、ただ、どうやっても
最後のことばを返すことができるだけだった。
……
さて、彼女は、辺鄙な田野をさまよっているナルキッソスを
見て、
恋の炎を燃え立たせると、
こっそりと彼の跡をつけた。あとを追えば追うほど、
間近に迫った彼が炎をたきつける。
勢いのよいあの硫黄《いおう》が松明《たいまつ》の先端に塗りつけられて
火が近づけられるとぱっと燃え始めるように。
……
彼は逃げ出した。「手を放せ！　抱きつくな！」と叫ぶ。
「いっそ死んでから、君の自由にされたいよ！」
彼女が返すのは、ただこれだけだ。「君の自由にされたい
よ！」

はねつけられた彼女は、森にひそみ、
それ以来、さみしい洞窟に暮らしている。
だが、それでも恋心は消えず、悲しみはつのる。
……
残っているのは、声と、骨だけだ。
いや、声だけ、骨は石になった。
以来、森に隠れ、山にはその姿を見せない。
ただ、声だけが、生き生きと聞こえる。
……
銀色に澄みきった泉があった。
……
狩猟と暑さに疲れ切った少年は、ここに
身を投げ出した。静かな泉に惹かれてやって来たのだ。
渇きを静めようとしていると、別の渇きが頭をもたげた。
水を飲んでいるうちに、その眼前の形、顔に、
胸も高鳴り恋をした。
実体のないものにあこがれ、影でしかないものを、実体と思い込んだ。
自らの姿に魅せられて、大理石の彫像のように
身じろぎもせず、見つめ続けた。
……
なにを見ているのか知ることもなく、魅入られている。
いつわりの顔にあざむかれて、歓びに燃えている。

浅はかな少年よ、なぜ、いたずらに、はかない虚像を
つかまえようとするのか？　おまえが見ているものは、どこにもありはしない。

おまえが背を向ければ、おまえの愛しているものは、なくなってしまう。

おまえが見ているのは、水に映った影でしかない。

そのものは、実体をもたず、おまえとともに来て、おまえとともにとどまっているだけだ。

おまえとともに立ち去りもするだろう――おまえに立ち去ることができさえすれば！

……

わたしたちを隔てているのは、わずかばかりの水にすぎない。

あの若者も、
この胸に抱かれたいと望んでいる。こちらがきらめく水に唇をさしのべるたび、
彼も仰向けになって、口をさしのべてくる。ほんとうに、いまにも触れそうではないか。

二人の愛を妨げているのは、ほんのささいなものだ。

……

笑えば、笑いが返ってくる。こちらが涙すれば、おまえのほうでも泣いている。

それにも、しばしば気づいているのだ。うなずきにも、うなずきで応えてくれる。

美しい口もとの動きから察するかぎり、ことばを返してくれ
　てもいる。
ただ、それがこちらの耳に届かないだけだ。
わかった！　それは私だったのだ。やっといまになって、わ
　かった、
その影は私自身なのだ。自らに恋い焦がれて、
燃えていたのだ。炎をたきつけておいて、その炎に自ら焼か
　れている。
どうすべきか？　求めるべきか、求められるべきか？　いっ
　たいなにを、求めるというのか？
私は私に恋したのだ。豊かすぎる私の美貌が、その私に、そ
　れを求めさせた。
ああ、この私の身体から抜け出せたなら！
……
蝋がささやかな火に、朝の霜が暖かい日差しに、
溶けて消えていくように、
恋にやせ細って、衰えていく。
見えない炎で、徐々にすりへらされていく。
……
かつてエコーに愛された肉体も、もはや跡をとどめてはいない。
だがエコーは、このありさまを見たとき、怒りも記憶も消え
　てはいなかったにもかかわらず
たいそう悲しんだ。哀れな少年が「ああ！」と嘆くたびに、
彼女は、こだま返しに「ああ！」と繰り返した。
彼が手でみずからの腕を打ち叩くと、
彼女も、同じ嘆きの響きを返した。
じっと泉をのぞき込んでいるナルキッソスの最後のことばは
　こうだった。
「ああ、むなしい恋の相手だった少年よ！」
すると、同じことばが、そこから返って来た。「さようなら！」というと、
「さようなら！」とエコーも応えた。彼は、青草の上に
ぐったりと頭《こうべ》を垂れた。おのれの持ち主の美しさに感嘆して
　いた
あの眼《まなこ》を死が閉ざした。
下界へ迎えられてからも、
彼は冥府の河に映る自分を見つめていた。
彼の姉妹の水の精たちは、兄弟のために、髪を切って供えた。
森の精たちも、嘆き悲しんだ。その嘆きに、エコーが答える。
すでに、松明《たいまつ》がうち振られ、火葬のための薪や、棺が用意さ
　れていた。
――だが、死体はどこにもなかった。
見よ、金色の冠のまわりを白い花びらがとりかこんだ、
一輪の花が見つかった。

詩人ジョン・ミルトン（1608‐74）は、『コーマス』

のなかで、ナルキッソスにふれている。またウィリアム・クーパー（1731-1800）は、こんな詩を書いて、エコーの苦痛を和らげようとした。

「ひとりの醜き男について」
友よ、注意せよ、澄んだ小川を。
澄みきった泉を、恐ろしいわなにかからぬように
　君の鼻を、君が見る機会があれば、
そのときナルキッソスの運命が、君のものとなるやもしれず、
そして君は、想い焦がれて、自滅の道をたどるだろう、
　彼が魂を奪われたように。

反射と反響《こだま》（エコー）は、ギリシア人にとって、詩的関心をそそるだけではなかった。アリストテレスは、問う。

声は、ある形をとりながら伝播していく空気だが、なぜ消滅してその形を失うのだろうか？　だがこだま（エコー）は、そのような空気がなにか堅いものと衝突して起きるが、なぜ消滅することなく、はっきりと聞きとることができるのだろうか？　こだまでは反射が生じるのだが、拡散しないがゆえなのだろうか？　そうだとすると、その全体が存在し続け、かつ同じ形をした二つの部分が存在することになる。なぜなら、反射は、同一の角度で起こるからである。したがって、こだまの声は、もとの声と類似したものになる。

カール・ボイヤーが指摘するように、アリストテレスの音響学についての記述は、光学現象にヒントを得ているに違いない。声の「消滅」や「拡散」は、不規則性のある微小な鏡の光学的反射とまさに対応しており、その場合、像の形は保たれない。(注26) ボイヤーの考えによると、声とそのこだまは、可視光線とその鏡による反射に類似したものとして受け入れられていた。すなわち、「ものの形は反射される。こだまの角度は、ずっと容易に観察される鏡における光の角度から導き出せるはずである」。こうした思索が神話から初期の科学へと導いた。疑いもなく、科学は神話と詩に起源をもっている。

ギリシア人は、鏡という魔術的技術をもっていた。メドゥーサの首を切り落とすとき、ペルセウスは鏡面の盾を見ることによって、見る者を石に変えるメドゥーサの力から自らを守った（図版3参照）。彼の魔法の武器には、透明かぶと、飛行靴、切断した頭を入れる魔法のバッグなどもあった。これらのものを、彼は、グライアイという灰色の頭の三姉妹を脅して手に入れ、これら三人の老婆が共有していたひとつの眼と歯を盗んだ。(注27) 明らかにギリシア人たちは、月並みの汚れなき

英雄など拒絶していたのだ。

◆エトルリア

紀元前三、四世紀のエトルリア（現在のトスカナ地方）の鏡は、ギリシアの鏡に類似している。そしてしばしば、ギリシアの神話や伝説——トロイ戦争、アテネの誕生、アフロディテとアドニス——をテーマにしている。しかし、その文字は一般に、エトルリア文字である。多くの鏡の裏には、図３・５に示すような美しい情景——私生活を闊達に描いた小品——が彫刻されている。

◆ローマ帝国

ローマの鏡は、情景でなしに、しばしば円形の単純な装飾パターンをもつ簡素なものである。鏡は一般に小さかった。しかしセネカ（４ＢＣ頃‐６５ＡＤ）によると、全身を映せる大きさの鏡もあったようである。そしてなかには、上下に動かすことのできる鏡もあったことが知られている。[注28] 早くも紀元前四世紀のアテネには、こうした鏡——おとなや子どもに合うように、押し上げたり下げたりできる美容師が使う鏡——があったという記述が存在している。[注29] ローマ人たちは、コーンウォール地方の錫を含んだ金属から作られた鏡のほかに、ガラスを鋳造して作った鏡ももっていた。

◆中央アメリカ

テズカトリポカ——すなわち「煙る鏡」——は、戦いにより宇宙を創造した、中央アメリカの宗教上の四人の創造神のひとりである。この煙る鏡は、若々しい精気と凶暴な邪悪との相対立する力を表わしていた。この神は、黒曜石の鏡から無気味な力を引き出す。この鏡は、トルテカの王ケツアルコアトルに魔法の呪文をかけ、それがため王国は没落し、人間を生け贄にする儀式を復活させるところとなった。この伝統はアステカ人たちに大きな影響を与え、アステカの位の高い司祭たちは、ケツアルコアトルと同じ名でよばれた。アステカ人たちは、スペイン人の侵略者コルテス（１４８５‐１５４７）を、トルテカ王の再来とみなした。彼らは、コルテスがかつて栄えた都市トランの輝かしい奇跡をとり戻してくれるだろうと信じたが、哀しいことに、それは間違っていた。

◆ヨーロッパ

当然ながら、暗黒時代についてはほとんどなにも知られていない。ローマ人によるイギリス占領の最後ごろにかけて、そしてそれに続く五世紀ほどは、イギリスの歴史に残された

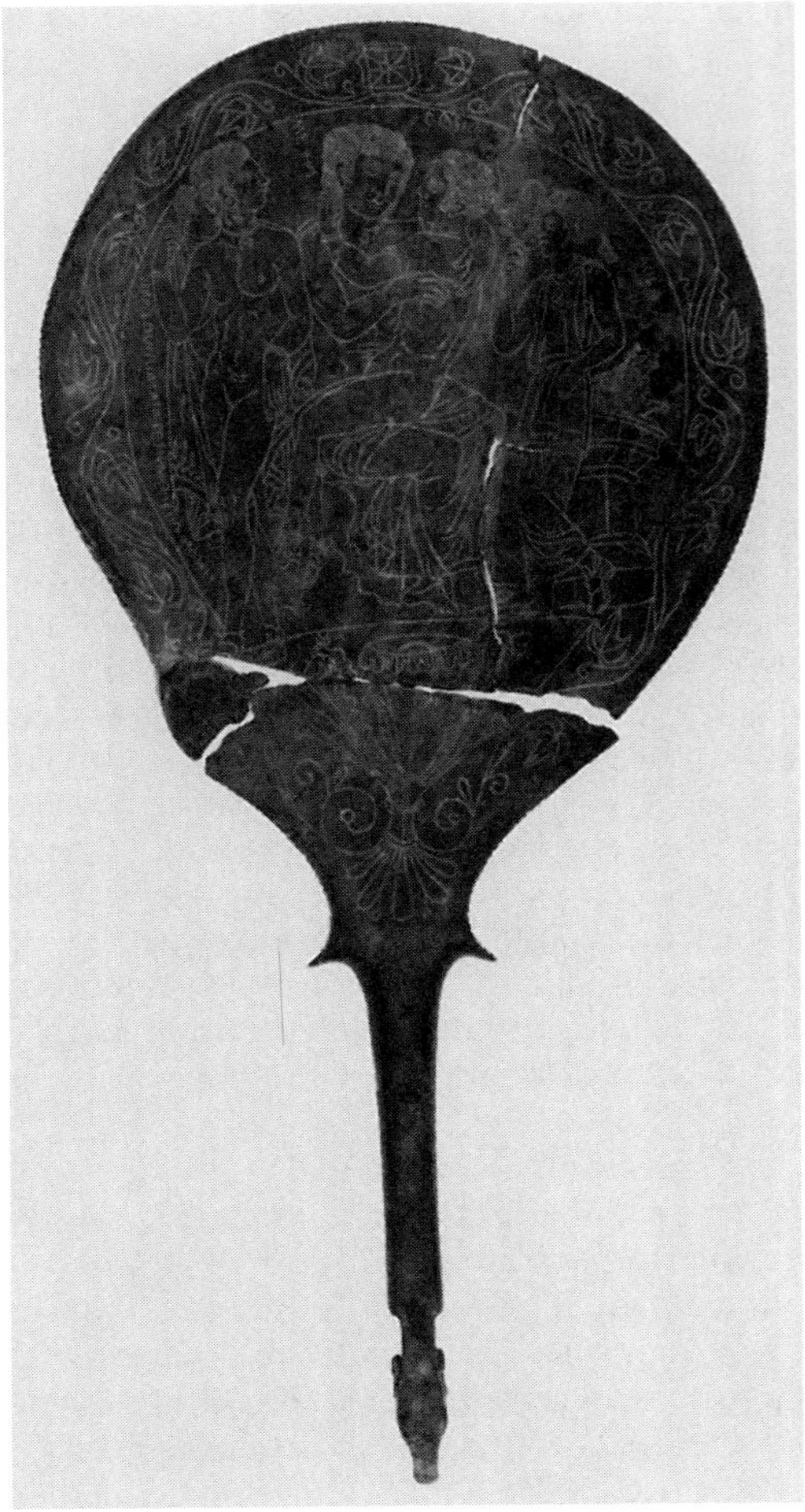

図3・5　エトルリアの鏡

Reproduced with the permission of the Master and Fellows of Corpus Christi College and of the Fitzwilliam Museum, Cambridge; © Fitzwilliam Museum.

図3・6　**ピクト人のシンボル・ストーンの例**
描かれている絵に注目。ジャクソン（1984）より。

資料はほとんどない。しかし、ピクト人たちが暮らしていた。彼らは、ローマ人たちから、「描かれた人々」という意味の「ピクト（Pict）」とよばれていた。彼らは、スコットランドやさらに北のオークニー諸島に、さまざまな部族に分かれて居住していた。彼らの言語は残っていないが、みごとに彫られた数百のシンボル・ストーンの上に、動物や怪物とか、工具や魔術の道具などのすばらしい絵を残している。彫刻のほどこされた手鏡がいくつも見つかっている（図3・6参照）。ひとつの例は、オークニーの本島のハリーにあるバリアンのノウイのストーンである[注30]。それは、鳥、三日月、鏡を表わしている。もうひとつの例は、ファイフの北東に位置するアブディーのリンドレス・ストーンで、一方の側には、精巧な日時計の上に三重の円、三日月、「V形の枝」の象徴があり、もう一方の側には、ただひとつだけ鏡が描かれている。また、大きな鏡がダンロビンのストーンにはっきりと描かれており、これは現在サザーランドのダンロビン・キャッスル博物館に所蔵されている。四世紀から九世紀までの初期のシンボル・ストーンにはたいてい鏡が描かれている。鏡の役割も含めて、それらの象徴としての解釈は、ほとんど推測の域を出ない。とは言え、それらの象徴は、科学と数学の起源にかんする疑問一般について、そしてまたそれらがいかに魔術から生じたかについて、貴重な示唆を与えてくれる。そしてもちろん、科学と数学は、それ自体の魔術を創り出している。

鏡は、初期のキリスト教会では、事実上禁止されていた。しかし、これは中世の間に徐々に変化し、小さな手鏡が貴婦人たちによって用いられるようになった。それらは、鋼や銀で作られた鏡で、ベルトにつけて携帯され、ときには贅沢な彫りものをした象牙のケースに収められていた。１３７３年には、ガラス鏡の製造業者のギルドが、ニュルンベルクにあった。そして十六世紀から、凸面状の円形レンズが南ドイツで作られるようになった。このレンズは、吹きガラス球で作られたものだが、ガラスがまだ熱いうちに、錫、アンチモン、松ヤニ、またはタールの混合物を、パイプを通してそのなかに注入し、冷めてから、球を小さな凸面鏡や凸レンズにカットした。

中世ヨーロッパを通じて、鏡は、魔法や占い、そして一般に、「黒」魔術と関連していた。鏡は、魂をとらえ、また鏡が通常もつそのあいまいさゆえ、邪悪な霊をも恐れさせ遠ざける、とされたのである。そこで、大きな銀の球（「魔女のボール」）を窓に下げて、邪悪な霊が部屋に侵入しないようにした。

テニソンは、「シャロット姫」（第三連）のなかで、鏡が割れることを非運と関連させている。

姫は織物を打ち棄て機《はた》も棄てた
姫は居間を三歩歩み
咲く蓮の花を見
かぶとも羽根も見
キャメロットの街を見下ろした
突然織物はひるがえり、糸は四散してただよった
突如鏡が真っ二つに割れ
天罰わが身にくだりぬと
シャロットの姫は叫んだ

バイロンは、『チャイルド・ハロルドの巡礼』（一八三段）のなかで、強力な鏡のイメージを使っている。

なんじ、栄光の大鏡、
嵐のなかに全能の姿、なんじ自身を見るところ

鏡は、魔女裁判に使われた。十六世紀ごろ、イングランドに「村の魔法使いによる泥棒魔術というものがあって、鏡や磨いた石を使い、そのなかに依頼者は、彼らの金品の盗人の特徴を見分けた」(注31)。キイス・トーマスは、次のように説明し

ている。

魔法使いの探偵による託宣は……「一般的な期待に沿っていること」が必要である。……泥棒がだれかを言うときには、魔法使いは依頼者に鏡や磨いた石を示し、そこに見えた顔に見覚えがあるかどうかたずねる。あるいは、魔法使いは、依頼者にあやしい者の名前を全部あげさせ、それぞれの名を読み上げるときの依頼者の反応を注意深く観察しながら、罪を犯した者をふるい分ける一連のテストを行なう。当時の伝道者のひとりは、この手続きをこう要約している。「彼は、身体がきかなくなって、魔法がかかったらしいと感じる。彼は、かの狡猾な男のところへ使いをやる。その男は人々がだれを疑っているかを尋ねる。そうしてから、鏡のなかに疑わしい人々の像を示す」。

しだいに魔法に対する信頼、そしてまた犯人探しの魔術への信頼が失われてきたことが、はっきりと書き止められている。これはまた、科学的方法へと成長していくものをしだいに受け入れていく過程でもあり、フランシス・ベーコンが1620年に『ノヴム・オルガヌム（新機関）』を著して、公式に宣言されるところとなった(注32)。真理を幻想から分かつ点で、既成宗教の果たした役割は複雑であり、議論をまぬがれない。

キイス・トーマスは、次のように述べている(注33)。

十三世紀までに、聖職者はおよそあらゆる魔術師に対して年一度破門を宣告するのが慣例となっていた。そして教区司祭は、昔ながらに魔法に頼るのをやめるよう信者たちに迫る手段として、告解を用いるよう期待されていた。十六世紀、十七世紀に横行していたさまざまの魔術的実践については、ロンドン主教、ラルフ・バルドックの指令書のような、初期の指令書にすべて記載されている。ラルフ・バルドックは1311年、彼の大執事に、失せものを見つけたり未来を予言したりするために魔術を行なう者や、霊魂をよび出したり石や鏡を用いる者を告発するよう命じている。

トーマスは、さらに次のように述べる。

中世の終わりには、聖職者たちは、俗人たちが魔法を行なうことを激しく非難した。一方、教会裁判所は日常的に、魔法使いや彼らに頼る人々を告発していた。

そして彼は、次のように結んでいる。

このような禁止の基礎にある理論は、十分、筋の通ったものであった。純粋に自然の手段で病気を治し、未来を予言するといった試みに対しては、なにも異議を唱えなかった。教会は、たとえば、薬を利用したり、観察可能な自然現象をもとに天気を予測したりすることを、妨げるようなことは決してなかった。しかし、既知の自然の原因から生じたことが証明されている以上の、大きな効果をもつといった主張はどれも、ただちに疑わしいものとされた。もし治ったのがお守りや書かれた文句の力だと主張されたり、クリスマスの天候がその日の曜日のような関連のない情報にもとづいて予測された場合には、その内容は、詳しく調べられる必要があった。しかし教会は、超自然的な作用の可能性を否定はしなかった。しかし教会は、それがただ二つの可能な源——神と悪魔——から生じる、ということを強調していた。

ここでは、これらの問題の表面に触れることができるだけである。ある時代、ある文化で真実とされていたことが、ほかの時代、ほかの文化で、どのようにして錯誤とされるかを探るためには、さらに深い考察が必要である。さて次には、魔術における鏡の使用——水晶占い——について詳しく見てみることにしよう。

水晶占い

運命、恐怖、期待が映るのを見ることができると主張する占い師やしろうとが、歴史を通じてあらゆる文化に存在してきたように思われる。水晶占いでは、水晶球のなかをじっと見つめる。水占いでは、鉢に張られた水をじっと見つめる。動物の内臓と並んで、ワインや血液も、占いに用いられた。

輝く表面から未来を読みとる儀式は、有史のはじめから、とくに中国人やエジプト人によって、そしてもちろん神託を用いたギリシア人によっても、行なわれていた。ギリシアではその歴史以前から、神託所がいくつかの中心地に置かれ、なかでもデルポイが知られている。ピトゲネスとして知られる女性が、霊感の中心だった。彼女は、てんかん発作に似た状態になり、神々によって操られていると考えられた。プラトンは、予言の「正気」の形式と、「狂気」の形式あるいは恍惚状態とを区別している。きわめて興味深い対話篇、『パイドロス』からわかるように、プラトンは、後者の形式に意外なほどの好意をもっていた。(注34)

……実際には、数々の善きもののなかで、そのもっとも偉大なものは、神から与えられる狂気を通じて生まれる。デルポイの巫女《みこ》も、ドドネ［ゼウスの神託所］の聖女たちも、狂った状態にあるときに、ギリシアの国のためにも、その民のためにも、じつに多くの立派なことをなしとげたからである。だが、正気のときには、彼女たちは、ほんのわずかのことしかしなかったし、あるいはなにもしなかったと言ってよい。またさらに、シビュラ（神巫）をはじめとして、そのほか、神に憑かれたときの予言の力を用いて、多くの人々に多くのことを予言し、これから訪れる運命のために、正しい道を教えてやった人たちのことは、だれもが知るところであって、もしここでそのことを語るなら、いたずらに話を長びかせる結果となるだろう。けれどもわれわれの主張を裏づける証拠として、このことはたしかに言うだけの価値がある。それは、ものの名前を制定した古人たちもまた、狂気《マニア》を、恥ずべきものとも、非難すべきものとも、考えてはいなかったということである。もしそうでなかったら、彼ら古人たちは、技術のなかでもっとも立派な技術、未来のことを判断する技術に、ちょうどこのマニアという名前を織り込んで、この技術を狂気の術《マニックアート》（予言術）とよぶようなことはしなかったであろう。

プラトンは、最近人々が、予言ないし神託を表わす「マニケー」ということばにτ（t）の文字を挿入して」、「マンティケー」とよぶようになったことに不満を述べている。プラトンはこう続けている。

予言術（マンティケー）が占い術よりも、その名前においても、その実際の仕事においても、いっそう完全なものであり、いっそう尊ぶべきものであるのとちょうど同じ程度に、神から授けられる狂気は、人間から生まれる正気の分別よりも立派なものだということを、古人は証言しているのである。

これは、ミューズ（ムゥサ）の神々とも関係する。

さらに第三の種類の神がかりと狂気がムゥサの神々から授けられる。この狂気は、穏やかな汚れなき魂をとらえて、これをよびさまし熱狂に誘い、うたをうたい詩を吟じさせる。こうして、古人の数えきれない偉業を讃え、のちの世の人々に教え伝えさせるのである。けれども、もし人が、技巧だけで立派な詩人になれると信じて、ムゥサの神々の授ける狂気にあずかることなしに詩作の門に至るならば、不完全な詩人に終わるばかりでなく、正気のなせる彼の詩も、狂気の人々の詩を前にしては無にも等しい。

水晶占いは、すべての前キリスト教文化に共通する特徴だった。(注35)特別な力をもった鏡は、アーサー王の宮廷の魔術師マーリンが作ったものである。『妖精の女王』のなかでスペンサーは、アーサー王の娘、ブリトマートが鏡のなかに彼女の恋する人の姿を見たという話を書いている。

下は大地から、上は天上にいたるまで、
敵のしわざも味方の裏切りも、
この鏡は、見る者にかかわるかぎり、
世のありとあるものを映した。

多くの水晶占いの水晶球は珍しく、また特別のものでもあった。そのなかには、製造に際し長々とした魔法の儀式を必要としたものもあった。しかし、ソールズベリーのジョン（1115頃‐80）は、日常のさまざまなものも利用できると信じていた。彼は、「良質な真鍮のやかん、カップ、いろいろな種類の鏡のように、磨いて光輝くものを使って」予言を行なう占いについて記述している。(注36)水晶占いは、ヨーロッパ中を旅する職業となった。しかしそれは、教会にそむく行為だった。ゴールドバーグは、こう書いている。

水晶占いをさらに糾弾するために、教会は、それを、最大の不道徳な罪である魔法と結びつけ、もっともおそるべき方法で罰した。ある布告では、次のように宣告している。「もしも……行方不明の財貨を見つけ出すために、悪魔をよび出すように何者かに依頼し、報酬を与えた場合には、罪を犯したことになる。もしも、剣、水盤、親指（の爪）、もしくは水晶をのぞき込んだ場合（ないしは、子どもにそうさせた場合）、それらはすべて、魔法と称せられる」。

占星術師が鏡を利用する場合は、それほど異論の余地はない。未来を予測するために、占星術と鏡とが別々に利用されたからであり、その組合せは、多くの予言者にとって理想的であるように見えた。カバラ主義者たちの技法は、数占いと占星術を基礎とするが、七つの金属鏡を使っていた。鏡のそれぞれは、当時知られていた惑星の名称のひとつをもっていた。太陽の鏡は金（太陽の金属）で作られており、日曜日だけに用いることができた。月の鏡は銀で作られ、月曜日だけに用いることができた。そして、火曜日には鉄（火星）が、水曜日には水銀（水星）が、木曜日には錫（木星）が、金曜日には銅（金星）が、土曜日には鉛（土星）が、というように、週のそれぞれの日に用いられた。カバラ主義者をまねて、多くの占星術家たちは、琥珀金として知られる七つの金属の合金で占い用の鏡を作製していた。

ゴールドバーグは、続けて次のように述べている。

　こうした鏡の助けによって、疑いもなく、全知の能力をもつようになる。というのは、過去・現在のできごと、その場にいない友人や敵、そして昼・夜に人々がなすことすべてを見ることができるようになる、と言われているからである。また、以前に記されたすべてのこと、言われたすべてのこと、そしてそれらがだれによって行なわれたかを、鏡のなかに見ることもできる。また、それがいかに秘密であろうと、すべてを見ることができるのである。

　教会の指導者たちのなかには、神学上の問題として、そしていまふうの言い方をすれば医学的に有害なものとして、水晶占いに反対した者もいた。バルドック司教もその一人で、1311年に調査を開始した。リジューの司教、ニコル・オレーム（1330-82）は、幼い少年に輝く表面を長時間見つめさせる慣習に反対した。子どもたちを失明させるかもしれないというのが、その理由であり、ソールズベリーのジョンも、同様の注意を促している。オレームは、霊をよび出したり呪文を唱えている最中に水晶占い師の顔に起こる恐ろしい変化について述べている。占い師はしばしば、本来の彼ではなくなってしまったように見えた。占い師は、精神的にきわめて混乱しているように見え、多数の幻覚を体験したとしてもなんの不思議もない、とオレームは述べている。(注37) とは言え、教会は、占い師たちを完全に制止するまでにはいたらず、むしろ彼らの方法を、改変して採用するようになっていった。このようなもののひとつが、子どもたちが天使からのメッセージを伝える、とする考えである。(注38)

　もっとも有名な水晶占い師、ジョン・ディー（1527-1608）は、錬金術師、数学者、旅行家、そしてまた驚異を引き起こす事物の収集家だった。彼は、ケンブリッジのトリニティ・カレッジの最初のフェローのひとりだったが、そこで魔術師としての名声を勝ちえた。それは、彼が芝居のなかで機械じかけの黄金虫を用いたからである。彼は、エリザベス女王に厚遇されたが、魔法によってメアリー女王の謀殺を企てたかどで投獄された。ディー博士の黒曜石の魔法の鏡は、彼の死後も長年崇敬の的となっていたが、現在は大英博物館で見ることができる（図3・7）。

鏡のなかの幻影はどう説明されるか？

　昔にも、水晶占いのオカルト的状態に疑いをもった人々がいた。十四世紀、アラビアの歴史家イブン＝ハルドゥンはこ

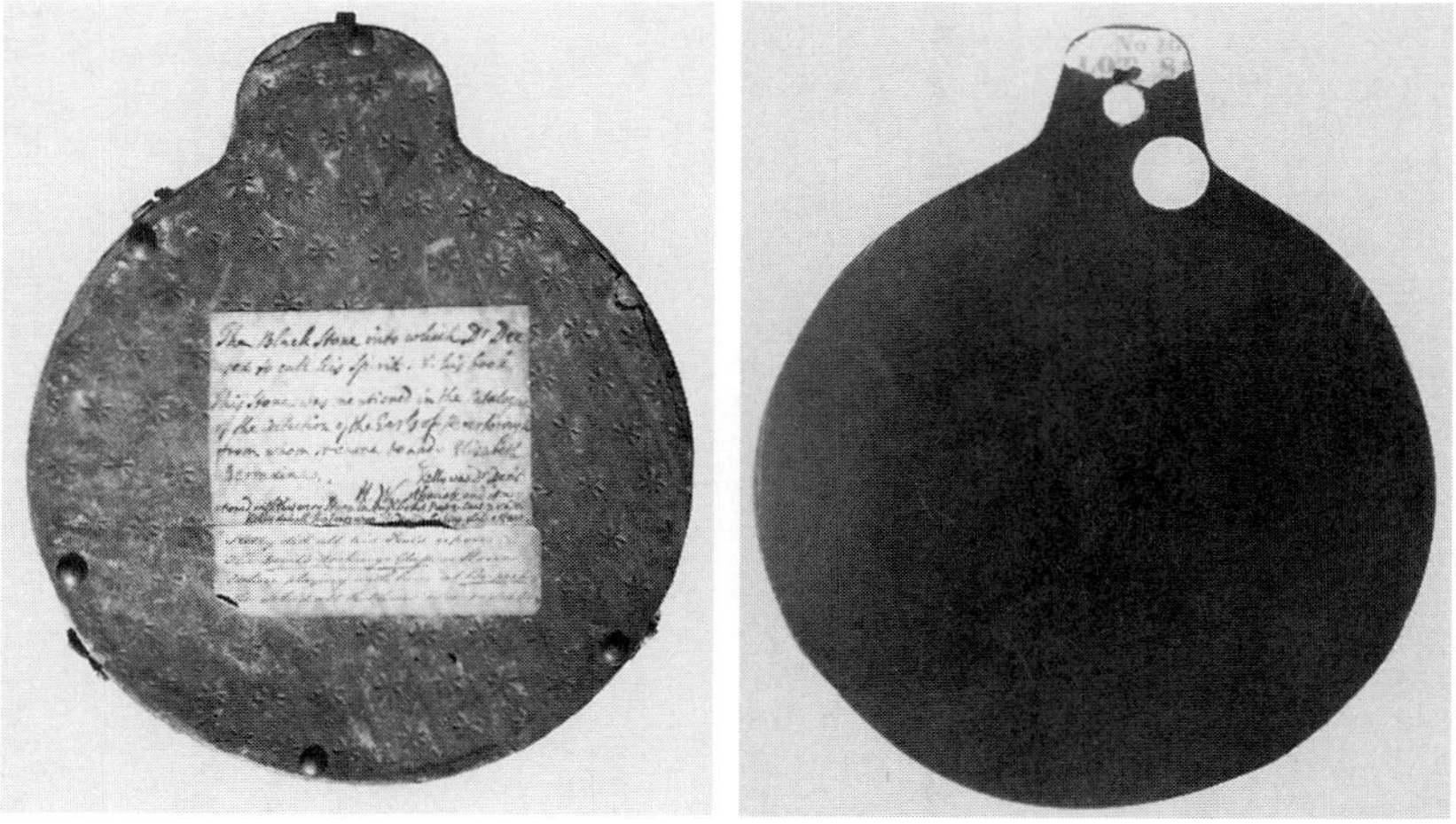

図3・7　**ディー博士の鏡**
By kind permission of the British Museum.

う書いている。「視覚は、あらゆる感覚のなかでもっとも高貴な感覚であり、したがって、占いを実践する人たちによってとくに好まれていた。彼らは、［鏡に］視線を固定し、宣言するものが見えてくるまで、注意深くじっと鏡を注視するのである。彼らは鏡のなかに対象や情景を見ると考えているが、間違いである。一種のぼんやりしたカーテンが彼らの眼と明るい鏡の間にでき、この上に、彼らの想像力による幻影が現われるのだ」[注39]。後には、水晶占いは催眠術と関係づけられた。この奇妙な催眠状態については、まだ完全には理解されていないが、被験者は暗示を受けやすくなる。光沢のあるものをじっと見つめていると、催眠状態になる。十九世紀末、イギリス心霊研究協会のために、A・グッドリッチ＝フリーアは、白黒をつける実験を企てた[注40]。その結果から彼女は、残像もしくは抑圧された記憶が意識下から復活させられ、観念ないしイメージが外在化され、そして（それほど決定的というわけではないが）おそらくはテレパシーか千里眼的な視覚が超自然的な手段で獲得される、という結論を引き出している。彼女は、これらの問題の解明をほかの人々に委ねた。

「火のなかにいろいろの顔」が見えたり、「月のなかに人の姿」が見えたり、またインク・ブロット（図3・8）のなかにさまざまな形や奇妙な物体が見えたりすることは、よく知

図3·8　**インク・ブロット**
この図をパターンとして見ると，さまざまなものの形になる。なぜなら，視覚はきわめて能動的であり，そこにあるかもしれないものをつねに探し求め，ときにはとんでもない空想を生み出すからである。

られている。視覚やほかの感覚は、そこになにかがあるかもしれないという仮説として、視覚的実在を投影するのである。科学における仮説が、利用可能なデータよりも豊かであるのとちょうど同じように、知覚は、ギャップを埋めて、そこに存在するかもしれないもの、そこにあるべきものを創り出す。したがって、インク・ブロットのような不明瞭な多義的な形のなかとか、ミニマリスム［訳注　1960年代アメリカで起こった芸術運動で、最小限の基本要素で作品を制作する］の抽象絵画のなかに、容易にさまざまの形やものを見ることができるし、そこに多くのさまざまな知覚的仮説が出現するのである。刺激の強度とこうした知覚の明瞭度との間には、はっきりした関係はない。これは、観察者の状態に大きく依存する。たとえば夢（とくに半覚醒・半睡眠のときの入・脱眠時幻覚）は、外部には刺激がまったく存在しないけれども、極彩色の異常に鮮やかなイメージだったりする。視知覚は能動的な過程であり、眼やほかの感覚からの限定された、しかも必ずしもふさわしくない情報を有効に利用しているのである。知覚は知識と前提に依存しているが、それらがいつも適切で正しいわけではない。ここに、視覚的な幻影が豊かであるという原因が存在している。

この種の視覚的な効果が、両眼の像が一致しないときにはっきりと生じる。これは両眼立体視と関連している。じつに奇妙なことだが、両眼立体視は、歴史的には、つい最近まで知られていなかった。ホイートストンは、脳がわずかに異なった二つの網膜像をひとつの知覚に統合する、ということを発見した（1832年。1838年に最初に出版された）。しかし、これには限界がある。両眼の網膜像の特徴間の角度差が約1度より大きくなると（パヌムの限界）、両眼の像の「融合」は生じない。融合が生じない場合には、「視野闘争」という奇妙で不安定な現象を体験することになる。それは、脳が両眼の像をひとつの安定した知覚に統合できないときに生じる現象である。それぞれの眼の領域からの個々の断片が、たえず統合のしかたを変えつつ、見えたり消えたりしながら、奇妙な知覚体験を生じさせる。それはたしかに、水晶占い師が体験する多くの不思議な現象と関連しているように思われる。

さて、このことをもっと詳しく見てみよう。ものを見る場合、両眼の間の一点から見ているように感じられる。これは、「キュクロプスの眼」として知られている。ベラ・ユレシュの『キュクロプス知覚（両眼立体視）の基礎』は重要な著作だが、そこでは次のように述べられている。(注41)

ギリシア神話の巨人、キュクロプスは、額のまんなかにあるひとつの眼を通して外界を眺めていた。われわれもまた、ある意味で、頭のまんなかのひとつの眼で、外界を知覚している。しかし、われわれのキュクロプスの眼は、額ではなしに、額から多少離れた視知覚を司る脳の領域中にある。キュクロプスの眼は、視覚系の特定の場所に位置づけることができる。

さて、片方の眼だけで、近くにある対象を見つめながら、もっと遠くの対象に注意してみよう。それから、もう一方の眼で同じようにやってみよう。近くの対象を注視しているときは、遠くの対象が、眼を開けたり閉じたりして見る眼を交替させるたびに、左右に移動する。今度は、遠くの対象を注視しながら同じことをしてみよう。そうすると、近いほうの対象が動くだろう。対象の間の奥行きの隔たりが十分に大きい場合には、脳は、キュクロプスの視覚（両眼立体視）を達成することができなくなる。

キズのある鏡を眺めていると、鏡の表面のキズの形が見えたり、そこに映るものが見えてきたり、といったようにどちらか一方が、はっきり見える。つまり、両眼が、奥行きに対してどのように輻輳し、調節されているか（焦点を合わせて

図3・9　**水晶球**
内部の構造と反射によって，さまざまなものが見え隠れする。

いるか）に応じて、どちらか一方だけがはっきり見える。鏡を近くにもってくると、どこに両眼を向けているかによって、そのキズか鏡のなかの光景かのどちらかが、二重になって見えるようになる。チャールズ・ホイートストン卿に両眼立体視のヒントを与えて、ステレオスコープ（立体鏡）を考案させたのが、この反射の二重視だった（205ページ参照）。

表面に多少キズのある鏡――あるいは凸凹のある黒曜石や水晶球（図3・9）の表面――を長時間見ていると、表面のキズと映っている像とが互いに混じりあって見え、いろいろな領域が見えなくなったり、領域どうしが結びついたりして、たえず変化するパターンや新しい光景が生み出される。したがって、両眼視差が大きすぎて両眼立体視が成立しないため――そして視覚そのものが生み出す仮説もあいまって――、鏡のなかに、さまざまな怪物が創り出されるのかもしれない。あるいは、これがまさに、もうひとつの神話なのだろうか？　読者も、試してごらんになるとよい。

水晶占い師の考え方は、科学とはまったく異質のものなのだろうか？　いずれにせよ、彼らの考え方は死んではいない。おそらく、今日でも多くの人々は、科学よりもオカルトのほうを好んでいる。なぜ、科学は完全に勝利しなかったのだろう？　たしかに、科学は、人々の生活や未来、希望、恐怖については、ほとんどなにも語ってくれない、ということは認めざるをえない。科学は、多くの人々の関心事をあつかっていない。したがって科学は、埋めるべきギャップを残していて、それを、反科学を含めた非科学が埋めているのだ。

科学における信念や仮説もギャップを埋めようとする。これはまた、知覚のはたらきにおける強力な原理でもある（272ページ参照）。事実、これはまさしく、知覚と科学的仮説が行なっていることだ。つまり、データのギャップを埋め、対象のもつ感じとれない特性を予測し、生存のために少なくとも近い未来を予期する。どうやら心はギャップを嫌うようである。それはどうやら、知覚的ギャップや概念的ギャップは、行動を中断させ、危険をもたらしかねないからである。疑問をたずさえて生き、無知を認めることは、並外れた試練を引き受けることになるが、これこそ、科学にとってきわめて必要なのである。たしかに、これが科学と神話の間の大きな違いだ。科学の強さは、知覚や理解における、ときには驚くようなギャップを受け入れ、検討することから生まれる。神話も同じことをするのだが、科学とはきわめて異なったやり方でこのギャップを埋める。現実を映し出すのは、眼や脳がいかに焦点を合わせるかに大きく依存している。したがってそれは、依然として困難な、多くの議論のある問題なのである。

4

鏡映像の謎

時間と空間ほど私を悩ませるものはない。だが、それらについて考えなければ、私を悩ませるものはなにもない。

——チャールズ・ラム

光が作る像の発見に、どうしてこうも長い歳月がかかったのだろう？　これが、第一の謎である。ギリシア時代の哲学者たちも、芸術家たちも、今日なら科学者とよべる人たちも、そのことを知らなかった。光が眼のなかに像を描くということがほんの数百年前までわからなかったという歴史的な事実こそ、不思議である。対象の視覚的知識を与えてくれるのは、光が眼のなかに描き出す像である。このことを知っているわれわれには、視覚について書かれた初期の著作はどれも、きわめて奇妙なものに映る。ギリシア時代の人たちは一般に、眼を、そこから光が出て、対象に触れることによってはたらくと考えていた。この考えが、視覚を、信頼するにたる知識を直接与えてくれるものと思わせたのである。それは、しっかりした考えに確実な基礎を与えるもののように思えたので、ギリシアの人たちにとっても、もっとずっと後世の哲学者にとっても、中心をなす考え方になった。われわれは今日、この考えが正しくないことを知っている。というのも眼のなかの像は、対象とはきわめて弱い関連性しかもっていないからである。それらは、もともと多義的であり、どのような対象を意味するかをうまく読みとるための、能動的な探索活動に依存しているからだ。

プラトン（４２７‐３４７ＢＣ）は、真理への窓としての知覚に心を動かされることがなかった。彼は、感覚の対象にはあまり関心をはらわず、それよりもはるかに深遠で重要だとみなした数学上の実在と、対象の神聖な「イデア形式」に関心を向けていた。とは言っても、プラトンにとって、眼は、神々によって最初に作られたものであった。(注1)

そして、彼ら［神々］が作った第一の器官は、われわれに光をもたらすもので、それは次のような方法でいまある場所に固定されることとなった。すなわち、神々は、燃やす力はもっていないが、穏やかな光をもたらすような火が、昼間の光を形成するようにしたのである。われわれの内部にもそれと同類の純粋な光があり、神々はそれが眼を通って流れるようにし、その際、眼球全体を、とりわけその中心部をなめらかな、キメの細かなものにして、その結果、粗大な性質をもった火を通さずに、この純粋な火だけを通せるようにした。そうすると、眼から出た光のまわりに昼間の光があるときには、それらは混じりあって、視線に沿って単一の均質な光を形成し、それが外界の対象にぶつかるのである。眼から出る光と昼間の光とは類似しているので、そのようにして形成された光全体は等質なものとなる。対象と接触する光によって、あるいはその光と接触する対象によって引き起こされた動きは、身体を貫通して、魂のなかに、われわれが視覚とよぶ感覚を生み出すのである。しかし夜がきて、同種の光が消えるときには、眼からの光はさえぎられる。なぜなら、それが出会うものはそれ自身とは似ていないので、変化し、消えてしまうからである。というのも、火を含まないまわりの空気のなかには、それと一体になるものはなにもないからである。したがって、それは見ることをやめ、眠りを誘うものとなる。というのは、神々によって視覚を保護するために考案されたまぶたが閉じられると、それらは火の活動を内部に閉じ込め、これが内部の動きをなめらかにして拡散させ、平静さを生み出す。この平静さが大きいと、生じる眠りはほとんど夢をともなわないものになる。しかし、動きがある程度残っていると、その種類と、またどこに残っているかに応じて、像が内部に形成され、覚めてから、あたかもそれが外部のできごとであったかのように思い出されるのである。

アリストテレス（384-322BC）はおそらく、光を眼のなかに入ってくるものと考えていた。そして、驚くべき先見性をもって、多くの視覚現象にかんする記述を残している。だが、その彼でさえ、光が眼の内部にイメージ（像）を形成するということまでは知らなかった。(注2)

実像を生じさせるもっとも簡単な方法は、レンズや凹面鏡ではなく、ピンホールを用いればよい。(注3)この方法は直線的に進む光の性質を利用しているので、対象の各点は像の対応す

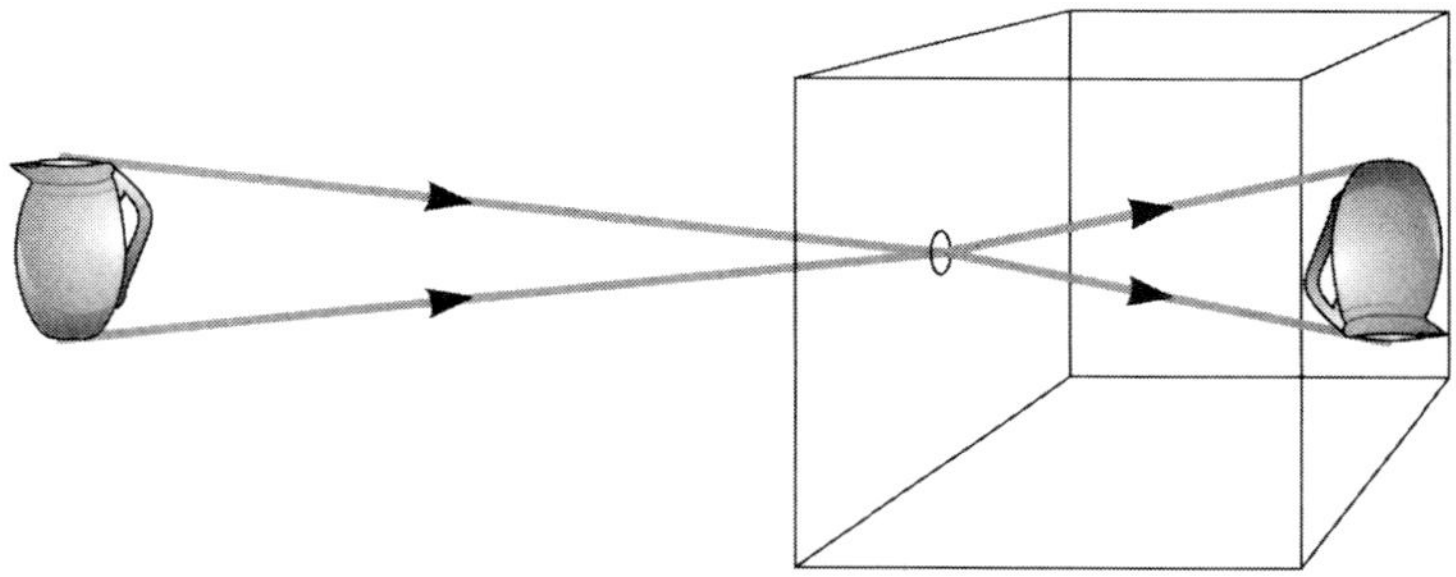

図4・1　**デラ・ポルタのレンズ式カメラ・オブスキュラ**

このカメラ・オブスキュラは，18世紀に芸術家に広く用いられ，その後も正確な遠近法で描くために用いられた（注6）。

る点に投影される。このことは十世紀にアラビアの数学者で実験家だったイブン・アルハーゼン（965頃‐1038）によって明らかにされた。彼はこのことだけでなく、さらに多くのことを、その著書『光学』に記している(注4)。アルハーゼンの実験室は、大きな白い部屋で、その壁にはさまざまな位置にいろいろな大きさの穴が開けられていた。彼は、特定の星からの光がその穴のひとつを通って壁の上に像を投影すること、そしてその位置が、穴を通してその星を見るために彼が占めるべき位置とピッタリ一致することを見出した。こうして彼は、光が直線的に進むということを知ったのである。遠く離れた火は、壁の上でゆらめく火として見えた。なぜなら、それぞれの点がその像に寄与する光線を投影するからである。これこそ「実」像にかんする最初の記述である。アルハーゼンは知覚にかんして、本質的に近代の記述と変わらない記述を残している。それは、千年後にヘルムホルツが視覚にかんして示した考えとほとんど同じだった。

　ピンホールが作る像は、きわめてぼんやりとしたものである。そこでピンホールを凸レンズや凹面鏡で置きかえるというのが、次に考案されたしかけだった（図4・1参照）。レンズ式のカメラ・オブスキュラにかんする最初の記述は、十七世紀のイタリアの科学者、建築家、かつ興行師でもあったジヨヴァンニ・デラ・ポルタによるものである。その記述は、彼の『自然魔術』（1558）のなかに収められている。この本は、科学と荒唐無稽な話や魔術――この時代の知識であった――の、魅惑に満ちた混淆である。彼は「空中にかかる像」に魅せられていた。たとえば、「嵐の夜には、どのようなものであれ、その像は部屋の中央にぶら下がっているように見え、それが見る人をこわがらせる」。彼は、子どもや動物を映し出す遊びを勧めているが、「それはあまりにもはっきりと見えるので、本物なのか幻なのかわからない。抜かれた剣は穴のところできらめき、人々の恐怖を誘うだろう」と書いている。「不思議な鏡について」という章で、デラ・ポルタは、凹面鏡の用い方にかんして多くのことを教えてくれる。焦点、あるいは「倒立点」を見つけるには、次のようにせよ、と述べている。

> 鏡を太陽に向けてもち、光線が交わるように見えるところがあれば、それが倒立点である。もしそれをよく見ることができなければ、それに息を強く吹きかけるとよい。反射した光が一致するところをすぐ見つけられるだろう。あるいは、その下に湯を入れた容器をおいてもよい。倒立点を見つけたら、その点の下に自分の頭をもっていくと、恐ろしいバッカスのような大きな顔が見え、自分の指が腕のように太く見えるだろう。女性なら、眉毛が指のように太く見えるから、眉毛を引き抜くだろう。セネカ（小セネカ）（5BC頃-65AD）はホスティウスがものを大きく見せるような凹面鏡を作ったことを報告している。彼は、性欲を刺激するのに長けた人物だった。それで、彼は独自の鏡を注文し、男色にふけっているときの、彼の背後にいる相手の動きのすべてを見ることができるようにし、さらには自分の秘所を実際より大きく見せるようにして喜んだのである。(注5)

デラ・ポルタは、大きな鏡を見るときにどう見えるかについて、詳細な記述を残している。「誰しもが驚かずにはいられない。もし抜き身の剣をもって鏡に向かっていったなら、もうひとりの人間がこちらに向かってきて、突き刺すかのように見えるだろう。ロウソクを差し出せば、ロウソクが宙に浮いているように見えるだろう」。彼は、凹面鏡をどのように使えば、星明かりの下でも文字を読むことができるかについて述べている。また、凹面鏡を天日レンズとして用いて、敵の倉庫を燃やし、火薬を爆破し、あるいはまたもっと有効な利用法として、金属を溶かすこともできると述べている。おそらく、なかでももっとも興味深いのは、冷気を焦点に集めることだろう。

視対象が置かれるべき場所に、代わりに一本のロウソクを置けば、それは眼までやってきて、光と熱で眼を傷つけるだろう。しかし、さらに驚くのは、熱と同様、冷気もまた反射することである。もし雪をその場所に置くなら、それも眼にやってきて、それは感知される性質であるから、すぐさま冷気を感じるだろう。

冷気に対する眼の感受性を用いるとは、なかなか巧妙である。とは言え、「冷気の焦点合わせ」は、熱が流体であるという誤った考えを抱かせた可能性がある。実際はこうである。雪が焦点を結ぶところには周囲の暖気が存在しないので、相対的に冷たく感じるのだ。これは、光学像の暗い領域ではそこだけ光がないように見えることと似ている。その領域が暗く見えるのは、近くの明るい領域とのコントラストのせいであり、それと同じく、雪は周囲の熱とのコントラストによって冷たく感じられるのである。

ピンホールでも、対象の各点からの光は壁の上の対応する各点へと達することができるので、上下と左右が逆転した像を結ぶ。だがピンホールを凸レンズに置きかえれば、ずっと明るい実像が得られる。[注6] 歴史的には、デラ・ポルタが、これこそ眼の機能なのだと知るにいたった点が重要である。

像は、窓の開口部のように、瞳孔を通って眼のなかに入る。そこは眼の中央にあって球状をなし、透明な板のかわりをしている。理解力に富む人なら、これを聞いて大いに喜ぶに違いない。

彼はきわめて公平に、こうつけ加えている。「眼のはたらきを教えると請け合った人々がこれまで述べていたことは、奇談[注7]以外のなにものでもない。以前にこのことを知っていた者はだれもいなかったと思う」。

この考えを視覚を解く鍵としてとりあげたのは、ドイツの天文学者、数学者で物理学者でもあった、ヨハネス・ケプラー（1571‐1630）である。彼は、眼の光学をきわめて正確に記述している。ケプラーは「鏡映像」が実際には像でないことに気づいた。彼は、眼のなかの網膜像も含めて、スクリーン上の実像を「画像（picture）」と名づけた。平面鏡を用いて見られるものを、「ものの像（images of things）」と呼び分けた。これらは今日それぞれ、実像と虚像とよばれている。姿見や凸面鏡では、虚像が生じる。一方、凹面鏡や凸レンズでは、実像が生じる。像が実像か虚像かはどうすればわかるだろうか？　いちばん簡単なテストは、その像がスクリーン上に投影できるかどうかである。平面鏡（あるいは凸面鏡）の前に紙をかざしても、その上に像は生じない。したがって、それは虚像である。他方、スライド・プロジェクターやカメラのレンズがスクリーン上に投影する像は、実像である。凸面をした角膜と眼の凸レンズ状の水晶体とが、眼底の網膜上に実像を投影する。それにより生じた神経信号が脳に送られ、それにもとづいて対象が知覚される。虚像は、焦点をもつ凸レンズや凹面鏡を用いないかぎり、実像にならない。

　われわれが鏡の向こうに対象を見るのは、光が反射によって折り曲げられていることを、視覚を担当する脳は知ることができないからである。われわれの視覚系がもう少し賢ければ、対象は、鏡の向こうに見えるのではなく、鏡の手前の、実際にあるところに見えるだろう。だが事実は、鏡は逆説的である。というのも、われわれは自分が鏡の前にいることを知りながら、鏡の向こうに自分を見るからである。このことは、見ることと知っていることとは違うことを、みごとに示している。知識としては、光が対象と眼との間で折れ曲がることを知っていても、この知的な理解は視覚には役立たない。われわれは知っているものを自動的に見るわけではない。また見えるものを知っているわけでもない。虚像に心理学的成分があることは、ニュートンには明らかだった。彼は、『光学』（１７０４）のなかで、こう述べている。

《公理８》

反射や屈折によって見られる対象の射線が観察者の眼に入るとき、その射線はあたかも最終的な反射や屈折を経て向きを変えた位置から発したかのように見える。

対象Ａ［図４・２］を鏡mnの反射によって見ると、それはその本来の場所Ａにではなく、鏡の後ろのaにあるように見える。この対象の同じ点から発した任意の射線ＡＢ、ＡＣ、ＡＤは、点Ｂ、Ｃ、Ｄで反射されたのち、向きを変えて鏡からＥ、Ｆ、Ｇへ向かい、aから発したように観察者の眼に入る。

ニュートンは、心理学的成分について次のように続ける。

というのも、これらの射線は、鏡の介在なしに実際にaにある対象からくる場合と同じ映像を眼底に作るからである。そしてすべての視覚は、かくのごとき映像の場所と形に応じて生み出される。

これは、視覚と鏡についての重要な心理学的特徴について

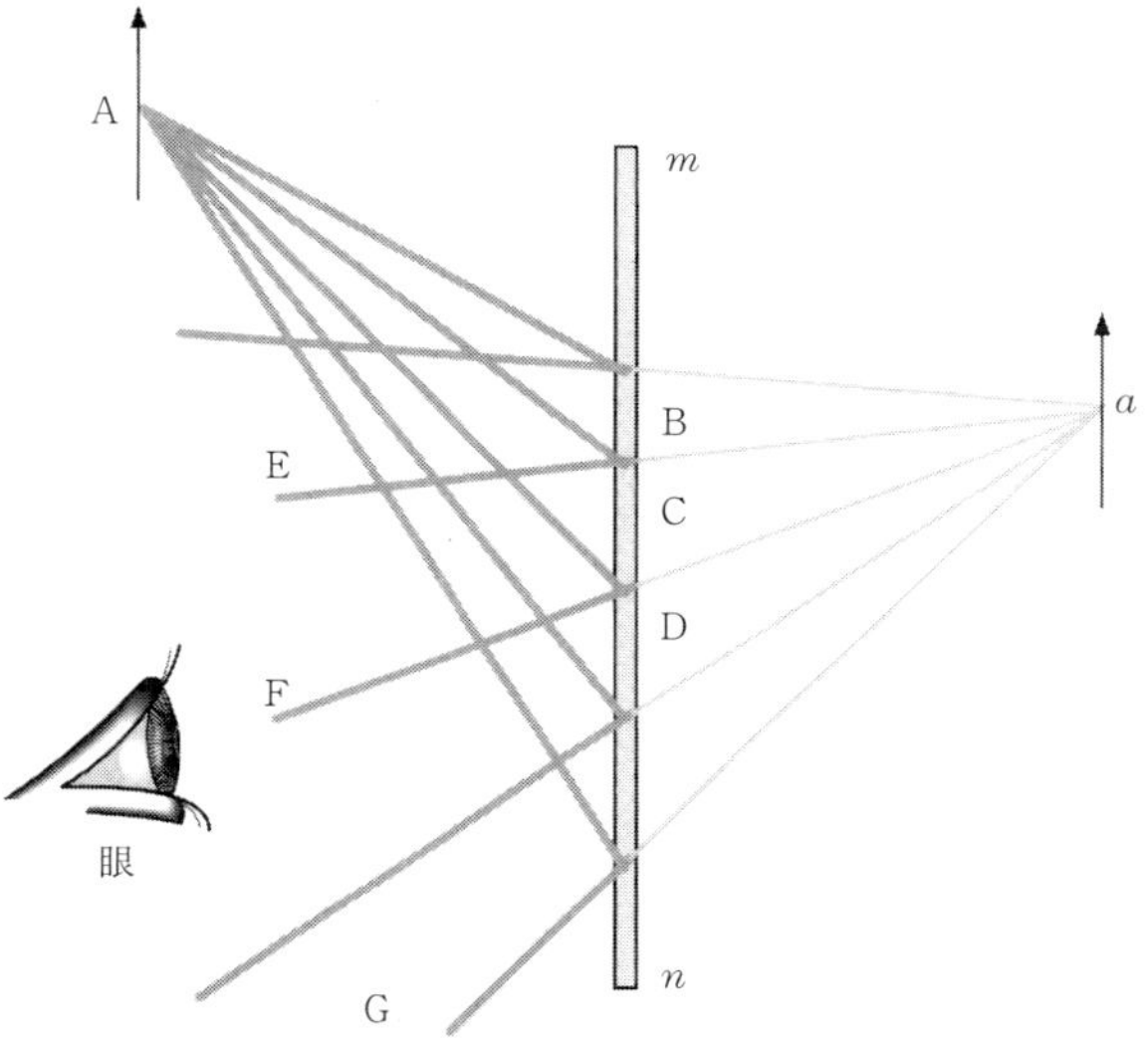

図4·2　**ニュートンの鏡の虚像の説明図**
ニュートン『光学』（1704）より。

述べている。すなわち、われわれがその状況にかんする知識をもっていて、光の屈折が知性には明白であっても、それによって修正や補正がなされるわけではない。状況によって、知識が視覚に影響をおよぼす場合もあれば、そうでない場合もある。これは心理学の問題であって、光学の問題ではない。かりにわれわれの脳がいまとまったく異なるしかたで構成されていたら（あるいはプログラムされていたなら）、鏡が介在していると知っているときには、反射された対象も実際にある場所に見えたかもしれない。水にとび込んで魚をとらえる鳥も、飛行中に光の屈折に対する修正を行なっている。しかし、この場合は、学習すれば対処できる単純な事態である。

図4・3はニュートンの図を拡張したもので、なぜ虚像が対象と同じく正立しているのかを示している。光線は、鏡から反射して眼のなかに入り、像を結ぶ。眼とその結像力がなければ、鏡からの像は存在しない。（図のなかで、鏡の後ろの像までの点線は光線ではない。鏡から戻る光線の視覚的投射として仮定されたものである。）対象は鏡を通り抜けて見え、倒立してはいない。視覚的脳は、光が反射しているとも折れ曲がっているともわからないので、対象は鏡を通り抜けて、これらの投射線に沿う方向に存在するように見える。光

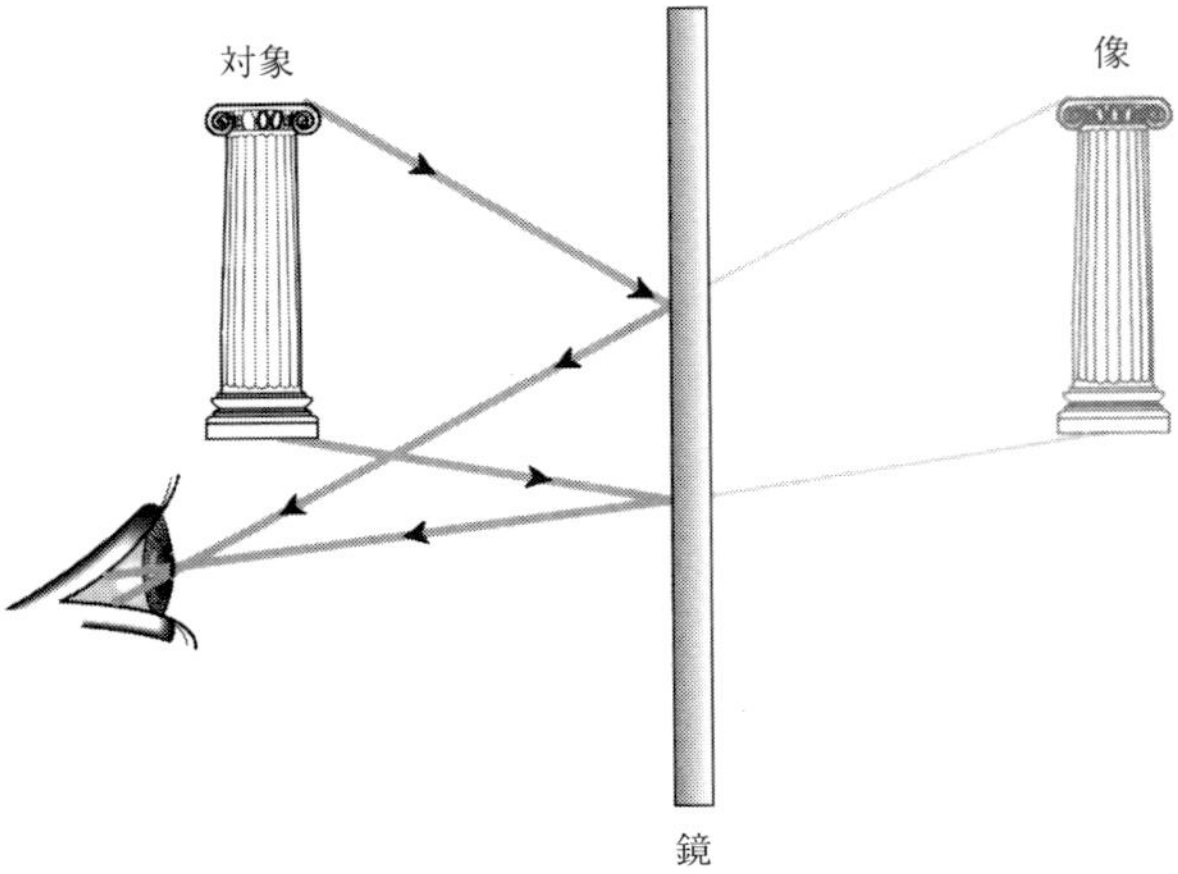

図4・3　**鏡の虚像**

学的には、鏡の背後にはいったいなにがあるのだろうか？　なにもないのだ。では、もし眼がなければなにも存在しないのなら、鏡の虚像を第二の鏡によってどうすれば反射させることができるのだろうか？　これが、次の多重反射の問題である。

多重反射

平行に並べた二枚の鏡の間に立つと、像が何重にも現われる。反射が完全なら、像はどこまでも続くように見えるだろう。文字どおり、無限に？　実際にはそうはいかないことは、すぐわかる。というのは、実際上、鏡は完璧な反射体ではないし、完全に平らでもないからである。反射するたびに誤差が拡大されて、その結果（虚）像は少しずつ劣化していく。この誤差の増大は、完全には予測できない。それは、フラクタル・パターンに関係していて、カオス的である。[注8]　さらに、光はある有限の速度でしか伝わらないから、無限の数の反射を見るには、無限に長い時間待たなくてはならないだろう。そういうわけで、常のことながら、無限はわれわれの手に届かないのだ。

　平行な鏡の間に立つといっても、実際的な障害がある。自分の頭が邪魔をする。これを解決するには、自分自身が間に立たなくてもいいように、一方の鏡の裏のコーティングに小さな穴（両眼で見ることができるように二つの穴が望ましい）を開けるのが、簡単な方法である。こうしておいて鏡の間に対象を置くと、その背面‐前面‐背面‐前面というように、交互に三十以上もの反射像が見える。コインなら、表‐裏‐表‐裏と、コインの前後の鏡の位置から交互に見ているかのように見える。コインを傾ければ、その角度は奥行き方向に交互に逆転して見える。

虚像でしかない第一の鏡の像を、どうして第二の鏡は反射できるのだろうか？　なにが奥行きの逆転を交互にひき起こすのだろうか？　一枚の鏡でどのように対象の奥行きが逆転するかは、図4・4でマッチ棒を使って図示したように、簡単に示すことができる。マッチ棒の頭を向こう向きに置くと、鏡のなかではそれがこちら向きに見える。なぜなら、眼までの光路がマッチ棒の尻尾の光路よりも短いからである。第二の鏡がこの像に対面するように置かれると、マッチ棒はふたたび逆転し、今度はその尻尾が観察者のほうに向く。なぜなら、今度は、マッチ棒の尻尾から眼への光路のほうが、マッチ棒の頭の光路よりも短くなるからである。第二の鏡が第一の鏡の（実在しない）虚像を反射していると考えると、これは不思議に思える。だが、そうではない。第二の鏡は第一の鏡を介して対象からの光を受けているのであって、像は関係ない（図4・5参照）。眼のなかの実像を除いて、そこに像はないからである。第二の反射ではマッチ棒の頭から眼までの光路のほうが長くなるから、マッチ棒は向こう向きに見える。理想的な鏡が平行に向かい合っているとすれば、この奥行きの逆転と非逆転は永遠にどこまでも続く。

虚像が上下に逆転することはなく、（通常は）左右に反転して見える。どうしてそうなのかは、はっきりしているとは言えない。ニュートンの図（図4・2）からは理由はわからないし、どんな射線図を描いても理由を示すことはできない。ニュートンは、この鏡の謎についてはなにも述べていない（おそらく、彼にとっては謎ではなかったのだろう）。この謎を、しばらく追ってみたい（104‐129ページ）。だがその前に、二枚の鏡をつないでさまざまな角度に置いたときに見られる、不思議な現象を紹介しておこう。

合わせ鏡の不思議

二枚の鏡が平行でないときにはどうなるのだろうか？　二枚の方形の小さな鏡を使って、いろいろな実験をしてみるこ

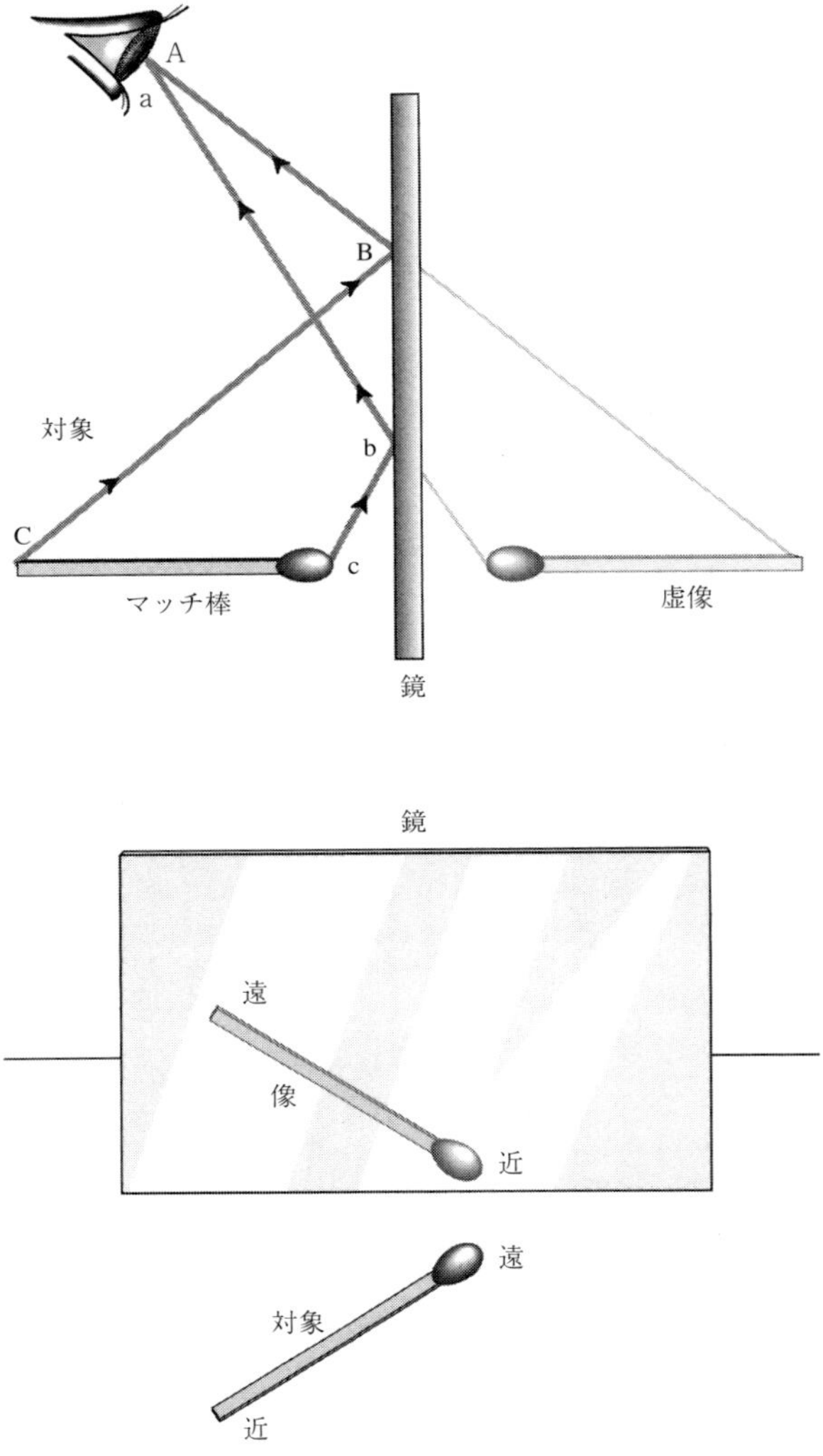

図4·4　**鏡映像（虚像）の奥行き逆転**

上の図では，A－B－Cはa－b－cより長い。したがって，マッチ棒の頭が観察者から遠くなるほど，鏡のなかでは近くなる。下の図には，マッチ棒がどう見えるかが示してある。実際のマッチ棒の頭は，眼からより遠くにあるが，鏡のなかでは光学的経路がより短くなるので，近くにあるように見える。（これは鏡の，たんなる光学的逆転である。）

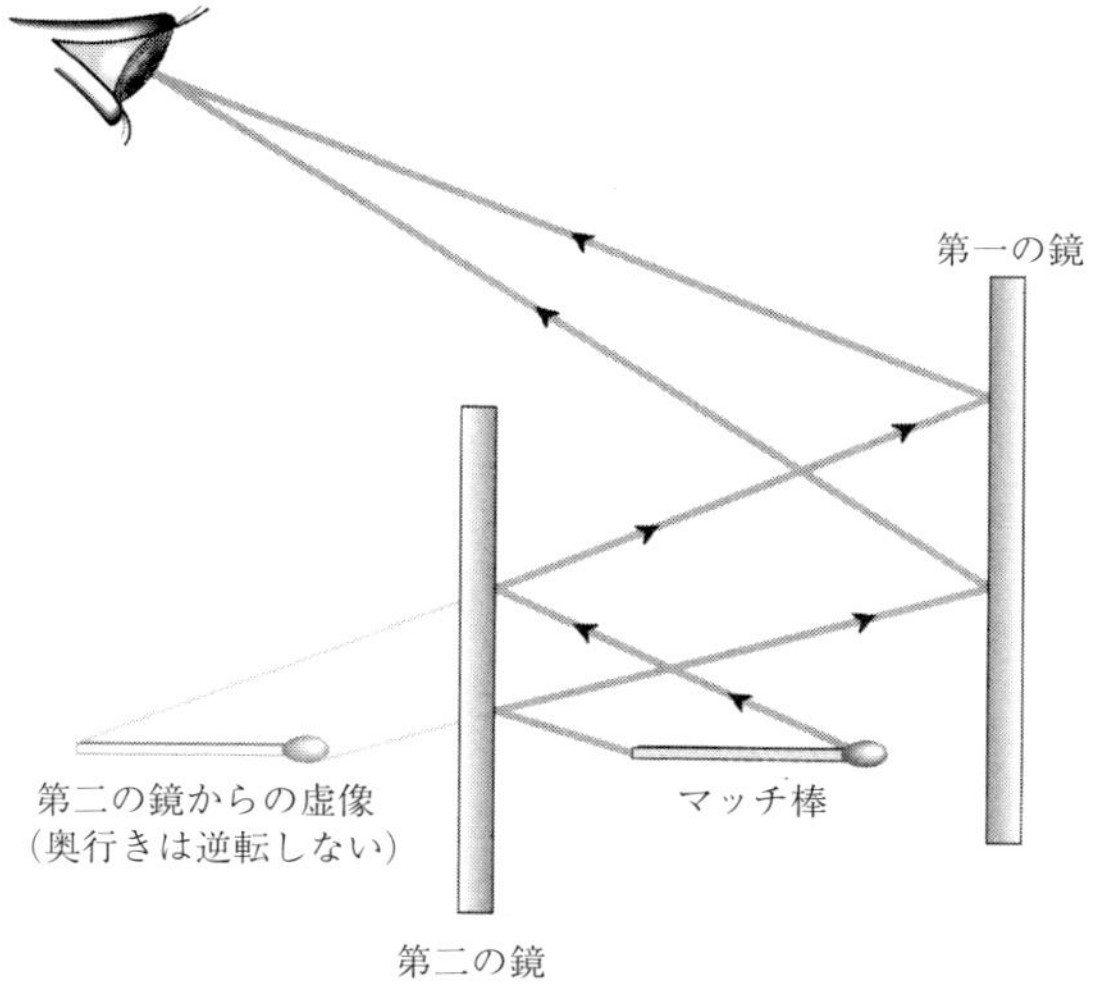

図4·5　**平行に置かれた2枚の鏡によって生じる奥行き逆転**
第二の鏡は第一の鏡からの虚像を「見る」のではない。第二の鏡は，第一の鏡を通して対象からの光を受けとるのである。(マッチ棒の尻尾からの光の経路のほうが長い。)

とができる。一辺どうしを粘着テープで張り合わせて、本のように開いたり閉じたりできるようにしよう。

二枚の鏡を直角にすると、どう見えるだろう？ 直角に合わせた鏡の「本」の「背」を垂直に立てると、ちょうどほかの人があなたを見るのと同じように、自分が左右反転しないで映るのが見える。字を書くと、鏡なしで直接見ているのと同じに見える。一対の鏡を直角に合わせて洗面台の鏡として使ってみると、じつに奇妙な混乱をひき起こす。というのは、いつもとは違う左右反転していない像を見ながら髭を剃ったり、髪をとかしたり、化粧したりすることになるからだ。鏡の左右反転によって混乱することに慣れてしまっているから、反転しなくなると、かえって混乱してしまうのだ！

直角に合わせた二枚の鏡をもって、視線を軸に回転すると、世界もわれわれ自身も――同じ方向に、ただし鏡の回転速度の二倍の速さで――回転する。図4・6は、反転の起こる理由を図示している。

二枚の鏡を90度よりも小さい角度にセットすると、じつに奇妙なことが起こる。60度にセットすると、対象は（観察者自身の顔も含めて）一枚の姿見用の鏡のように見える。そして驚くことに、この60度にセットした鏡を回転させても、像は回転しない。60度では、二枚の鏡はまるで一枚の姿見のよ

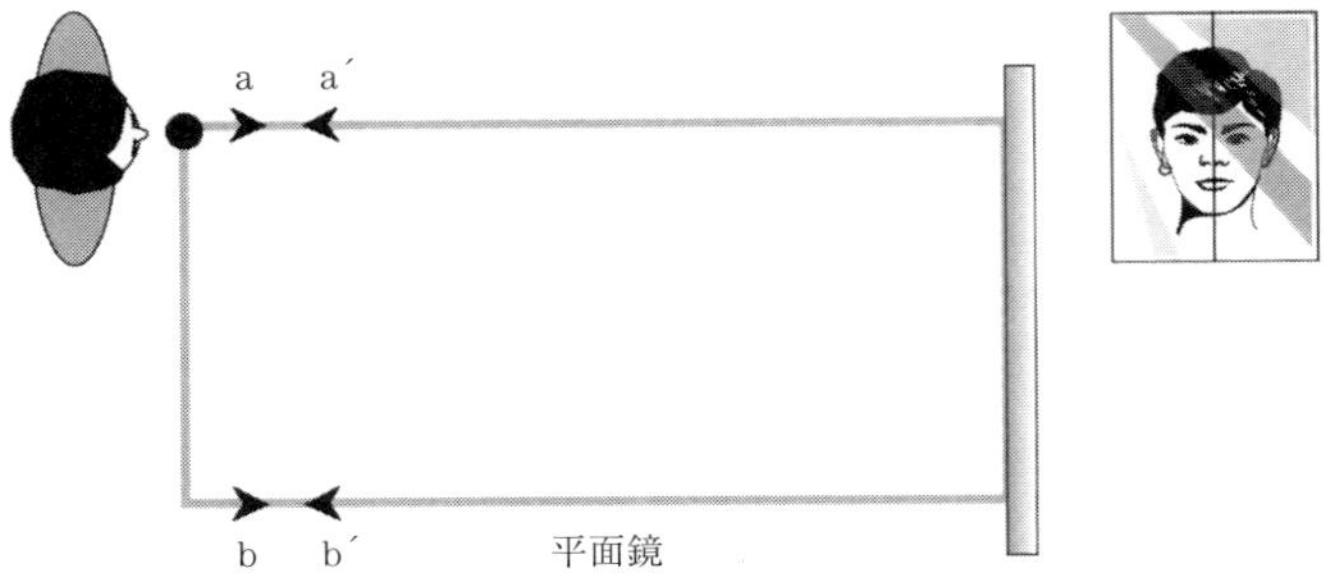

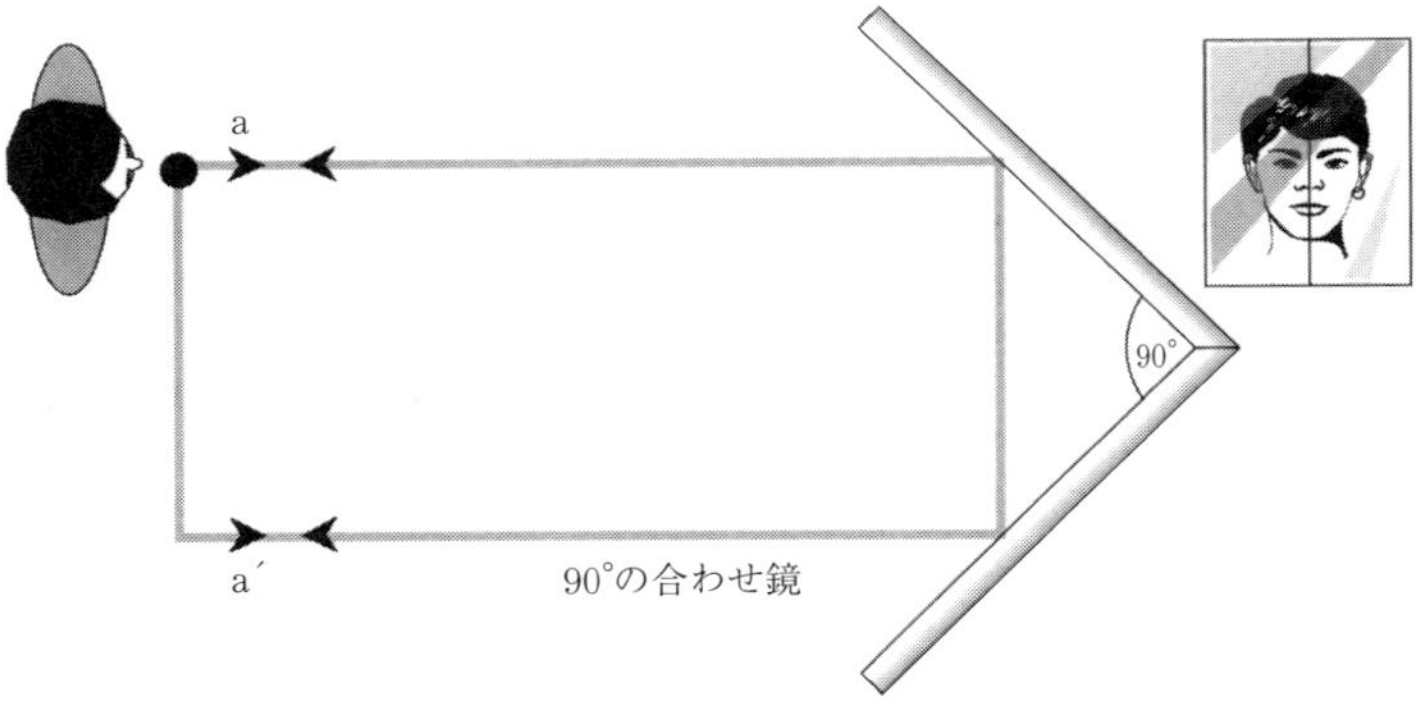

図4･6　**直角の合わせ鏡**

直角の合わせ鏡を見ると，自分を，ほかの人が見るように（つまり左右が反転せずに）見ることができる。これが起こるのは，コーナーが垂直の場合である。視線を軸にして鏡を回転させると，鏡に映る像も同じ方向に2倍の速さで回転する。

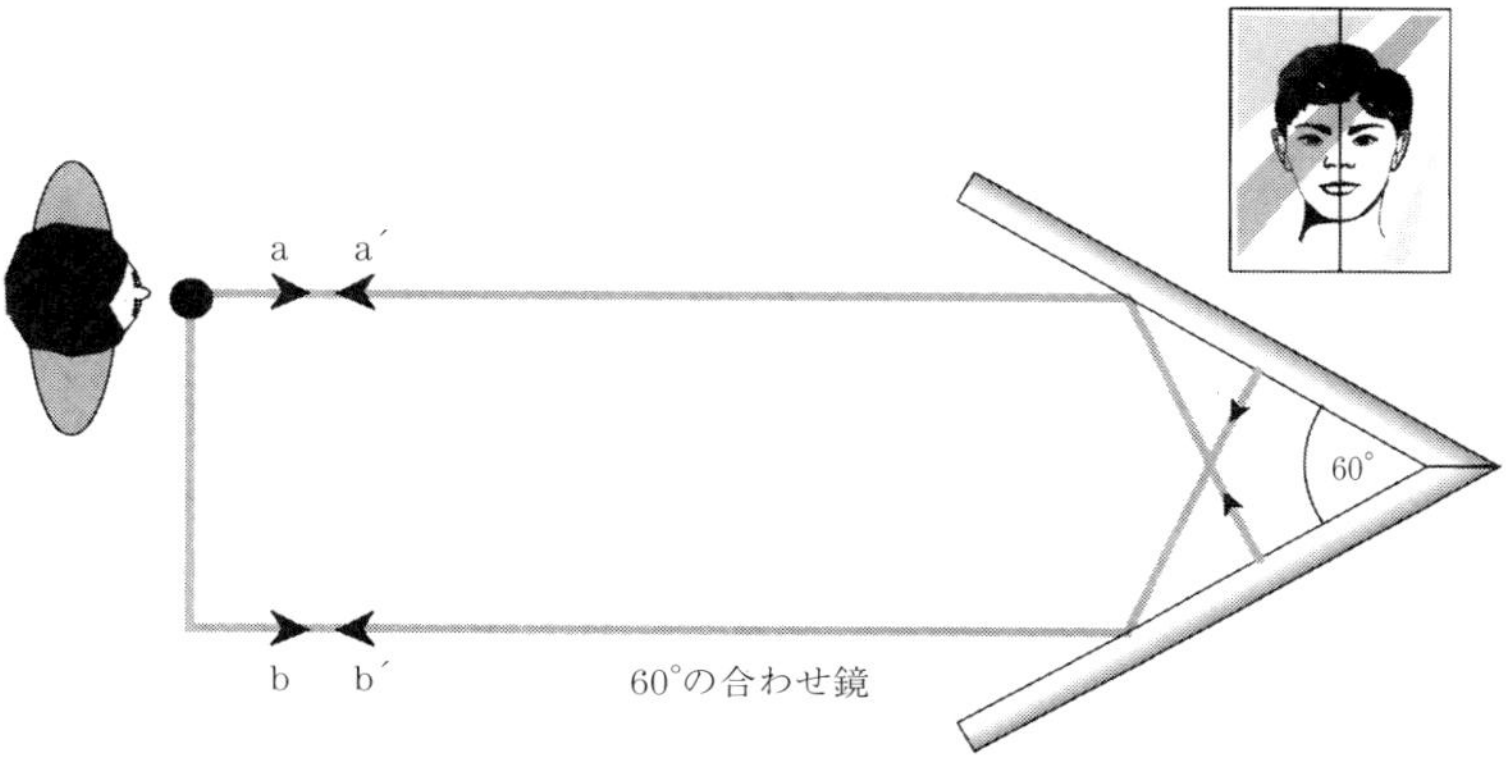

図4·7 **60°の合わせ鏡**

60°の臨界角では，対象の各点からの光は，第二の鏡に直角にあたる。これは，単一の平面鏡の場合と同じである。したがって——驚くことに——，像は通常の姿見の鏡とまったく同じように見える。左右が反転し，鏡を回転させても，像は回転しないのだ。（これが，90°の合わせ鏡と基本的に違う点である。）

うになる。

ほかの角度にすると、どうなるだろう? これはじつにすばらしい実験になる。90度にセットした鏡をまずのぞき込んでみよう。次に、ゆっくりと角度を小さくしていって、鼻が二つになり、ついでひとつになるところまでもっていく。それから視線を軸にして、鏡を時計回りか反時計回りに回転させてみる。驚くことに、反転しては見えない。鏡を回転させても、顔は垂直のままである。60度では、右に述べたように、二枚の鏡は、あたかも一枚の鏡のようにふるまう。(注9)

さらに角度を小さくしていくと、外周の像がいくつも現われる。中心の像では、反復が生じる。次の臨界的な角度(鼻がまたひとつになる)では、中心の像は——90度のときと同じく——鏡の回転の二倍だけ回転する。角度が小さくなるにつれて、これが反復される。同時に角度が小さくなるにつれて、中心の顔の像の両側にだんだん多くの顔が現われ、それらは、中心から外側に向かって、反転と非反転を交互に繰り返す。そして、回転するのとしないのが、交互になっている。つまり、この合わせ鏡のなかに、反転と非反転、回転と非回転を同時に見ることができるのだ! 図4・7に射線図で、どんなことが起こっているのかを示してある。

鏡で全身を見る方法

鏡に身体を映しながら遠ざかっていくと、身体の部分がしだいに多く見えるようになるだろうか？　自分の頭のてっぺんからつま先までの全身が見えてくるだろうか？　たいていの人は「イエス」と答えるだろう。だが、全身を見ることができるのは、鏡が観察者の身長の少なくとも半分の大きさがある場合だけだ。もし鏡の大きさが観察者の身長の半分以下だと、鏡からどれほど離れようと、全身を見ることはできない。これは試してみる価値がある。洋服を買うときに日頃経験していることなのに、あまり気づいていないものなのだ。鏡に近づくにつれて、その部屋の見える範囲は広くなるが、頭はつねに、鏡から頭までの距離と同じ距離だけ、鏡の背後にあるように見える。光学的には、鏡はつねにあなたとあなたの像との中間にあるからだ。

もうひとつ関連した実験がある。まず、クレヨン（または口紅）で、自分の頭の輪郭を鏡のガラス面に描く。次に、後方に下がる。頭の像は縮小するだろうか？　縮小しない。いくら後ずさりしても、像はガラスの上に描かれた頭の輪郭にぴたりと一致したままだ。そしてその輪郭は、いつでもあなたの頭の半分の大きさなのである。

鏡のなかの像はどうして左右が反転するのか？

このもっとも有名な鏡の謎は、聡明な人たちを何世紀ものあいだ混乱させてきた。いったいどうして、鏡のなかのものすべてが、左右は反転するのに、上下は逆転しないのだろう？　たとえば、文字は、上下逆さまにはならないのに、水平方向では反転して「鏡文字」になる。いったいなぜだろう？　それはあたりまえだと思う読者もおられよう。たいていの人は、一生こんなことは考えない。しかし、いったん考えてしまったら、一生の謎となるのだ。

人間だって左右の区別がわからないことが多いというのに、鏡ごときが上下と左右をどうして区別できるのか？　この疑問にまっ先に出てきそうなのは、問題などないという答えだろう。対象の上の端は鏡の上の端から、下の端は鏡の下端から、左は左から、右は右から反射してくるのだから。しかし、この点こそ謎（読者が謎だと思ってくれればだが）の出発点なのだ。鏡は光学的には、上下についても、左右についても、対称だ。にもかかわらず、鏡映像は一方についてしか——つまり左右についてしか——反転していないのである。

対称性を操作する

左右反転の謎を解くためには、対称とか非対称ということばがどういうことを意味するのか、ここで少しふれておくのがよいだろう。ある対象を回転したり、位置を動かしたり、あるいは反射させても、形が変わらなければ、その対象は対称である。ひとつの軸についてだけ対称なことも、多くの軸について対称なこともある。歯車は、ひとつの歯の間隔だけ、あるいは数歯分回転しても、形はまったく変わらない。歯数が多くなれば、それだけ対称の軸も多くなる。歯が10なら、10の対称がある。鏡は、対称の数を二倍にする。繰り返しパターンの壁紙は、同一パターンを動かしていったもので、そのどこをとっても同じである。要するに対称性は、行なわれる操作——物理的な（あるいは心的な）操作——によって決まる。

反射は、第三の次元を通る回転である。反射するにはつねに、ひとつ余計な次元が必要になる。空間には三つの次元しかないから、三次元の対象は事実上反射できない。もちろん、数学者なら概念の上でいくつでも次元を作れるから、数学的には反射させることができる。

フランスの物理学者ピエール・キュリー（１８５６－１９０６）（注10）は、非対称性が対称性から生じることはない、という一般原理を示した。キューリーの原理は、鏡の左右反転の問題の所在を示している。非対称性はどこから生じるのか？

キューリーの原理には、明らかな例外がいくつもあると思う人もいるかもしれない。ある種の錯覚もそうである。「カフェの壁」とよばれる錯視（図４・８）は、この原理に反するように見える。というのも、チェス盤状の正方形（あるいは長方形）のパターンは小さなスケールで見れば対称なのに、長い非対称のくさび形に見える（錯覚）からである。答えはこうだ。この視覚的ゆがみは、二つの過程によって生じる。第一の段階は、一連の小さなスケールの歪みで、白黒のコントラストが逆になった「タイル」の「目地」をまたいで、小さなくさびが生じる。ここに局所的な非対称性が生じる。というわけで、問題はなにもない。第二の段階で、これらのゆがみの錯覚による小さなくさび形が長いくさび形に統合されるというわけだ。（注11）キューリーの原理に反してはいない。パターンには小スケールの非対称性があり（それが小スケールのくさび形の錯覚を生じさせる）、ついでそれらが統合されて長いくさび形になるのだが、このスケールで図は対称的なので、ありえないことのように見えるのである。このような、複数

図4·8 **「カフェの壁」錯視**

「モルタル」の目地は実際には平行なので，長い水平のくさび形に見えるのは錯覚である。このゆがみは一見，非対称は対称から生じることはないというキューリーの原理に反するように思われる。この答えは以下のとおり。まず小さなスケールの非対称があって，それが小さなくさび形のゆがみを生じさせ，それが統合されて，はっきりそれとわかる長いくさび形が生じるのである。

の過程のはたらきに気づくことがしばしば重要なのだ。
非対称性が対称性から生じる可能性を示す、まったく別のやり方もある。こちらはちょっと見にもよく考えてみても、キューリーの原理に反しているように見える。これはイアン・スチュワートとマーティン・ゴルビツキーの愉快な本、『おそるべき対称性』（邦題『対称性の破れが世界を創る』）に詳しく論じられている。[注12] 対称性をもつ銃弾が鏡にあたって、鏡が割れたとしよう。粉々になった破片には、対称性がない。これらの破片の非対称性は、鏡のガラスの強度が場所によって微妙に異なることによる。しかし、もっと興味深いのは、かりに鏡が完璧であったとしても、依然として非対称性が生じうるという点だ。だが、きわめて多数の鏡を壊し、それを平均すれば、対称性があるだろう。だから、キューリーの原理が実際に述べているのは、単一の事例がつねに対称でなければならないということではなく、多数の事例が長い期間積み重ねられれば対称性が生じるはずだ、ということなのだ。
そうはいっても、平面鏡は、キューリーの原理に反するように思える。この点は、あとでもっと詳しく検討しよう。さしあたり、鏡が対称性をもつことを――反転は非対称のように見えるが――、簡単な実験で調べてみよう。[注13]
平面鏡が実際に光学的に（上下と左右について）対称であることを確かめるために、その中心を軸に回転させてみよう。鏡に映る像にはなんの変化も起こらない。映っている顔は正立のままで、左右は反転している。文字は、あいかわらず「鏡文字」で、正立したままだ。

鏡のなかの文字

決して次のような非反転ではない。

鏡のなかの文字

上下だけが逆転しているのでもない。

鏡のなかの文字

あるいは、左右が反転し、上下が逆転しているのでもない。

鏡のなかの文字

なぜこうならなければならないのだろう？　まず思いつきそうなのは、答えが射線図のなかにあるというものだろう。

しかし、それはありえない。なぜかというと、図はどうにでも回転できるからである。なにが垂直で、なにが水平か示すことはできないのだ。これは地図についても言える。方位が書かれていなければ、どちらが北か（西か、東か、南か）わからない。地図はどんな向きでも見ることができるからだ。光学的な射線図の場合もまったく同じだ。どちらを上にして射線図を見てもいいのだから、なぜ鏡では左右が反転して、上下は反転しないのかを説明できない。

そこで、こう質問してみよう。平面鏡はいつでも左右を入れ替えているのだろうか？　マッチ棒とマッチ箱を用いて、簡単な実験をしてみよう。マッチ棒を水平に、垂直に立てた鏡と平行になるようにもつ。どうなるか？　マッチ棒の頭が右にあれば、鏡のなかのそれも右にある。左右に反転していない。では今度は、マッチ箱を鏡に映してみよう。マッチ箱に書かれている文字は、左右が反対になる。とすると、マッチ棒とマッチ箱ではまったく別にふるまっていることになる！　なぜマッチ箱の文字は反転するのに、マッチ棒は反転しないのか？

同じような謎の例。文字の書いてあるマグカップを鏡の前でもってみよう。鏡のなかになにが見えだろう？　把手の像は同じままだが、文字は左右が反転している。鏡は文字を読むことができるのか⁉

こういう疑問は、「鏡の左右反転」の核心がわからないかぎり、じつに不可思議だ。いったんわかってしまえば、ごくあたりまえのことになる。

問題（それが読者にとって問題だとすればの話だが）は、どんな種類の答えが適切かを知ることである。ここには一般的にあてはまる教訓がある。もし「つまらない」質問をすれば、ふつう「つまらない」答えしか返ってこない。これは多数の哲学者たちに、そして鏡について考えた科学者たちにも起こったことだ。正しい質問を発することが、科学にとっても哲学にとっても、どれほど重要かを示している。しかしもちろん、答えがわかるまで、どれが正しい質問か知ることはできない。よい質問を提出するというのは、科学の芸術《アート》なのではないだろうか？

読者にこの答えが簡単にわかってしまうということも、大いにありうる。そういう人にとっては、謎があるということ自体が、謎かもしれない。しかし不思議なことに、首尾一貫した説明を与えることができた人はほとんどいないし、哲学者や科学者の手になる数多くの著書や論文が互いに相反する答えを出しているのだ。何世紀にもわたってどのような答えが提出されてきたかを、見てみることにしよう。

◆古代の答え

プラトンは、鏡の左右反転を、光がわれわれの眼から出てまた入り、錯綜した経験を生じさせるという自説に関係づけている。鏡を見ながら、プラトンはこう言う。(注14)

> そして鏡やほかのなめらかな面の反射を支配する原理を理解するのは、それほどむずかしくはない。すなわち、内と外の火は反射面で結合し、さまざまにゆがめられはするものの、ひとまとまりの光を形成する。つまり顔の火がなめらかな反射面で視覚の火と結びあうのである。先に述べた現象は、このことの必然的な結果なのである。また、右側が像のなかで左側に見えるのは、眼から出た光の反対の部分が、通常の視覚の場合とは逆に、対象の反対の部分と接触するからである。

少しも理解しやすいとは思えないが、プラトンは、光が鏡のなかではきわめて奇妙にふるまう、と考えているようである。たしかに奇妙にふるまうのだが、こういうふうにではない。

数世紀ののち、ローマの詩人、科学者で哲学者のルクレティウス（99BC頃‐55BC）は、壮大な詩『ものの本質について』のなかで、視知覚は、対象からたえず放出される、色のついた「皮膜」、あるいは表面の「薄膜」によって与えられると考えた。この考えは、視覚を、空中を移動する粒子によって生じる匂いの感覚に似たものとみなしている。(注15)ルクレティウスは、鏡の左右反転を次のように考えている。

> 鏡のなかでは、身体の右側にあるものは、
> 左側に現われる。それは、対象の像が
> 鏡の表面にぶつかるとき、変化することなく
> はね返ることはないからであり、起こることはこう言えよう
> 石膏の仮面を乾かぬうちに台脚に打ちつければ、内が外となり
> いかにしてか正面の顔形の縁がそのまま保たれ
> 衝撃によって後方に押しつけられたとするならば、
> 右の眼であったものが左となり、
> 逆に左の眼であったものが右となる。
> 像が鏡から鏡へと運ばれ
> ひとつの対象から五つや六つの反射が生じえよう。
> 鏡の背後に隠れていることごと、あるいは
> どれほど曲がりくねった奥にあろうとも
> 鏡に繰り返される反射によってすべては引き出されよう。
> それらを光のなかに引き出すのは鏡のはたらきにして
> かくのごとくに像は、鏡から鏡へと繰り返され

対象の左側にあったものはまず右となり
次の反射でふたたびもとの左側となる。

これの意味するところが完全に明らかなわけではないが、ルクレティウスは、鏡からはね返るとき、光はパンケーキのようにひっくり返される、と言っているように思われる。ルクレティウスはさらに、円柱状の鏡についてこう述べている。

われらが側に湾曲した凹面鏡があり
われらが右手の像を右に送り返す。
像がかくわれらのところに来るのは
鏡の湾曲に応えて返りくる途中
空中にて一回転するゆえである。

これは新しい原理というより、平面鏡にかんする彼の光学的説明の拡張と思われる。しかし円柱状の鏡映像は対称ではないから、平面鏡の場合とはまったく異なる。

ルクレティウスは、鏡映像がわれわれの動きにつれてどのように動くかを述べている（今日のわれわれには奇妙に思える）。これは、像を空中に浮遊する対象の「皮膜」と見る彼の見方にとって、難問だった。彼はそれらが、鏡からはね返るときパンケーキのようにひっくり返るとみなしている。その過程には時間がかかると思う人もいるかもしれない。しかし、

われらの動きをまね、かつ同時に、
像は足を踏み出し、足を下ろすと考えられよう。

これは、像について考えるのがいかにむずかしいかを示しているのではないだろうか？　それは、今日のわれわれにとっても、依然謎なのである。

◆近代の考え

鏡は、上下にかんしても左右にかんしても光学的に対称である。だが、これまで見てきたように、「前後」にかんしては対称ではなく、光学的に奥行きを逆転させる。このことは、左右と上下の間の非対称性を説明する助けになるだろうか？　奥行きは左右と上下の両方の軸と直交しているのだから、どうすればその説明が可能になるのだろうか？

鏡は虚像を生じさせ、その像は鏡の背後にあるように——鏡と対象の間の距離だけ鏡の向こうに遠ざかって——見え

る。したがって、光景は奥行き方向に逆転する。射線を図示すると、なぜそうなるのかがわかる。光路の長さは、対象（あるいは対象の一部）が鏡から遠ざかるほど、大きくなる。しかし、この光学的逆転は上下と左右の両方の軸に直交しているから、射線図では鏡映像の左右と上下の間の非対称性を説明できない。そうであるにもかかわらず、あまたの卓越した科学者や哲学者たちは、鏡の左右の反転もまた光学的効果だと仮定してきた。（注16）

鏡の虚像についてのニュートンの図（図4・2）は、像が対象と同じように正立しており、そして光の左右の交差がないことを示している。実像を生じるピンホールや凸レンズの場合と違って、鏡では光線が交差することはない。したがって、その虚像にかんしては、上は上、下は下、右は右、左は左のままなのである。これに対して、ピンホールや凸レンズの実像では、上下・左右の両方に逆転が生じる。レンズの場合も、鏡の場合も、逆転が水平だけとか垂直だけということはない。

【空間の直観説】

ドイツの哲学者イマヌエル・カント（1724-1804）は、その著『将来の形而上学へのプロレゴメナ』（1783）のなかの有名な一節で、鏡について考察している。カントは、空間についての「直観」を論じ、そうした直観によってわれわれは経験から対象の世界を知るのだと考えた。またそうした直観は、彼によれば、見うること、知りうることを制約している。空間と時間は、もの自体に内在する実体的な性質ではないことを立証しようとした際、カントは、空間の先験的カテゴリーにかんする自説の根拠として、鏡の左右反転の謎を用いている。

> これを解決しようとの試みは無駄だったのであり、少なくともいましばらくは先入観を捨てて……空間と時間をわれわれの感性的直観のたんなる形式に格下げするのは、それ相当の根拠があるのではないだろうか、というふうに考え直してみるのがよかろう。

さらにカントは続ける。

> ここに二個のものがあり、そのすべてにおいて同様であるとするならば……あらゆる場合と状況とにおいて、一方のものを他方のものに置きかえることができるし、またこの置きかえは知覚されうるほどの差異をまったく生じさせないだろう、と結論できるはずである。……

私の手や耳にもっともよく似ていて、すべての点、すべての部分がまったく相等しいようなものがあるとすれば、鏡に映る像をおいてほかになにがあるだろうか？　だがそうであるにもかかわらず、鏡に映された手をもとの手の位置に置くことはできない。もとの手が右手であれば、鏡のなかの手は左手である。また右耳の像はもとの耳では左耳であり、それをもって鏡に映る耳の像の代わりをさせることはできないからである。ここには、およそわれわれの悟性が思考だけで決定しうるような内的差異は存在しない。しかし、その差異は感覚が教えるように内的なものである。というのは、それらは互いに等しく、また似ているにもかかわらず、左手を右手と同じ輪郭のなかに入れることはできない（両者は合同ではなく、鏡像関係にある）からである。一方の手にはめる手袋を他方にはめて使用することはできない。ではこの問題はどのように解決できるか？　これらの対象はそれ自体あるがままのもの——すなわち、純粋悟性なら認識できるかもしれないようなもの——の表象ではなく、感性的直観すなわち現われである。そして、このような現われの可能性は、それ自体としてはわれわれに知られていないあるもの（もの自体）が、ほかのあるもの——すなわちわれわれの感性——に対してもつ関係にもとづくのである。

カントはさらに続けて、次のように示唆する。すなわち、このことは、「空間はわれわれの感性の外的直観の形式であり、そして個別の空間の内的な規定は空間全体に対する外的関係を規定することによってのみ可能である」ことを示している。そしてこう結論する。「部分は全体によってのみ可能である」。このようにカントは、鏡の左右反転の謎、あるいは「パラドックス」のなかに多くのことを——あまりにも多くのことを——見ている。

おそらく（私は疑わしいと思っているのだが）、カントは、反射にはもうひとつの次元が必要になる、と指摘している。平面鏡は二次元である。しかし、対象が反射して見えるためには、その対象は鏡から離れていなければならない。それゆえ、鏡の面とは別のもうひとつの次元が必要になる。このことはあとで（129ページ）考察することにしよう。しかしおそらく、これはカントの念頭にあったことではない。

カントはまさに、どの手袋が右手用で、どちらが左手用かを概念的に決定することについて考えていたのかもしれない。(注17) この概念的な回転には、かなり時間がかかる。彼は視覚について述べているが、視覚は概念的な回転に比べてあまりにも速すぎる（120ページ参照）。

【ことばの混乱】

それは、「右」と「左」ということばをめぐる意味の混乱の問題ではないだろうか？　これらのことばはたしかに混乱を招きやすい。ウィリアム・ジェイムズがその古典『心理学原理』（１８９０）のなかで述べているとおりである。(注18)

> 立方体を手にもって、そのひとつの面を上、もうひとつの面を下、第三の面を前、第四の面を後と名づけるとしょう。残る二つの面については、どちらが右で、どちらが左かをほかの人に教えることができるような、いかなる言語形式も存在しない。われわれはただ、こっちは右で、そっちは左と指示することができるだけである。ちょうどそれは、これは赤で、それは青だ、と言うしかないのと同様である。

言語が、それほど視知覚に効果をもちうるのだろうか？　何人かの人類学者はそう主張している。代表格はB・L・ウォーフで、彼はたとえば、エスキモーの人々が英語を話す人々よりも雪にかんして多くの語彙をもち、ずっと細かな視覚的な区別ができると主張した。(注19)ロジャー・ブラウンはその著書『ことばともの』（１９５８）のなかで、この「ウォーフ仮説」についてこう述べている。

> 英語話者がエスキモーの人々と同じように雪を分類できることを示す証拠がある。少年たちの話に耳を傾ければ、彼らが少なくとも二種類の雪にとくに注意をはらっているのがわかる——しまっている（good packing）雪と、ざくざくした（bad packing）雪である。ウォーフ自身もエスキモーの人々と同じように雪を見ることができたに違いない。というのも、論文のなかで、それらのことばに対する指示対象を記述し、描写しているからである。

たしかに、知覚は言語に影響をおよぼし、言語は知覚に影響をおよぼすかもしれない。しかし、これらの影響は、鏡の左右反転の体験があらゆる文化、あらゆる言語に見られるという壮大さに比べれば、小さなものでしかない。右とか左とか言うときには解釈の二重性が生じるので、ことばが混乱することもある。しかしここで考えているのは、つねに生じる組織的な普遍的知覚経験についてであって、それは、ことばの混同とはまったく異なる。

イギリスの哲学者、ジョナサン・ベネット（１９７０）は、「右」と「左」ということばの混乱が鏡の左右反転を説明すると主張している。

「左」と「右」ということばの使い方のもとにある慣習をつかまえそこなったことが、この多少とも有名な「鏡の問題」をひき起こした。すなわち、鏡は左右を反転させるが、上下では逆転しないのはなぜか、という問題である。マーティン・ガードナー〔後述参照〕はこの問題にかんして、私の知るかぎりで唯一明快な説明を提出している。つまり、「なぜ鏡は……？」に対する答えは「反転していない！」というものである。通常の鏡に映る身体像は、実際の身体とは一致しない視覚的表象である。そしてわれわれは、この種の関係を慣習上左右反転と言い表わしているにすぎない。

ジョナサン・ベネットは、さらにこう続ける。

しかしこの慣習は、ひとつの次元をほかの二つの次元に優先して選ぶものではない。すなわち、それはたんに、鏡像関係にある対のそれぞれのメンバーが――人間の身体と同じく――表面的に全体的な左右対称性をもつ場合に、鏡像関係にあるという事実を表現するためのごく自然な便宜的方法にすぎない。（もちろん、完璧に左右対称であれば、そのような対象は鏡映像をもちえない。）ふつうの鏡がしていることは、身体のひとつの軸をほかの二つの軸よりも優先して選んでいるのだと言うのなら、次のようにも言わなければならない。鏡に向いて立つと、鏡は身体の前後を逆転させる。鏡に対して横向きに立つと、鏡は左右を反転させる。鏡の上に立つと、鏡は上下を逆転させる。これらの事実は、適切に記述されてしまえば、なにも問題は生じない。それらは、定石どおりの光学でうまく説明できる。

このように、ベネットにとって、すべては光学の問題である。ただし、いちばん肝心の非対称を除いて。彼は、それをことばの慣習として説明する（あるいは、片づけてしまう）。言語哲学者たちが謎解きにことばをもち出してくるのは、驚くにあたらない。だれしも、慣れ親しんだ道具、使うのに熟達している道具を用いるからだ。このことは、哲学と科学に言えるだけでなく、問題を棚上げするのにも言える。しかし、不適切な道具を用いるのも、道具を不適切に用いるのも、安易にすぎる。

ことばの問題とする説明は、説明すべきことはなにもないのだという説得の形をとる。この場合には、こうなるだろう。「えーと、それは、『右』や『左』と言うときなにを意味するかによるね。……私は、この手を私の右手とよぶけど、君のその場合には君の左手と言うだろう。……」。こうやって、その不思議は消え去るというわけだ。

【心的回転説】

鏡の左右反転は心理学的な現象であり、知覚やイメージの心的回転にほかならないとする考えが提唱されている。実験心理学全体を通じて、おそらくもっとも有名な実験と言えば、G・M・ストラットンが上下逆転と左右反転を生じさせるメガネを何日間も着用して、脳がそのような光学的変換に順応するかどうかをみようとした試みだろう。(注20) 全般的には、約一週間ののち、世界は多少とも通常どおりに見え始め、触覚による対象との相互作用が知覚的実在の再構成にとってきわめて重要だ、ということが明らかになった。ストラットンは、装置をつけた直後の体験について、こう述べている。

通常の視覚から得られた記憶イメージが依然として現実の基準であり、標準であり続けていた。眼に見えるものと考えとが、まるで違っていた。このことは、私の身体についても同様だった。私の身体の部分は、この装置［逆転ゴーグル］をはずしたときに見えるだろう位置にあると感じられたが、別の位置に見えたのである。だが、古い触覚的・視覚的定位が、依然として現実の定位を支配していた。

三日目（二回目の実験）［訳注　ストラットンは、一回目の実験では三日間、二回目の実験では八日間逆転装置を着用している］に、

家具と家具の間の狭い空間を歩くときも、これまでのように念入りに注意をはらわなくてもすむようになった。字を書くときも、まごつかずに自分の手を見ることができるようになった。……

四日目には、手を正しく選ぶことが難なくできるようになったことに気づいた。

自分の脚や腕を見ても、あるいは新しい視覚表象にいっそう注意を向けても、見ているものが逆転しているというより、正立しているように思われた。

五日目までに、彼は家の周囲を楽に歩きまわることができるようになった。活発に動いているときには、ものはほぼ通常どおりに見えたが、注意深く見てしまうと、逆転して見えることが多かった。自分自身の身体の部分も、とりわけ見る

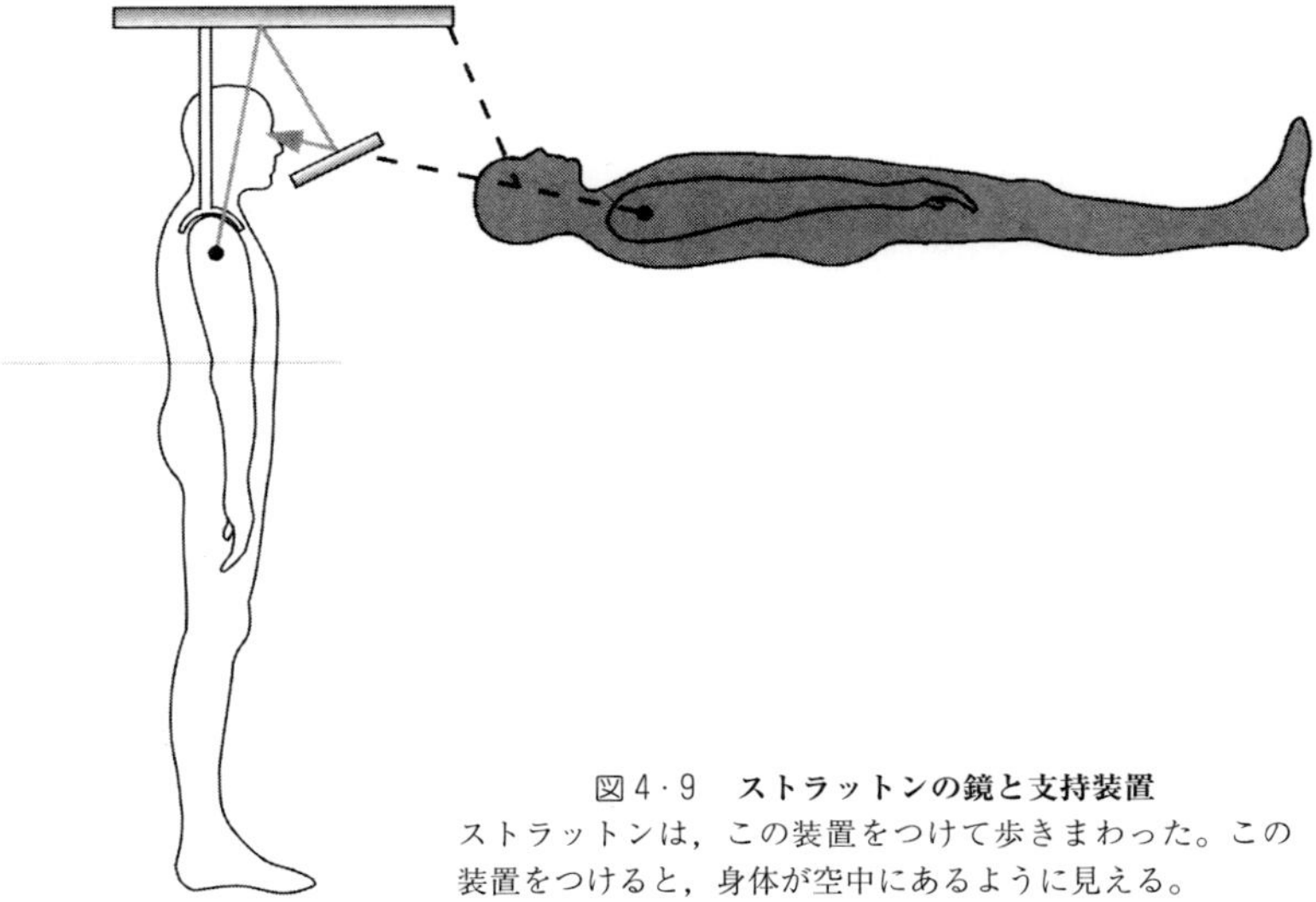

図4·9　**ストラットンの鏡と支持装置**
ストラットンは，この装置をつけて歩きまわった。この装置をつけると，身体が空中にあるように見える。

ことのできない肩は、間違った位置にあるように思えた。しかし**七日目**の夕方までには、散歩で初めて、美しい光景を堪能するまでになった。

実験の終わりに、逆転ゴーグルをはずしたとき、いったいどんなことが起こったのだろうか？　**八日目**にそれをはずすと、

……見える光景に奇妙な親しみを感じた。見たものの配置はすぐに、実験を始める前のもとのものだとわかった。それでも、この一週間のうちに慣れるまでになった状態から、あらゆるものがまた逆転したため、光景は驚くほど当惑するものになり、それは数時間続いた。だが、ものがひっくり返っているという感じはもはや生じなかった。

ストラットンはまた、支持装置にとりつけた鏡（図4・9参照）を用いて、身体が空中にあるように見せる実験も行なっている。この鏡を三日間装着したあとで、彼はこう報告している。

私は、自分が身体の外にある、という感じをもった。もちろん、それは一過性の印象だったが、何度か体験し、それが

持続する間は生き生きとした印象だった。……しかし、それに対して批判的な関心をもって注意した瞬間に、状態の単純さは消え失せ、見える自分の動作には、実験前の動作が一種の亡霊のようにつきまとった。

ストラットンは、こう結論している。

異なる感覚印象は、それがどのような推移を示すにせよ、ひとつの調和のとれた空間系へと体制化される。そうした調和とは、経験するものを予期していたものに適合するようにすることである。……その調和に必要不可欠な条件はたんに二つの感覚間で信頼するにたる対応関係を作り上げるのに必要な条件である。このような見解は、最初は逆転レンズを用いた実験結果にもとづいたものだったが、いまではさらに広い解釈が与えられるものとなっている。というのは、その後の実験で、触覚により得た位置は、視野内の方向についてだけでなく、距離についても、視覚的な位置と相関するらしいということが明らかになったからである。

この種の実験がこのあとさらに、インスブルック大学で、T・エリスマンとI・コーラーによって行なわれた。彼らは、被験者に、世界が逆転している間中ずっと、活発に活動させた。(注21)彼らが見出したのは、少しずつ通常の見え方に戻っていくというより、むしろ奥行きが逆転するネッカーの立方体（図8・13参照）のように、突然変化するということだった。おそらく完全に順応するということはなく、触覚によって探索が行なわれた状況に限られるかもしれない。この点は、ジェイムズ・テイラーとシーモア・パパートによって、左右反転の実験で研究された。(注22)パパートは、自ら左右反転実験の被験者となり、一日の半分は反転装置をつけ、残りの半分は通常の状態で過ごし、注意深く計画された特殊な課題を行なった。その結果、順応は行動的機能の特殊な側面（あるいはサブシステム）に限定されることが強く示唆された。

すぐに明らかになったのは、ひとつのサブシステムに順応したとしても、それがほかのサブシステムの順応を保証するわけではない――網膜上の刺激はそれらすべてに作用するにもかかわらず――ということだった。……

われわれの訓練手続きのいくつかは、インスブルック研究の例に直接ヒントを得ている。自転車に乗ることは、インスブルックでつねに用いられた課題のひとつだった。われわれが採用した別の、きわめて有効な手続きは、床にチョークで曲線を描き、被験者をこの線に沿って、二本の足の間に線が入るようにして歩かせるというものだった。これは非常にむずかしい課題である。というのは、曲線の曲がり方の向きが逆になるだけでなく、右足と知覚したものがじつは左足だからである。被験者は右足と知覚したほうを動かそうとして、実際に右足を動かすが、しかし動いているように見えるのは左足なのである。彼が右足として見ているものは静止したままで、それでも彼はその右足が動いていると感じるのだ。その反応は負の強化を受け、このことが、被験者に、まるで床に足が釘づけになったかのように、しばらくどちらの足も動かせなくなるような効果をもつのである。[これはまさしく鏡映描写で起こることと同じである（305ページ参照）。]

この訓練は、複数のサブシステムが、いずれも網膜刺激を含むが、それぞれに異なる動き［随意運動］の変数をもち、相対的に独立しているという原理を的確に示す例である。

小さな課題を数多く学習することのほうが、複雑な順応を一度に試みるよりもはるかに有効であることも、明らかになった。

この順応は、光景を光学的に反転させることとはまったく異なる。

実験の途中で、被験者はいくつかの奇妙な知覚を報告した。たとえば、椅子がひとつしかないのに、身体の両脇にひとつずつ、二つの椅子が見える、というように。これと似た体験が多数ほかの研究者によっても報告されている。その一例としてエリスマンとコーラーによって製作された［忘れがたい］記録映画、『逆さめがねと正立視』には、被験者がひとつは正立し、もうひとつは倒立している二つの顔に対面する場面がある。だが、正立した顔の持ち主が煙草を吸い始めると、煙の立ち上る方向が逆転と矛盾することとなり、それは突如正立して見えた。けれどもふたたび奇妙な知覚が生じた。被験者は、顔が同時に正立にも倒立にも見えると言った。正立した顔はあごひげをたくわえているように見えた。それはまるで、頭のてっぺんがほかの部分とともにジャンプするのに失敗して、あごのスペースを占有してしまったかのようだった。常識からは、こんなことは絶対にありえない。しかし、新しいエングラム［脳の記憶痕跡］が煙の立ち上る方向に助けられて、抑制されつつあった古いエングラムとまったく等しい強さになったと仮定するなら、ありえないことではない。

あとで鏡の国を探検するときに見るように（9章参照）、逆転を修正するための学習にとって、インタラクティヴな行動はきわめて重要である。

もうひとつ別の種類の心的回転がある。それは逆立ちする

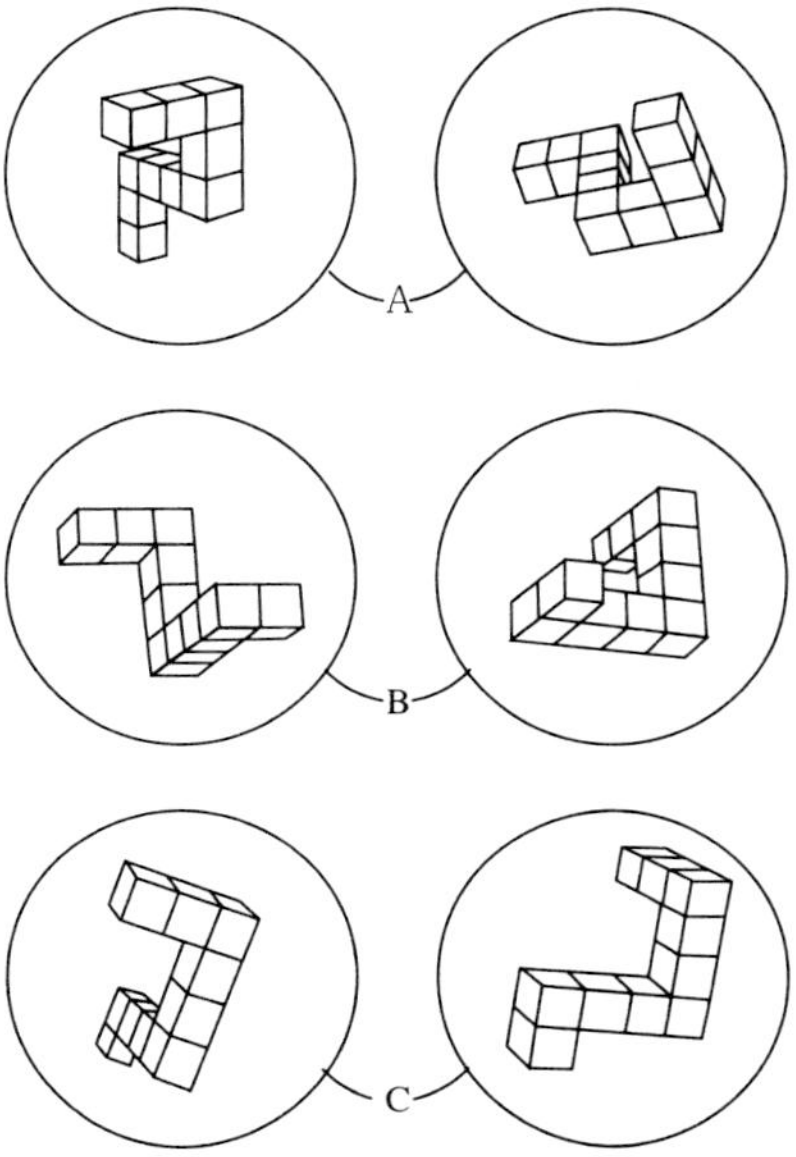

図4・10　心的回転の実験で用いられた刺激図形

心的回転の速度を測定するために，ロジャー・シェパードとジャクリーン・メッツラー（1971）が用いた向きの異なる図形ペアの例である。被験者の課題は，第二の図形は第一の図形と同じもので，向きが違うだけか，それとも異なる図形（第一の図形の鏡映像）かを判断することであった。その結果，心的回転には数秒ほどの時間がかかり，その所要時間は２つの図形の回転角度の増加にともなって一次関数的に増加することがわかった。

Reprinted from *Cognitive Psychology* by kind permission of the MIT Press.

ときで、そのとき世界が逆さまに見えることはない。自分が上下逆さまになっていても、ものは正立したままに見えるというのは、驚くべきことである。なぜそうなるのかはよくわかっていない。だがおそらく、内耳の平衡器官である耳石からの信号が関係している。ごくまれに、世界が逆さまになっていると突如経験する人たちがいる。[注23] おそらくこれは、平衡を保つメカニズムのなんらかの障害によるのだろう。いずれにせよ、これによって、組織的な左右の反転が起こるわけではない。この現象は興味深く、さらに研究してみる必要があるが、ここではこれ以上論じないことにする。

【イメージの回転説】

対象を心のなかで回転させることができるだろうか？　この疑問を実験的に検討したのは、ロジャー・シェパードとジャクリーン・メッツラーである。[注24] 彼らの方法は、単純な立体の線画と、その立体を回転させた第二の線画とを並べて提示する、というものである。ただし、第二の線画は同一の立体ではない（鏡映像である）ことがある。被験者の課題は、それらの立体が同じか否かを見分けることである。図4・10に示されているような線画の対が用いられた。その結果、この心的回転には数秒かかるということが見出された。回転の角

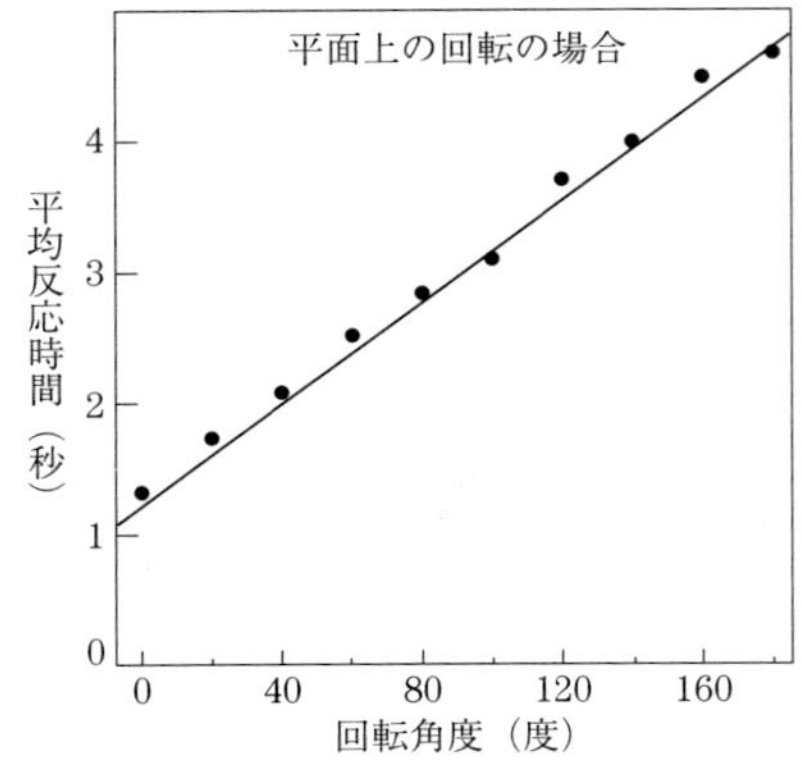

図４・11　心的回転の実験結果

シェパードとメッツラーは被験者に，第一の図形を心のなかで回転させ，それが第二の図形と一致するかどうかを判断させた。その結果，彼らは，単純な図形を刺激に用いても，その過程には時間がかかることを見出した。判断にかかる時間は，回転角度が大きくなるにつれて，一次関数的に増加する。

From Shepard and Metzler（1971）in *Cognitive Psychology*, by kind permission of the MIT Press.

度が大きくなるにつれて、反応にかかる時間はほぼ直線的に増加する。立体の種類によっても、またどの軸での回転かによっても、反応時間に違いがある（図４・11参照）。

熟知した対象（たとえば人の手）の心的回転は容易で、逆に、ありそうもない、あるいはありえない対象の心的な回転や動きはむずかしいという証拠がある。(注25) このこともまた、シェパードとその共同研究者によって見出されている。シェパードは、心的回転が、知覚されたあるいはイメージされた対象の脳のなかのアナログ表象（対象と相似的な表象）によって行なわれる、と考えようとしている。脳内のアナログ表象モデルでは、すべての対象特性を表現することができないのは明らかだろう。緑色の対象は、脳の一部が緑に変わって表象されるわけではない。これに代わる説明として、回転は言語のようななんらかの象徴的な表象によってなされる、とする考えがある。シェパードは、「回転」に要する時間が直線的に増加するという結果をこれでは説明できず、そしてそれが二つの形を見比べるための眼球運動（ないしは内的な心的「眼球運動」）の数が増加することに関係している可能性もある、と考えている。しかし現段階では、脳内でアナログ表象を回転させる、とする説のほうをとっている。いまのところ、意見の一致は得られていない。

オックスフォード大学の哲学者、デイヴィッド・ピアスは、鏡の左右反転をイメージの心的回転の点から説明している[注26]。

鏡をのぞき込み、ついで鏡映像の上に正確に絵の具を塗って全身の自画像を描いたとしよう。次に、鏡の背後に回って、その背面に顔を向けたとしよう。そして、鏡が変形可能なプラスチック素材でできているとしよう。ついで、自分の顔の肖像を本物の私の顔の上にマスクのように重ね、身体の残りの部分の肖像も本物の身体の部分の上に、ちょうどピッタリ合った衣服のように重ねるとする。……ここで垂直軸を中心に回転する代わりに、頭とつま先が逆になるように、水平軸を中心に私が回転したとしよう。すなわち、鏡の背後で私が逆立ちしたとしよう。もしこのようにして私が自分の肖像に入り込んだとすると、上下は逆転するだろうが、左右は反転しないだろう、ということもまた明らかである。言うまでもなく、もし私がこのようにして肖像のなかに入り込んだとすると、ぴたりとはまることはない。なぜなら、私は「脚」を頭におき、「頭」を脚におくことになるからである。だが、このはまりの悪さというものは、たんに私が自分の腰を境に上下の間で対称になっていないという理由から生じているのである。

明らかに、デイヴィッド・ピアスは、鏡映像に起こることがわれわれの想像することに依存する、と考えている。われわれは、その反転を意図的に変えることはできないのだから、これは心の、確固とした無意識の力であるに違いない。だが、このような鏡に対する視覚的な心的能力を――その像をただちに、かつ完全に回転させるような心の能力を――われわれはほんとうにもっているのだろうか？　鏡による左右反転は、たとえ鏡がそこにあるということを示す手がかりが存在しないときでも起こる、ということを心にとめておくことが重要である。そうだからこそ、手品では鏡がきわめて効果的に用いられるのだ。鏡は枠のない、壁一面であることもある。そこには、心的回転を引き起こすようなものはなにもない。また逆に、鏡のように見える枠が反転を生じさせることもない。さらに、鏡に映ったものを撮った写真は、カメラは心をもっていないにもかかわらず、左右が反転している。

シェパードとメッツラーは、心的回転には時間がかかるということを見出している。これに対して、鏡のなかでは全光景が、それがどれほど複雑であろうと、瞬時に反転して見える。そしてそれに集中しなくてはならないようなものでもない。注意がどうであれ、それは起こるのだ。そして、カメラでも起こるのである。この点はイメージを使って心的回転を行なうのとは大きく違っている。したがって、それが鏡の左右反転の有力な説明だとはどうしても思えない。それでもなお、この説明は、「右」と「左」のことば上のあいまいさも手伝って、鏡の左右反転についてのおそらくもっともよく知られた説明になっている。

『自然界における左と右』（1964）はマーティン・ガードナーによって書かれた興味深く、またよく知られた本である。ガードナーは『サイエンティフィック・アメリカン』誌に自分の考案した数々のパズルを発表し、『アリス注釈』をはじめとする、数多くの重要で楽しい本も著わしている。『自然界における左と右』は、いま紹介した三つの原理——私が適切ではないとして退けた原理——を提案している。それらは次のとおりである。われわれは、鏡の背後の空間に自分自身がいるとイメージし、イメージを使って心的回転を行なう。マーティン・ガードナーは、この認知活動に際して垂直軸が選択されると仮定する。つまり、かかとを軸にしてクルッと回転し、心のなかで鏡のなかの自分自身と対面する。われわれの身体は左右にかんしてほぼ対称なので、左右の反転がもっとも容易な心的変換だからである。彼はまた、われわれが左右についてどう話すかも役割の一端をになっている、と考えている。最後に彼は、左右の反転に関係するものとして、光学的な奥行き逆転をもち出してくる。(注27)

おもしろいことに、この問いに対する答えは、われわれの身体には、たいていの動物と同じく、対称面がひとつしかない、という事実に依存している。言うまでもなく、それは身体のまんなかを垂直に通って、身体を半分ずつの鏡映像に分けている。……鏡をのぞき見ると、そこには自分自身の複製を見る。そして、自分が立っている部屋をそっくり複製した部屋のなかにいる。右手を動かすと、鏡のなかの自分は左手を動かす。われわれは、この反転現象を左右の反転と言う。鏡像関係にある二つのものどうしを区別するのに、いちばん便利な言い方だからである。だが、数学的に厳密な意味では、鏡は左右を反転させるわけではない。それは前後を逆転させるのである！……

以上のことは、次のように要約できる。鏡に対面するとき、鏡は、上下よりも左右のほうを好む、ということは絶対にない。それは、鏡面に垂直な軸に沿って、人間の身体を構成している各点の位置を反転させるのである。……われわれの身体は左右対称だから、鏡による反転現象を左右の反転とよぶのが便利である。それはたんに言い方の問題であって、習慣的にそう言うのである。

マーティン・ガードナーのこの主張――すなわち、われわれの身体が左右対称であることによって、心的回転では垂直軸が選択されるという主張――を検討してみよう。片腕しかない人は、両方の腕をもつ人と違って、自分自身を左右反転して見ることはないというのだろうか？　もちろん、その人も左右が反転した自分を見る。では、たとえば、部屋などはどうだろうか？　部屋や風景は、左右対称でないことがほとんどなのに、なぜ左右が反転するのだろうか？　さらに、印刷されたり書かれた文字（それらは左右対称ではない）は、この説明からすれば、なぜ鏡文字として現われるのだろうか？　おそらくは、一般的な認知の方略が生後早期に、あるいは生得的に、われわれの身体の構造にもとづいてセットアップされると考えたいのだろう。これは正しいだろうか？　なぜそれは鏡の知覚にのみ効果をもつのだろうか？　多くの理由から、この説明ではうまくいかないのだ。

◆鏡の謎に対する答え

鏡の左右反転にかんしてこれまで提唱されてきたさまざまな説明を、ここでまとめておこう。明らかな難点と思われるもの――反論（「しかし」）――も並記しておく。これまでに提案された、あるいは現在提案されている「主な原理」は論理的には正しくても、鏡の左右反転の問題を解く上で、はたして適切と言えるだろうか？

◆主な原理と「しかし」

●問題は存在しない。なぜなら、鏡は上を上に、下を下に、左を左に、右を右に映しているからである。

しかし　これは対称ということだが、反転は非対称である。（これは、非対称は対称からは生じないとするピエール・キュリーの原理に反する。）

それゆえ　説明すべきことが残されている。

●光学的な射線図が、なぜ左右と上下では非対称性があるのかを示している。

しかし　その図では、なぜ上下ではなく、左右が逆転するのかを示すことができない。というのも、その図はつねに回転可能だからである。それは絶対的な方位をもってはいない。（これは地図と似ている。地図は、コンパスで正しい向きに置かれるときにのみ、東西南北を示すことができる。光学的な射線図には、そのような外的な基準がない。）

それゆえ　この非対称性は、射線図では説明できない。

●平面鏡は光学的に奥行きの逆転を生じさせる。これが、上下でなく、左右の反転を生じさせるのである。

しかし　たしかに光学的な奥行きの逆転がある。対象が鏡から遠ざかるにつれて、反射する光路はより長くなるからである。しかし、奥行きは右とも左とも対称的に関係している。（それは、鏡の水平軸にも垂直軸にも90度で直交している。）

それゆえ　奥行き逆転は、上下逆転ではなく左右反転が選択されることを、すなわち上下と左右の間の非対称性を説明することができない。

●われわれの眼は水平方向に離れてついている。この非対称性が鏡の非対称性を生じさせるのである。

しかし　片眼を閉じても、見え方は変わらない。生まれたときから一方の眼が見えない人でも、通常の左右反転が見える。頭を傾けても（あるいは両眼を垂直に並ぶようにしても）、見え方は同じである。それに、なぜこのことが鏡にのみ適用されなければならないのだろうか？

それゆえ　われわれの眼が水平方向に離れてついていることは、この問題とは関係がない。

●「右」や「左」ということばのあいまいさが視覚を誤らせるのである。

しかし　「右」と「左」はたしかにあいまいで、わかりにくいと言えるが、どうしてこのことから、一貫した視覚の反転が生じるのだろうか？（これはキューリーの原理に反する。）

それゆえ　「右」と「左」ということばはあいまいではあるが、一貫した視覚の反転の原因にはなりえない。

●鏡による左右反転現象は心的イメージの回転である。

しかし　心的イメージの回転は（実験心理学で研究されているように）、単純な対象でさえも時間がかかり、不完全である。鏡の左右反転は、きわめて複雑な対象や光景でも、即座に生じ、かつ正確である。しかもそれは、鏡の存在を示すもの（たとえば枠）がなくても起こる。逆に、情報が誤っている場合（鏡がなくて、枠だけがある）には、回転は起こらない。

それゆえ　鏡による左右反転は、心的イメージの回転ではない。

●鏡による左右反転が水平方向に起こるのは、われわれの身体が垂直よりも、水平にかんして対称性をもつからである。

しかし　どんな形の対象も（たとえば文字）、水平方向に反転して現われる。対称性をもたない人々（たとえば片腕しかない人）にも、対称性をもつ人々と同じように、反転して見える。

それゆえ　われわれの身体が水平方向に（ほぼ）対称であるということは、この問題とは関係がない。

科学者たちは、自分の大切な理論に疑問を投げかける「しかし（反論）」に降参するようなことはめったにない。もちろん、哲学者のなかにはそうすべきだと考える人もいる。(注28) 理論に対して唱えられた「しかし」に論駁することは、きわめて有用な公開試合だ。というのも、反論が見当違いだということもよくあるからである。だが、少なくとも反論が、落ち着いて考え直させる役目を果たすことだけは間違いない。鏡の謎にかんして驚くのは、たいていの人がそうしていないことだ。

さてここで、事実であり、かつこの問題に関係すると思われる現象を列挙してみることにしよう。

●透明な紙（たとえばオーバーヘッド・プロジェクター（ＯＨＰ）用の透明シート）の上に文字を書いて、それを鏡の前にもっていっても、反転は生じない。

●文字の書かれた透明なシートを裏返しにする（つまり、表と裏が入れ替わる）と、文字は反転する。

●文字の書かれた不透明な紙（または本）を鏡に対面させるには、それをひっくり返さなくてはならない。すると、その文字は反転する。

●透明なシートを水平軸を中心に回転させると、上下の逆転が生じるが、左右の反転は生じない。

不透明な対象の前にいても、鏡を用いれば、その背面を見ることができる。だが、鏡のなかで、その対象の前面を見るためには、その対象を回転させなくてはならない。たとえば、本を鏡に向けるために垂直軸を中心に回転させると、その左と右が入れ替わる。まさにこれが、鏡映像の反転を生じさせるのである。それは実際には対象の反転なのだ。

本を、その水平軸を中心に回転させて鏡に向くようにしたら、どう見えるだろうか？　それは上下逆さまに見える。なぜなら、本は、左右にではなく、上下に逆転されているからである。

　対象を回転させても、鏡がなければ、このような効果が生じることはない。というのは、対象の前面は、回転させると隠れてしまって、その背面と入れ替わるからである。したがって、鏡は、反転を引き起こす原因ではないが、必要不可欠である。鏡が必要不可欠なのは、鏡がなければ回転した対象の前面を見ることができないからである。

　車を運転しながら背後を見ようとするとき、頭を回転しないですむようにバックミラーをのぞき込む。後ろに救急車がいるとき、頭をめぐらせればAMBULANCE（救急車）という文字が見えるが、鏡のなかでは

ƎƆИA⅃UᗺMA

のように見える。だから、はじめから反転させて書かれていることも多く、鏡のなかでちゃんとAMBULANCEと読める。

　鏡がわれわれ自身の姿を左右反転させて示す（他者がわれわれを鏡なしで見る際に見えるのとは左右が逆になる）のは、それに対面するにはぐるりと回転しなくてはならないからである。通常、地面に足をつけたまま直立した状態で回転する。だが、逆立ちして鏡に向きあうこともできる。そうすれば、鏡のなかで上下が逆になるが、左右は反転しない。だからこの場合にも、反転とは対象――自分自身――の回転なのである。

　このような説明は、これまでになかった新しいものと言えるだろうか？　私がこの説明を考えついたのは、少なくとも四十年前のことだった（そして、ひとたび気づいてみれば、友人たちが説明に窮していたり、あまりに多くの著書や論文が無意味な説明をしていることに驚かずにはいられなかった）。だが、明らかだと思われることが、間違っていることもある！　ほかの人々も同じ結論に到達していた。アメリカの物理学者、リチャード・ファインマン（１９１８-８８）は、伝記を書いたジェイムズ・グリックが述べているところでは、鏡の左右反転に魅せられ、それが難問であると感じていた。グリック（１９９２）によると、(注29)

　すでにＭＩＴの学生寮住まいの時代から、彼［リチャード・ファインマン］は鏡の対称性という古典的な難問に頭を悩ませていた。なぜ鏡は右と左を逆にするのに、上と下は逆にしないように見えるのだろうか？　すなわち、なぜ本の文字は左右が逆になるのに、上下はそのままなのだろうか？　なぜ鏡のなかのもうひとりのファインマンは右手にほくろが

あるように見えるのだろうか？　彼が好んで問題にしたのは、鏡がしていることに対称的な説明――つまり、上下と左右を同じようにあつかう説明――を与えることができるかどうか、だった。多くの論理学者や科学者たちが、この謎をめぐって論議した。数多くの説明が出され、そのなかには正しい説明もあった。なかでも、ファインマンの説明は、明快な説明の典型だった。

　彼は、次のように提案する。鏡の前で、一方の手を東に、もう一方の手を西に向けて立っている、と想像してみよう。東に向いた手を振ってみよう。すると、鏡の像も東に向いた手を振る。頭は上に、西に向いた手は西に、足は下にある。「おかしいところはどこにもない」とファインマンは言う。問題は鏡を貫通する軸にある。鼻と後頭部とは裏返しになっている。つまり、もし鼻が北を向いていれば、映像の鼻は南を向いている。このように、問題は心理的なものと言える。われわれは、鏡のなかの自分のイメージをもうひとりの人間だと思っている。われわれは、自分自身を背面が前面へと「押しつぶされた」もののように思い描くことはできない。そこで、あたかもガラスの向こうに回ってガラスに向いたかのように、左と右とがひっくり返った自分自身を想像するのだ。右と左が入れ替わるのは、この心理的な方向転換によるのである。

　この説明は、明快そのものと言えるだろうか？　背面と前面が「押しつぶされた」ように想像することは、できないのだろうか？　写真では、われわれは一般に押しつぶされて、かなり平板に見える。だからこそ、三次元の立体写真が印象的なのである。ほんとうにわれわれは自分自身を左右が入れ替わったと想像するのだろうか？　心理的な方向転換のようなことをしているのだろうか？　この点は明快そのものとは言えないだろう。しかし、ファインマンが語ったとされる次の内容は、無条件に正しく、かつ完全に明快であるように、私には思える。

> それは本についても同様である。もし文字が左右反転しているなら、それはわれわれがその本を垂直軸を中心に回転させて鏡に向けたからにほかならない。代わりにその本の上下をひっくり返すことも簡単にできる。その場合には、文字は上下逆さまに見えるだろう。

　ここでは、彼は想像上の回転を避けている。アメリカの哲学者、ネッド・ブロック（1974）もまた、私の見るところ、ちょっと難解だが説得的な論文で正しい答えを出している。（注30）ブロックは、鏡（像）の回転を生み出すのは物理的な回転だと明快に述べている。さらに彼は、「右」「左」ということばが「上」「下」よりもずっとむずかしいのは、上下だけが重力によって決まるからだと論じている。実際、われわれには地上はるか彼方の対象は見えないから、重力は通常上と下についてあいまいなところがない。このことは明らかに正しいが、これが反転を説明するわけではない。ネッド・ブロックは、この単純な問題を正しく明快に理解することがいかにむずかしいかを指摘しているが、まったくそのとおりなのだ。実験してみるのが理解の助けになる。

もう一度マッチ棒とマッチ箱を用いた実験(108ページ)をやってみよう。マッチ棒の頭を右に向けて、水平に、かつ鏡に対して平行にもったとしよう。鏡に映る像は対象と同じように見え、マッチ棒の頭はいずれも右を向いている。水平方向の反転はない。しかし、言うまでもなく、鏡のなかに見えているのはマッチ棒の背面である。もし片面を違う色で塗ったら、鏡に映る像の色は、直接見える側の色と違うはずである。

さてここで、マッチ箱を見てみよう。鏡のなかで箱の前面に書かれた文字を見るためには、箱を回転させなければならない。すると、それは「鏡文字」になる。次に、マッチ棒をゆっくりと回転させて、頭があなたのほうに向くようにしてみよう。鏡のなかでは、頭は向こうを向き、奥行きが逆転する。さて、マッチ棒を一方の手に、マッチ箱をもう一方の手にもって、マッチ棒をあなたから遠くへ動かしてみよう。鏡のなかでは、それは近くにくるように見える。ここでもまた、奥行きが逆転している。(そして、その動きは鏡の上では、あるいは垂直方向では逆転せず、奥行きにかんして逆転する。)

今度は鏡のなかのあなたの顔を見てみよう。あなたの奥行きが逆転しているだろうか? へこんでいるように見えるだろうか? 実物の鼻は鏡に向かって突き出しているが、鏡のなかの鼻はあなたの顔に向かって突き出している。鼻が鏡に触れると、鼻先とその像の先端とがくっつく。われわれは鏡のなかの自分の顔を、まるでわれわれを見ている他人のように、見るのである。まったく同じことが、部屋についても、またほかのどんな対象についても言える。鏡は光学的な奥行き逆転をもたらすのだ。これは、左右反転を生じさせるのではない。だが、対象やわれわれ自身を回転させて鏡に向かせるためには、第三の次元が必要なのである。(注31)

要は、鏡の左右反転は心理的な回転でも記述の問題でもないということだ。それは、本であれなんであれ、ものを物理的にまわすことによって起こる。脳や心はまったく関係ない。

もしそれが心的回転によるのなら、その現象は脳生理と認知における驚くべき事実であり、焦眉の急の研究課題のはずだ。[注32] しかしそうでないのだから、なすべきことは、明快に考えること、それだけなのだ！

鏡で像を見るのにも、対象（われわれ自身を含めて）を回転させて鏡像反転が生じるのにも、第三の次元（すなわち奥行きの次元）が必要だということは興味深い。もしも第三の次元がなかったら、どういうことになるのだろう？

二次元の世界

空間の次元とはどういうもので、もし次元が限られていたらものがどう見えるかについては、A・スクエアが書いた『二次元の世界』（１９２６）のなかに、スマートに描かれていて楽しい。[注33] 二次元世界では、住人たちは第三の次元を見ることも、考えることもほとんどできない。このことを理解するために、まず、テーブルの上のコインを考えてみよう。眼をテーブルの面の高さまで低くすると、コインは一本の直線になる。これが二次元世界の住人に見える眺めである。彼らは触ってみて形を知る。遠くのものほど特徴がかすんでいくから、かすみが距離を示すとき——すなわち、かすみによる奥行きの勾配があるとき——、彼らには形がもっともよくわかる。

二次元世界の住人は、図４・12に示されているように、平面から第三の不可視の次元に出ていく球を想像することによって、第三の次元がどういうものかを考えようとする。だが、二次元世界の住人が見るのは大きさの変化する円である。その住人は、ミスター数学者にこんなふうに説明する。

> あなたは実際、私の断面、つまり円しか一度に見ることができないんですよ。なんてったって、あなたは眼を二次元世界の面より上にもち上げる力をもってないんですから。だけど少なくともあなたは、私が空間のなかを上がっていくにつれて、私の断面がしだいに小さくなっていくのは見ることができるわけです。さあ、見てて。私は上がっていくから。私の円がだんだん小さくなっていって、やがて点になり、ついには消えていくのが見えるでしょう。

ミスター数学者にとっては、

> 私には「上昇」を見ることはできなかった。ただ彼は縮小していき、ついには消えてしまった。私は夢を見ていたわけではないのを確かめようと、一、二度眼をパチクリしてみた。

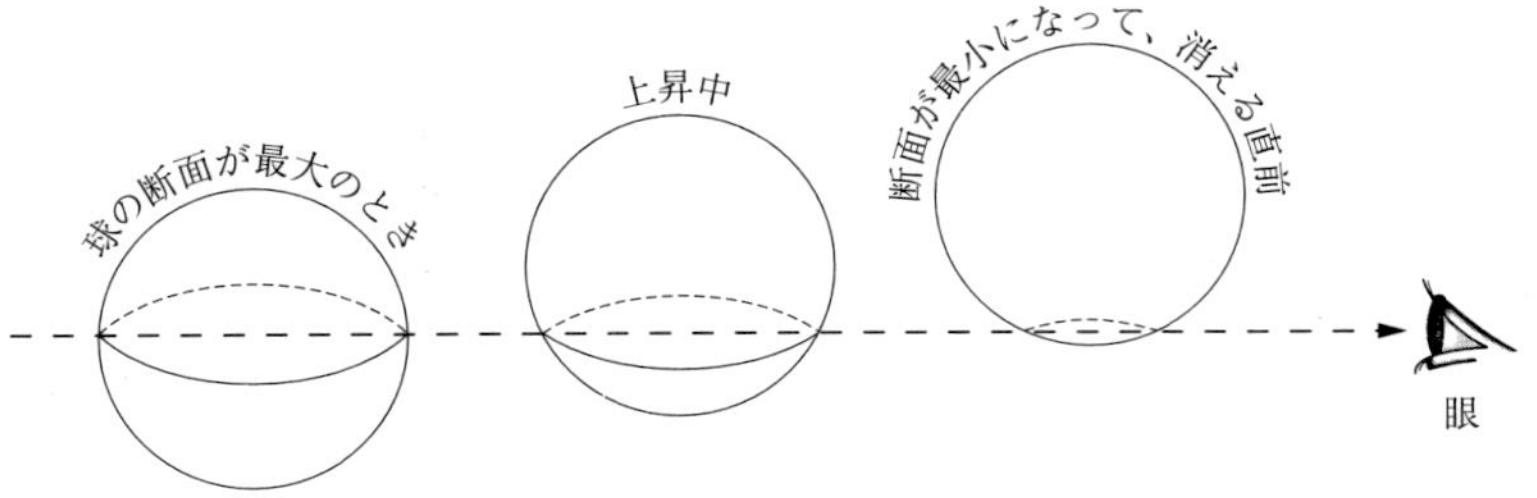

図４・12　二次元世界の住人にとって第三の次元とは？
われわれに平面から上昇する球として見えるものは，二次元世界の住人にとっては，大きさの変化する円にしか見えない（注33）。

……だが、私には、たしかに眼の前の事実は見たけれども、その原因は闇につつまれたままだった。私に理解できたことと言えば、円である彼が小さくなり、消えたということ、そして今度はふたたび円である彼が現われ、急速に大きくなっていったということだけである。

彼がもとの大きさに戻ったとき、彼は、私が黙りこくったままなのを見て、私がまるきり理解していなかったということに気づいた。たしかに私は、彼が円などではなく、巧妙な手品師じゃないかと思いかけていた。あるいは、迷信じみた奇妙な話が真実だったと、そして、結局のところ魔法使いや魔術師はいたのだと、信じかけていた。

夢のなかで、ミスター数学者は、一次元世界（直線国）の王様に次のように話しかける。その王様は点しか見ることができないので、左と右がわからない（注34）。

王様　どうかわしに、この左から右への運動というものを見せてくれ。

私　いいえ、陛下の線の国から出ないかぎり、そのようなことはできません。

王様　わしの線の国から出るというのか？　それは世界から、空間から出るということなのか？

私　ええ、まあ。陛下の世界から、陛下の空間からですけど。陛下の空間は真の空間ではありませんので。真の空間は面なのですが、陛下の空間は線にすぎません。

王様　この左から右への運動を、そなた自身が動くことで示すのは不可能だと申すのなら、どうかことばでわしにもわかるよう言い表わしてくれまいか？

私　陛下ご自身の右と左の区別がつきかねるということですと、私の意味するところを、私のことばで説明することはとうていできそうにございません。

二次元の世界では、鏡について述べることはできない。鏡は平らだから、存在しうるが、鏡に映る像を見ることは決してできない。というのは、像が鏡面を通り抜けることができないからである。それに、鏡の左右反転を生じさせる、対象の回転も不可能であり、対象が回転させられることもありえない。二次元世界の住人は、自分自身もそのほかのものも、鏡に映るのを見ることは決してない。となると、鏡の謎に頭を悩ますこともない。

5

物質と光

神はまず最初に、物質すなわち混沌の上に光を吹きかけた。

——フランシス・ベーコン

『旧約聖書』では、光は万物の始まりである。以来、光はいつも知と完璧さに結びつけられてきた。光と鏡は、古代の科学的研究の重要なテーマだった。卓越した思索家による、反射光学にかんする書物も何冊か著されている。しかし残念なことに、そのほとんどは現存していない。古代ギリシアの科学者、数学者、発明家であったアルキメデス（287BC頃‐212BC）も鏡にかんする論考を書いたが、残っていない。しかし、ユークリッド（300BC頃）が書いたとされる著作は残っている。(注1) 興味深い説明は、紀元一世紀のヘロンの『反射光学』である。(注2) ギリシア語の原文は失われてしまったが、十三世紀のラテン語版が現存する。ヘロンにとって鏡の研究は、左右反転の謎も含めて、明らかに研究に値する学問である。と同時に、それは見る者に驚きを与える光景を生み出しもする。この科学の助けを借りて、右側を右側に、左側を左側に映す鏡を造ることができる。一方、ふつうの鏡は、これとは反対の性質をそなえており、逆に映す。また鏡を使えば、自分の背中や、上下が逆さになった自分や、三つ眼や二つ鼻の自分、そして悲しみに打ちひしがれているときのようなゆがんだ表情をした自分を見ることもできる。

ヘロンはさらに、オカルトめいた鏡の使い方についても述べている。

しかし、反射光学の研究は、たんにおもしろい光景を生み出すのに役立つだけでなく、必要な目的のためにも有用である。家のなかにいながらにして、必要とあれば、通りにどれだけ多くの人がいて、なにをしているかを見ることができる。このことをすこぶる有益だと思わない人がいるだろうか？鏡のなかに現われる人物の助けを借りて、昼夜の時間がわかるのだ。これをすばらしいことだと思わない人がいるだろうか？　昼夜の時間と同じ数だけ人物が入れ替わり、一日のある時間帯が過ぎれば、ある人物が現われる。さらに、鏡を見る人は、鏡のなかに自分やほかの人ではなく、われわれがその人に見せたいと思うどんなものをも見るのだ。これに驚かない人がいるだろうか？

古代ギリシアの光の概念は、現代の光の概念とはまるで違っていた。ヘロンは、光が眼から出て物体にぶつかると考えた。プラトンは、光が眼から出ていき、入ってくると考えた。光学は一般に可逆的だから、光を入ってくるものと見ても出ていくものと見ても、光学の方程式にはほとんど影響がない。しかし、眼のはたらきをどう考えるかは、どちらと見るかによって一変する。

ユークリッドは、光と鏡にかんして詳しい記述を残している。彼は、ものが見えるのは、眼から出た光がまわりの物体にぶつかることによってだと考えた。われわれが見ることのできる世界の大きさに比べて、眼はあまりに小さい。そのためユークリッドは、眼が重要な内部構造をもたない、数学的な点とみなせると考えた。（数学者は、問題を簡単にするためにものごとを無視するということをよくやる。この傾向は、合理的で有益なことが多いが、危険性もはらんでいる。）ユークリッドが眼のなかのことを考えなかったのは、無理からぬことかもしれない。というのは、彼だけでなく、古代のほかの学者も網膜像にはまったく気づいていなかったからである。

ギリシア人は幾何学的な見方をとった。そのため、眼の裏側には網膜があって、そこに光学的に物体の像が投影されるとは考えなかった。彼らは、水晶体と角膜が光を屈折させて像を作るのだということを知らなかった。ギリシア人は、そうした光学技術をもたなかったので、眼を光学装置とはみなさなかったのである。けれども、光が眼から出ていくのではなく、眼に入るというのは、自明のことではないかと不思議に思う人もいるかもしれない。暗闇ではなぜものが見えないかを、ギリシア人はどのように説明したのだろうか？　彼らは、なぜ太陽を見ると眼が傷つくのかについて頭を悩ませ、眼を開けると近くのものと遠くのものとが同時に見えることに驚いた。光は有限の速さで伝わると考えられていたので、遠くのもの（とくに星）は、近くのものが見えてしばらくしてから見えるはずである。しかし、地面に落ちている遠くのコインは近くのコインよりも見づらいという事実は説明できた。遠くのコインは眼から出て広がっていく光線の隙き間に落ちるかもしれないが、近くのコインは最低ひとつの光線にはぶつかるというのである。因果を逆にした考えがしばしば説得力のある説明を与えるというのは、興味深いことである。

　古代から中世にかけて、これとはまったく異なるもうひとつの考え方があった。それは、物体がシムラークラ（すなわちその物体の外殻）を発するというものである。シムラークラは、小石を池に落としたときに広がる波紋のように、遠くどこまでも、その物体の形を保ったまま広がっていく。古代の射線とシムラークラの考え方は、光を粒子や波動、あるいはその両方としてとらえる現代の見方を思わせる。

　光線が眼からまっすぐに出ていくという考えは明らかに、ユークリッドの幾何学的センスに訴えた。それは線、点や角という彼の幾何学的概念に合うものだった。ユークリッドは、投射物や矢のアナロジーを用いて、光がそのとてつもない速さのゆえに一直線に進むと説明した。奇妙なことに、ガリレオ（1564‐1642）以前には、砲弾でさえも直線軌道を描いて飛び、突如地上に落下するのだと考えられていたし、明らかにそのように見られていた。

　ギリシア人は、光は有限の速さで伝わると考えた。しかし、彼らが正しいかどうかは、デンマークの天文学者オラウス・レーマー（1644‐1710）が光の速さを測定するまで決着がつかなかった。レーマーは、光の速さを、望遠鏡を用いた天体観測ではじめて測定した。彼は、木星の四つの大衛星の蝕の時間の変動から速さを導き出した。蝕の時間間隔は、地球から木星までの距離の変化に対応した周期で長くなったり短くなったりする。木星がより遠くにあるときはつねに、蝕が遅れて観察された。このことから彼は、蝕時間の周期は光の速度の有限性によるに違いないということに気づいた。レーマーは、距離の違いを知ることによって、空間を伝わる光の速さを計算することができた。

　これについては、ニュートンが『光学』のなかで論じている。彼は、なぜこの観察が衛星の「偏心」によるのではないのかについても説明している。光の速さが有限である――したがって、天文学は過去を見ている――という観測から、視覚が対象と即時には対応していないことは明らかなはずであった。しかし、当時の学者たちは一般に、まわりの対象との対応関係を不快なほど不確かなものにするという理由から、視覚にかんするこの重要な洞察をなかなか受け入れようとはしなかった。しかし、ニュートンはそうではなかった。ニュートンは、その観測結果が衛星の動き方によるのではなく、光の特性によるのだというレーマーの解釈をすぐ受け入れた。『光学』の命題11には、次のように述べられている。

《命題11》 光は発光体から時間をかけて伝わり、太陽から地球に届くのに約7ないし8分かかる。

このことは、木星の衛星の蝕を用いて、最初にレーマーによって、その後ほかの人々によって観測された。これらの蝕は、地球が太陽と木星との間にあるときは、表から予測される時刻よりも約7分ないし8分早く起こり、そして、地球が太陽の背後にあるときは7分ないし8分遅く起こるからである。その理由は、衛星の光は後者の場合には前者の場合よりも地球の軌道の直径だけ余分に進まねばならないからである。時間の多少のずれなら、それが衛星の軌道の偏心性から生じるということはありうるだろう。しかしそれらが、すべての衛星に、そしてつねに太陽からの地球の位置と距離に対応するということはありえない。……しかし、この時間のずれ［太陽の位置による木星の衛星の速度変化］は地球の位置とは無関係であり、そして三個の内側の衛星にかんしては、それらの重力の理論から私が計算によって見出したところによれば、ずれは微々たるものである。

これこそ、観測から結論への、ニュートンならではの推論のみごとな例である。関連する観測の支持を受けて、一般的なモデルにもとづいた計算から結論に達し、起こっていることの解釈を導くのである。このようにしてニュートンは、なにが真実で、なにが誤りかを見きわめたのである。(注3)

光の速さを最初に地上で測定したのは、フランスの物理学者アルマン・イポリット・フィゾー（1819－96）だった。1849年のことである。彼が用いた方法は、基本的にはガリレオの方法だった。それは、遠く離れた二つの山の上に光源とシャッターをそなえて観察者をおき、光の速さを測るというものであった。このアイデアは、理論的には正しいが、実行不能だと思われていた。一方の光源のシャッターが開いて光が見えるやいなや、もう一方の観察者がシャッターを開く。次に、この光が見えたら第一のシャッターをほんの瞬間開き、これが繰り返される。光の速さは、理論的に、シャッターの開閉の時間間隔から計算できるはずである。けれ

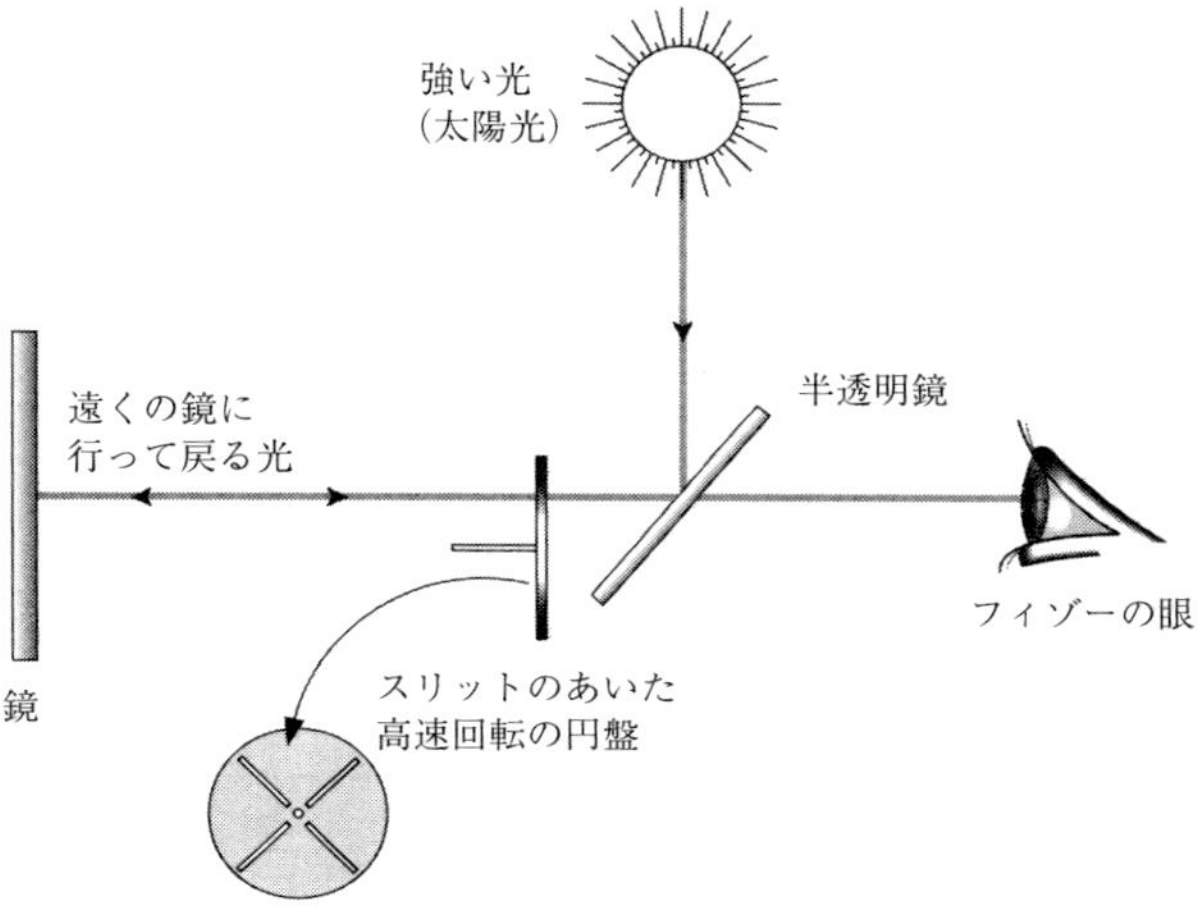

図5·1　**どのようにしてフィゾーは地上で光の速さを測ったか？**
フィゾーは，高速で回転する円盤のスリットを通して，遠方の鏡を見た。光の遅れが十分なら，光は，不透明な円盤によってさえぎられ，スリットを通ることができない。地上での光の速さは，光路の長さとスリットの回転速度から計算することができた。

ども、光はあまりに速く伝わるため、地上の距離では実用にならない方法だった。しかし、これこそ、ニュートンが手を叩いて音の速さを測定するのに成功したのと同じ方法だった。ニュートンは、ケンブリッジのトリニティ・カレッジの回廊の端に立って、手を叩いた。反射音（こだま）が返ってくるとすぐにまた手を叩き、これを何度も繰り返した。彼は、たとえば一分あたりどれだけの回数叩いたかを数えた。そして、叩く時間間隔と音を反射する壁までの距離から、音の速さを計算した。神経には反応時間（10ミリ秒かそれ以上）があるから、反射音への反応に遅れが生じ、誤差が累積していくはずだと考える人もいるかもしれない。しかし、そういうことはない。というのは、数回叩いたあとに、ニュートンはいつ反射音が返ってくるかを知って、遅れがまったく出ないように手を叩いたからである。このように、物理学的にも心理学的にも、この実験は興味深い。

フィゾーは、この方法を用いて光の速さを測るには、神技に近い高速の装置が必要だということを知っていた。彼は、高速で回転する円盤のスリットを通して、遠くの鏡を見た（図5・1参照）。もし光が戻ってくるまでにスリットが動いていれば、光は円盤でさえぎられ、ニュートンが音で行なったのとまったく同じようにして、光の速さを計算できるだろう。しかもこれなら、人間の反応時間の問題もない。現在、真空中での光の速さについては、毎秒2億9979万2458メートルという精密な値が出されている。(注4)（技術的には、1984年以来光の速さが基準として固定され、この値と、それとは独立に定められた1秒とから、1メートルが定義されている。将来さらに精密な測定がなされて、現在の二次的な長さの単位の再定義が行なわれる可能性もある。）光の速さは、音の速さの約90万倍である。大気中の秒速は、音が340メートル（気温が摂氏15度の場合）、光が30万キロである。

光が太陽から地球に届くまでには、ちょうど7分半かかる。もっとも近い恒星であるアルファ・ケンタウリからは4年半かかり、肉眼で見えるもっとも遠い天体であるアンドロメダ星雲からは約250万年かかる。つまり、われわれは、太陽や星、そしてすべてのものを即時に見ているのではない。われわれが見ているのは、この地球上に最初の人類が生きていたときのアンドロメダ星雲なのだ。眼に映るこの本の像の信号は、光が網膜に達してから数ミリ秒後に脳に届く（神経信号の伝達速度は光よりもはるかに遅く、音と比べても遅い）。脳への信号はつねに過去のもの——とは言っても、数ミリ秒前から数百万年前までおよぶが——であり、したがって、知覚は即時に対象に結びついているわけではない。われわれは、感覚からの遅れた信号から未来を予測することによって、「現在」を見る（聴く、触れる）のである。

光の重要な特性のひとつは、光の速度が空気中よりガラスや水のような媒質で遅くなることである。レンズが焦点を結ぶことができるのは、ガラスが光の速さを遅くするからである。もし光が眼の前面の液体（眼房水）と水晶体によって遅くならなければ、眼には像が映らないだろう。(注5)ギリシア人は、このことをまったく知らなかった。しかしヘロンは、一定速度は一定の力を必要とするというアリストテレスの誤った考えにしたがって、次に示すように、重要な最短時間の原理（144ページ参照）を考えた。

> というのは、速度が変化せずに動くものはすべて、直線を描くからである（高速で動くものは直線軌道をとるということである）。例として、弓から射られた矢がどう見えるかをとりあげてみよう。動く物体は、推進力のゆえに、最短距離を動こうとする。なぜなら、ゆっくりとした動きをとるだけの、すなわちより長い軌道をとるだけの時間がないからである。推進力はこうした遅れを許さない。したがって、速いがために、物体は最短経路で動く傾向がある。そして、同じ終点をもつすべての線のうち最短のものは、直線である。

図5・2　**入射角と反射角が等しいことと最短時間の経路**

太い線は光のとる経路を示している。AからBまでの最短経路は，入射角と反射角が等しくなる場合である。ギリシア人は，このことが光とその反射を理解する鍵だということを認識していた。しかし，それは，光はどのようにしてこの最短経路を「選択する」のか，という疑問を提起する。この疑問はごく最近になってようやく答えが出された。

ヘロンは、Aから出た光が鏡にあたってBへと進む際につねに最短経路をとるとするならば、入射角と反射角は等しくなければならない（図5・2参照）ということがわかっていた。これはたしかに幾何学的には正しいが、次のような疑問も生じる。光が鏡にあたって最短の経路をとるためには、あるいは（より厳密には）最短時間で進むためには、どのようにして光はちょうどよい位置で鏡にぶつかるのを「選択する」のだろうか？　この疑問は、ごく最近になってやっと答えが出された（182ページ参照）。

ギリシア人は像の認識がなかったが、湾曲した鏡を使うと光を焦点に集めることができることは知っていた。これは天日レンズとして使われていた。それが形作るカーブは、焦包絡面（火面）として知られている。それは、図5・3に示すように、どのようにカップがお茶の表面に光を反射させるかにはっきり現われる。図5・4は、光を光線として見た場合に、焦包絡面がどのようにできるかを示してある。

ギリシア人は、鏡の反射をどう考えていたのだろうか？　昔の著述家たちがそれをボールのはね返りのような、身近で理解しやすいものから類推したのは、ごく当然のなりゆきだった。ヘロンはこう述べている。

図5・3　**カップのなかの反射の焦包絡面**
ベリー（1995）より。

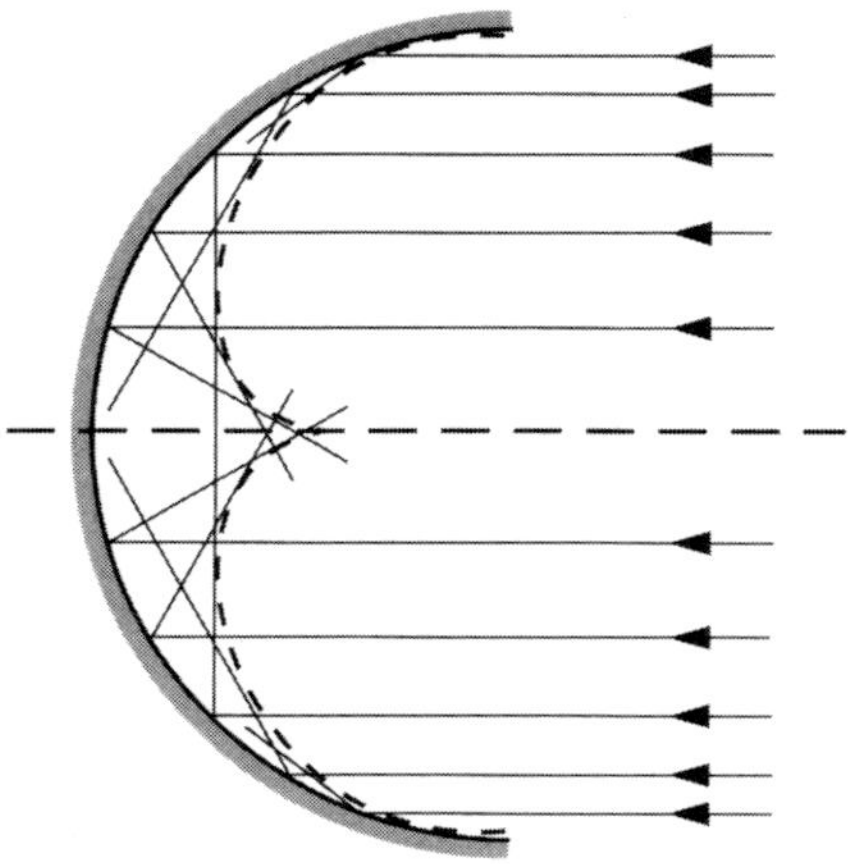

図5・4　**どのように焦包絡面が形成されるか？**
ロンキ（1957）より。
By kind permission of Dover Publishing Co. Inc.

さて、磨かれた表面の基本的特性は、その面が硬く密だということである。つまり、鏡は磨かれる前には小さな穴があいていて、その穴にあたった光は反射されないのだ。しかし鏡は、こするなどして磨かれて、穴が細かい物質によって埋められると、その硬く密な表面に入射する光線は反射されるようになる。ちょうど、板や壁のような硬く密な物体に向けて石を強く投げるとはね返るが、一方、石をたとえばウールのような柔らかい物体に向けて投げた場合には……その力は弱まるだけで、石から失われてしまうのと同じである。

このように、一世紀にヘロンは、なぜ光の一部はガラスから反射し、一部は通り抜けるのかを説明するために、ポロサイト（「小さな穴」の意味）という概念を用いた。小さな穴がたくさんあいているというこの考え方は、水やガラスでの部分反射を説明するために、最近まで使われていた。しかし現在、部分反射は、ヘロンの「ポロサイト」とはまったく異なる説明が必要であることがわかっている（151、181・184ページ参照）。

われわれに光が見えるのは、光が物質と、なかでも眼という特殊化された物質と作用しあうからである。眼は物体の表面からの光を受けとり、その存在を神経の活動電位の形で脳へと伝える。しかし、反射面が完全になるにつれて、面は見えにくくなる。極端な例では、鏡の面がよく磨かれると、面としては見えなくなってしまう。不完全な反射では、その物体のキメが見える。磨かれたマホガニー材のテーブルを太陽の光のもとで見ると、ほんとうは暗褐色なのに、光を反射するところは白く見える。それがさらに磨かれて鏡面のようになると、テーブルの色やキメは見えなくなる。なぜなら、物体のキメや色が見えるのは、図5・5に示すように、不完全な面からの散乱光によるからである。[注6] 完璧な鏡の場合、図5・5と図5・6に示すように、ある角度で鏡の表面にあたった光は、「法線」をはさんで反対側にそれと同じ角度で反射する。

ここまでですでに、いくつもの疑問が生じる。なぜ鏡（とくに金属製の鏡）は反射するのだろうか？　なぜ鏡そのものは見えないのだろうか？　散乱された光はどのようにして物体の表面を示すのだろうか？　反射しなかった光はどうなるのだろうか？　ほんとうに光線はあるのだろうか？　光はなにからできているのだろうか？　こうした疑問は数千年にわたって問われ続けてきたが、科学が問題を深く掘り下げるにつれて、見出された答えはさらに奇妙なものだった。

光が水やガラスのなかに入るときに曲がることは、かなり

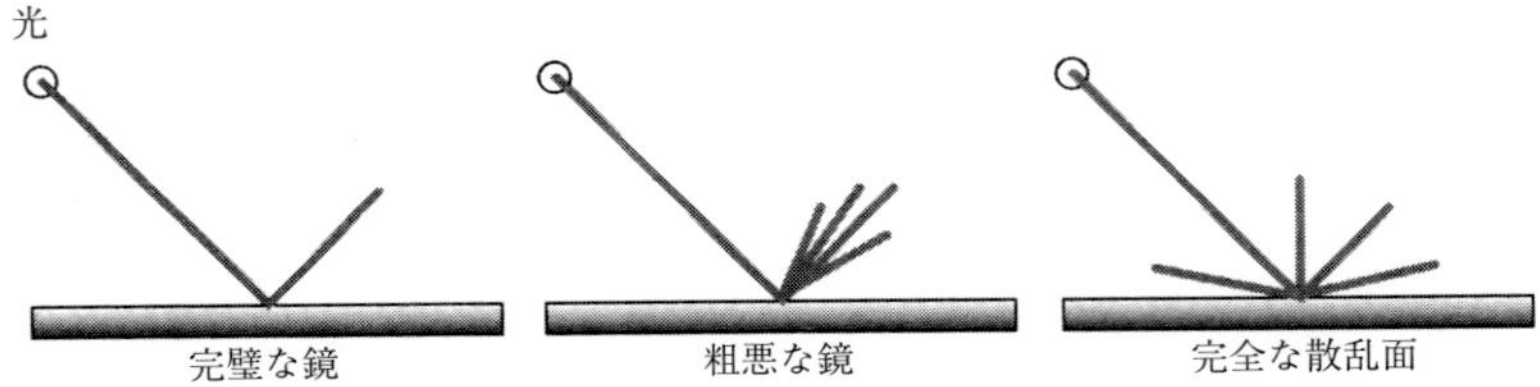

図5·5　**鏡として完璧になるほど，面は見えにくくなる**

完璧な鏡では，光線が面にあたると，反射された光線は単一の方向にだけはね返される。完全でない面の場合は，光線の多くがその方向を中心にほかの方向にもはね返される。完全な散乱面の場合は，全方向に光がはね返され，面のキメと色が見える。これは，ヨハネス・ハインリッヒ・ランバート（1728-77）の名をとって，「ランバートの反射」とよばれている。

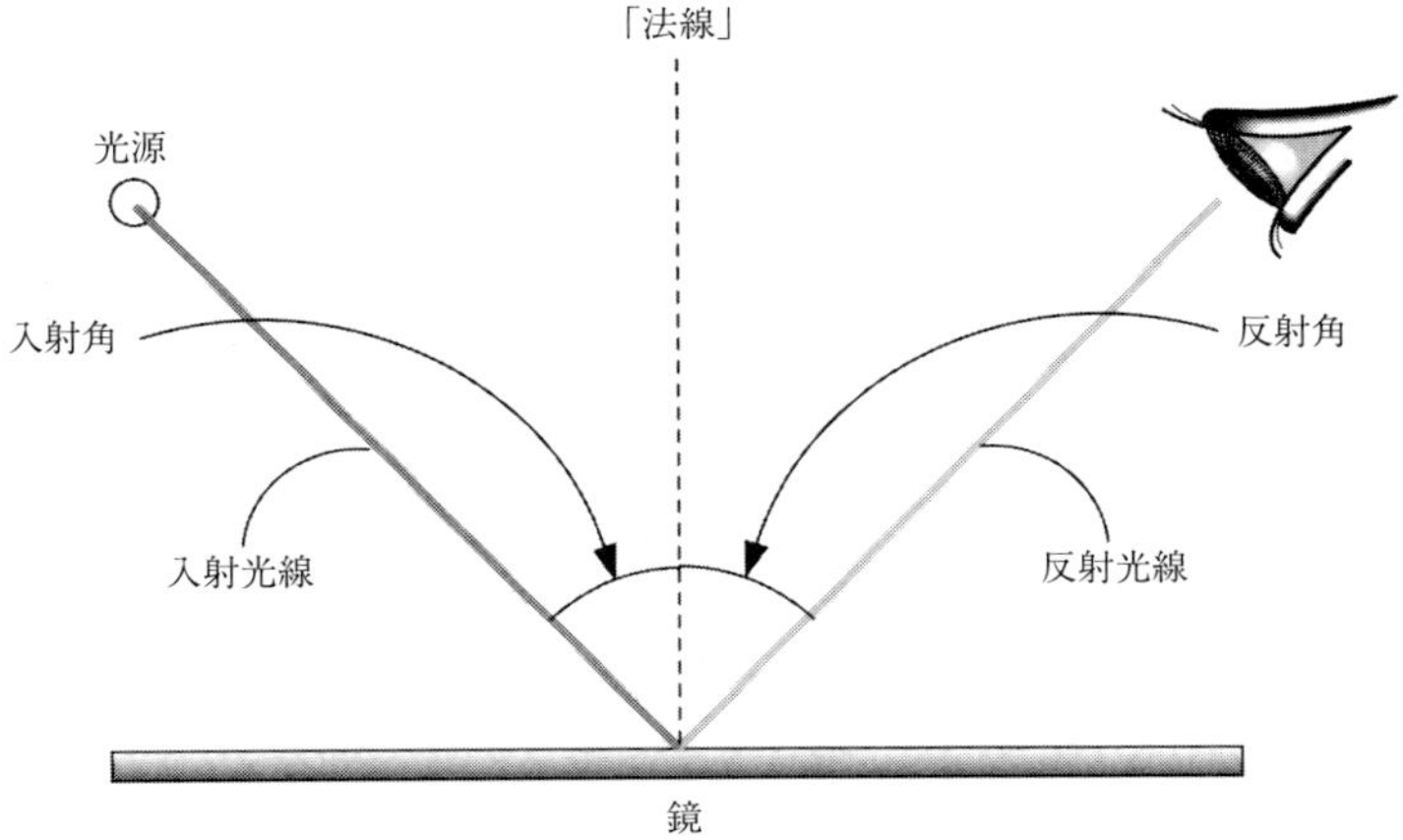

図5·6　**「光線」が鏡で完全に反射される場合**

法則は次のようになる。入射角は反射角に等しい。光線は同一平面上にある。

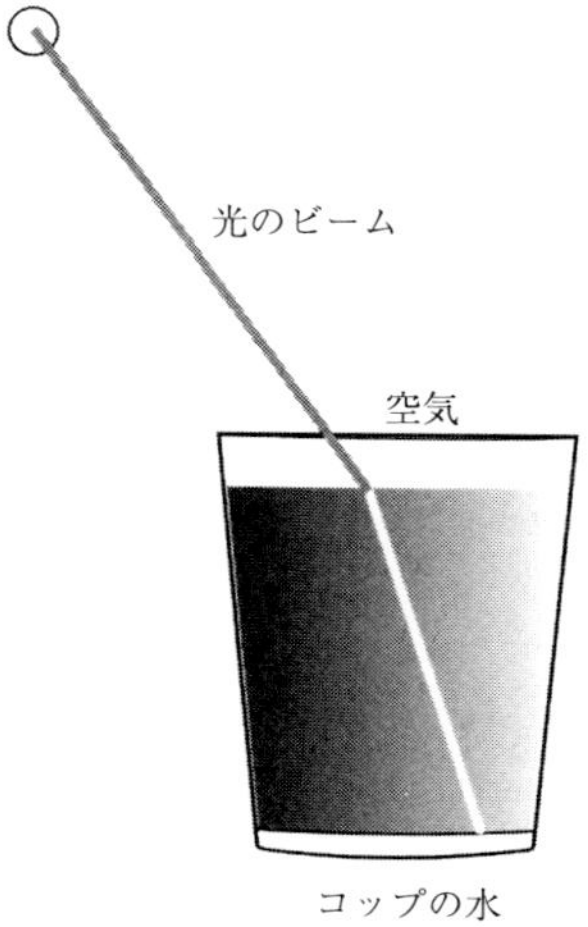

図5・7　**屈折**
光のビームは，空気中からガラスや水のような密度の高い媒質に入るときに屈折する。この角度は古代ギリシア人によって測られていたが，17世紀に「スネルの法則」が現われるまで，法則として一般化されることはなかった。

古くから知られていた。光の屈折は、たとえばアレキサンドリアの天文学者で地理学者でもあったクラウディウス・プトレマイオス（９０頃－１６８）などによって測定された。プトレマイオスは、光線が水に入射するときの角度を細かく調べている。しかし、光がどのようにして、そしてなぜ曲がるのかは、謎だった。反射を説明するためには、ボールのはね返りがアナロジーとして使えるのに対して、屈折の場合は、使えるアナロジーがなにもなかった。屈折は一定の法則にしたがうが、その法則は十七世紀になるまで発見されなかった。それは角度の正弦の概念を必要とした（図５・７参照）。１６２１年にオランダの数学者ヴィレブロート・ファン・ロイヘン・スネル（１５９１－１６２６）が、今日でいうスネルの法則——密度の低い媒質から高い媒質に入射する光線の角度の正弦は、その媒質中の光線の角度の正弦に、その密度によって決まる定数をかけたものに等しい——(注7)を提唱した。水の場合、この定数（屈折率）は１・３３３になる。

　屈折がどのように起こるかは、どんな光理論や物質理論にとっても重要な問題である。これは、レンズが像を形成する——焦点に光を集める——上で決定的に重要だからだ。レンズは、（湾曲した）プリズムのペアとして考えることができる。図５・８では、レンズは天日レンズとしてはたらき、

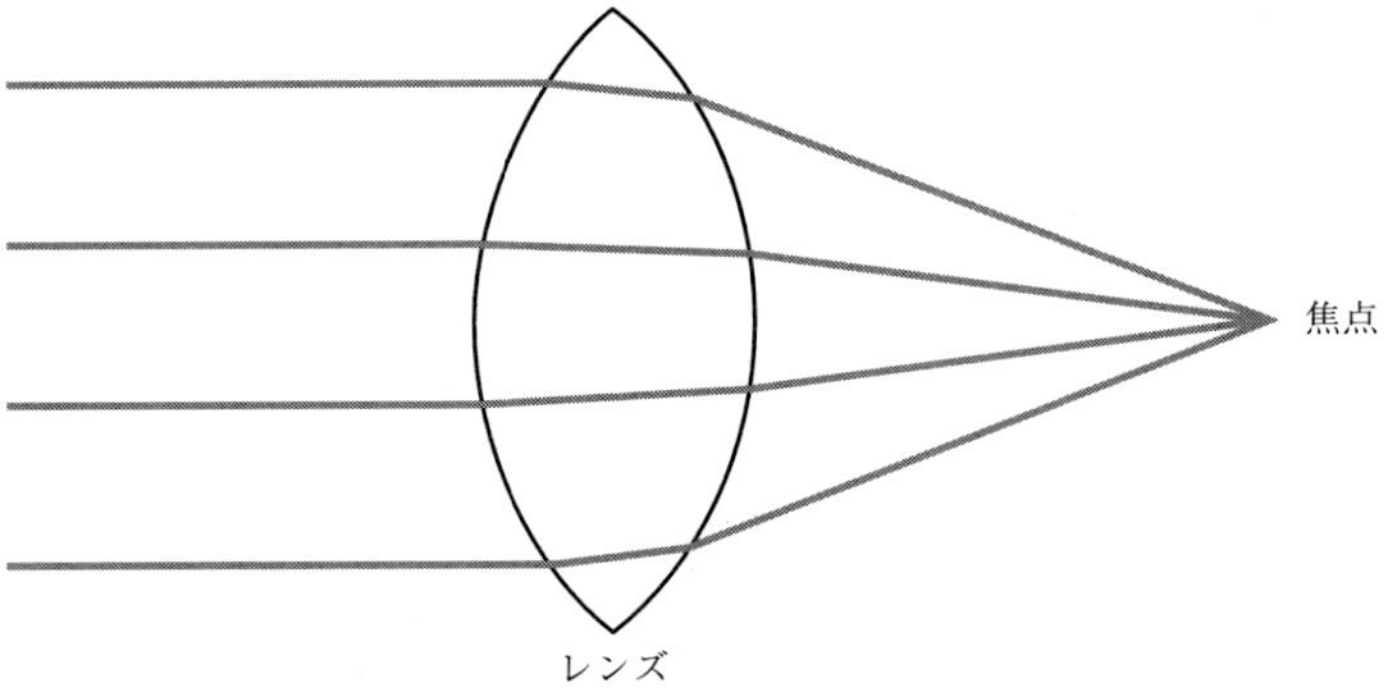

図5・8　凸レンズによって平行光線はどのように焦点を結ぶか？
これが天日レンズである。物体の多くの点からやってくる光線は焦点に集まり，像を結ぶ。しかしこの場合には，太陽は、光よりも熱を生じさせる「点光源」とみなすことができる。レンズによってどれほど太陽の光が集められようとも，その明るさは実際の太陽の表面の明るさを越えることはない。

太陽光を焦点に集める。光は、AからBへと進む際につねに最短時間をとる。この考えは、反射と屈折とをつなぐものであり、(二千年前にヘロンが考えていたように) 鏡やレンズによって作られる像を考える上で鍵となる概念である。スポーツ選手のアナロジーがわかりやすい。[注8] 走るのよりも泳ぐほうが遅いから、水中では通り抜ける距離が短くなるコースをとる必要がある。そのため、水面に直角に入っていくのでないかぎり、そのままコースをまっすぐとってはいけない。速度が遅くなるところでは、より短い経路になるように角度を変えなければならない (図5・9参照)。

光が密度の高い媒質から低い媒質へと向けられた場合、ある値よりも小さな角度では、光は (図5・10に示すように) 全反射によって閉じ込められてしまう。このすばらしい例がダイヤモンドである。ダイヤモンド特有のきらめきは、そのカットのされ方にある。ダイヤモンドの原石は、ただのくすんだ石にすぎない。この原石が高い屈折率と大きな分散を最大限に発揮するようにカットされると、すばらしい色の「輝き」できらめくようになる。宝石にするには、一定の形になるように研磨されなければならない。もっともみごとなのは、図5・11に示すブリリアント・カットである。ほとんどすべての光が小面から内部に向けて反射され、これが、ダイヤモン

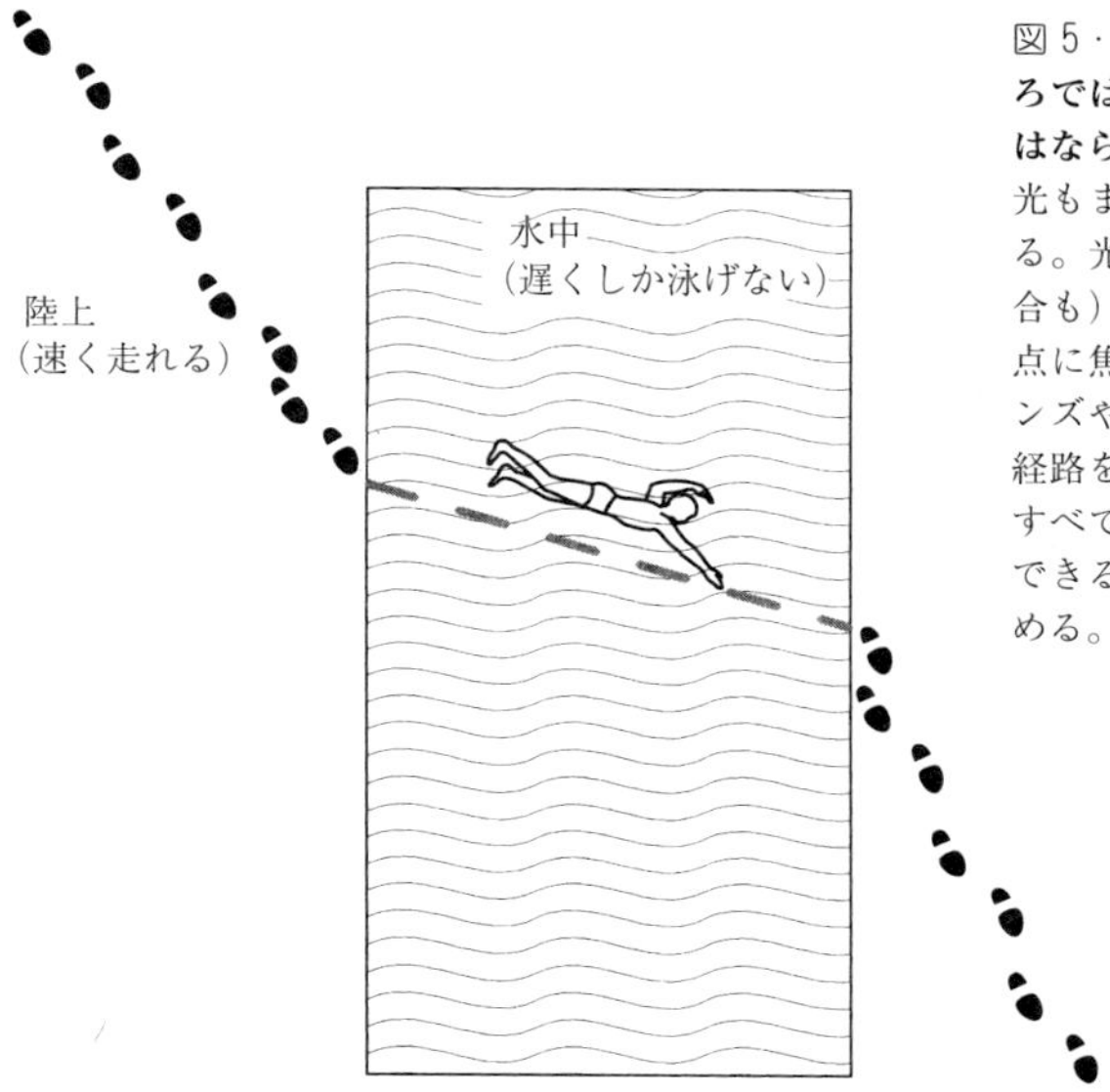

図5・9　**遅くしか進めないところではより短い経路をとらなくてはならない**
光もまったくこれと同じことをする。光は（反射の場合も屈折の場合も）最短時間の経路をとる。1点に焦点を結ぶように作られたレンズや鏡は，最短時間のすべての経路を同じにすることによって，すべての光線（あるいは波面）をできるだけ像点に近いところに集める。

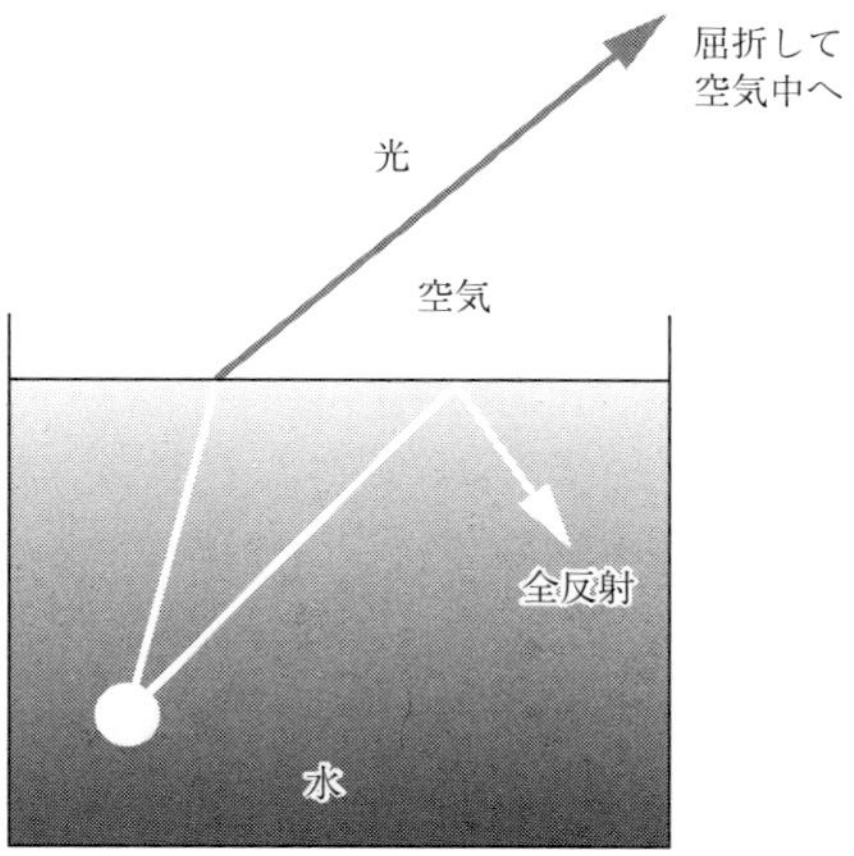

図5・10　**全反射**
密度の高い透明な媒質（この例では水）から密度の低い透明な媒質に向かう光は，ある角度よりも小さいと，密度の高い媒質へとはね返され，閉じ込められる。

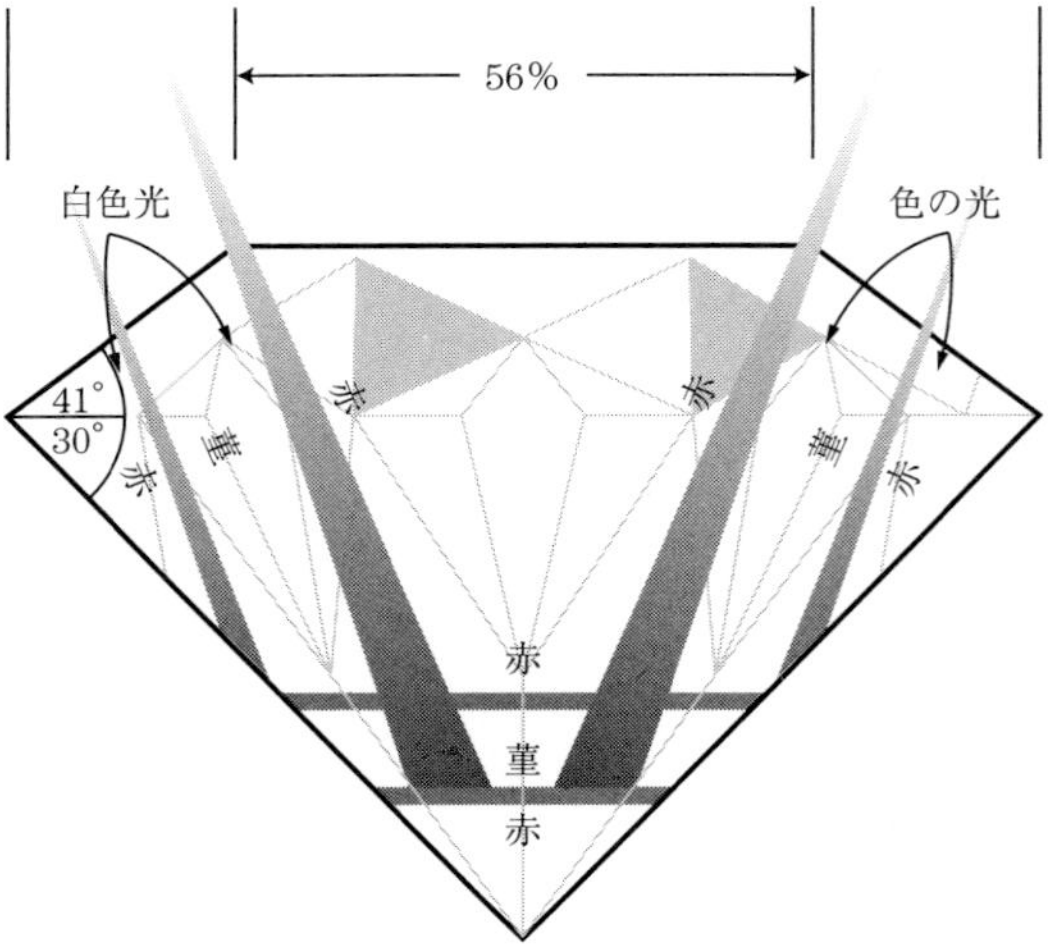

図5・11　**ブリリアント・カットのダイヤモンド**
これこそ全反射のもっとも完璧な例である。分散が大きいため，さまざまな色のきらめきが生まれる。

ドの大きな分散によってスペクトルの色を生み出す。うまくカットされたダイヤモンドだと、すべての光が前面に向けて反射されるため、背面からは黒く見える。

最近、きわめて透明なガラスを作ることができるようになった。これによって、細いグラスファイバーに閉じ込められた光は、ほとんど損失なしに数キロメートルもの距離を伝わる。これこそ現代の光ファイバーの基本であり、通信システムや医療用内視鏡などに利用されている。もっとも効率的な鏡であるこの光ファイバーは、遠距離のデータ通信に革命をもたらしつつある。それは、レーザー光の信号をオン・オフで切り替えることによって、あるいは光の強さを高速で変化させることによって、これまでにない速度で遠距離間の情報の伝達を可能にしている（図5・12参照）。

光が射線だという考えによれば、この効率的な全反射は、密度の高い媒質と低い媒質のちょうど境目で起こっていることになる。しかし、二つの密度の高い媒質——たとえば二枚の板ガラス——の間に空気のような密度の低い媒質がある場合には、反射は必ずしも完全ではない。光の一部は、第一のガラスから間隙を通って第二のガラスへと洩れる（図5・13）。これが、光はたんに射線や粒子ではなく、波だという証拠である。波動による説明では、この洩れは、波長の整数倍に相

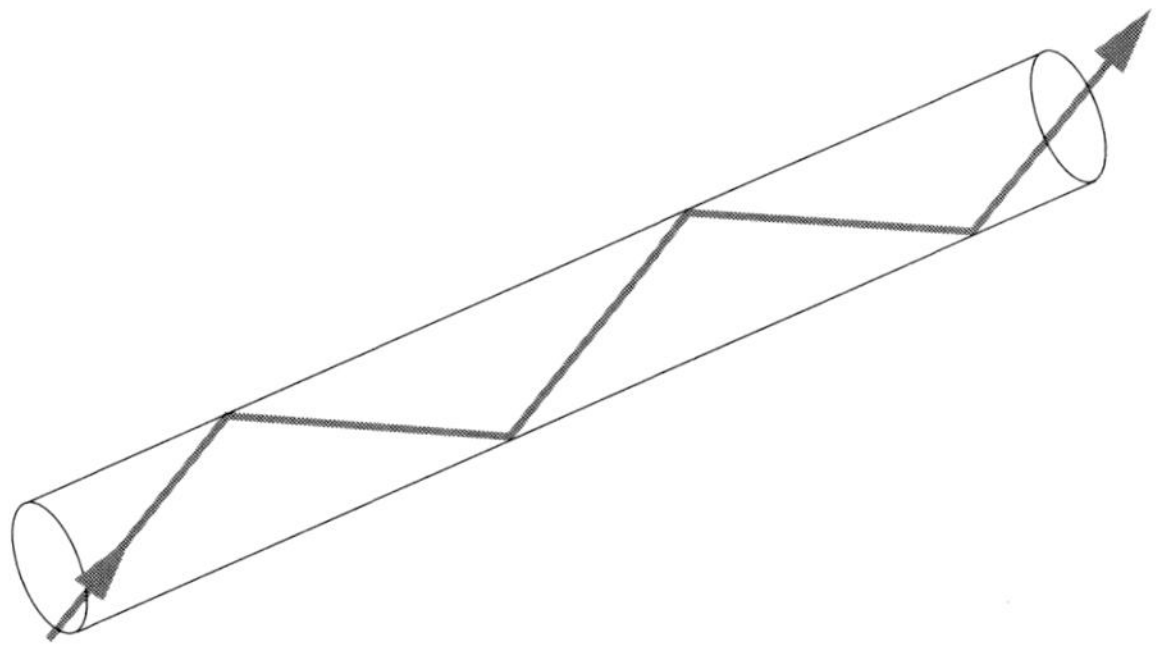

図5・12　**光ファイバー**
光はグラスファイバーに閉じ込められ，きわめて長距離を伝わる。

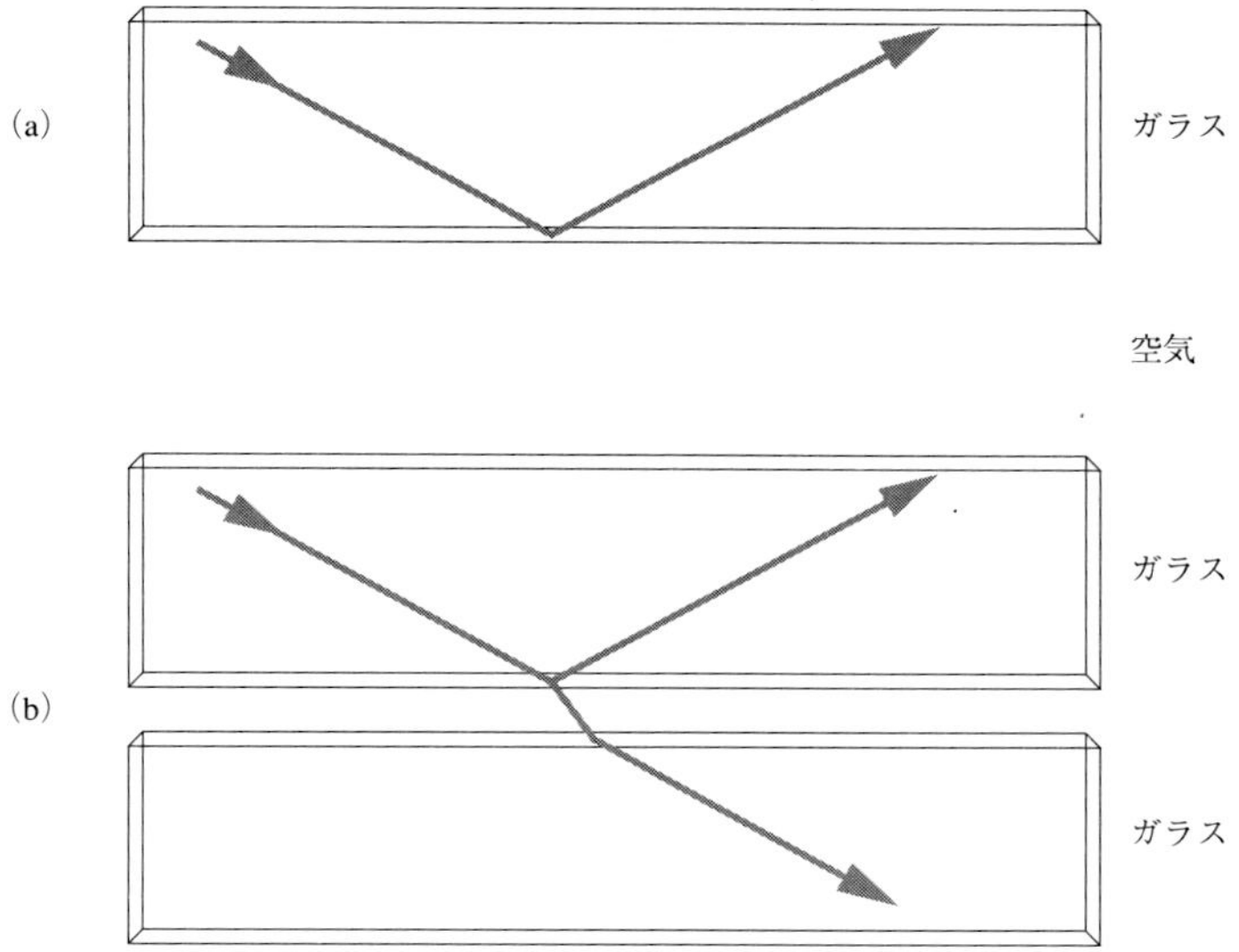

図5・13　**光の洩れと波動**
aは密度の高い媒質（ガラス）内での全反射を示している。bでは，第一のガラスに近接して第二のガラスを置くと，第二のガラスに光の一部が洩れる。この現象は，粒子説ではなく，波動説によって説明できる。

当する距離で起こるはずである（これは、第二のガラスを第一のガラスに近いところに置くことによって示すことができる）。光の洩れが起こることは、光が波であることの証拠である。では、そのことから反射についてなにが言えるのだろうか？　まず、光が射線や粒子であるとはどういうことなのかについて考えてみることから始めよう。

なぜ光は反射するか？

昔から、光はつねに、射線のように直線で進むと考えられてきた。このように、光が小さな粒子の流れだとするニュートンの考えの起源は、古代までさかのぼる。現在も光や反射を考える際に光線図が使われているのは、意外なことではない。しかし、しだいに明らかになってきたのは、重要な点で、光は粒子のようなものでも、光線図にある線のようなものでもないということだった。しかし、光線という古典的な考えは現在も、光学の本のなかの、とくに導入部の図の多くに使われている。その後、光が線であるという考えが不適切なものになるにつれて、光がどのようなものかという概念とともに、光を示す図も変わっていく。しかし、明らかになった光の正体があまりに奇妙なものであるため、われわれはそれを描くこともイメージすることもできない。

ヘロンは、「なぜ光は鏡から反射するか」という疑問に、ボールが硬い面だとはね返るという身近な現象のアナロジーを用いて答えた。もちろん、疑問はさらに、ボールがなぜはね返るのか、そしてなぜゴムはほかの多くの物質（たとえば木）よりずっとよくはね返るのか、と続くだろう。現在なら、これらの問いに原子レベルの答えを求めるだろう。これは、アリストテレス以前のギリシア人――デモクリトスとレウキップス――によって考えられ、のちにローマの詩人、ルクレティウスによってかの有名な詩『ものの本質について』(注9)のなかに歌われた。

しかるに、感覚の知のはるかおよばぬところに
世界のこれら究極なものの性質が存在する。
そして、それら自体を見ることはできないがゆえに、
その動きは人間から隠されて見えない――
たとえば、ものがいかに見えようと、
はるか彼方、景色に沿い
それらの動きは隠されている。
……
しかし、その古き単純な
固さをそなえた根源的原子が

空虚な空間を進むとき、
ほかのなにものによっても遅らされることはない。
それは、自然の部分、単位にして、
向かうべきひとつの場所へと運ばれる。
……
おのおのがもののふるまう法則を知るために、
原子を個々に追い求める必要はない。
だが、ある人々は物質を知らず、思う
これとは逆に、神々の力がなければ、
かくも人間の生活に合うように
自然は季節を変化させえず、
穀物もなにものも実らせえず、
生命の導きである神聖な悦びが
死すべき運命《さだめ》を説き導くこともないと。

ニュートンは、光が粒子であるという考えを受け入れた。しかしニュートンは、それがその当時知られていたすべての現象の完全な記述を与えるものではないということも知っていた。それ以来、光がいくつかの点では粒子のようなものではない——じかに触れることのできるものとはまるで違う——ということを示す、多くの証拠が現われた。しかし、結局は想像を越えるものだとわかるにしても、身近なしかたで説明を始めるのは、たしかに正しかった。

なぜ光はピンホールを通ると広がってしまうのだろうか？　なぜ点光源からの影がぼけるのだろうか？　なぜ光が隣り合った小さな穴を通ると、「干渉」して明と暗の縞を生じるのだろうか？　なぜシャボン玉の膜は美しく色づくのだろうか？　あるいは、レーザーやホログラムのしくみはどのようなものなのだろうか？　光線図も、ニュートンの粒子の流れも、これらの問いには答えてくれない。いずれの問いに答えるにも、光を波として考える必要がある。

波としての光

光が波であるという重要な考えは、オランダの物理学者クリスチャン・ホイヘンス（１６２９－９５）に始まる。ホイヘンスは、光が水面のさざ波のように広がると考えた。その後、これはきわめて重要な考えであることが判明した。鏡を理解するためには、この考えを少し詳しく見ておく必要がある。ここでは、光学のテキストの数学的記述を「（難解なところは省いて）直感的に」説明するだけにとどめよう。この考えは、台所でも試せるような実験にもとづいている。数学的知識のある人にとっても、こうした簡単な「体験的」実験

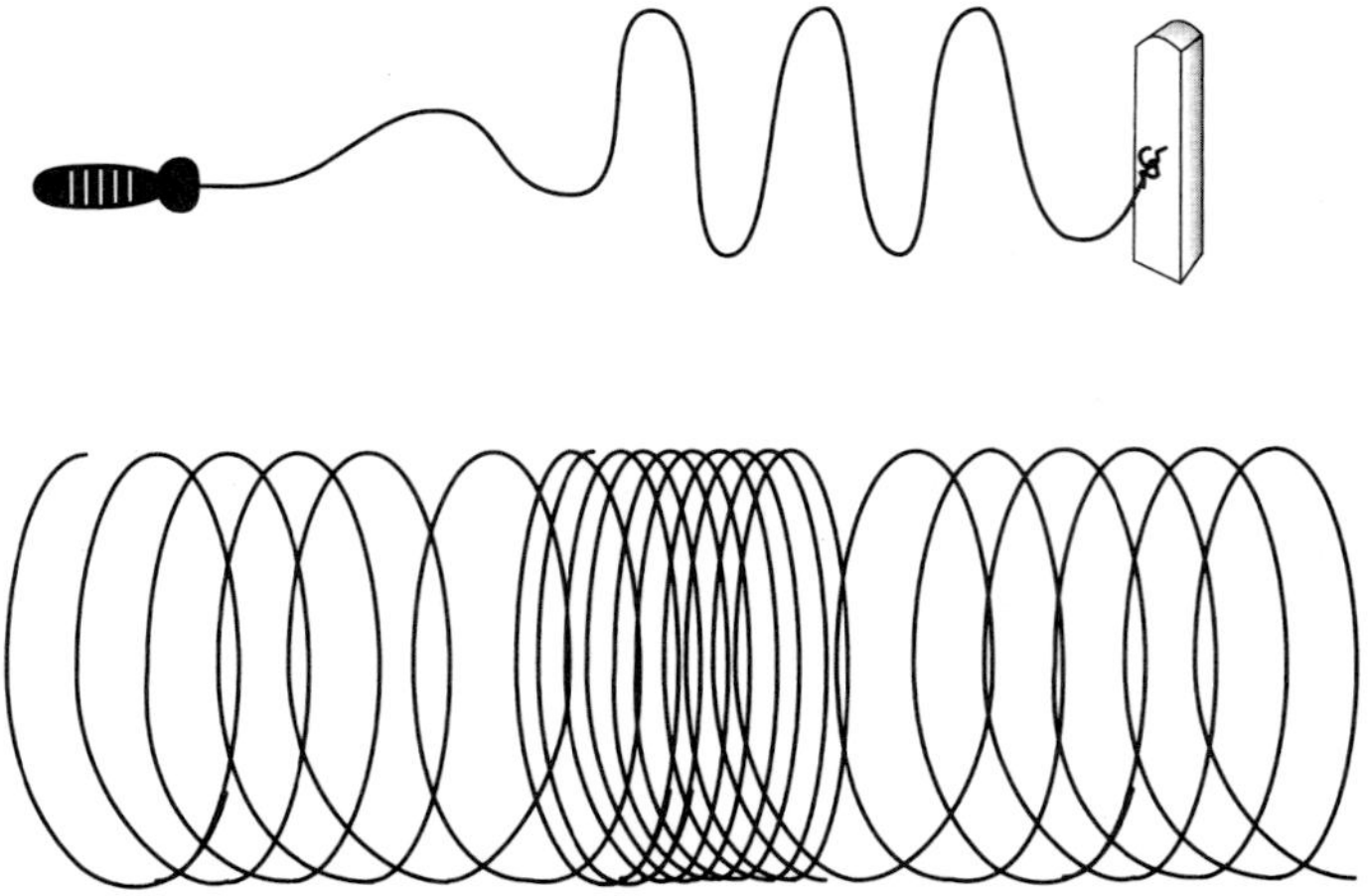

図5・14　**横波と縦波**

ナワ跳びのロープを振動させると，ロープに沿って走る横波になる。しなやかなバネの場合は，らせん状に巻かれたバネに沿って走る縦波（疎密波）になる。ロープの波は光に，バネの波は音に似ている。

はきわめて有益である。というのは、方程式は学ぶのが簡単なだけに、その意味するところを理解しそこなってしまうことがよくあるからだ。

波には二つの種類がある。横の振動波と縦の疎密波である。両方とも、その速度、波長、振幅そして周波数によって定義される。伝達速度は、媒質に依存する（音は空気中よりも鋼鉄中のほうが速く、光はガラス中よりも真空中や空気中のほうが速く伝わる）。波長は谷の間の間隔であり、振幅は（横波の場合）谷から山までの半分の高さである。周波数は、一秒間に一地点を通過する波の数である。光と音はまったく異なるものだが、どちらも波からなる。しかし、音は縦の疎密波であり、光は横の振動波である。

光や音とは別の種類の波もある。力学的波動は、しなやかなバネや水といった物理的媒質を通して伝わる。波は物質のなかを動いていくが、物質それ自体は伝わらない。潮汐と海流は、これとはまったく違っている。風で動く空気も、音の波とはまったく異なる。しかし、波のなかで伝わるのが物質でないとしたら、それはなんだろうか？　答えはエネルギーである。

波の特性は、ナワ跳びのロープやしなやかなバネに見ることができる（図5・14参照）。光の横波は、振動するロープの

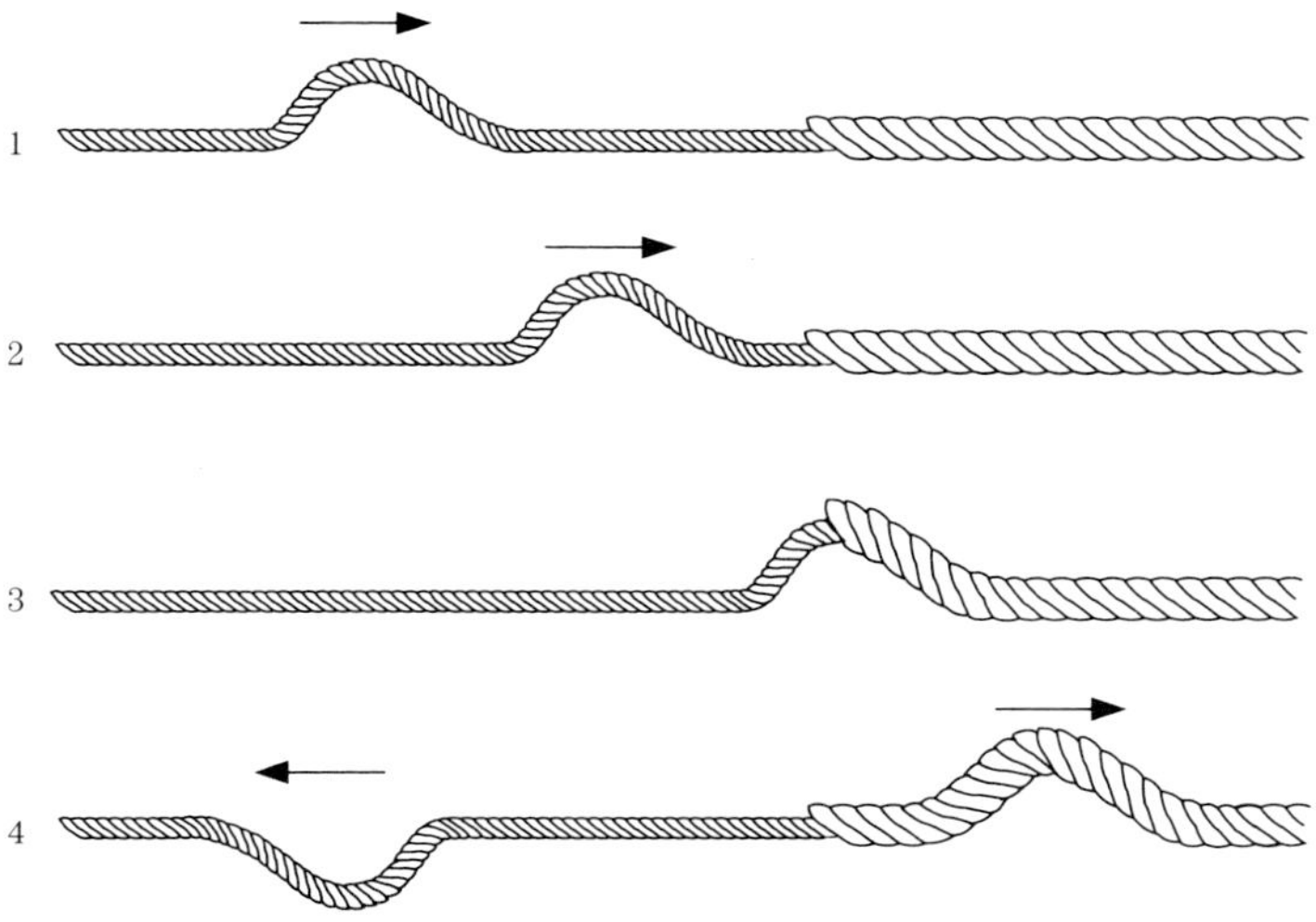

図5・15　**部分反射**
細いロープを伝わる単一の波が太いロープに出会うと，一部は反射されるが，残りはそのまま太いロープを伝わり続ける。太いロープから反射された波は，位相が逆になる。

波に似ている。この振動の方向は、水平、垂直、そのほかあらゆる角度がありうる。これが偏波（偏光）の角度である。

ロープの一方の端を硬いものにつなげて固定すると、波はそこではね返される。単一の波、つまりパルス波を用いると、これが簡単に観察できる。はね返された波は、次にくる波を通り抜ける。いったん通り抜けてしまうと、どちらの波も通常はその出会いによって影響されることはない。

ガラスに光をあてると、大部分の光が透過し、20％ほどが反射される。波の部分反射は、図5・15に示したように、太いロープに細いロープをつなげると観察できる。細いロープに沿って走る波のパルスが太いロープに出会うと、一部がはね返され、残りはそのまま太いロープに沿って伝わっていく（速度は細いロープのほうが速い）。太いロープからはね返される波は反転するが、そのまま太いロープを伝わり続ける波のほうは反転しない。これらはすべて、光と鏡にもあてはまる。

音波は、しなやかなバネの縦波（疎密波）に似ている。これらの波は偏波しない。バネの一方の端を硬いものに固定すると、波ははね返される。これも単一の波（パルス）でもっともよく観察できる。この反射されたパルスは、次にくる波を通り抜ける。通り抜けるとき、足し合わせや差し引きが生じる。しかし、いったん通り抜けてしまうと、波もパルスも互いに影響しあうことはない。この「重ね合わせ」は横波でも起こる。

波を不規則な時間間隔で発生させたり、強度や周波数を変化させたりすれば、波は情報を時間的に伝えることができる。さまざまな振幅や周波数をもった多くの同時的な波は、光学像のなかでのように、情報を空間的パターンとして一瞬で表現できる。

波のなかには、進行しない波もある。反射によって生じる定常波がそれである。これは、向かい合った二つの平行な鏡の間で生じる。二枚の鏡の間の距離がちょうど波長の倍数になると、それぞれの鏡からの反射によって、定常波が生じる。ロープの両端、あるいは楽器の振動する弦の両端の接続部も、こうした「鏡」になる。このとき、バイオリンの弦やパイプオルガンのパイプでは、波は進行しない。これが定常波——双方向に伝わる波の、見かけ上は静止した重ね合わせ——である。

波のもうひとつの特徴は、共振（共鳴）である。楽器では、これも重要である。共振はブランコのアナロジーで考えることができる。ブランコを押すとき、押すタイミングがちょうどよいと、ほんのわずかな力で、ブランコを揺らし続けることができる。ブランコは「固有の周期」をもっていて、同じことが振動するロープや弦についても言える。力学的あるいは電気的システムが波からエネルギーを受けとると、このシステムは、波の周波数がそのシステムの共振周波数（もしくはその倍数の周波数）と等しいと、共振の状態になる。これによって、ピンと張られた弦や音叉が「鳴り返し」たり、ラジオの周波数合わせが可能になる。鏡はたくさんの音叉のようなものであり、波を受けとって返すのである。

純粋な波は、単純な波、すなわち正弦波である。こうよばれるのは、数学的に正弦の点から記述できるからである。正弦波とそれらの倍音（基本周波数の倍数）は、楽器にその楽器特有の音色をもたらす複雑な波を形作る。注目すべき点は、どんなに複雑な波であっても、さまざまな周波数と振幅をもつ単純な正弦波が組み合わさったものとして記述でき、また生み出すことができることだ。(注10)これらがフーリエ解析と合成である。これが、どのようにしてオーケストラ全体の音がスピーカーの一枚の振動板から聞こえるのかの答えである。(注11)フーリエ解析は光学像の空間パターンにも応用され、光学像と視覚の初期の処理過程を記述するための重要な手段になっている。(注12)

水槽を用いて、水の波の簡単な実験をしてみるとよい。(注13)波は平面や曲面の障壁で反射され、屈折によって曲がるだろう。

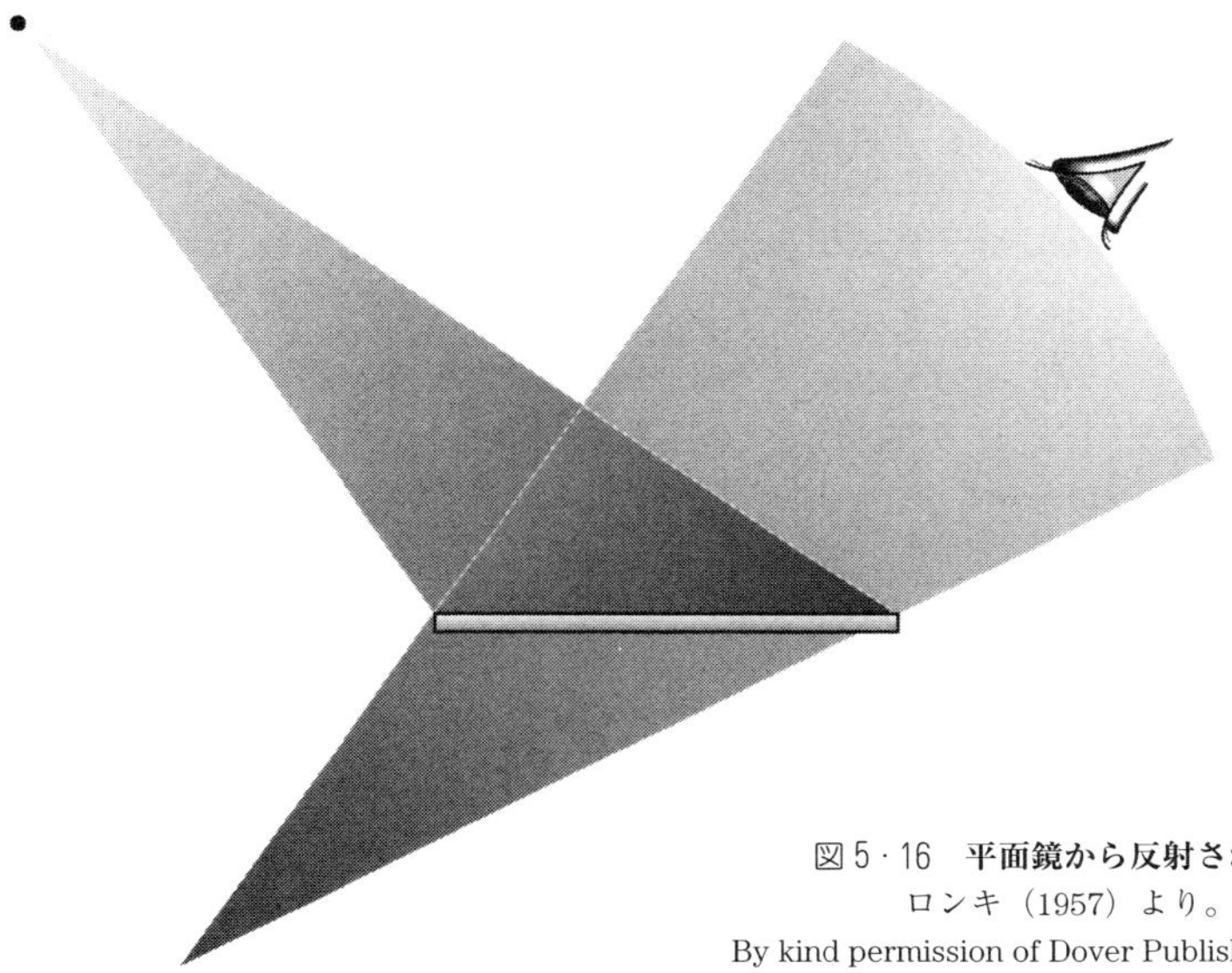

図5・16　**平面鏡から反射される波**
ロンキ（1957）より。
By kind permission of Dover Publishing Co. Inc.

水の入ったパン焼きプレートが、こうした水槽として手頃である。波を作るには、一定の周波数で振動するようセットされた電動の小さなプランジャーを使うのがよいが、指や鉛筆でも十分である。水のなかに置かれたまっすぐな、あるいは湾曲した障壁によって、波の反射のさまがはっきりわかる。水面下の形（水面上に出ていなくてもよい）が、レンズやプリズムの役目を果たす。これらは、波の速さを変え、波が屈折によって曲がることや焦点に集まることを示してくれる。

図5・16は、波が平面鏡からどのように反射されるかを示している。しかし光は、はね返るボールやロープの波とまったく同じというわけではない。これらの実験は、理解する助けにはなるが、これで疑問が氷解するわけではない。

物質のなかの光

光は、鏡から反射される前に、いったん鏡のなかに入る（吸収される）。鏡以外の表面も光を吸収するが、反射される光の量はずっと少ない。吸収された光がその後どうなるかは、つい最近までまったくの謎であった。たんに消え去ってしまうだけなのだろうか？　スコットランドの物理学者、デイヴィッド・ブリュースター卿（1781‐1868）は、183

1年に次のように書いている。[注14]

学者は、物体が光を吸収するその力の性質をまだ確かめることができずにいる。……もし光の粒子が反射されるのであれば、あるいはたんに粒子の作用によって進行方向が変わるだけであれば、もっとも不透明な物質（たとえば木炭）の一部を強い光にさらしてみると、その照明のもとで実際に光輝くようになるはずか、あるいは少なくとも白く見えるようになるはずである。しかし、なかに入った光はすべてふたたび見えるわけではないのだから、別の証拠が見つかるまでは、光が物体の粒子によって実際には止められ、計測できない物質の形でそこにとどまっていると考えなければならない。

ブリュースターから一五〇年を経て、今日のわれわれの知識はすっかり違っている。現在では、吸収された光は物質の原子を振動させ、熱を生じさせるということがわかっている。多くのできごとのあとで、宇宙の「熱死」の一部として熱が放出されるのである。

ガラスのような透明な物質では、吸収された光は、一連の放出と再放出を経るため、光の速度が遅くなる。プリズムとレンズが光を曲げ、眼が屈折作用によって像を結ぶのは、このように速度が遅くなるせいである。しかしこれは、密度の高い媒質によって波の方向が変えられたとも考えることができる。図5・17では、波面は、密度の高い媒質——ガラス——によって速度が遅くなるため曲がり、ほぼ完全な点像を生じさせる。これはまた波としても示される。レンズ——あるいは凹面鏡——が大きくなるにつれて、点像は小さくなる。なぜならレンズがより多くの波をとり込むからである。「理解する」のはそう簡単ではないが、これは、顕微鏡やほかの光学機器を設計する際に、鮮明で高解像度の像が得られるようにするためのもっとも重要な原理である。

光の色は、波長（あるいは周波数）の違いと関係している。光を吸収する表面は、ある波長がほかの波長よりも多く吸収される（つまり、少なく反射される）と、色がついて見える。赤い面が赤く見えるのは、それが赤の長波長の光を反射し、それ以外の光を吸収するからである。

白色光は、可視スペクトルのすべての波長——すべての色——が太陽光の波長とほぼ同じ割合のエネルギーで混じっている。しかし、われわれに見える光は、電磁波の広いスペクトル全体のなかのほんの狭い範囲にすぎない。眼は、ほんの一オクターブの光——一秒あたり4×10^{14}から8×10^{14}の周波数の光——しか感じることができない。

（真空中では）すべての電磁波は等速度cで伝わるので、

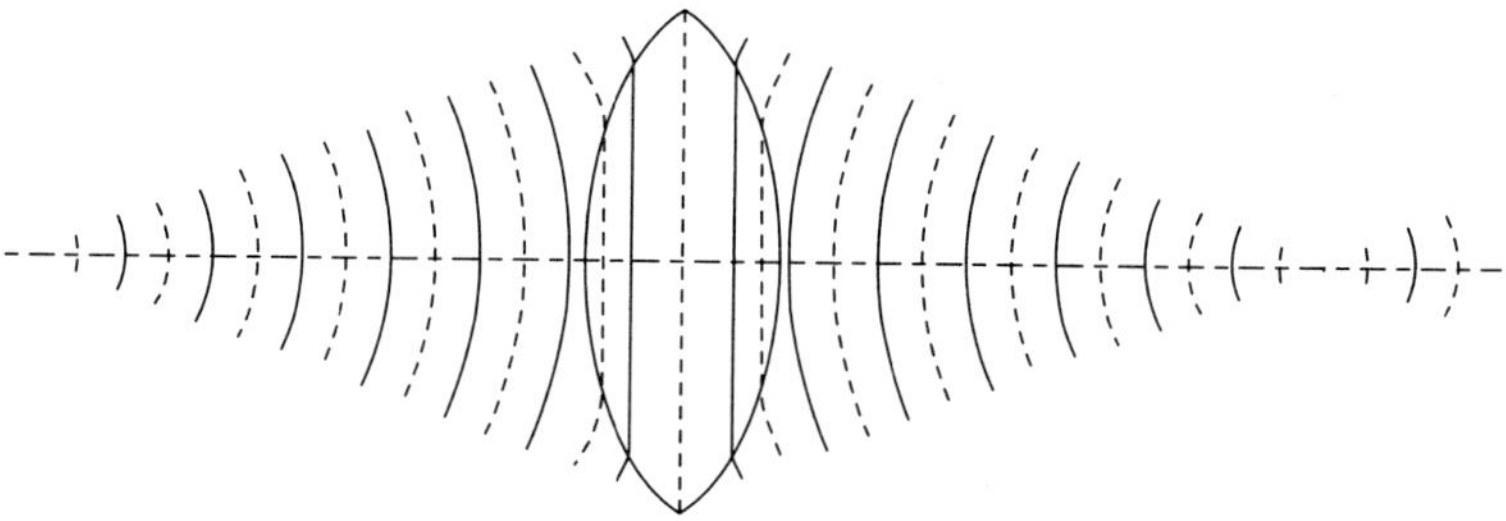

図5・17 **凸レンズによって焦点を結ぶ波**

波長を特定することは、周波数を特定することに等しい。この速度は秒速30万キロメートルである。電磁波全体のなかで、もっとも周波数の低いのは電波である。その周波数は100万ヘルツ以下であり、波長では300メートル以上になる。次に赤外線（赤外の熱波）が、さらに一オクターブの範囲の可視光がきて、そして紫外線、さらに「弱い」X線、「強い」X線、そしてガンマ線という順に並ぶ。波長が短くなるほど、放射エネルギーは大きくなる。

光が密度の低い媒質から高い媒質に入射する場合、光の波長（あるいは周波数）が違うと、速度の遅くなり方も違ってくる。そのため、光の波長によって、光の曲がる角度が違う。これが、なぜ白色光がプリズムによって虹色のスペクトルに分解されるのかという疑問への答えである。短波長の青い光は、長波長の赤い光の場合よりも速度が遅くなり、曲がり方が大きい。この現象がもっとも劇的に起こるのは、虹である。太陽の光は、雨粒を通り抜けるとき、内部で一度反射し（主虹）、屈折によって二度曲げられる。プリズムと同じように、光の曲がる角度は、光の波長ごとに少しずつ違っている。虹が完全な円形（地平線や水平線でカットされている場合は半円）なのは、太陽からの角度がそれぞれの色の円弧全体に対してまったく同じだからである。

どのような色に分解されるかは、さまざまな透明物質ごとに少しずつ違っている。ある種類のガラスは、ほかのガラスよりも分光の程度が大きく、スペクトルの領域にも違いがある（ある範囲の波長や色が逆になることさえある）。ニュートンが反射望遠鏡を作ったのは、彼がこのことを理解していなかった（それは彼の光の粒子説とは合わなかった）からである。[注15] ニュートンは、レンズによってできる色の縞は避けることができないと考えたため、その代わりに（鏡はすべての色の光を同じ角度で反射するため）鏡を使うことにしたのである。

レンズが色の縞を生じさせるのは避けられないというニュートンの考えは、その後誤りであることが判明する。スウェーデンのサミュエル・クリンヘンスティエルナ（1698-1765）は、水のプリズムのなかにガラスのプリズムを置くことによって、ニュートンの実験の欠点を証明した。分散の異なるガラスで構成されるレンズを作れば、色の縞は消すことができるのである。この重要なアイデアは、ジョン・ドランド（1706-61）によって発展させられ、1759年に発表された。このアイデアはさらに、発明の天才ウィリアム・ウラストン（1766-1828）によって発展させられた。[注16] これによって、解像度の高い「色収差のない」望遠鏡、顕微鏡、そしてカメラが可能になった。イギリスの発明家チェスター・ムーア・ホール（1703-71）は、異なる種類のガラスで構成されたレンズを用いた、最初の屈折望遠鏡を作った。

光の干渉

水の波は相互に通り抜ける。同様に、音波も互いに通り抜け、光のビームもふつうはほかのビームの影響を受けることはない（図5・18参照）。もしそうでなかったら、視覚や聴覚そのものがありえないだろう。しかし、特定の条件下では、波は互いに干渉しあうことがある。

光のビームがまず一本の細いスリットを通り抜け、次に二本の隣接したスリットを通り抜けると、スクリーン上に明暗の縞の繰り返しパターンが現われる（図5・19参照）。これを最初に示したのは、イギリスの医者で物理学者だったトーマス・ヤング（1773-1829）だった。[注17] 彼は、この現象を光の波が互いに干渉しあうからだ、つまり図5・20のさざ波のように位相が合ったり逆になったりするときに、足し合わせや打ち消し合いが起こるからだと考えた。このようにして、二つの光は暗い部分を生じさせる。こうした干渉は、（ヤングの実験のように）小さな穴やスリットを通り抜けた光の場

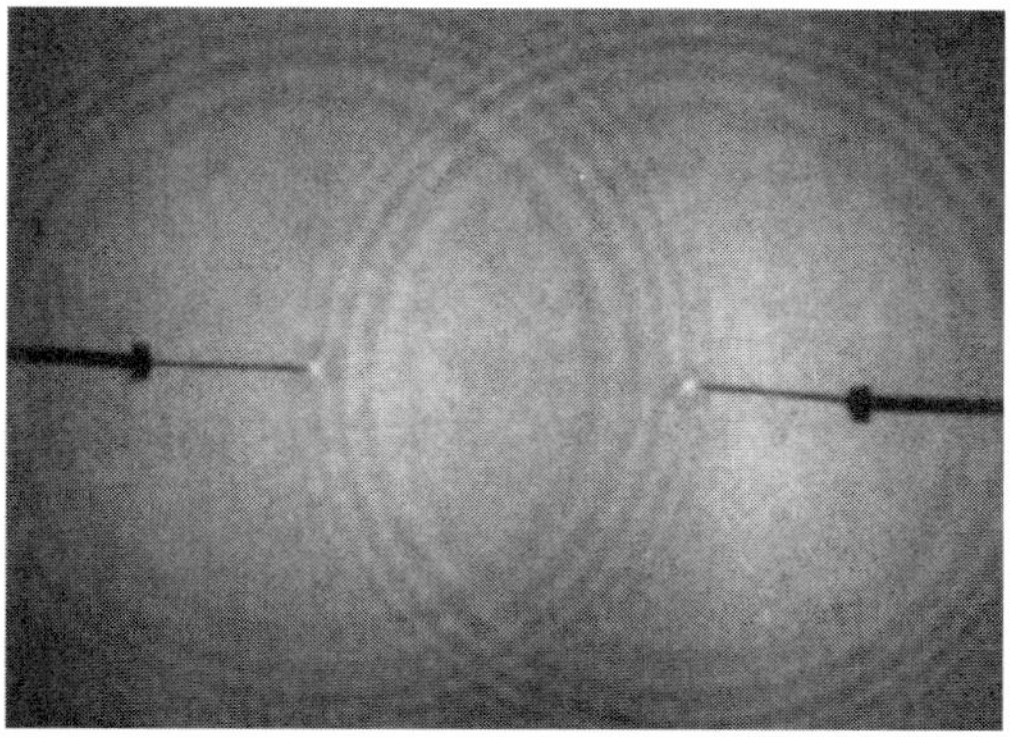

図5・18　**互いに通り抜ける波**

By kind permission of Oxford University Press.

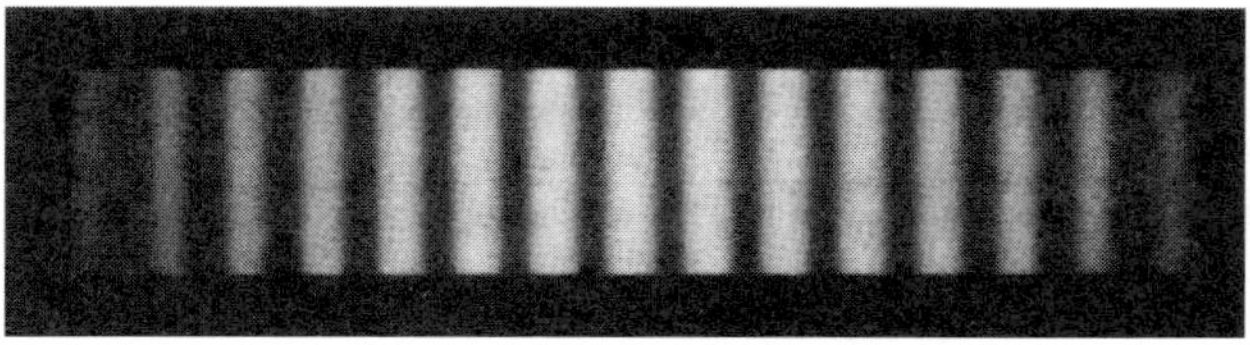

図5・19　**2つのスリットによる光の干渉パターン**

光が波動ならば，波の位相が同じや逆になるのにともなって，光の足し合わせと打ち消し合いのパターンが生じると予想される。光が粒子ならば，こうした干渉パターンは生じないはずである。しかし，電子も干渉パターンを示す。このように，光と物質は一般に理解されているよりもずっと複雑な性質をもっている。

By kind permission of Addison Wesley Publishing Co. Inc.

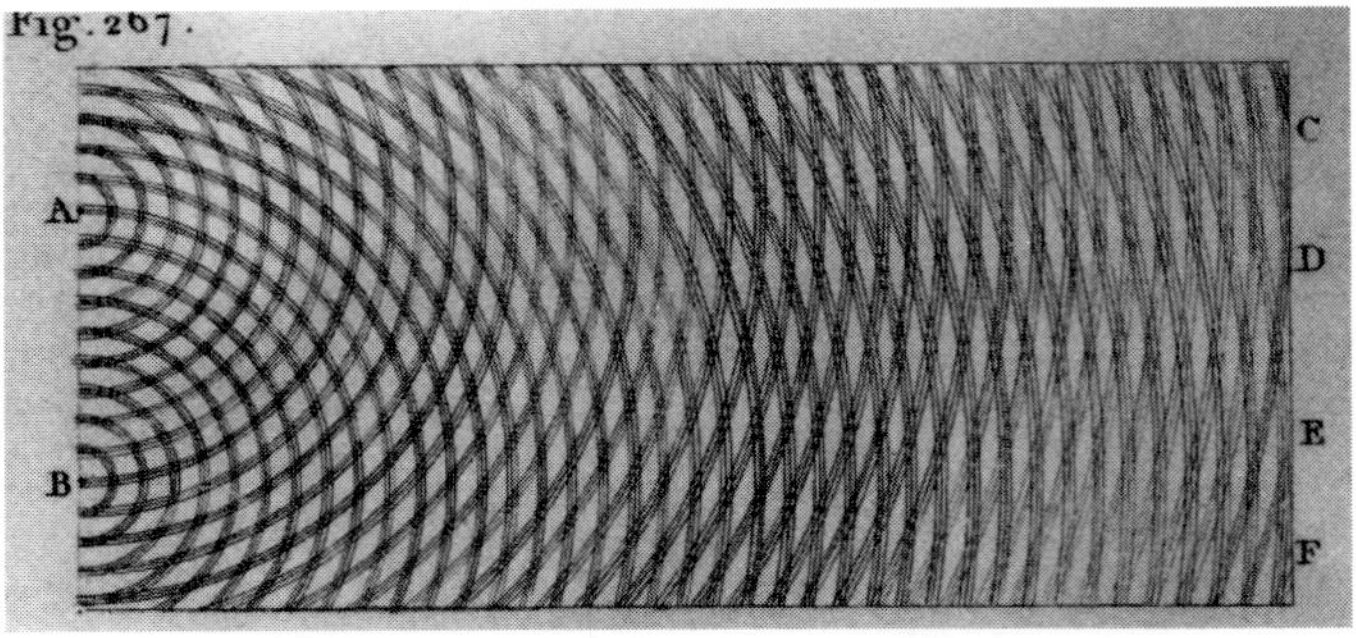

図5・20　トーマス・ヤングの干渉パターン

AとBのスリットを通った水の波は，足し合わせと差し引きを繰り返す。その結果，波の位相が同じや逆になるのにともなって，波の大きさが2倍になったり，ゼロになったりする。（スリットの幅は約1ミリ。スリット間の距離は約50センチ。）

Courtesy of the Royal Society, London.

合やそれよりもずっと明るいレーザー光の場合のように、波が一致する――コヒーレントな（可干渉性の）――ときにのみ起こる。

光が湖上を広がっていくさざ波のようなものならば、なぜ光は線のように見えるのだろうか？　ホイヘンスの考えは、光は波のように波面を進めるが、光の波長はとても短いため、波面に直角の角度では線として見えるというものだった。(注18)これは図5・20に示したように、二つのスリットを通り抜けた水の波に見ることができる。

電磁波は、波長が違うと見かけが相当違うが、基本的なところは同じと考えてよい。波長（あるいは周波数）が違うとその特性も違うのは、物質との相互作用が異なるためである。これらの違いから、物質の性質についてさまざまなことがわかる。スペクトル全体でいうと、可視光の部分では、光はきわめてくっきりした影を落とすが、これより波長の長い電波では影はぼんやりし、長波長の電波だと、大きな障害物の後ろに回り込む。これは、物質についてよりも、電波そのものについて教えてくれる。一方、可視光は、電波の通り抜ける物質を通り抜けないため、物質について教えてくれる。もちろん、X線は身体を通り抜け、その一部は骨も通り抜ける。波長がもっと短くなると、さらにほかのものも通過してしまう。物質を通り抜けるときに電磁波がどのような影響を受けるかによって、そしてどのように反射されるかによって、原子や分子の構造——とりわけ結晶の繰り返しパターン——を知ることができる。

眼が感じるのは、なぜ一オクターブの範囲の光だけなのだろうか？　これは、網膜のなかの感光色素の分子の吸収がそうだからである。では、なぜこのオクターブでなければならないのだろうか？　これには、生物学的に眼として利用できる素材や、眼を小さくする必要性など、いくつかの理由が考えられる。周波数の低い光は生物学的に安全だが、高い解像力が得られないことも関係している。太陽のスペクトルのエネルギーは、可視光付近がもっとも高い。(注19)（昆虫に見える一オクターブの波長の光は、紫外線のほうに半オクターブ分ずれている。これは、複眼を構成している個眼がきわめて小さいので、十分な解像力を得るには短い波長の光である必要があるからだろう。）

光、磁気、電気

光の最新の理解へと導いた発見の歴史は、あまりにドラマチックなので、それらを紹介せずにすますのは惜しい。以下では、この発見にいたるまでを簡単に紹介しよう。信じがたいことだが、光の性質の謎を解く鍵は、磁石と導線のコイルを用いた簡単な実験だった。この実験は、１８３１年にマイケル・ファラデーによって行なわれた。これは、科学のユニークな冒険がいかに思いがけなく、すばらしい驚きに満ちているかをよく示している。

ハンス・クリスチャン・エルステッド（１７７７－１８５１）は、１８２０年に電流が磁気コンパスの針に力をおよぼすことを発見した。彼がこれに気づいたのは、たまたま講義で供覧実験をしている最中だった。ロンドンの王立研究所にいたマイケル・ファラデーは１８３１年に、導線のコイルのなかの磁石を動かすと電気が生じることを発見した。磁石と導線の間の相対的な動きが電気を生じさせるのである（図5・21参照）。このきわめて重要な実験——いまならだれでもすぐできる——は、電気と磁気の間の密接な関係を明らかにした。電気と磁気の対称性を認識することによって、ファラデーは発電機と電動機を発明し、その結果人間の生活を変えることになるまったく新しい産業を開いたのだった。それは同時に、光そのものを明るみに出す大きな概念的発見でもあった。

ファラデーは引き続いて、電流が変化しているとき、その

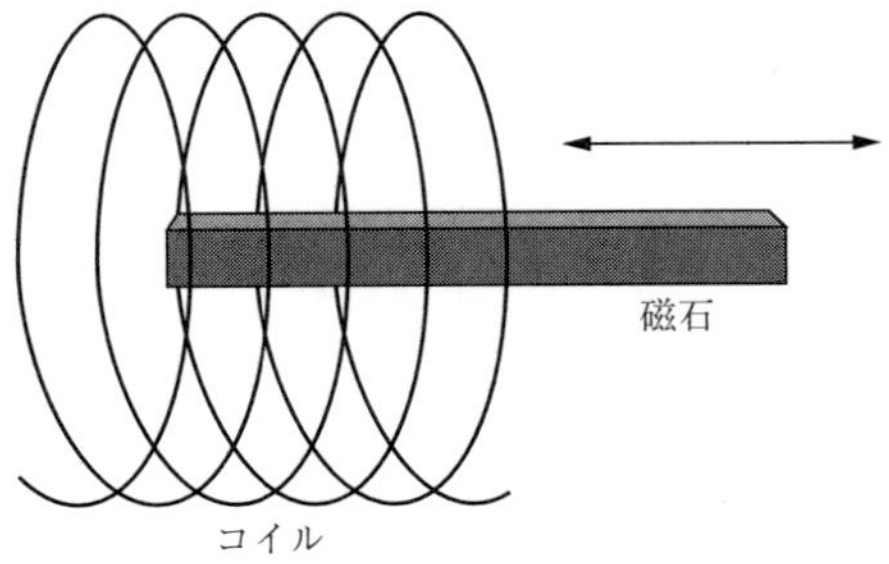

図5・21　磁石とコイルを用いたファラデーの実験（1831）
導線のコイルのなかで磁石を動かすと，電気が発生する。電気の極性は，コイルのなかの磁石の動きの向きが変わると，逆転する。

電流が空間的に遠くにある物質に変化を引き起こすことを示した。これが誘導である。誘導は変圧器の基礎であり、変圧器は交流電流でのみはたらく。

ファラデーは、磁石が空間内に力線を生じさせることを示した。彼は、これらの線が占める領域――磁力のはたらく領域――を磁場とよんだ。導線のような電気の導体がこの力線に沿って動くとき、今日でいう電子が動かされる（注20）。磁石が前後に動く場合のように、場が変化すると、電子は導線に沿って前後に動く。導線が回路を形成するようにつなげられると、電流が流れ、たとえば電球のフィラメントを熱して可視光を発する。ただし、この説明は、歴史的に先走りしすぎることになる。というのは、ファラデーはそのときは電子についてはなにも知らず（注21）、彼の実験がのちの電子の発見の呼び水になったからである。彼は、それが光の理解につながるものだとはまったく考えなかったかもしれないが、光が強力な磁場や電場によって影響されるということは予測していた。

磁石がコイルのなかを前後に一秒間に１００万回動かされると、長波長の電波が生じる。実際、これはまさに電波の送信機が行なっていることである（もちろん、磁石は発振器のなかで物理的に動くわけではないが）。ファラデーの磁石が10^{15}ヘルツで振動すると、コヒーレントな光（干渉光）が作り出せる。

電気の誘導は小さな間隔でしか起こらない。しかし、電波が送信でき受信できるという最初の主張は、ファラデーの誘導と同じものだとして退けられた。やがて、距離が数センチから数メートルに、そして数キロに開くにつれて、なにか別のことが起こっているということが明らかになった。可視光に似ているが、それよりも波長の長い波が存在するのだ。これを最初に証明したのが、ドイツの物理学者ハインリッヒ・ヘルツ（１８５７‐９４）だった。この発見はやがて、電波による通信をもたらした。

ファラデーは、磁石をコイルのなかでより速く動かすと、誘導された電気の電圧が線形的に増大する（相対速度が二倍になると電圧も二倍になる）ことを発見した。では、電子が加速されると、なにが起こるのだろうか？　電子は電磁波を生じさせるのだ！　このエネルギーは、誘導の場合とは違って、距離にともなって減少することはない。したがって、（可視光と同様）その電磁波は宇宙を伝わり、検出される。

波長が異なると、さまざまな種類の物質に対する反応のしかたも大きく異なる。それにもかかわらず、すべての電磁波は基本的に同じものとみなされる。なぜなら、同一の方程式によって表わせるからである。もっとも重要な方程式は、スコットランドの物理学者ジェイムズ・クラーク・マクスウェル（１８３１‐７９）によって達成された偉業である。[注22]　マクスウェルは、電気と磁気にかんするファラデーの実験から出発して、光と電気と磁気とが密接に関係しているという理論を発展させた。彼の方程式は、それら三者がどのように関係しあっているかを表わしている。

マクスウェルの理論の鍵は、ガラス中の偏光されたビームが磁場によって回転するという、１８４５年のファラデーの発見である。ウィリアム・トムソン（のちのケルヴィン卿）（１８２４‐１９０７）は、この回転が左回りか右回りかは光の伝播の方向によるということに気づいた。これは、砂糖溶液のような光学活性をもつ物質による偏光の回転とは異なる。というのは、これらの物質はそれぞれ、光がどんなしかたで通り抜けても、左回りか右回りかは一定だからである。[注23]　このことは、磁気が（「エーテル」のような媒質中での）回転であり、電気も運ぶということを示唆していた。マクスウェルは、磁場をエーテル中の渦と考えた。彼は、電場と磁場がどのように関係しているかを示すメカニズムを考え出した。ひとつの問題は、結合した渦が同一方向にどのようにして回転するかだった。マクスウェルは、渦の間にボールベアリングのような「遊び車」（これはその当時はまだ発明され

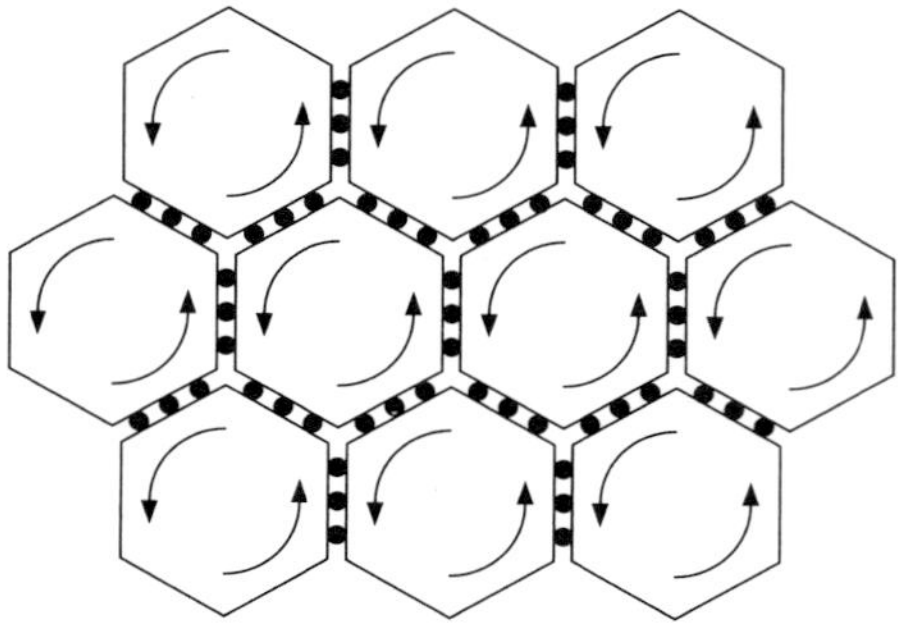

図5・22　**マクスウェルの渦モデル**
渦は回転する磁力線である。（ボールベアリングのような）「遊び車」の役目を果たす粒子が，移動する――電気を伝える――ものとして考えられている。マクスウェルは，このようなメカニズムを，自分の数学的モデルを発展させるための思考の道具として用いた。シーガル（1991）より。

てはいなかった）を仮定した。遊び車は、移動する――電気を伝える――ものと考えられた（図5・22参照）[注24]。

マクスウェルは、エーテルの力学的モデルを、エーテルが電場によって変位された粒子を運ぶもの（これが「変位電流」をもたらす）として考えることから始めた。さらに、彼はファラデーの原理を次のように考えた。

　電場は、時間的に変化する磁場内のどの場所でも誘導される。誘導された電場の強さは、磁場の変化速度に比例する。誘導された電場の向きは、変化する磁場に対して直角である。

電気を磁気に置きかえたことを除けば、マクスウェルの原理はこれとまったく同じになる。これは自然界の基本的な対称性を示している。最終的な説明は、電気と磁気の四つの法則を（多少の修正を加えながら）結びつけ、実験的例外のいっさいない首尾一貫した理論をもたらした。この理論にもとづいて、マクスウェルは、電磁気学的定数から真空中の光の速度を推定し、同じ速度で伝わるさまざまの波長の電磁波があるにちがいないということを予測した。この予測は十六年後、ハインリッヒ・ヘルツによって、図5・23に示したきわ

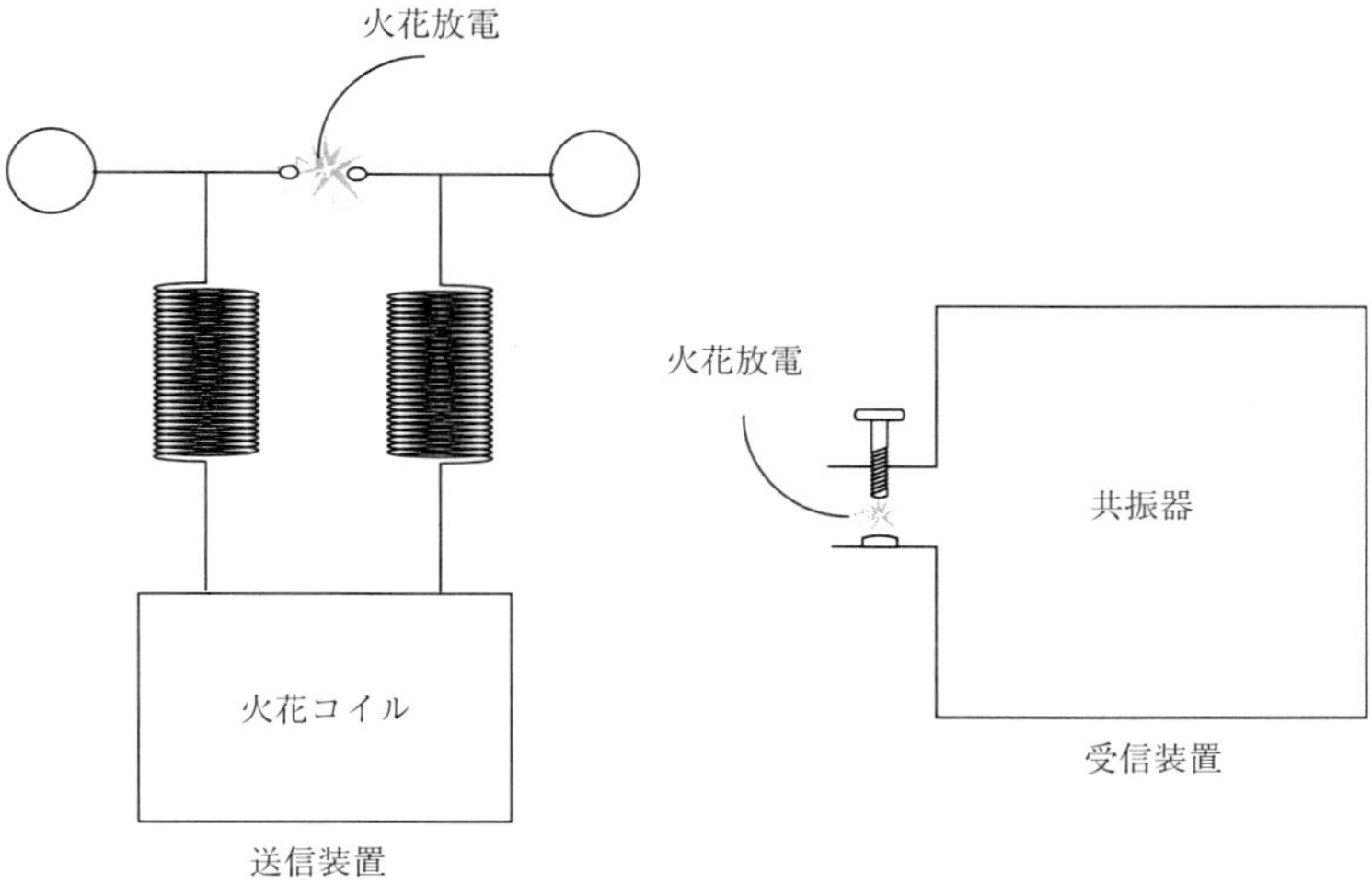

図5・23　**ハインリッヒ・ヘルツの装置**
この実験（1886-88）は，はじめて電波の存在を明らかにした。

めて単純な装置を用いて、より長い波長の電波で実験的に確認された。

マクスウェルの方程式の詳細な解説は、本書があつかう範囲を越え、私の手にも余る。しかし、これらの方程式の単純明快さは印象的である。それらは、数行で、電場$\boldsymbol{E}$と磁場$\boldsymbol{B}$とを関係づけ、すべての電磁スペクトルの放射を記述する。

$$\nabla \cdot E = \frac{\rho}{\varepsilon_o}$$

$$\nabla \times E = \frac{-\partial B}{\partial t}$$

$$\nabla \cdot B = 0$$

$$c^2 \nabla \times B = \frac{j}{\varepsilon_o} + \frac{\partial E}{\partial t}$$

これらの方程式は、時間的に変化する電気と磁気の測定値から得られる。それらは、フィゾーが測った光の速度とほぼ同じ値（違いは100分の1以下）を与える。このことは、光が磁気の波と電気の波であり、それらの波の進行方向が互いに直交し、ファラデーの電磁誘導によって互いを生み出していることを示している（図5・24参照）。

マクスウェルの方程式は、電磁波はすべて、どんな波長の

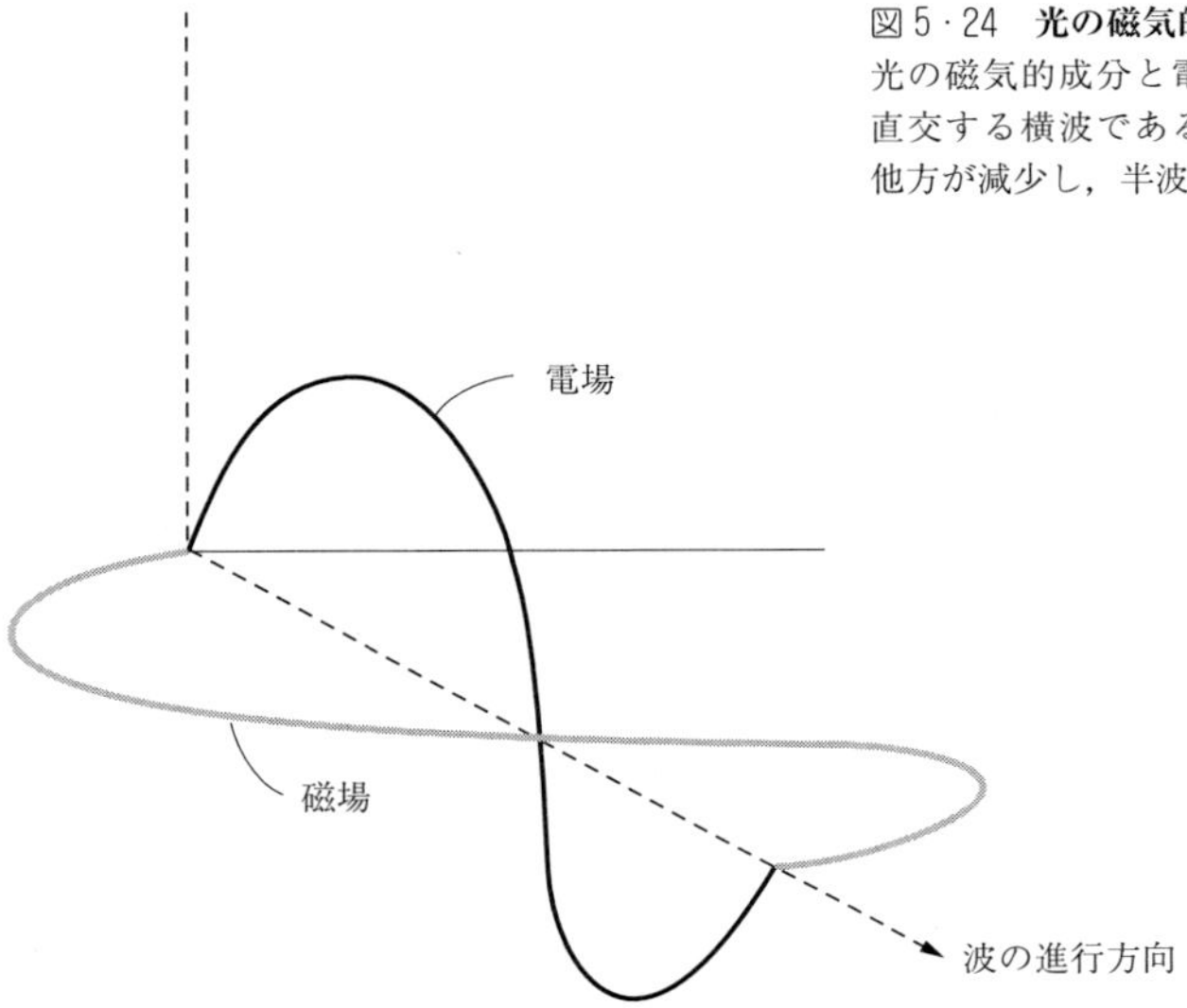

図5・24　光の磁気的成分と電気的成分
光の磁気的成分と電気的成分は，互いに直交する横波である。一方が増大すると他方が減少し，半波長ごとに入れ替わる。

電磁波であれ、基本的には同じだということを言っている。それらが異なるように見えるのは、波長が異なると、物質に対する作用も異なるからである。ハインリッヒ・ヘルツは1887年ごろに、みごとな実験を行ない、今日でいう電波が可視光とちょうど同じように反射され、屈折され、偏波されるということを示した。もちろん、鏡とプリズムと偏光子は可視光の場合とは異なる素材で作り、しかもかなり大きなものである必要がある。金属は電波をよく反射するが、ヘルツは、ピッチ（瀝青）でできた大きなプリズムを用いて、屈折によって電波が曲がることを示してみせた。

放物面の形をしたアルミ皿が、電波を反射するために（とりわけビームを平行にするために）、そして電波望遠鏡では星からの電波を焦点に集めるために使用される。この電波反射用の皿は、光反射用の鏡ほどなめらかである必要も、形が完全である必要もない。波長が短ければ短いほど、表面はよりなめらかで、より精密な形でなければならない。鮮明な光学像を得るには、表面は光の波長の4分の1から10分の1の間の精度でなければならない。電波の波長は長いので、精度の粗い鏡で十分である。その代わりに、ある程度の解像力を得るには、それに応じて鏡は大きいものである必要があり、そのため電波望遠鏡は巨大なものになる。

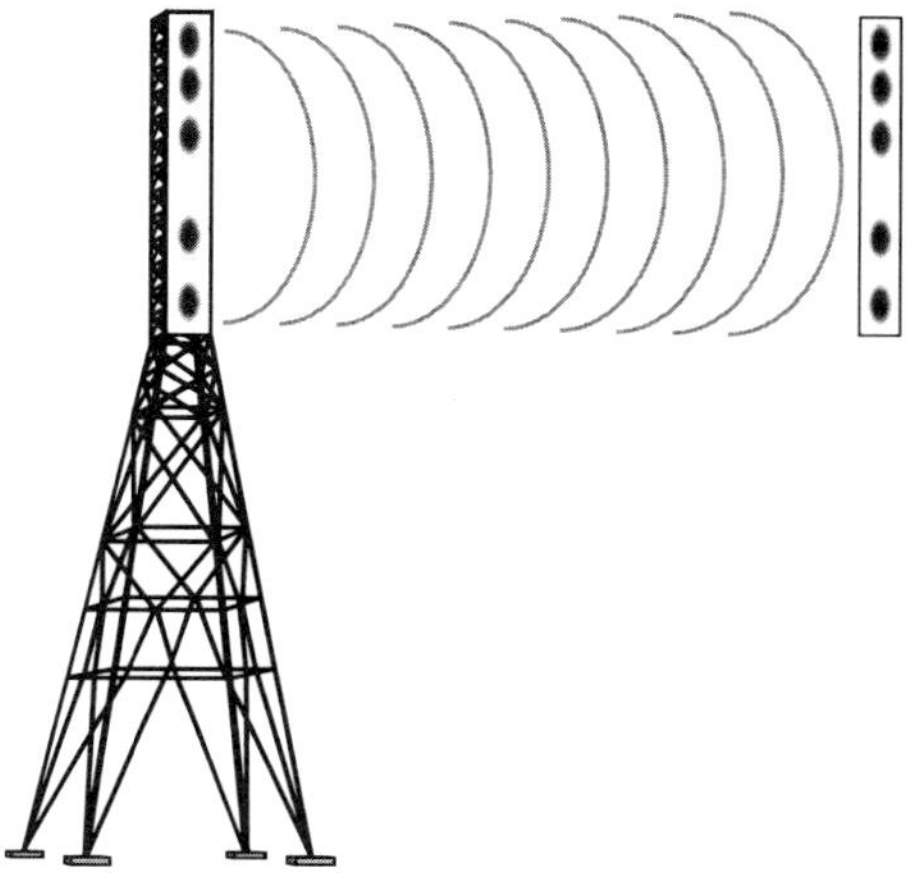

図5・25 **ラジオのアンテナ**
送信アンテナのなかを上下に動く電子が電波を生じさせ，その電波が受信アンテナのなかの電子を同じように動かす。音声や音楽は，電波を変調して，その周波数と振幅を可聴の周波数に変換することによって伝えられる。

電波の受信アンテナは、一種の鏡としてはたらく。電波が遠くのアンテナに届くと、アンテナの電子は、送信アンテナの電子の動きとそっくり同じように動かされる（図5・25参照）。これによって電圧の変化が生じ、この変化が音声や音楽などに変換される。

このようにして、真空中や空気中の電磁波は、電子（とりわけ金属中の電子）と相互作用する。スケールが異なることを除けば、ほとんど同じ物理法則が可視光にもあてはまる。では、なにが鏡なのだろうか？ それは、受信と送信のはたらきをするアンテナの集まりなのである。

偏光

ニュートンも書いているように、光は、ウナギのくねりのような横波と言える。振動する弦の波もそうだが、弦は、垂直とか水平とか、一時にはひとつの平面でしか振動できない。しかし、きわめて細い光のビームでも、あらゆる方向のすべての平面で振動するように見える。どうしてそんなことが可能なのだろうか？ それは、一時にひとつの平面でしか振動しないのだが、振動の方向が1秒間に何百万回も変化するからである。特殊な状況では、ビームのすべての波がひとつの平面で振動する。これは、平面偏光とよばれる。偏光子を用いれば、光をたとえば垂直や水平だけに振動させることができる。

　偏光は、1690年にホイヘンスが方解石の一種、氷州石を用いて実験しているときに発見された。ホイヘンスは、結晶に入った光が明るさの等しい二つの光線に分かれることを発見した。これらの光線の一方を第二の結晶に通したところ、結晶の向きによって違うことが起こった。光線は、向きによってさらに二つに分かれたり、ひとつのままだったりしたのである。このように、第一の結晶からの光は、その進行方向を軸にして対称ではなかった。その説明は、その後百年間与えられないままだった。

　1808年に、フランスの軍人で物理学者のエチェンヌ・ルイ・マリュ（1775 - 1812）は、なぜかは定かでないが、リュクサンブール宮殿の窓にあたって反射してくる光を方解石の結晶を通して見ていた。彼は、結晶を回転させると、反射光が明るくなったり暗くなったりするのに気づき、窓ガラスが光を奇妙な具合に変えたのに違いないと考えた。というのは、結晶の代わりに、第二のガラス板を斜めにおいて、窓ガラスから反射してくる光をさらに反射させながら光軸を中心にガラス板を回転させると、その光が明るくなったり暗くなったりしたからである。これが起こるためには、どちらのガラス板も斜めの角度でなければならなかった。このとき、ガラスは方解石の結晶とほぼ同じ効果をもっていた。マリュが発見したのは、ガラスからの反射によって偏光が起こるということだった（図5・26参照）。

　マリュの実験は試してみるだけの価値がある。背面を黒く塗ったガラス板を用いるとよいだろう。もっと簡単なやり方は、ポラロイドフィルター[注25]を通して、鏡から斜めに反射してくる光を見ることである。偏光を用いると水面の反射が消え去るので、水中をはるかによく見通せる。ポラロイドフィルターを使ったこのしかけは、釣り人がよく用いている。

　金属の反射面でこれを試してみよう。偏光子を回しても、ほとんどなにも変わらないはずである。なぜなら、金属は偏光することも、また偏光を解消することもほとんどないからである。つまり、鏡は光を偏光させることがあるが、それは鏡の素材によるのだ。偏光は、ガラスでは起こるが、金属の反射面ではほとんど起こらない。

　ガラスにあたる光の角度が変えられると、なにが起こるのだろうか？　これを試みたのは、立体鏡（205ページ参照）の発明者でもあるデイヴィッド・ブリュースター卿だった。彼は、ガラス板から反射してくる光で最大の偏光が起こるの

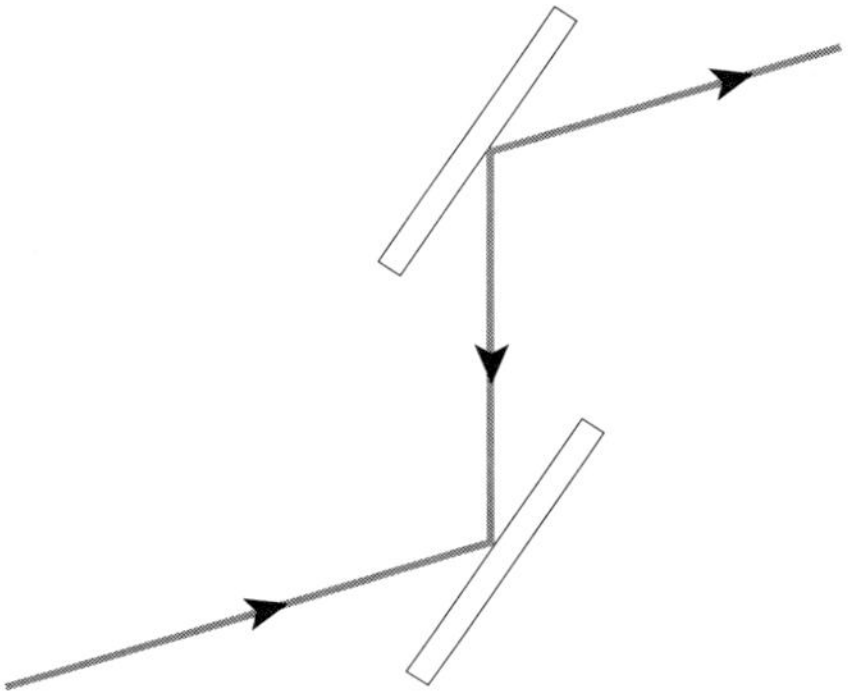

図5・26　**マリュの鏡による偏光の発見**

マリュは，2枚のガラス板が光に対して斜め（約57度）に置かれていると，一方のガラス板を回転させてゆくにつれて，光が暗くなったり明るくなったりすることに気づいた。このようにして，彼は，光がガラスからの反射によって偏光されるということを発見した。

が約57度の角度だということを発見した。彼はまた、最適な角度が反射する材質の屈折率に依存することも見出した。つまり、光はたんに表面からはね返るのではない。材質に応じて、光は反射される前に、表面から多少なかに入り込む。これによって、光は物質の原子構造を「かいま見る」のであり、その秘密を教えてくれるのである。

　光は金属には深く入り込まないため、金属鏡による偏光の程度は少ない。これは、金属が自由電子で満ちているからである。これはまた、なぜ金属が電気の導体としてよいのかの理由であり、電気抵抗が小さいほど、鏡の反射がよくなる。たとえば、銀は光をよく反射するが、一方、鉛などよりも電気抵抗が小さい。同様に、電気抵抗が小さいほど、偏光の程度も少なくなる。光は鏡にあたって、金属の電子を振動させる。この振動エネルギーは、銀よりも鉛でのほうが失われやすく、そのため鉛は鏡には適さない。鉛は、光を反射する代わりに熱くなる。

　前に述べたように、弦の波は、一時に一方向にしか振動しない。光もひとつの平面でしか振動しないが、その方向は、偏光の場合を除き、急速に変化する。通常の偏光されていない光の場合、振動面の角度は、1秒間に約10^8回の割合でランダムに変化する。そのため、われわれに気づく程度の時間では、光はすべての平面で振動し、その結果実質的に偏光していないように見えるのである。原理的には、ランダムに変化する光の振動面が偏光子の向きと合致したときにだけ光が通り抜けるようにして、その光を適切な検出器を用いてとらえれば、光が断続的に見えるだろう。これらの光はふつう振動の角度がさまざまだが、実際は約30センチの長さの波の鎖なのだ。これを、波動と粒子という特性を結びつける光子を説明するものとして（あるいは光子そのものとして）、考える人もいるかもしれない。光がわれわれには連続しているように見えるのは、眼が100ヘルツ程度までのちらつきしか見ることができないからである。偏光のこうした断続をとらえるためには、この一〇〇万倍以上の時間的解像度が必要だ。

偏光子としてよく用いられているのが、ニコルのプリズムである。これは、方解石の大きな結晶を組み合わせて、全反射によって「常」光線をとり除くプリズムである。現在では、プラスチックのポラロイドフィルターを使うほうがずっと簡単だ。フィルター内の分子は、分子の長軸に沿って動ける自由電子をもっていて、この方向のエネルギーを吸収する。ポラロイドフィルターを通り抜ける光は、失われる光に対して直角に振動する光である。このようにして、通り抜けた光は偏光される。

前に述べたように、光が単一の振動だという表現は、単純化しすぎている。というのは、光は電気ベクトルと磁気ベクトルという二つの要素をもつからだ。この二つはつねに互いに直交している（図5・24参照）。平面偏光では、空間中でそれらのベクトルは一定に保たれる。しかし、回転するようにもできる。その場合には、光はネジのように進み、右回りか左回りかのどちらかになる。

弦を弾くとどうなるか見てみよう。（注26）弦が弾かれると、弾いた方向に弧を描いて振動する。次に4分の1振動あとに、それとは直角に弾くと、円を描いて振動するだろう。4分の3振動あとに弾いても、円を描いて振動するはずである。ただ、振動方向は逆になる。偏光が複屈折する薄い結晶に入ったときに、基本的にはこれと同じことが起こる。結晶が厚いときにはビームが分かれるが、結晶が薄いときには「常」光線が「異常」光線をキックし、そのベクトルが回転する。結果は、左右どちらかの向きの回転で、振幅と結晶内での光路の違いに応じて、円偏光や楕円偏光になる。これを示すのに、よく雲母《ウンモ》の薄片が使われる。特別にカットされたガラスを用いる方法（図5・27参照）もあるが、現在では円偏光を作り出すプラスチックのフィルター――写真家が使っているもので、カメラ屋で手に入る――を使うほうが、ずっと簡単である。

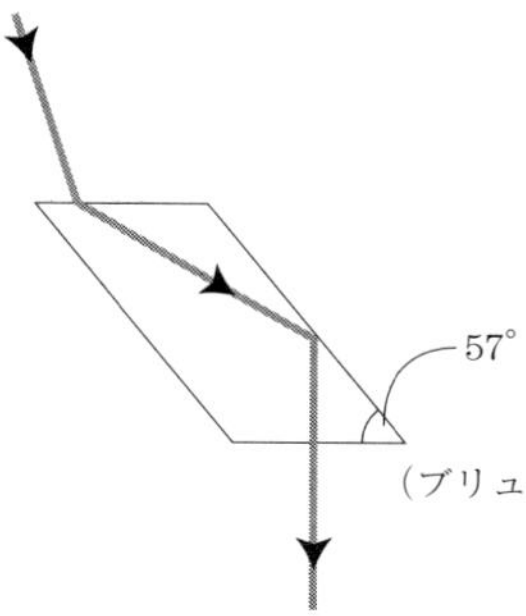

図5・27　**フレネルのプリズム**
このプリズムによって，光は円偏光になる。

「円」偏光にこれだけのスペースを割いたのにはわけがある。そのひとつは、円偏光が反射されるときに興味深いことが起こるからである。9章で紹介する「ドラキュラ効果」がそれである（307ページ参照）。

色

色は光の波長に関係している。虹の色、すなわちスペクトルは、われわれの眼の受容細胞が感じる一オクターブ分の範囲の波長と関係している。スペクトルの七つの色名――赤、オレンジ、黄、緑、青、藍、菫――を最初に用いたのはニュートンで、音楽の七つの音階とのアナロジーに由来する。ニュートンは魔術を好んだので、7という数は、彼にとっては意味があった。実際には、スペクトルのなかに七色だけでなく、数百もの色を見分けることができる。

しかし、これらすべての色を伝えるのは、網膜内のたった三種類の「錐体」細胞にすぎない。それぞれの錐体細胞中の異なる三種類の色素が、異なる波長のエネルギーを吸収する。これら三種類の錐体細胞から脳に送られる神経信号の相対強度に応じて、色が見える。したがって、見分けることのできる色の数は、ほぼ赤、緑、青の光に応答する三種類の受容細胞の活動の違いを神経系がどの程度識別できるかにかかっている。黄色は、赤に感受性をもつ錐体と緑に感受性をもつ錐体とが同時に刺激されると見える。赤の錐体と緑の錐体それぞれが応答する光の範囲は、スペクトルの黄色の領域で重なるので、どちらも黄色の光（たとえば街灯のナトリウムランプ）で刺激される。したがって、黄色が見えるのには、二つの場合がある。黄色の単一の波長の光の場合と、赤と緑のようにスペクトル上で異なる光による場合だ。

色を混ぜ合わせるとどうなるだろうか？　これは、画家にとってきわめて重要だ。光の混色と絵の具の混色とでは、結果がまったく逆になる。絵の具は、白——白は可視光のすべての波長の光からなる——から、ある特定の波長の光をとり去る。これは、舞台照明の場合のように光を加えるときとは逆である。絵の具の混色は引き算で、光の混色は足し算である。

三つの色光だけからスペクトルのすべての色と白が作り出せることは、1801年にトーマス・ヤングによって発見された。光の足し合わせは、色フィルターをつけたスライド・プロジェクターを使えば簡単にできる。それぞれ赤、緑、青のフィルターをつけた三台のプロジェクターの光の量をうまく調節すれば、白を生じさせることができる。赤と緑の光を混ぜると、黄色が生じる。絵の具の混色はこれとはまったく違っていて、絵の具にあたっている光に足されるのではなく、それから引かれるのである。したがって、赤、緑、青の光は白を生じさせるが、赤、緑、青の絵の具は黒を生じさせる。図版12はこのことを示している。

絵の具の色素は、広い範囲のスペクトルを吸収する。色をもっともシャープにカットするフィルターは、薄膜の二色性ミラー——干渉フィルター——である。[注27]これは、シャボン玉の膜や水面に浮いた油と同じようにはたらき、きれいに色づいた反射や透過を生じさせる。その色は、面の間のわずかな間隔に左右され、面の間の反射によって、面の間隔と波長に応じた光の打ち消し合いや足し合わせが生じる。（干渉フィルターを傾けて、狭い範囲の波長だけを通すように「同調」させることもできる。）

図版13に示したのは、シャボン玉の膜の反射である。膜の厚さの変化にともなって、スペクトルの色がひとわたり見える。一色の光（単色光）の場合には、その色の明暗が帯状に繰り返される。これが生じるのは、表面と背面から反射する波の位相が同じになったり、逆になったりするからである。[注28]膜が非常に薄いと（1波長以下）、黒になってしまう。

ニュートンは、シャボン玉の膜の色について、膜が非常に薄いときには黒や白になると書いている。しかし彼は、これらの美しく示唆に富む現象を、光が粒子だとする自分の理論を用いては容易に説明できなかった。彼は、これを「単純な反射と透過の気まぐれ」と述べている。しかし、粒子がどのようにして膜の背面までの距離を「知る」のかは、明らかではなかった。光を波として考えるなら、こうした問題はなくなる。したがって、背面から反射される光は、表面から反射される光と干渉を起こし、位相に応じて足し合わされたり差し引かれたりするのだと、(内的な直感的な眼で)考えることができる。(注29)

シャボンの膜が黒いカップか小鉢をおおうようにして、それをターンテーブルの上で回転させると簡単な実験ができる。膜は端にいくほど少しずつ厚くなるから、美しい色のついた同心円のリングが連続して現われる。あるいは、二枚の顕微鏡のスライドガラスを輪ゴムで縛って、くさび形フィルターを作ってもよい。紙を一方の端のガラスの間にはさみ込み、ガラスを押すと、ガラスに沿って光の帯が現われる。黄色の単色光(ナトリウムの炎や低圧のナトリウムランプ)のもとでは、黄と黒の帯の繰り返しが生じる。カメラなどのレンズでは、構成レンズ間の反射が像のコントラストを損なうので、これを防ぐために、薄い膜が張られている(「ブルーミング」とよばれる)。

干渉色を生じさせるためには、なぜ板ガラスの間の間隔が非常に狭く(シャボンの膜なら薄く)なくてはいけないのだろうか? 色の繰り返しがどんな厚さのガラスにも現われてもよいではないか、つまり窓ガラスもシャボンの膜のようにきれいに色づいて見えてもよいではないかと思う人もいるかもしれない。そうならないのは、反射面の間隔が光の波長以上になると、色の繰り返しの間隔が狭くなるからである。この間隔が狭すぎて色の繰り返しが眼の解像力の限界を越えてしまうと、色は混じりあって、白に見えるようになる。

色は光それ自体にあるのだろうか? それとも、眼と脳にあるのだろうか? ここで重要なのは、われわれは、「赤」とか「緑」、「黄」、「青」と言うが、光そのものには色がついていないということである。異なる波長は眼に異なる効果をおよぼす。色は、眼と脳によって生じる。眼と脳がなければ、光の波長があっても、色はない。ニュートンは、この点についてきわめて明快だった。彼は、「赤を作る」光や「オレンジ色を作る」光といった表現を用い、光そのものに色がついているわけではないことを明確に述べている。ニュートンも『光学』の後半では、たんに赤の光というように表現しているが、これは、光が眼と脳に対して作用することを略した表現である。実際、われわれは通常、単純に波長に応じて色を見るのではない。なぜなら、まわりの照明光の色に対して知覚的補正が行なわれ、それによって、照明光の色がさまざまに変わっても、面の色はほとんど変わらないように見えるからである。これが「色の恒常性」である。この現象は、発明の天才エドウィン・ランドによって研究された。彼は色覚の「レティネクス(網膜 - 皮質)」説を唱えた。この説によれば、われわれの見る色は、彼のいう「長」、「中」、「短」波長受容(錐体)細胞の相対強度と、物体にあたっている(あるいはそれをとりまいている)光のスペクトルのエネルギーとに依存する。最近、ロンドン大学の神経生理学者ゼミール・ゼキは、色の知覚に関与する脳内の細胞を特定するのに成功した。(注30)脳が色の感覚を生み出すことは明らかであり、現在、それがどこで生じるのかもわかりつつある。

最悪の鏡から生まれた新しい物理学

姿見用の鏡はとても効率的に光を反射するから、あたる光が強烈であっても、熱くなることはない。では、黒い鏡はどうだろうか？　光の反射がまったく効率的ではないため、熱くなる。熱くなると、熱をもったほかの物体と同様、エネルギーを放出する。たとえそれが単一の周波数(あるいは色)の光を受けとっても、黒い鏡はすべての周波数のエネルギーを放出する。古典的な十九世紀の物理学も、このエネルギー分布がどうなるかを予測していた。その後、この予測は事実と合わず、そうならないことが判明した。証明実験に使われたのは、空洞とよばれる、小さな穴がひとつあいた中空の球や箱である。これはいわば、カーボンのような吸収率のもっとも高い物質のシートよりも「さらに悪い」鏡である。というのは、空洞内の多重の反射のため、入射する電磁波をほぼ完全に吸収するからである。このように効率的に電磁波を吸収するものは、「黒体」とよばれている(図5・28参照)。

古典物理学では、温度の上昇につれて、エネルギーが際限なく増大すると考えられていた(たとえば、電球のフィラメントの赤い光は、電圧を上げるにつれて青いスペクトルのほうに移っていく)。しかし、実際に実験をしてみると、エネルギーのピークは高い周波数では落ち、その曲線のピークは、温度が上昇するにつれて短波長側に寄るということがわかった。(実際には、これを実験するのは容易ではない。というのも、エネルギーを検出する装置そのものが完全な黒体にはならないからである。)1900年に、ドイツの物理学者マックス・プランク(1858 - 1947)は、この事実に合う

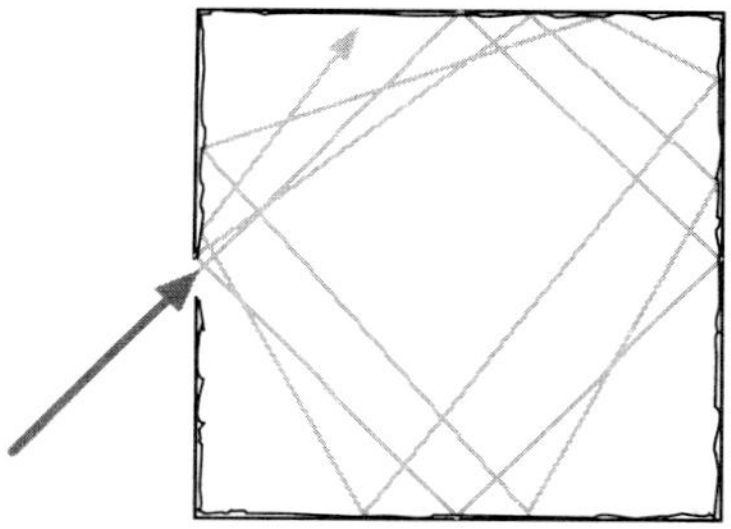

図5・28　**黒体の空洞**

光は反射を何度も繰り返したあと，エネルギーのほとんどが吸収される。この考えられるかぎりで最悪の鏡が，量子物理学を生み出した。

方程式を発見した。[注31] しかしこれは、一見きわめて疑わしく思えるような、まったく新しい考えを導いた。それは、エネルギーが連続量としてではなく、小さなまとまりの単位、すなわち量子として変化するというものである。光のまとまりの単位は、光量子（光子）とよばれる。プランクは、入ってくる光もそれを吸収する分子も、量子化されると仮定した。

黒体——考えられるかぎり最悪の鏡——を用いてなされたこの発見が、科学を変えた。それは量子物理学を誕生させた。この学問は、直観的な理解を与えるものではなかったが、物理世界にかんして詳細できわめて正確な計算を可能にした。たしかに、いくつかの点で、それはきわめて逆説的に見える。しかし、写真の露出計などで経験する疑問を解決してくれる。光が原子から電子を叩き出すためには、その光が明るいだけでは十分ではない。短波長の、高いエネルギーをもった光でなければならない。それは、紫外線やそれより短い波長の光である必要がある。これが光電効果である。[注32]

光電効果の重要性に最初に気づいたのは、アインシュタインだった。彼は１９０５年に、量子の概念を用いてこの効果を説明した。彼の考えでは、電子は光の強さ（つまり明るさ）に応じて金属から「はじき出される」のではなく、臨界周波数を越える光（つまり、それよりも波長の短い光）によって

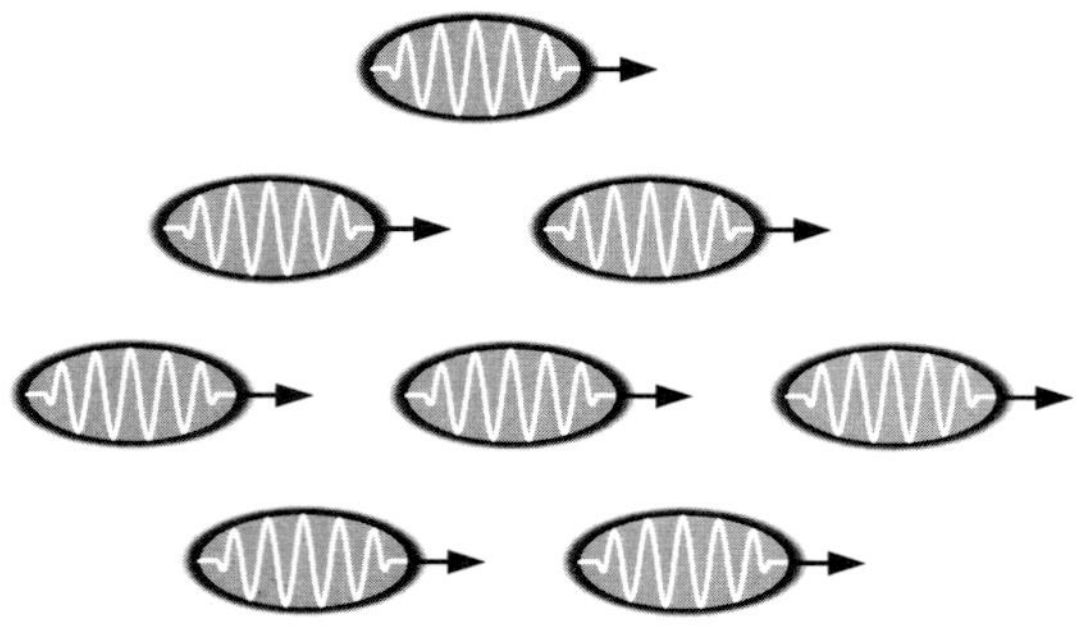

図5・29　**アインシュタインの光の考え方**
波の塊りが光子である。

金属から放出されるのである。肝心な点は、決定的に重要なのがそれぞれの光子のエネルギーであって、光の総量や明るさではないということである。これは、縁日の出店でココナッツめがけてボールを投げるのに似ている。どんなにたくさんボールを投げようが、何度ココナッツにあたろうが、ボールは、ココナッツを落とすだけの十分なエネルギーで投げられなければならない。

光が臨界周波数以下だと、なぜ電子は放出されないのだろう？　なぜ放出される電子の数が光の強度に比例するのだろうか？　なぜ電子の運動エネルギーが光の周波数に応じて増大するのだろうか？　なぜ電子がほとんど即座に――運動エネルギーを高めるだけの時間より前に――放出されるのだろうか？　古典物理学では、これらの観察結果を説明できない。量子論はこれやそのほかの現象も説明するが、光をきわめて謎めいたものにしてしまう。

アインシュタインは、光が図5・29に示した波の塊りのようなものだと考えた。この考えでは光を粒子のようなものとしてとらえるが、二つのスリットを通り抜けた光で観察されるトーマス・ヤングの干渉縞やシャボン玉の色のような現象があるので、波動説を落とすわけにはいかなかった。デンマークの物理学者ニールス・ボーア（1885－1962）は「相補性」原理を提唱し、光は波と粒子の二重の性質をもつが、状況に応じてそれらのどちらか一方の性質しか示さず、同時に両方を示すことはないということを明らかにして、光はますます奇妙なものになった。つまり、スリットは波の回折パターンを示し、検出器は光が粒子だということを示すのである。光は波だとも粒子だとも言える。これは、量子が波の塊りであり、周波数の高い光は高いエネルギーの量子と関係していると考えるのを助けてくれる。だが、光は波と量子の特性を同時に示さないのだから、光を波の塊りとして見る見方はほんとうは適切ではない。たしかに、人間では、同時に嬉しくて悲しいということはない！

　眼にとって、光の波動特性は、光の量子特性よりもずっと重要である。可視光の波長は、眼の解像力の限界——視力——を決める。さらに波長は、色を見ることにかんして基本的に重要である。しかし、瞬間的に照射されたかすかな光を見るのに必要とされる光子の最少数は、測定の結果、網膜の小領域に1ミリ秒ほどの間に3ないし5個程度届けばよいことがわかった。(注33) この値は、理論的に可能な最良の検出器の感度にきわめて近い。このように、眼は光の基本的な物理的制約を受けている。眼の構造は、その組織がガラスほどには透明でないということを除けば、考えられるかぎりで最良のものである。

◆原子のなか

　結晶構造によって、分子構造——そして少なくとも原子の性質のヒント——が示されてきた。原子のエネルギー変化は、光の放出と吸収に対応し、分光器によって知ることができる。ニールス・ボーア(注34)は、太陽系に似たモデル——中央に重い原子核があって、そのまわりをそれよりはるかに軽い電子が円軌道を描いて回っている——にもとづいて、もっとも単純な原子である水素の線スペクトルのパターンを記述した。(注35) しかし、もし原子が太陽系と同じようなものならば、電子は、自分のエネルギーを放出するのだから、最後は崩壊して核に吸収されるはずである。量子の考え方は、とびとびの軌道があるということを示唆する。電子は、光が照射される場合のように原子が余分のエネルギーを受けとると、高いエネルギーの軌道へとジャンプし、その後遅かれ早かれ崩壊して——このときに原子が光を放つ——より低いエネルギーの小さな軌道に戻る。たとえば、テレビ画面の蛍光体は、走査する電子ビームからエネルギーを受けとり、可視光を放出する。白よりも白くする洗剤も、このようにして、紫外線を青い光へと変換している。

原子におけるエネルギーのジャンプは、百年以上もの間プリズムや反射分光器を用いて観察されてきた。線スペクトルのパターンは、原子や分子の、そしてはるか彼方の恒星の指紋だと言える。もっとも単純なのは、図5・30に示した水素のスペクトルである。これらの線は、光をスリットを通してプリズムや反射格子（回折を生じさせる精密な目盛りのついた鏡）にあてることによって得られる。水素の放出線のパターンはバルマー系列を形成する。この系列は、高校教師だったヨハン・バルマー（1825-98）によって1885年に発見された。このパターンはすぐには説明できず、理論があとで現われた。その間隔は、水素原子のなかの電子の崩壊する軌道のエネルギーを示しており、そのため、ある種の量子効果をじかに眼にすることができるわけである。

古典物理学と大きく違う点は、これらの変換がつねにエネルギーのジャンプとして起こる、ということである。多くの原子が関係するとき、個々のジャンプは全体として、連続的な変化になる。しかし、決定的に重要な多くのこと――眼の網膜の受容細胞のはたらきを含む(注36)――を説明しようとするならば、とびとびのエネルギーのステップという、量子物理学の中心概念を考慮する必要がある。

量子物理学の劇的な例は、増幅された光を生み出すレーザーである。光が増幅可能だというアイデアは、1917年にアインシュタインが発表した、物質（原子）と放射（光子）の間のエネルギー平衡にかんする理論的論文がもとになっている。これは、原子のなかの電子のエネルギー状態は励起《れいき》可能であり、数個の光子の放出によってもとの状態に戻る――このときには同じ単一の周波数の位相の合った光子が放出される――という考えにつながった。これが最初に実現されたのは、可視光よりも周波数の低いマイクロ波においてで、その結果がメーザーである。1950年代に、同じことが可視光についても達成された。これがレーザーである。最初のレーザーは、一対の平行な鏡の間に円柱状のルビーの結晶を置き、それに閃光管をコイル状に巻きつけたものだった(注37)（図5・31参照）。二枚の鏡は寸分の狂いもなく平行に置かれ、レーザー光が外へ出ることができるよう、一方の鏡はほんの少し透明になっていた。ルビーが採用されたのは、赤い色を与えるルビー内の不純物（クロム）が最適なエネルギー準位にあるからである。鏡は、光子を同じ方向にはね返して何度も往復させ、ほとんど完全にコヒーレントな、非常に明るい、ほぼ完全な赤の単色光の細いビームを作り出す（図5・32）。

現在、レーザーは光学的研究に多用され、工業技術にとって欠かせないものになっている。たとえば、通信や医療技術、

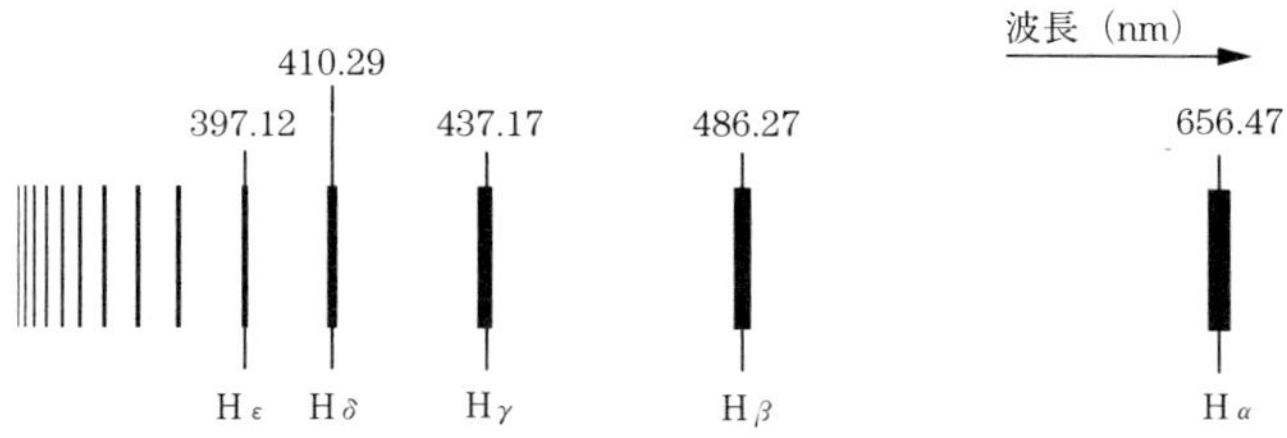

図5・30　**水素のスペクトル**
バルマー系列の線の間隔は，きわめて単純な方程式にしたがう。

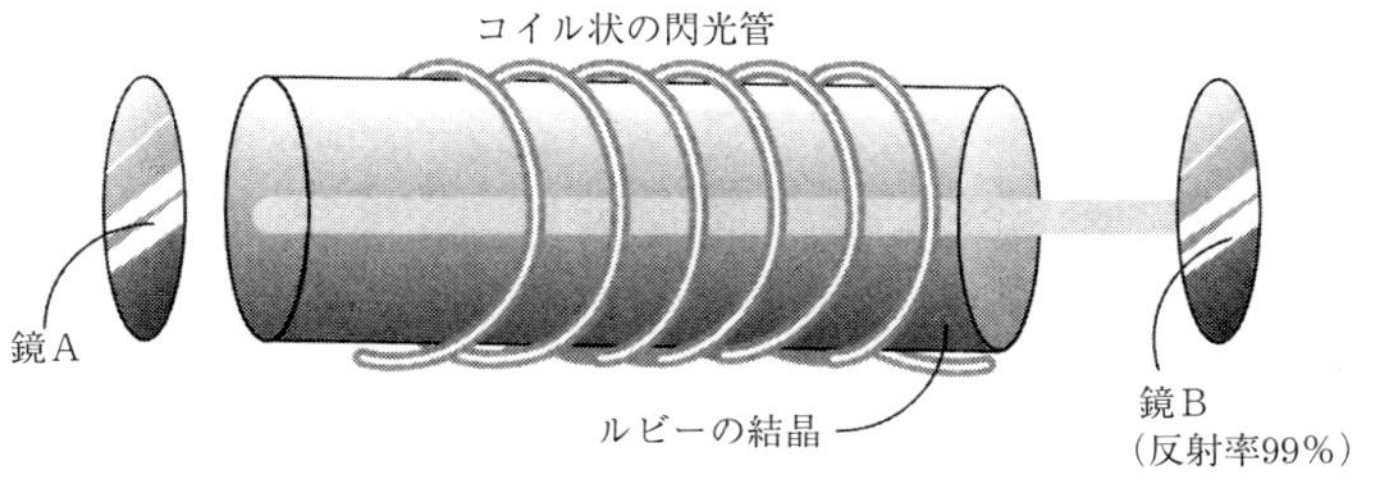

図5・31　**ルビー・レーザー**
ルビーの結晶をコイル状の閃光管で巻き，両端に鏡を置く。右端の鏡は半透明で，レーザー光はここから細いビームになって出てゆく。

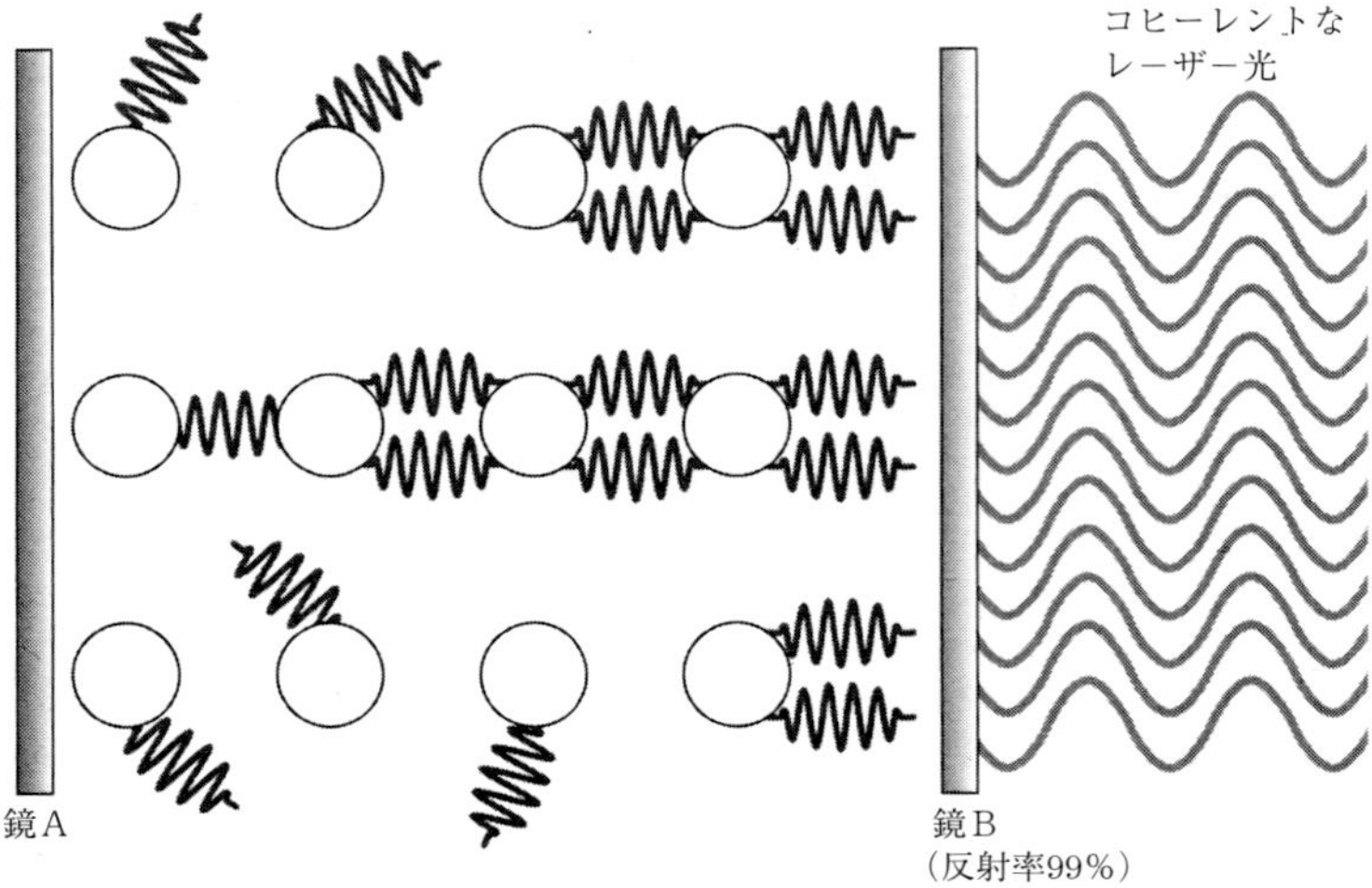

図5・32　**レーザーのしくみ**
光子は両端の鏡の間を往復し，その一部は右端の半透明鏡から外に出てゆく。光子は最初は全方向に向けて飛ぶが，最終的には一方向にそろい，細く強いコヒーレントな光のビームになる。

特殊溶接、銃の照準などに使われており、将来は核融合によるエネルギー生成にも用いられるようになるかもしれない。微弱なレーザーを除いて、すべてのレーザーは眼に危険である。決して直接眼に入れてはならない。

◆不確定性

量子物理学の基本概念は、ドイツの物理学者ヴェルナー・ハイゼンベルク（１９０１‐７６）によって提唱された不確定性原理である。この原理によれば、一度に粒子の位置と運動量の両方を完全な正確さで知ることはできない。このように、原子のスケールでは、われわれに測定可能なのは「粒」である。これは、最小単位のエネルギーに関係している。このエネルギーは、特定の周波数では、その周波数とプランクの定数hの積になる。検出、測定あるいは知覚されるためにはエネルギーが必要であり、そしてエネルギーは粒のようなものなので（量子化されるので）、位置と運動量の知識は正確なものになりえない。

トーマス・ヤングの二重スリット実験（１５６ページ）について考えてみよう。もし光が弱くて、一度にひとつの光子しか片方のスリットを通過しないとすれば、それはひとつのスリットしかないのと同じことになるはずである。しかし、実際にはそうはならない。あたかも光子はもうひとつのスリットが開いているのを「知って」いるかのようにふるまうのだ！　スリットがひとつしかない場合には、回折のパターンは生じないが、両方のスリットが開いている場合には、光子がひとつでも回折のパターンが生じる。これは、水槽の波の場合とはまったく異なっており、アインシュタインの光の波の塊りの考えでは解釈するのがむずかしい（図5・29）。

では、スリット間の間隔を広くすると、どうなるのだろうか？　これが有名なアインシュタイン‐ポドルスキー‐ローゼン（ＥＰＲ）実験の問題である。ポイントは、単一の静止した粒子がＡとＢという二つの等しい部分に分かれると想像してみるところにある。不確定性原理によれば、同時にＡあるいはＢの位置と運動量の両方を知ることはできない。しかし、ニュートンの作用・反作用（運動量の保存）の法則のゆえに、Ａの運動量を測定すれば、Ｂの（等しいが反対の）運動量が推定できる。ＡとＢは（もしそれらが等しいならば）同じ時間で同じ距離を動くから、分裂のあとのある瞬間のＡの位置の測定から、そのときのＢの位置もわかるはずである。ここで重要なのは、ＡとＢは対称の関係にあるので、たとえばＡのほうを観察するのを選択した観察者なら、Ｂの運動量（あるいは速度）も知ることができるということである。しかし、選択が可能だということは、Ｂが明確な速度や運動量をもっているということを意味する。したがって、それは客観的に「実在する」粒子であるはずだ。アインシュタインはこの状態を材料に、ニールス・ボーアに有名な論争を挑んだ。ボーアは、粒子は観察されるまで「実在」しないと主張した。彼は、もう一方の粒子が量子系の分離不可能な一部だと答えた。

しかし、これらの粒子が大きな距離を隔てて離された場合には、どうなるのだろう？　どのようにして粒子はこの場合にも協同しあうことができるのだろうか（もちろん、信号は光よりも速く伝わることはない）？　アインシュタインは、これを「幽霊のような遠隔作用」とよんだ。それぞれの粒子が別々の実在だとすれば、このように見えるはずである。しかし、ボーアの主張では、実際には、このような状態では、粒子が身近な対象が分離するようには分離することはない。この問題が出されてから半世紀を経て、こうした遠隔作用（あるいは分離後の連続性）の存在が最近、フランスの物理学者アラン・アスペによって、共通の光源から放出された光子を反対方向に偏光させることによって実験的に確認された。(注38)

光のこのような不思議な特性は、鏡を用いて示すことができる。ユアン・スクワイアーズ（１９８６）は、謎の核心を

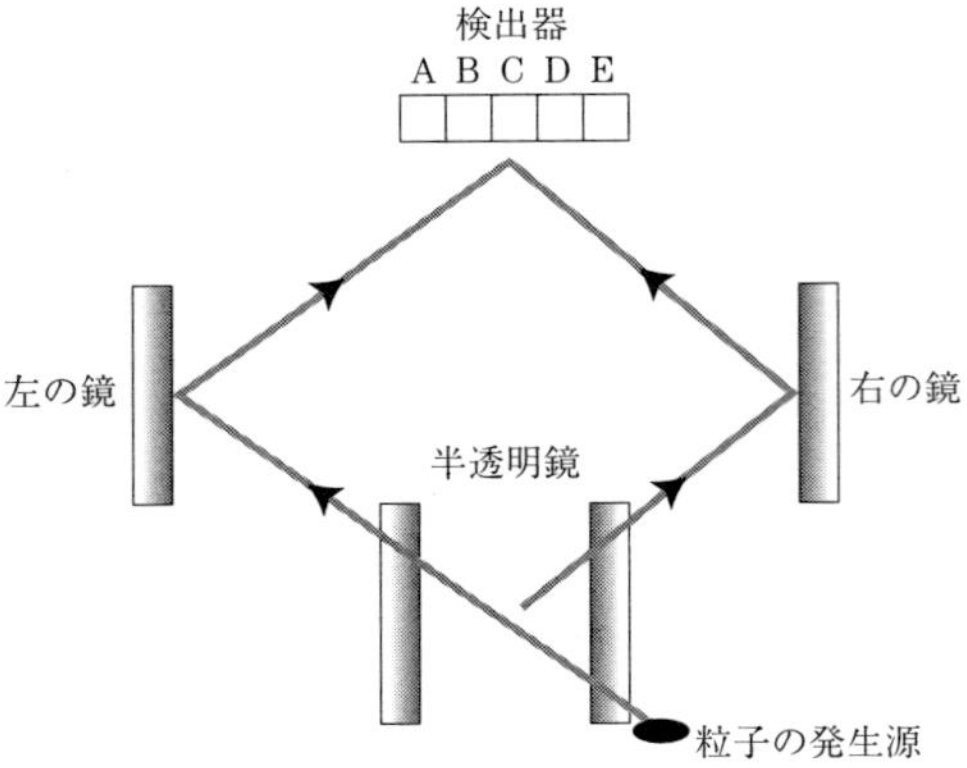

図5・33　**鏡の思考実験**

鏡は粒子を検出器へ反射する。「潜在的障害物」は半透明鏡である。ユアン・スクワイアーズ（1986）より。

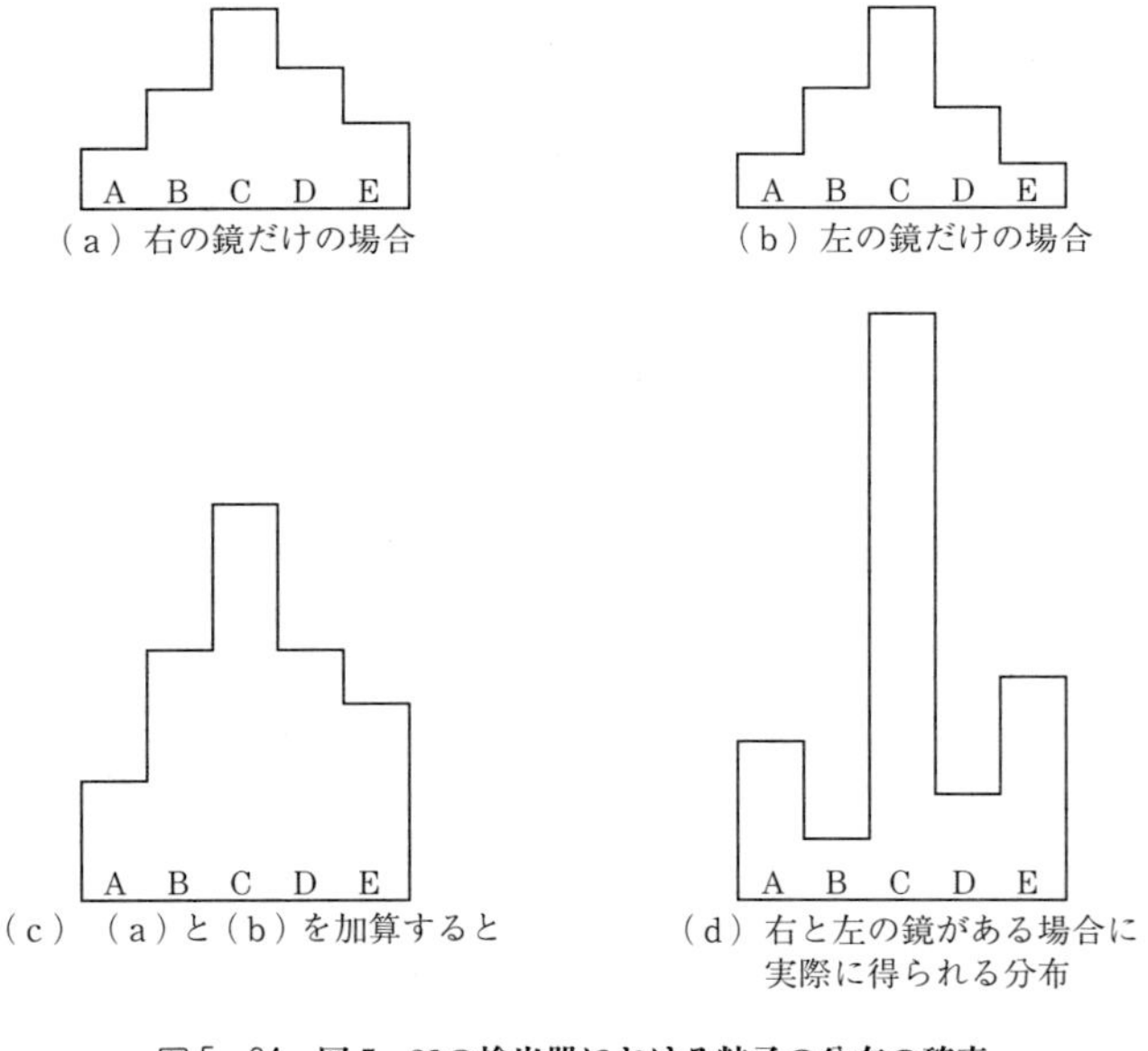

（a）右の鏡だけの場合

（b）左の鏡だけの場合

（d）右と左の鏡がある場合に実際に得られる分布

図5・34　**図5・33の検出器における粒子の分布の確率**

スクワイアーズ（1986）より。

突く次のような思考実験を行なっている（図5・33参照）。二枚の鏡が粒子を複数の検出器に反射し、これらの検出器が粒子の分布を記録する（図5・34参照）。では、一方の鏡をとり去ると、どうなるだろうか？　両方の鏡を同時に用いた場合の粒子の分布は、鏡を別々に用いて得られる分布と同じにはならないのである。これは常識に反している。

量子物理学の理論と実験結果によれば、二枚の鏡を置くことは、一枚の鏡をおいて、次にもう一枚の鏡を置き、それぞれの結果をあとから合わせるのと同じではない。重要なのは、ありうる経路である。第二の鏡が置かれると、より多くの可能性が生じる。このように、量子物理学は、なにが起こっているかだけでなく、なにが起こりうるかもあつかうのである。

QED（量子電磁力学）

なぜガラスは透明で、あたる光をわずかしか反射しないのだろうか？　一方、なぜ（銀のような）金属は反射率が高く、光を通さず、ほとんどすべての光を反射するのだろうか？　つまり、なぜガラスは透明で、金属は不透明なのだろうか？　そしてなぜ光は、真空中よりもガラス中だと速度が遅くなるのだろうか？　これらは、光が物質とどのように相互作用するかという問題である。光はたんに、魚が水中を泳いで進むように、ガラス中を進むのではない。ガラス中で、光は無数の電子を振動させる。光のエネルギーは、ガラス中の電子がエネルギーを吸収し放出することによって次から次へと伝えられていく。電子は、バネの振動のようなものとして考えることができる。電子の振動の「固有」周波数は、可視光の周波数帯域よりも高い。ガラスの場合は、それが紫外線の帯域にある。ガラスは一般には、可視光とはかなり違った周波数——電子を振動させることのできない周波数——の光は通さない。色つきガラスは、特定の周波数帯域の光をより多く吸収する。たとえば、赤いガラスは可視光のうち高い周波数の光を吸収し、青いガラスは低い周波数の光を吸収する。

電子は、負の電荷をもつきわめて小さな粒子である。電子が原子の外側の軌道にあるとき、これらの電子は物質の特性を決め、化学反応の担い手となる。電子はまた、原子から離れて自由になることもできる。たとえば、電子のビームがテレビのブラウン管を通って、蛍光体の画面を刺激する。蛍光体にビームがあたると、その原子のエネルギーが増大し、もとの「基底状態」に戻るときに光子を放出する。これらの光子の波長は、励起されたエネルギーと基底状態の差に対応している。したがって、電子ビームがあたったテレビ画面の蛍光体の領域は光源となり、その色は電子のエネルギーが失われることによって与えられる。われわれの眼に合った三種類の光の色——ヤングの混色の実験（170ページ）で用いられるような、赤、緑、青——に対応するエネルギー崩壊をもった三種類の蛍光体を用いることによって、これら三つの色だけから、ほとんどすべての色の像が生み出される。

金属鏡の反射で失われる光がほんのわずかでしかないのは、金属がたくさんの自由電子をもっているからである。したがって、電気抵抗がもっとも小さい金属は、反射率がもっとも高い。金属が偏光を解消することがほとんどないのは、光が「出会う」のが実質的には金属表面付近の自由電子だけだからである。

これらのアイデア（ここでは簡単にしか紹介しなかった）は、難解だがエレガントな量子電磁力学の理論に発展した。アメリカの卓越した物理学者、リチャード・ファインマンは、魅力的な書『QED』（1985）のなかで、鏡からの反射を量子電磁力学的にこう説明している。[注39]

> ガラスによる光の部分反射について述べるにあたって、ここではとりあえず、光がガラスの表面でだけ反射するということにしておこう。実際には、ガラスの小片といえどもおそろしく複雑である（膨大な数の電子が踊っている）。やってきた光子は、表面だけでなく、ガラス全体を通して電子と作用しあうのだ。

この理論では、電子がとりうるダンスのすべての可能なステップを考える必要がある。可能性の数が、起きる事象の確率を決定する。ファインマンによれば、

> ある事象の起こる確率を計算するには、細心の注意をはらって、事象全体——とりわけ、実験の初期状態と最終状態がどういうものか——を明確に定義しなければならない。実験の直前と直後に装置を見て、変化を探すのである。

さまざまな条件下で起こることは、逆説的であるように見える。あまりにも逆説的なので、ファインマンは次のように言う。「……自然がいかに奇妙にふるまうかを知れば知るほど、もっとも単純な現象ですら、それが実際にどのように起こるかを説明するモデルを作るのはますますむずかしくなる。というわけで、物理学は、モデル作りをあきらめてしまった」。しかし彼は、光子の確率ダンスをファインマンの矢印を用いて図示することによって、この領域に重要な進展を

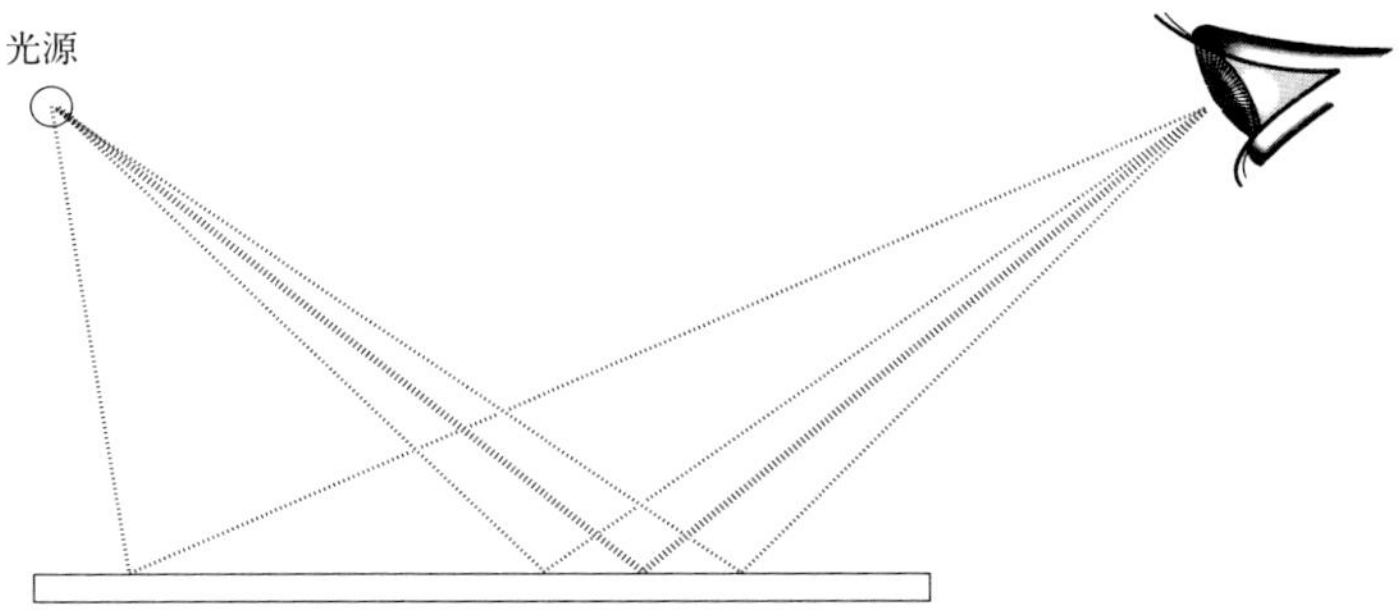

図5・35　**量子電磁力学では，ガラスから反射する光をどう考えるか？**
反射には鏡全体が関与する。最短時間の経路（太い線）は，大部分の光がとる経路である。

もたらした。彼は、さまざまな方向と長さの矢印のシステムを用いて、鏡のなかでなにが起こるのかを記述する。これは、射線光学とも波動光学とも異なる鏡の見方を示している。

　射線モデルでは、関与するのは鏡のごく小さな領域であって、その領域にあたった光線が眼に到達する。波動モデルでは、いくつもの波をカバーするだけの鏡の広い領域が存在しなければならないと考える。光学機器の開口部の大きさは、きわめて重要である。それは望遠鏡、顕微鏡や眼の解像力を決める。像は回折パターンからなるので、開口部の大きさは、光の干渉と回折に関係する。新しい量子電磁力学の驚くべき考えは、平面鏡であっても、反射にはその全体が関与するというものである。この考えが図5・35に示してある。光子はどの部分からも眼に入ってくるので、鏡全体が関与する。ただ、大部分の光子は、最短時間の経路をとる。それらの光子は、眼に到達する確率がもっとも高い。(注40)

　ガラス中で起こっていることを表わすファインマンの矢印の大原則は、ある事象の起こる確率が矢印の長さの自乗（確率の振幅）に等しいということである。たとえば0・4の長さの矢印は、0・16つまり16％の確率を表わす。矢印を描く際の一般法則は、もしある事象がいろいろに起こりうるのならば、矢印は可能な起こり方ごとに描かれるということである。

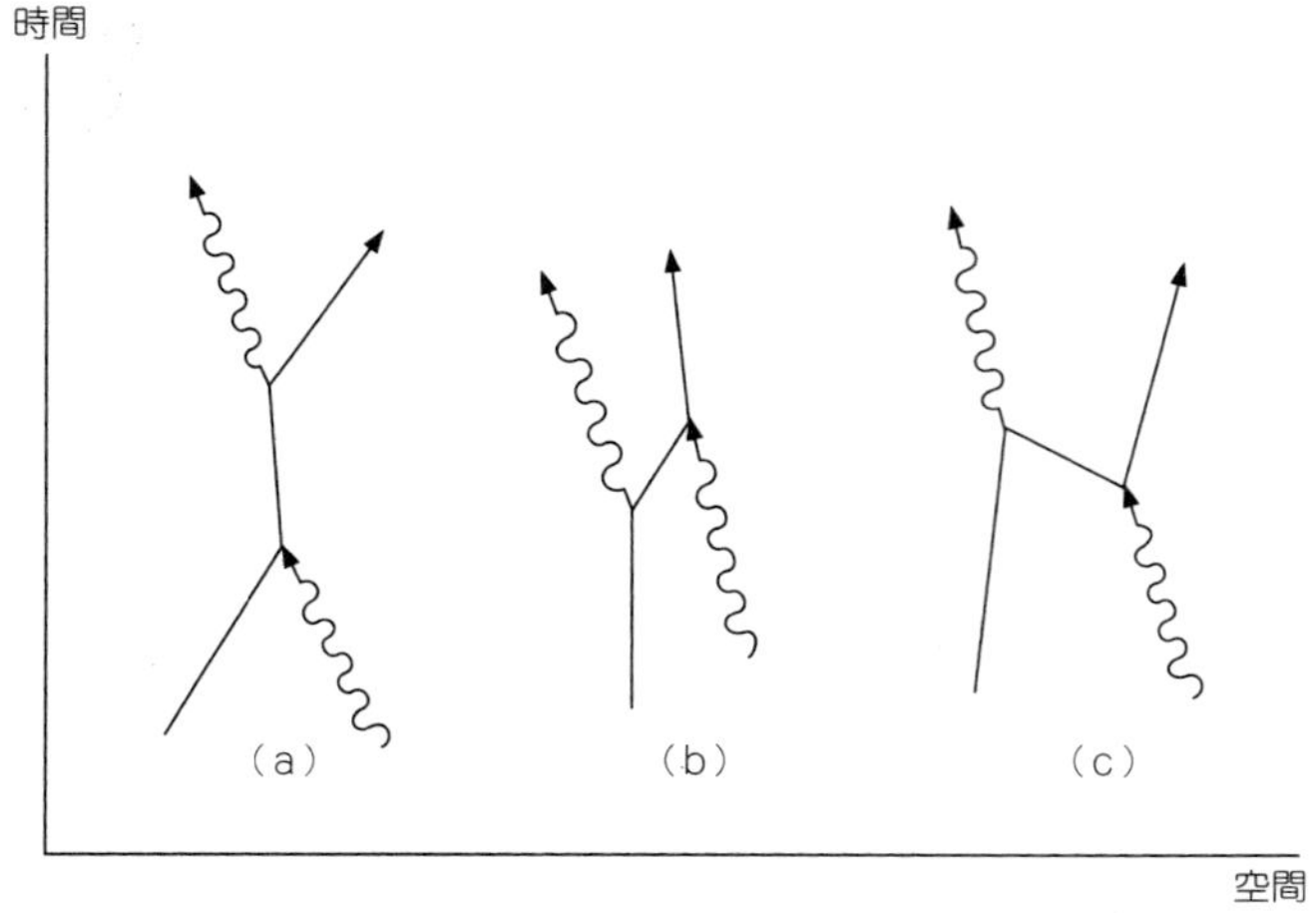

図5・36　**ファインマンの矢印**
この図は，われわれがいままで経験したことのない考え方へと導いてくれる。

矢印は、矢印どうしを——矢印の尾を次の矢印の頭に——つなぐことによって結び合わされる。最終的にできる矢印は、最初の矢印の尾と最後の矢印の頭を結ぶ矢印になる。この矢印の自乗が事象全体の確率を与える。ファインマンによれば、「光が鏡にあたって反射するとき、入射角と反射角は等しい。光は空気中から水中に入るときに屈折する。光は直進する。光はレンズによって焦点に像を結ぶ。……こうしたこれまで詳細に観察されてきた光のいずれの現象も、量子電磁力学の理論によって説明できる[注41]」。

前述のように、古典的な光線の考え方では（図5・6）、入射角と反射角は等しいというように、光線があたる鏡の部分を考えるだけでよい。波動説では、そうは言えない。なぜなら、鏡が極端に小さい場合には、光の波が反射されるときには必ずある程度の光の損失をともなうからである。量子論では、さらにそうは言えない。なぜなら、鏡全体が関与するのであって、鏡のどの部分も無視できないからである。

もし鏡の一部がとり去られたら、どうなるだろうか？　これが、反射回折格子で起こることである。格子の線の間隔に応じて、それらは特定の色を反射する。反射格子は、実験室でスペクトルを作り出すために、そして星の組成を調べたり星の速度を測ったりするために、よく使われる。

これらの考えは、「感覚を越えて」おり、直観に反する。物理学者のなかには、それがこの理論の不完全さを物語っていると考える者もいる。彼らは、こうした足場はとり去って、その背後にあるものを見たいと考えている。また、別の物理学者は、計算のための道具こそ、われわれが真実に近づく最善の道だと考えている。

リチャード・ファインマンは、彼の矢印が実際に存在するとは考えなかった。矢印は、たくさんのうんざりする計算をせずに、正しい結果を導くための図的な道具なのである（図5・36参照）。しかしそれは、なにが起こっているのかを知るための概念モデルのヒントを与えてくれる。おそらく、それは計算を助けてくれると同時に、想像のための足場を提供してくれると言う人もいるだろう。しかし、なにが起こっているかは、直観という、われわれの内なる眼からは見えないままである。

6 鏡の作り方・使い方

性質はしばしばひっそり隠れ、ときに抑えられることもあるが、沈黙させられることはほとんどない。

——フランシス・ベーコン

たいていの鏡は金属かガラスでできている。ガラスの鏡は、「銀メッキ」されている（銀以外の場合もある）。この章ではまず、鏡がこれまでどうやって作られてきたか、現在はどのように作られているかを見てみよう。そのあとで、鏡がいかに多様な使われ方をしているか、紹介しよう。とりあげるのは、望遠鏡などさまざまな観測機器、航海用の六分儀、絵を描くための補助器具、画像を三次元的に見せる立体鏡、対称パターンを生み出す万華鏡、視差を用いた距離計、逆に視差による誤差をなくすしかけ、微小な回転を測るための「光てこ」、光の分析装置、眼のなかを見るための検眼鏡、見かけの奥行きを測る装置、そしてあざむいたり手品をするためのしかけである。最後に、最近発見された反射鏡眼や鏡状うろこなど、自然界の鏡——金属やガラスでできているのとは異なる鏡——についても紹介しよう。

鏡を作る

◆金属の鏡

最古のエジプトの鏡は、合金でなく銅製で、平らな円い型のなかに鋳込まれ、冷えてからハンマーで叩いて作られた。ふつうは木製の柄がつけられた。ギリシアの鏡は凸面鏡だったが、エジプトの鏡は平面鏡だった。最古の金属鏡は純粋な銅でなく、ヒ素が混じっていた。その後、鏡の表面にできる小さな穴を少なくして反射率を高めるため、錫が加えられるようになった。古代中国の鏡は錫の含有率が高く、水銀、ミョウバン、そして鏡の腐食を防ぐためシカの角の灰も加えられていた。

◆ガラスの鏡

黒曜石は天然の火山ガラスで、はるか昔から利用されていた。硬くて、割れると燧石《ひうちいし》のような鋭利な刃になるので、石器時代（３５０万－５００ＢＣ）には道具や武器として使われた。その剥片は平らというにはほど遠かったが、最初の鏡としても使われた。透明な石の闇のなかに映った像は、神秘的に見えた。

ガラスはすばらしい素材だ。安価でありふれた原料の砂から作られ、ダイヤモンドの輝きこそないが、機能的にも芸術的にも多様に使われる。窓、レンズ、鏡にと、普遍的に使われている。

ガラスのような物質はほかにない。ガラスは、見かけは固体だが、実際はきわめてゆっくりと流れているので、液体に分類される。年代を経た窓ガラスや鏡を測ってみるとわかるが、底はてっぺんよりも厚い。禁物なのは、望遠鏡を動かさずに長い間放置することである。望遠鏡のレンズは、放置しておくとガラスが流れてゆがんでしまうのだ。職人は、数千年の歳月をかけて、ガラスのすばらしい特性を知り、熱したあとどうすればさまざまに変形したり加工したりすることができるかを知った。しだいにガラスの透明度が上がり、ガラスを通してぼんやりとしか見えなかった時代から、いまやグラスファイバーがレーザー光を運び、世界中が通信できるまでになっている。

最初にガラスが組織的に製作されたのは、エジプトだったようだ。トトメス王は、紀元前１３７０年にテル・エル・アマルナにガラス工場を建てた。熱くまだ柔らかいガラスを鋳型に入れてプレスし、美しい製品が作られた。吹きざおが用いられるようになるのは、紀元前一世紀ごろのことらしい。口で吹いて作ったガラス容器が、紀元9年8月のヴェスヴィオ山の噴火の火山灰に埋まったポンペイの遺跡から出土しており、初期のガラス製品の絵にも描かれている。

ローマの歴史家大プリニウス（２３－７９ＡＤ）は『博物誌』のなかで、ギリシアの資料を引いて、ガラスの製法を記している。それによると、フェニキアの船乗りたちが、ベリウス川の岸辺（イスラエルのナーマン）に野営したとき、砂浜で、積み荷のソーダの塊を竈《かまど》にして火を焚き、大鍋をかけた。「ソーダが熱せられて岸辺の砂とすっかり混じりあうと、見たこともない透明な液体が流れ出てきた。これがガラスの起源と言われている」。ローマ人は、砂を海草の灰と混ぜたり（ソーダガラス）、砂をブナの灰と混ぜたりした（カリウムに富んだガラスができる）。ソーダガラスの製品は、ローマ時代から透明だった。ブナの灰を使ったガラスはその後も透明性に欠けたものしかできなかったが、海から遠い森林地帯にも人々が住むようになったため、広く用いられるようになった。(注1)

古代の製法は、時代を越えて、ガラスの遺物に残されている。最近の発見は、エルサレムの旧市街で見つかった紀元前一世紀のガラス製品である。さまざまな製造工程のガラス管が、吹かれた球とともに見つかっており、吹きガラスが、一方の端が閉じたガラス管を熱することから始められたことを物語っている。(注2)重要な発明である金属製の吹きざおは、もっとのちに現われた。吹きガラスの技法は、板ガラスの製作につながった。板ガラスは、窓や、さらに後には鏡に使われるようになった。これらは、巨大なガラス玉の一部で、凸面だった。(注3)凸面の窓ガラスは二千年ほど続いた。中央にこぶがついていることもあったが、これは、ガラスが吹きざおから切り離された跡である。

吹きガラスよりも以前から、流し皿にガラスを注ぎ込んで板ガラスが作られていた。その時代のガラスが小さな破片で見つかっているが、その表面に当時つけられた模様もわかる。金属の酸化物を加えたものが色つきガラス（ステンドグラス）で、これは古くからキリスト教会の建築に使われた（それが最初だと思われる）。(注4)窓を飾る洗練された美しいステンドグラスの技術は、『創世記』にしたがうキリスト教の伝統によって発展した。神の最初のことばは「光あれ」（創世記1・3）だった。そして「神は光を見てよしとされた」。窓はきわめて重要だったから、幾世紀にもわたって石工は、細長いアーチのなかに巨大な窓を作るため、建築的にも技術的にも奇跡をなしとげた。

カテドラルの巨大で壮麗なガラス窓は、多数の色つきガラスの小片を鉛でつなげたものだった。大きな板ガラス――とりわけ鏡用のガラス――が最初に製作されたのは、ヴェネチアのムラーノという小さな島で、ヴェネチアのガラス窯はここだけに制限されていた。ガラス職人の親方のアンジェロ・ベロヴィエーロは、「クリスタル」ガラスとして知られる透明なガラスを発明した。これはきわめて価値ある発明だった。ムラーノのガラス職人のすぐれた技能によって、金属鏡の職人たちはたちまち失業に追いやられてしまった。ヴェネチアは、特権を鏡職人に与えた。特別な法律で彼らの秘密を守り、秘密を外部にもらした者は一家もろとも投獄されたり、死刑を宣告されることもあった。ムラーノの鏡は、茶色のガラスの円筒を切り、石の上で平たくし、入念に磨き、次に「箔つけ」とよばれる工程で、錫と水銀のアマルガムを冷圧着して「銀メッキ」されてできあがる。ガラスの吹き手のかしらは、「熟練した祖父」を意味する「ガッファー（親方）」とよばれた。窯は白熱したすばらしい宝に満ちていたから、「グローリー・ホール（至福の穴）」とよばれた。1739年にヴェネチアの「ガラス工場」を訪れた[注5]シャルル・ブロッスは、その様子を生き生きと描いている。

　ちょうどムラーノから戻ったところだ。ムラーノでは、ガラス工場を見てきた。ガラス板は、われわれのガラスよりも大きくも白くもなかったが、ずっと透明でキズが少なかった。それらは、われわれのガラスのように銅のテーブル上で鋳造されるのではなく、ビンのように吹いて作られる。この作業は、吹きざおの先にクリスタル球をのせて空中で振るために、図体の大きなたくましい職人を必要とする。職人は、窯の坩堝から吹きざおの先に、大量の溶けたガラスをとり出す。ガラスはとり出されると、粘り気が出る。まず吹いて中空の球を作る。次に空中でそれを振り、固まらないようにときどきそれを窯の口のなかに入れ、さらに一方の側に偏らないようにすばやく回して、長い卵形の球を作る。次に、もうひとりの職人が、羊毛を刈るときに使うようなハサミの先（つまり、手をゆるめると、ハサミが開く）を卵形の一方の端に突き刺す。パイプをもっているはじめの職人がそれをすばやく回し、二番目の職人のほうは徐々にハサミを開いていく。このようにして、卵形の一方の端を完全に開いた状態にする。ついで最初の鉄製のパイプから切り離し、上側の端をふたたび閉じて、もうひとつの特製のパイプをとりつける。次に、いま述べたのとまったく同じやり方で、もう一方の端が開かれる。こうして、大きな直径の長い円筒形のガラスができあがる。このガラスは、さらに回転され、少し柔らかくするために窯の口にまた入れられる。そして、そこからとり出されると、またたく間にハサミで縦に切断され、銅のテーブルの上に置かれる。このあと残された工程は、それを別の窯でもう一度熱して、通常のやり方で磨いてから銀メッキすることである。

　十七、十八世紀、大きなガラス板を作るには大変な手間がかかった。鋳造板ガラスは、1670年代にフランスで開発された（図版14）。1691年までにこの工程——金属のテーブルの上に溶けたガラスを注ぎ、大きな金属製のローラーでならして広げる——が改良され、きわめて大きな鏡がさほどの手間をかけずに作れるようになった。しかし、できあがったガラスはさらに研磨しなければならず、この作業は時間のかかる、うんざりする作業だった。サミュエル・ジョンソン博士は、1775年にパリを訪れた際、鏡を作るガラス工場に足を運んでいる。(注6)

> われわれは、姿見用の鏡が作られるところを見学しに行った。鋳造板ガラス（1センチ弱の厚さ）がノルマンディーから送られてくる。パリでは、それらが大理石のテーブルの上で、ガラスを重ねて間に砂礫をはさみ、こすって研がれる。さまざまな種類の砂が用いられる。名前は覚えていないが、五種類あるそうだ。上のガラスを動かすためのハンドルは車輪の形をしていて、どの方向にも動かすことができる。説明によると、ガラス板は、その表面が（磨かれるのではなく）研がれる間少しずつもち上げられ、研ぎすぎないよう、注文どおりになるまで続けられる。磨かれるガラス板は、抵抗が全面均一になるように、ピンと張られた何枚もの厚い布でおおわれたテーブルの上に置かれる。次にそれらは、私のよく知らないしかけによってしっかり固定され、手で磨かれる。最後に使用される粉は、硝酸に鉄を溶かしたもののようだが、彼らはそれを（バレッティによると）「硝酸液のカス（*marc de l'eau forte*）」とよんでいる。バレッティの考えでは、それらは硫酸と硝石のカスらしい。その塊が水銀に漬けられる。板ガラスを銀メッキするために、錫の箔が置かれ、水銀でこすられると、箔は水銀と一体になる。次に、さらに多量の水銀がその上に注がれ、水銀は互いの「親和力」によって盛り上がる。そのあと、紙がプレートの上に載るように滑らせるが、その前に水銀のほとんどをとり除いておく。私の考えでは、ガラスはそれから布に押しつけられ、次に余分な水銀を落とすために傾けられる。傾きは日ごとに大きくなり、最後は垂直になる。

テーブルは一度に10センチ程度起こされ、数日かけて垂直にされた。不思議なしかけは、磨き手の重みを減らすためのスプリングつきの「てこ」だった。

◆板ガラス

イングランドの板ガラス製造は、1773年に発案され、イギリス板ガラス製造所がサウスウォークとロンドン、そしてランカシャーのセント・ヘレンズ近くのレイヴンヘッドに設立された。レイヴンヘッドの鋳造所は、国内でもっとも大きな工場だった。(注7)

十九世紀のはじめには、ガラス板を作るのに、三つの製法があった。「板ガラス」は、溶けたガラスを枠に注いで作られた。その上をローラーで均一にならし、そのあと研磨が行なわれた（厳密には、「板」ガラスは研磨されたガラスだけを指す）。「ブロードガラス」は、大きな円筒を吹いて作られた。その円筒をカットし、広げてテーブルの上で平らにする。[注8]「クラウンガラス」は、ガラスの大きな球を吹き、それを熱いうちに回転させて（遠心力で）皿状にするもので、直径1メートル半ほどの円盤のガラスができあがった。

1950年代に、ランカシャーのセント・アンズのピルキントン・ブラザーズ社が、「フロートガラス」を発明し[注9]、これら三つの製法はどれもほとんど使われなくなった。たいていの発明の例にもれず、この発明も初期には失敗の連続だった。窯から平面板ガラスを直接とり出す方法は、少なくとも一世紀の間試みられていたが、ありとあらゆる困難に直面した。最初のやり方は、誘引板（ベイト）とよばれる金属板を溶けたガラスに浸し、引き上げるものである。しかしこれだと、ガラス板の幅がだんだん狭くなってしまう。この問題は、ガラスを「デビトゥーズ（*débiteuse*）」とよばれる耐火レンガ製の浮きブロックの細い隙き間を通すことによって解決された。これによって「ネッキング（局部的にくびれが生じること）」を減らすことはできたが、まだ問題があった。ピルキントンの方法は、酸化を防ぐための不活性ガスのなかで、溶けた錫の上に溶けたガラスを浮かせるというものだった。この方法がみごとな点は、錫が極度に平らで、表面がなめらかだということである。こうした連続工程によって、退屈な研磨作業が回避され、磨く必要がほとんど、あるいはまったくなくなった。この発明によって誕生した産業が、さまざまな窓を可能にし、現代のビルをかつてのそれから一変させてしまい、だれもが大きな鏡を買えるようになった。現在では、部屋の壁面全体を丸ごと巨大で平滑な鏡にするのも、（とりわけイタリアの一部地域やカリフォルニアでは）珍しくない。こうすると、家のなかが二倍も広く感じられる。平行な二面を鏡張りにすれば、小さな部屋でもずっと遠くまで続いているように見える。

ガラスの製造技術がこのように大きく進歩した結果、ガラス鏡が金属鏡にとって代わった。それにはさまざまな理由がある。たとえばガラスのほうが軽く、研磨も簡単で、温度差による像のゆがみもずっと小さい。膨張率が小さい（ほとんどゼロに近い）ことは、天体望遠鏡にとってきわめて重要である。また、熱しても割れにくいことも、オーブンに入れる調理用のガラス容器には重要だ。これら二つの性質を一緒にして、「耐熱用」のパイレックスガラスができた。このガラスは、宇宙からやってくる光を集めるのにも使われている。

◆銀メッキ

銀が鏡に使用されるようになったのは、1840年ごろからである。それ以前には、ガラスのコーティングに錫と水銀のアマルガムが用いられていたが、ややこしいことに「銀メッキ」とよばれていた。この工程はむずかしく、危険でもあった。ジョンソン博士が記しているように（191ページ）、清浄な錫箔のシートが皺のないように広げられ、その表面全体に水銀がこすりつけられ、すぐにとり去られる。こうして処理した錫箔の上に、ガラスを浮かせるのに十分な水銀を注ぐ。次に、気泡が生じないように、面に沿ってガラスを滑らせる。重しがその上に置かれ、その重みで水銀の大部分が押し出される。次にテーブルが傾けられ、余分な水銀を溝に流す。ガラスは重しの下に一昼夜おかれ、「銀メッキ」された側が上になるようにひっくり返され、固まるのを待つ。この工程は非常にうまくいき、このタイプの鏡の多くがいまもほとんど損傷することなく残っているが、このアマルガムは、はたらき手には身の毛もよだつほど有害だった。「帽子職人のように気が狂って（mad as a hatter）」という言い回しは、帽子製作における水銀中毒を指しているが、この怖ろしい水銀の影響は、鏡職人の場合も同じだった。

最初の「銀メッキガラス」の工程は、ドイツの化学者ユストゥス・フォン・リービッヒ（1803-73）によって考案された。1835年に、リービッヒは、ガラス容器のなかでアルデヒドを硝酸銀のアンモニア溶液中で熱すると、輝く銀の表面ができあがるということを発見した。この工程は、のちには非常にうまくいくものになったが、ドイツ（ニュルンベルク近くのドーズ）で最初に工業的に試みられたときには、失敗の連続だった。どうも、銀メッキする前にガラスを「前処理」しなかったためのようである。[注10] リービッヒの銀メッキ法はのちに、二つの方法――ホット法とコールド法――がとられるようになった。ホット法では、蒸気を使用し、アンモニアの入った水銀溶液が酒石酸を用いて還元された。コールド法は、砂糖で硝酸銀溶液を還元するもので、天体望遠鏡用の鏡によく用いられた。ガラスの円盤をロッキングテーブルの上に載せ、硝酸と炭酸カリで、そして最終的には蒸留水で丹念に洗浄する。（耐久性を高めるための）還元溶液は、水200、角砂糖20、アルコール20、（市販の純度で100％の）硝酸1の分量からなる。銀溶液は、水20に硝酸銀2を溶かしたもので、濃いアンモニアを茶色の溶液が澄むまで加える。さらに、水20に（アルコールを用いて生成した）炭酸カリ1・5を溶かしたものを加え、ふたたび溶液が澄むまでアンモニアを加える。そして、水16に硝酸銀4分の1を溶かしたものを溶液が淡黄色になるまで加えてから、濾過する。砂糖が硝酸の半量になるようにした溶液がとられ、希釈され、混ぜ合わされ、ガラス板をゆっくり揺らしながら注がれる。液体が泥のような茶色になり、3、4分で澄み始め、約5分で厚い沈殿ができる。溶液は流され、水がかけられ、縞状になった沈殿物が羊毛で軽くぬぐいとられる。洗浄が何度も行なわれ、排水される。ガラス板は何度かアルコールで洗われたあと、送風機で乾かされる。この薄膜は今度は、セーム皮のパッド、最終的にはもっとも細かなベンガラで磨かれ、銀の面が鏡の反射面になる。[注11] この工程で銀が黄色くなるが、銀メッキされた表面を水銀のシアン化物の希釈溶液でブラシングすることによって落とされる。

こうした複雑な配合や工程がどの程度適切かと疑問に思う人もいるかもしれない。(この疑問は料理の作り方にもあてはまりそうだ。) 統制された実験をどれぐらい行なえばよいのだろうか? これは錬金術とそっくりではないか? 錬金術と職人芸とは、ときに区別するのがむずかしい。

硝酸銀溶液は不安定な物質である。濃縮したものは爆発することがある。ちょっとした機械的衝撃がその爆発の引き金となるので、起爆剤としても使われる。(余談をひとつ。私の父は、第一次世界大戦直後に、ヘルワンにあるエジプト国立天文台の天文学者として最初の職についた。そこでは夜盗に悩まされていた。故意かはたまた偶然か、鏡をメッキしたあと、少量の硝酸銀溶液が床に残されていた。真夜中に忍び込んだ泥棒がいた。密かな足どりが小さな爆発を引き起こした。驚きおののく声が聞こえ、あわてふためいて逃げる音がそれに続いた。悪党たちはとても迷信深かったから、悪魔がとりついたのだと思い込んでしまった! この話の教訓は、硝酸銀溶液をビンのなかにしまってはいけないということである。)

天文学には表面にメッキした鏡が欠かせないが、一般用としてはあまりにも傷つきやすい。姿見用の鏡では、膜がガラスの背面に置かれ、まず薄い銅の層で、次に厚くて丈夫な不透明の裏塗りで保護される。残念ながら、背面メッキの鏡は、20%ほどの光がガラスの前面で反射されるため、二重像になる(5章参照)。これは一般用ではほとんど問題にならないが、科学機器では二重像はきわめて重大な欠点となるから、背面メッキの鏡が光学実験や天体観測で使われることはまずない。

表面メッキの鏡の表面は、触れてはならず、保護される必要がある。これらの鏡は、天文台や光学実験室では聖なるものである。現在、銀メッキした鏡は、アルミでメッキした鏡にとって代わられつつある。というのは、アルミのほうが反射率では多少劣るものの、耐久性があり、大気汚染による曇りも受けにくいからである。アルミ膜は、大きな真空のチェンバーのなかで、数年ごとに新しくされなければならない。天文学者は、儀式的で迷信にも似た用心深さで、この危険な作業を行なう。

機器のなかの鏡

視覚は、生活する上でも科学にとってもきわめて重要だが、われわれの手の限られた能力が道具(ナイフ、スプーンやフォークに始まってその他もろもろの道具)によって拡張されるように、光学機器は眼の能力を拡張してきた。この世でもっとも役に立っている発見や発明のひとつは、簡単なレンズが視力を高め、職人や学者——そしてわれわれすべて——の職業生命を延ばしてくれるということである。興味深いのは、この発明が科学によってではなく、職人の偶然の観察から生まれたということだ。最初のメガネは、1286年ごろヴェネチアのガラス職人によって作られた。メガネは長い間、このように下層階級から生まれたためと、「視力が弱い」ことが「頭が悪い」ことに結びつけられていたため、厄介物あつかいされていた。

きわめて簡単なしかけを用いて時間と空間を変えることで、知覚そのものを研究することができる。これはさまざまな方法によって可能になる。たとえば立体鏡、映画、検眼鏡だ。鏡は、これらのしかけの多くで驚くほど重要な役割を果たしており、真実を明らかにし、錯覚を作り出す。以下では、それらのうちのいくつかを紹介しよう。主に平面鏡について見ていくが、その前に天体望遠鏡のような曲面鏡に、まず簡単にふれておこう(もちろんこれらもきわめて重要だ)。

鏡は、科学や工業技術においてさまざまに重用されている。最初に用いられたのは金属鏡——たとえばニュートンの望遠鏡——だった。しかし金属鏡は、最良のものでも、入射光のおよそ40%しか反射せず、温度の変化にともなって形がゆがむという欠点をもっている。いまでは光学機器のほとんどに、なんらかの方法で銀メッキされたガラスが用いられている。

◆望遠鏡

ニュートンは、1670年に最初の望遠鏡用の鏡——スペキュラムとよばれる——を製作した。ニュートンの反射望遠鏡は、レンズの色収差（色の縞）を避けるために考案された。この数年前に、スコットランドの数学者ジェイムズ・グレゴリー（1638‐75）も反射望遠鏡を考案していたが、そのスペキュラムは、当時は作るのがむずかしいことが判明した。というのは、中央に開口部が必要で、そのため正確な研磨が困難だったからである。ニュートンの反射望遠鏡の最初の完成品は、現在ロンドンの王立協会の資料館に保存されている（図6・1参照）。望遠鏡用の最初の鏡は、銅と錫の合金でできていた。ニュートンは、銅が6、錫が2、ヒ素が1からなる独自の合金を用いた。

ニュートンの望遠鏡は、グレゴリーのものよりもシンプルな作りで、製作するのも簡単だったが、欠点もあった。それは、横から見なければならず、像も逆転しているので、地上のものを見るのには大きな障害だった。十八世紀になると、グレゴリー式の小さな望遠鏡が一般に使われるようになった。少なくとも、これが一般に語られている歴史である。しかし、鏡を用いた望遠鏡は、それよりも前にイタリアのボローニャ大学の教授フランチェスコ・ボナヴェントゥーラ（1632）が考案していた。彼は、アルキメデスがほんとうに鏡で太陽の光を集めてローマの艦隊を燃やしたのかどうかを見きわめるために実験を行なった。やってみるとうまくいったので、ボナヴェントゥーラは一連の鏡を逆に使って望遠鏡にしようと考えた。[注12] ニュートン式の望遠鏡を考えついたまではよかったが、彼はそれを試作するだけの価値がないと思ってしまった！　フランスの著名な科学者マラン・メルセンヌ（1588‐1648）は、デカルト哲学を擁護した修道士だが、彼も、アルキメデスの天日レンズについて考察したとき、[注13] グレゴリー式やほかの方式を考えついた。メルセンヌは、鏡が望遠鏡のレンズと同じようにうまく機能するとは考えず、実際に試みることはなかった。

ニュートンと違って、ボナヴェントゥーラもメルセンヌも、鏡に利点があるという積極的な理由を見出さなかった。ニュートンはレンズの色収差は克服できないという理由から鏡を用いたのだが、皮肉にも、その後この理由のほうが誤りであることが判明する。ニュートンは、はじめは分散の異なるガラスを使って色の縞を相殺しようとしたが、焦点距離が無限遠のレンズでないと無理だと考えて、その試みを断念してしまった。5章で述べたように、これを試みたのは、チェスター・ムーア・ホール（1703‐71）である。彼は、分散の異なるさまざまな種類のガラスから構成されたレンズで屈折望遠鏡を作った。この望遠鏡は、ジョン・ドランド（1706‐61）によって、そして後にはウィリアム・ウラストン

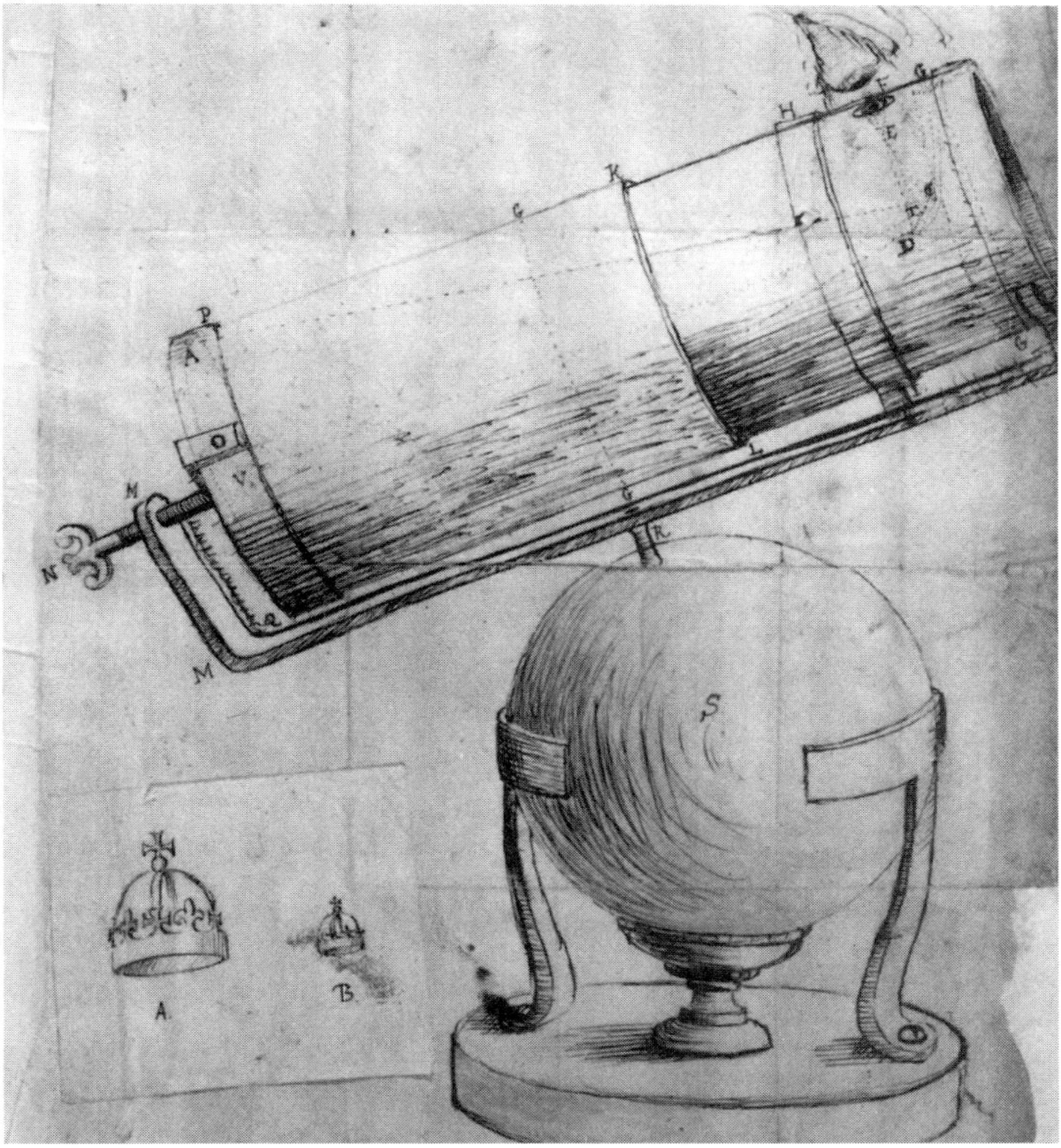

図6・1　**ニュートンの望遠鏡（1670）**

この望遠鏡はロンドンの王立協会の資料館が所蔵している。この絵は王立協会の許可を得て描いたもの。

（1766‐1828）によってさらに発展させられた。ウラストンは化学的・光学的発明によって財をなした。このように種類の異なるガラスからなる多重の部品を使うことによって、高解像度の光学装置、とりわけ屈折望遠鏡と屈折顕微鏡が可能になった。（注14）

ニュートンの1670年のスペキュラムに続いて作られた望遠鏡の金属鏡は、ガラスより柔らかかったため、磨きに力を入れすぎると簡単にキズがついてしまうものだったが、レンズの色収差による色縞の問題は回避できた。この問題は、エジンバラの望遠鏡製作者ジェイムズ・ショート（1710‐68）によって、原理的にも、実用的にも十分な精度で、解決された。

球面状の鏡は、端と中央の光路の長さが少し違うため、「球面収差」をもち、像の質が悪くなる。鏡なら、これを避けるために非球面（「放物面」）にすることができた。鏡にはまた、レンズよりもはるかに大きくできるという利点があった。レンズだと、少し大きくするだけで厚く重くなってしまい、望遠鏡を地平線近くや真上の空へと動かすと正確な形が保てなくなってしまうのである。鏡の場合は、後ろから支えることができるため、こうした心配はない。さらに、レンズだと小さな気泡のようなキズでも致命的だが、鏡なら問題ない。ある理由で、反射望遠鏡では、コントラストがそれほどよくない。そのため、惑星観測では屈折望遠鏡のほうが好まれる。というのは、惑星観測では高い解像度とコントラストが要求されるが、高い集光能力は必要でないからである。

一般的なタイプの反射望遠鏡が図6・2に示してある。どれにも長所と短所がある。ニュートン式はシンプルで作るのが簡単だが、横から見なければならない。グレゴリー式は作るのがむずかしいが、正面から見ればよいし、像も正立している。そのため、地上のものを見るのに適している。カセグレン式は大きな装置に使われる。シュミット式とその発展型は、大きな球面鏡と奇妙な形をした補正レンズを用いて、球面鏡の球面収差をとり除く。この望遠鏡は視野が広く、集光力も高い。シュミット式の望遠鏡は、星座の写真を撮るのに使われる。この望遠鏡の欠点は、像が望遠鏡の内部にできるため、分光器のような外部装置をとりつけて見るのがむずかしいことである（できないわけではない）。遠くの対象の微弱な光をとらえるのに、鏡の右に出るものはない。天文学では、精密な平面鏡も含めてさまざまな種類の鏡が使われ、干渉計や分光器のような装置に欠かすことができない。これらの装置によって、光を分析し、星がどういう物質からできているかを明らかにしたり、星の速度——膨張しつつある宇宙

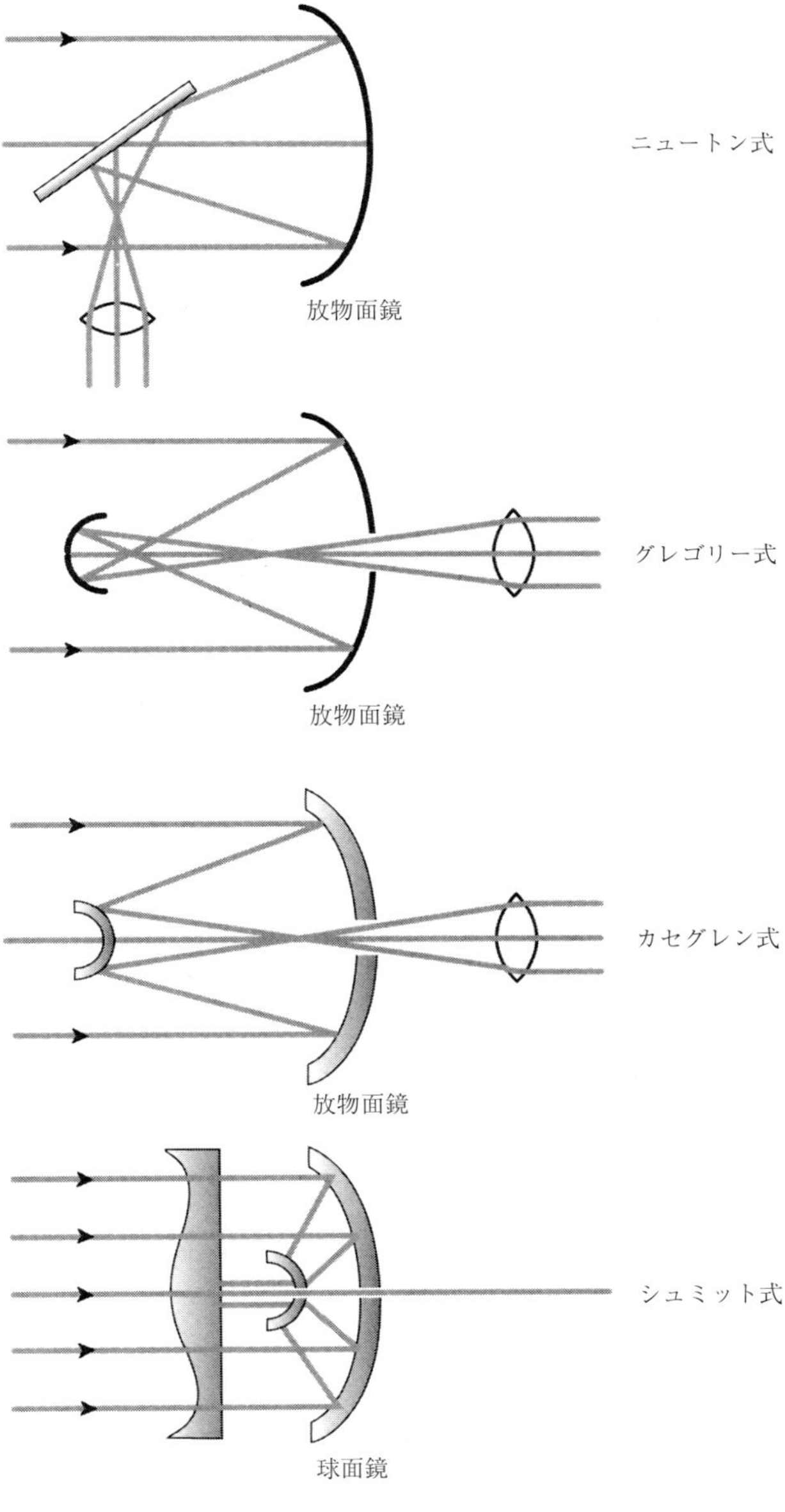

図6・2　**4種類の反射望遠鏡**

では、星は互いに、そして地球上のわれわれからも遠ざかりつつある――を測ったりできるのである。

ウィリアム・ハーシェル卿（1738-1822）とその息子のジョン・ハーシェル卿（1792-1871）は、望遠鏡用の大きく高品質な金属鏡を作り、天体観測を一変させた。自作の鏡のひとつを用いて、ウィリアムは、1781年に天王星を発見した。ジョンは、南の夜空の地図を描き、さらに写真技術も改良した。これは、その後の世代の天文学者が使える高解像度の記録を残したという点で、決定的に重要な一歩だった。

ロッス伯爵三世（1800-67）は、アイルランドのビア・キャッスルに巨大な望遠鏡を建造した。この望遠鏡は、直径1・8メートルのスペキュラムの鏡をそなえ、17・7メートルの長さがあった。この望遠鏡によって、後世に銀河系外星雲と判明する星雲が渦巻き構造をしていることが明らかになった（図6・3参照）。また、われわれの銀河系（天の川）がほかの銀河から数百万光年離れた宇宙の島であり、光が天の川を横切るには十万年かかるということがはじめて明らかになった。われわれの銀河系以外で肉眼で見える星雲――ぼんやりとしたかすみとして見えるだけだが――は、二百万光年離れたアンドロメダ大星雲だけである。その構造は、この金属鏡が夜空に向けられるまでまったく知られていなかった。これが後に、図版15に示したように、ハッブル宇宙望遠鏡のすばらしいガラス鏡によって、七十億年前の星の誕生の様子を収めた写真へとつながった。

アメリカでは、100インチ（254センチ）のリックの天体望遠鏡と200インチ（508センチ）のパロマー山の天体望遠鏡によって、それまで存在さえ知られていなかったパルサーとクエーサーが発見され、ドップラー効果――発光源が遠ざかっている場合にはスペクトル線が赤色へと偏移する――を用いて宇宙の膨張速度が測られた。現在世界最大の天体望遠鏡は、ハワイ島のマウナケアのケック望遠鏡である。標高4200メートルにあるこの望遠鏡は、地上のどこよりもよい「視力」をもつ。気温が極度に低いため、大気中の水蒸気のほとんどが凍り、空気がほとんど乱流を起こさない。ケック望遠鏡の集光面積はパロマー山の200インチ望遠鏡の四倍で、微弱で遠いところにある天体をほかのどんな望遠鏡よりもよくとらえることができる。恒星だけでなく、太陽系以外の惑星までも発見することができるかもしれない。まもなくこの望遠鏡の近くに、ケックⅡが建設されるが、ケックⅠと接続されて天体干渉計として使用された場合には、ケックⅠの10倍の解像度が得られる。

図6・3　**最初に描かれた渦巻き状銀河（M51）**
この絵はロッス伯爵の手になるもの。彼は72インチの反射望遠鏡を用いて，はじめて渦巻き状の銀河をとらえた。

By kind permission of the Royal Astronomical Society.

天文学では、ほかのタイプの鏡も使われている。ポリエステルフィルムを延ばして、大きく軽量で変形可能な鏡を作ることができる。その曲率は、鏡の背後の気圧を変化させて調節される。(注15)この種の鏡は、地球のまわりを回る宇宙ステーションで使われるようになるだろう。

従来のアルミでメッキされたガラス鏡は高価で、しかも重い。あまり使われないが、興味深いのは、水銀を入れた回転皿である。(注16)回転の遠心力によって、カーブが放物面になる。カーブの厚み、つまり焦点距離は、回転速度によってひとつに決まる。したがって、水銀、水、あるいはどんな液体でも、鏡から同一距離に焦点を結ぶ。この種の鏡はつねに上を向いているが、天体観測でも使える。(注17)大きく高品質の遠心力鋳造（スピンキャスト）によるガラス鏡が、アリゾナ大学のロジャー・エンジェルによって製作されつつある。溶融・徐冷炉がガラスとともに回転する。最大の鏡は直径2メートルだが、10メートルのものも計画されている。

宇宙からのX線は有益な情報を提供する。しかし、X線は大部分の物質を通り抜けてしまうから、X線望遠鏡には問題がある。この解決法（ロブスターの反射鏡眼について書かれた『サイエンティフィック・アメリカン』誌の論文がヒントになった！）は、さまざまな視射角をもつ一連の平面の金属板である。(注18)

可動式の電波望遠鏡は、焦点にアンテナをもつ巨大な放物面鏡である。電波の波長は、光よりもずっと長いから、鏡はそれほど正確でなくてよい（一般には、波長の10分の1程度の精度でよい）。

不安定な大気が光を乱すので、地上の天体望遠鏡の能力には限界がある。しかし、変形可能な鏡を能動的に変化させて大気による乱れを補償する、きわめて興味深い試みがいくつか行なわれている。波面の誤差の光学的信号にもとづいて、コンピュータ（適応的ニューラルネットのアナログ式自己学習システムが有望視されている）が小さな可動の鏡を制御する。(注19)もっとも有望なのは、望遠鏡を通して成層圏に向けてきわめて強力なレーザー光を射出する方法である。これは（後方散乱によって）「ニセの星」を作り、このニセの星が大気によって乱される。この乱れが、能動的な光学システムに、乱れを相殺するには鏡にどのような補償を加えればよいのかを「教える」のである。鏡を巨大なものにできるので、きわめて高い解像度が得られるだろう。

望遠鏡を宇宙空間に置けば、大気の乱れの影響を避けることができるし、また大気によってカットされる電磁スペクトルを検出することもできる。ハッブル宇宙望遠鏡――いわば

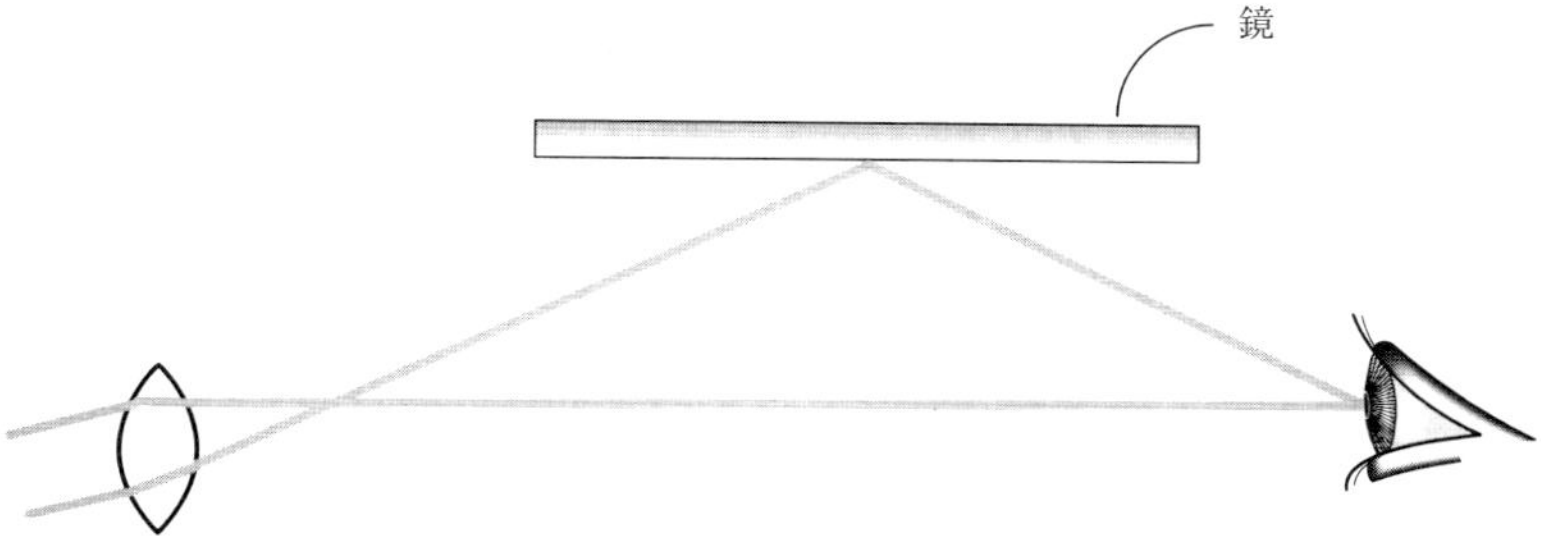

図6·4　**ロイドの鏡（模式図）**

自動天文台——は、大きな鏡（現在の標準からすると巨大というわけではないが）といくつかの付属の装置をそなえている。この望遠鏡が打ち上げられたとき、鏡の形（曲率）に小さな誤差があり、球面収差が生じていた。1994年1月、宇宙飛行士がドラマチックな宇宙遊泳を行ない、光学的な補正が加えられた（伝えられるところでは、5億ドルの費用がかかったという）。この偉業はまさにSFを現実のものにした。補正された望遠鏡の性能は驚くばかりで、これまでの装置では観測できなかった遠くの星の誕生を明らかにしつつある（図版15）。

◆光を分析する

干渉計では、鏡が中心的役割を果たす。干渉計は実用的にも理論的にもさまざまに使用される。この装置は、（1801年にトーマス・ヤングによって示された）光の波の干渉にもとづいている（156ページ参照）。なかでもおそらくもっとも単純な干渉計は、ロイドの鏡だろう（図6・4参照）。この装置では、光のビームが二つの少し異なる光路——直接光と鏡による斜めからの反射光——を通って眼（あるいは検出器）に届く。二つの光路は少しだけ長さが違うため、干渉縞が生じる。

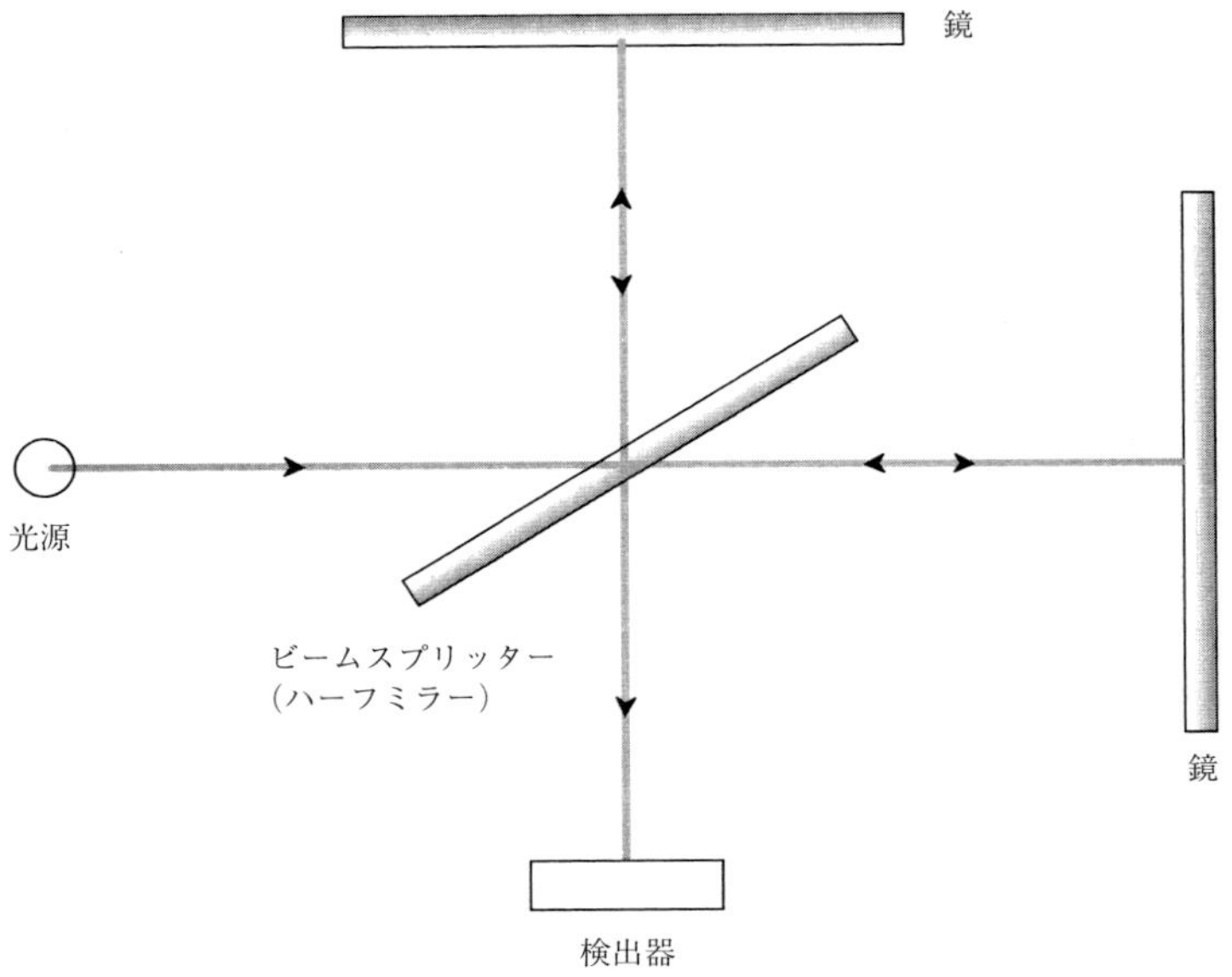

図6・5　**マイケルソンの干渉計（模式図）**
光源から出た光は，ビームスプリッターで反射して上の鏡に行って戻り，スプリッターを通り抜けて検出器に届く。検出器は，右の鏡からも（スプリッターで反射した）光を受けとる。光路が少しでも変化すれば，検出器の観測する干渉パターンも変わる。もし地球がエーテルのなかを動いているなら，光が90度回転したときにはその速度も違ってくるはずである。しかし，変化は観測されなかったので，エーテルは存在しないことが示された。

光の干渉にもとづいたもっとも重要な計器は、マイケルソンの干渉計である。これにはさまざまな形式のものがあるが、望遠鏡の解像度を高め、地球の近くの星の直径を測ることもできる。なかでももっとも有名なのは、マイケルソン＝モーリーの実験で利用されたもので、装置が地球の自転とともに動いても動かなくても、光の速度が同じであることを示して、エーテルが存在しないという決定的な実験的証拠を与えた。これは、エーテルの存在に対する反証であっただけでなく、アインシュタインの相対性理論を支持するものでもあった（図6・5参照）。

◆ペリスコープ

ペリスコープは、たとえば水面下から水上を見る場合のように、眼の位置を光学的に変えるのに使われる。よく知られているのは、潜水艦の潜望鏡だ。潜望鏡はレンズの複雑な組合わせからなるが、基本構成は図6・6に示すように二枚の鏡である。

◆立体鏡

二枚の鏡をそれぞれの眼に対して45度の向きにおいた装置を使って、チャールズ・ホイートストン卿は、それぞれの眼にほんの少し違った絵を提示した（図6・7参照）。これによりはじめて、絵から三次元的奥行き感を生み出すことができた（1832、発表は1838）。写真が発明される直前のことだった。両眼のように横に離しておかれた二台のカメラを使って撮影した「対の写真」は、光景のリアルな奥行きを生じさせた。鏡方式の立体鏡は、研究用として、そして戦争時の写真偵察用としてすぐれている。しかし、一般用としては使い勝手が悪く、プリズムとレンズを組み合わせたブリュースターの「レンズ」方式の立体鏡にとって代わられた。

◆距離計

眼の位置が右に動くと、近くの対象は遠くの対象と比べて左に動く。試してみよう。指を一本立て、頭を左右に少しだけ動かしてみよう。距離によって、その変化が異なるだろう。これは運動視差とよばれている。運動視差は、観察者が動いているときに対象までの距離を知る、重要な手がかりである。両眼立体視もこれと同じ原理ではたらく。両眼は横に離れてついているので、動きがなくても、それぞれの眼は互いに少し異なる光景を受けとるからである。（両眼立体視は、運動視差から進化してきたのかもしれない。というのは、たとえば木の枝から枝へと跳び移るのに正確な奥行き情報が必要な

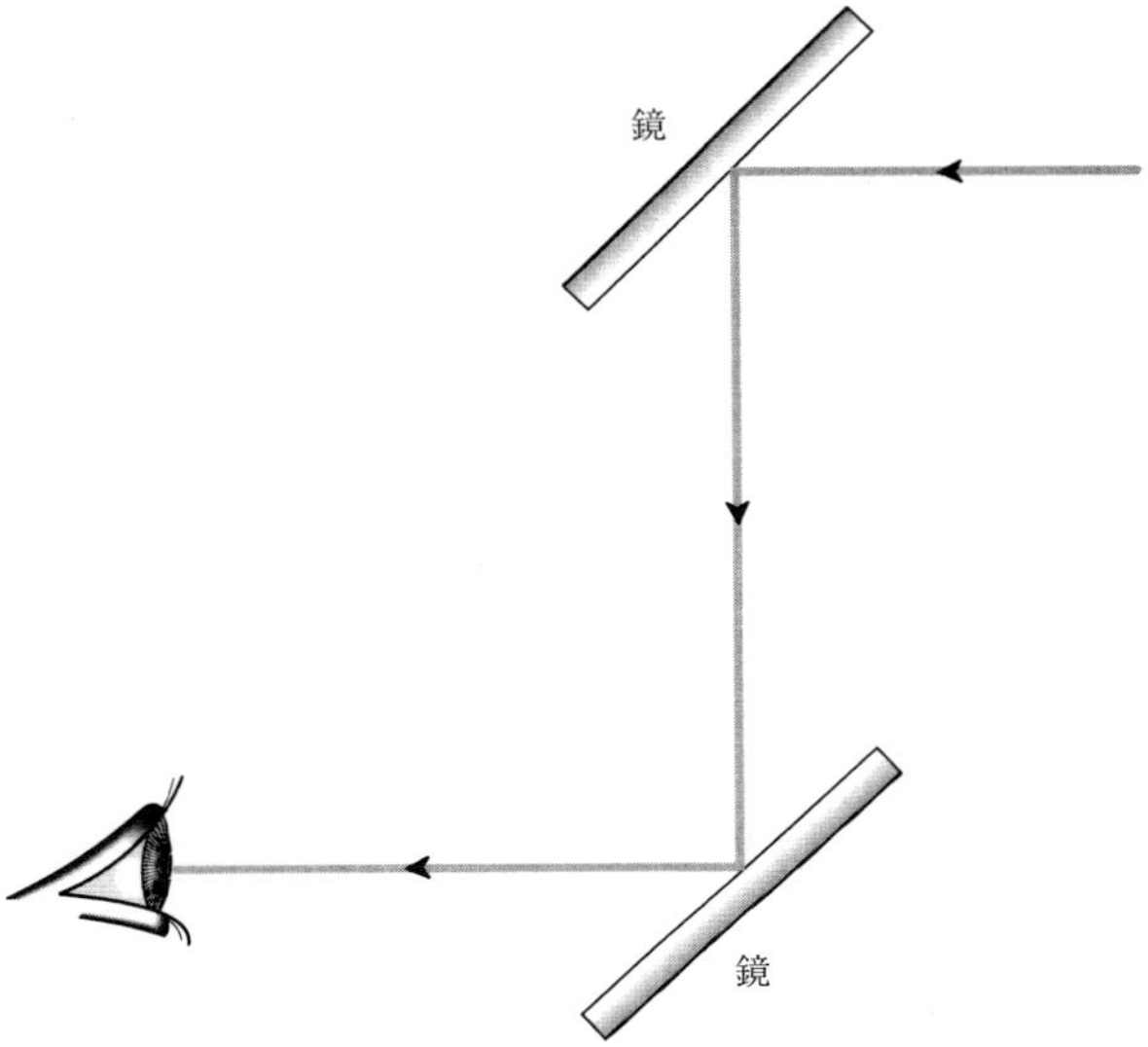

図6·6　**鏡を用いた単純なペリスコープ**
眼の光学的な位置が上の鏡の位置になる。

図6·7　**ホイートストンの鏡方式の立体鏡**
ブリュースター（1856）とウェイド（1983）を参照。

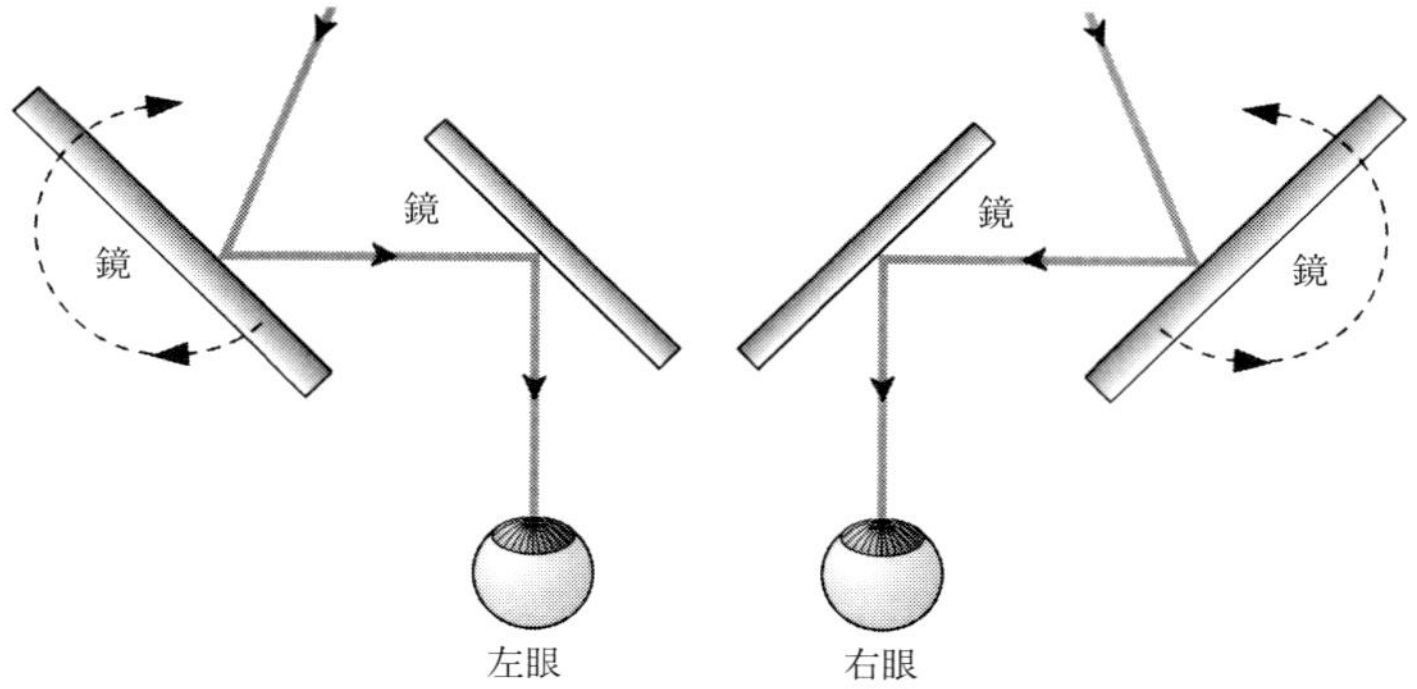

図6・8　距離計の原理

外側の鏡の間隔を広げることによって，両眼の間隔が拡大される。これが奥行き効果（三次元的奥行き）を増大させる。鏡を回転させて，対象の像を一致させる。この回転角によって，対象までの距離がわかる。これらの過程は，両眼視差と輻輳に対応しており，この装置はそれらを増幅して測定する。

サルになって、眼が前面につくようになったからである。）

両眼立体視は、両眼が近くにある対象に輻輳することによって、そして脳が両眼の網膜像の「対応点」の（水平方向の）ずれを比較して奥行きを並列処理で計算することによって、もたらされる。これら両方のやり方が、二種類の距離計で使われている。海軍の砲術では、標的が遠いため、横向きに置いた一対のペリスコープを使って視差が増幅される。つまり両眼の間隔が実質的に増大することになり、それに応じて視差も大きくなる（図6・8参照）[注20]。

第一次世界大戦のとき、ドイツ海軍は、水平のペリスコープの鏡を固定し、（3Dの）目盛りを奥行き方向においた。その結果、砲手は何隻もの船の距離をほとんど同時に読みとることができた。イギリス海軍は、多くのカメラの距離計と同じく、端の鏡を回転させて、それぞれの船の像を合わせるという方法を用いていた。この方法は時間がかかり、たぶんそれほど正確でもなかった。

◆視差をなくす

計器の目盛りの針の位置を読むような場合には、視差と立体視が厄介である。頭の動きや、どちらの眼で見るかによって、針の位置が違って見えるからだ。簡単な解決法は、目盛

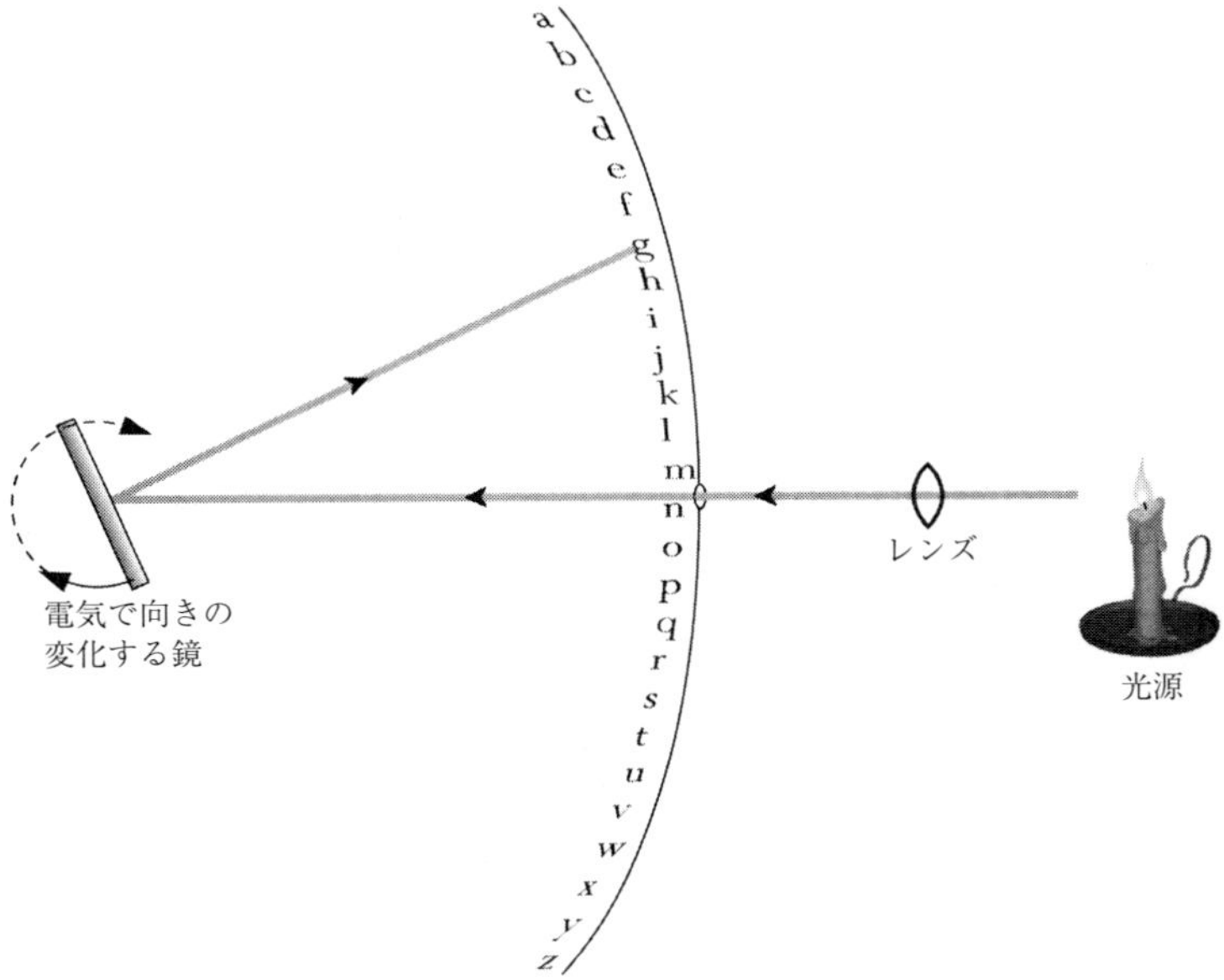

図6·9　**ケルヴィン卿の「しゃべる鏡」**
細い光のビームがアルファベットの文字盤の上に反射される。鏡が傾いて，光のビームが次の文字へと移動する。

りの上に鏡を置くことである。こうすると、鏡のなかでは針の位置がひとつに決まり（ちょっと手前に浮いて見える）、視差をなくすことができる。

◆光てこ

図6・9のように、鏡が回転すると、光のビームの方向は、鏡の回転角の二倍変化する。これが「光てこ」で、精密な計測のために、とくに検流計などで使われている。ウィリアム・トムソン（ケルヴィン卿）は、1858年に初の大西洋横断ケーブルによる通信に「光てこ」を用いた。「光てこ」を用いれば、信号を送るのにほんの小さな電圧ですんだので、ケーブル破壊の心配もなかった。これは、モールス信号でも、また図6・9に示すように個々の文字を示すためにも使うことができた。実際には、これらの文字のメッセージを読むのはきわめてむずかしかった。というのは、ケーブルの信号変化が遅く、光がどこに落ちるかはどの文字から動いたかに依存していたからである。それを解読できるのは、熟練した通信士だけだった。

高速で回転する鏡は、電気火花の構造を見るためや電気が導線を通る時間を測定する目的で、物理学者のチャールズ・ホイートストン（1802-75）によって用いられた。彼の方法は、光の速度を測るのにも使われた。

現在、プロジェクション方式の大型のテレビスクリーンで、数万の小さな可動鏡が試験的に使われている。ひとつひとつのピクセルに相当するのが、鏡である（カラー・プロジェクションでは三種類の鏡になる）。鏡は高速で向きが変わり、光のビームをスクリーンのそれぞれのピクセルの位置に届けたり、届けなかったりする。明るさは、それぞれの鏡がスクリーンに光をあてている時間の長さによって調節される。このシステムは、少なくとも縦横5メートルの巨大な明るい映像を映し出すことができる。(注21)

鏡は高速で回転させることができる――また、反射されたビームをきわめて長くできる――から、ビームの端は光の速さよりも速く動けることになる。しかし、アインシュタインによれば、光の速さ以上に速く動くものはありえない。では、回転する鏡は、アインシュタインの相対性理論に反しているのだろうか？　答えはこうである。実際にはなにも動いてはおらず、情報はそのようにして伝達されてはいない。したがって、相対性理論には反しないのである。

◆六分儀

二枚の鏡を用いて角度を測ることを最初に考えついたの

図6・10　**航海用の六分儀**

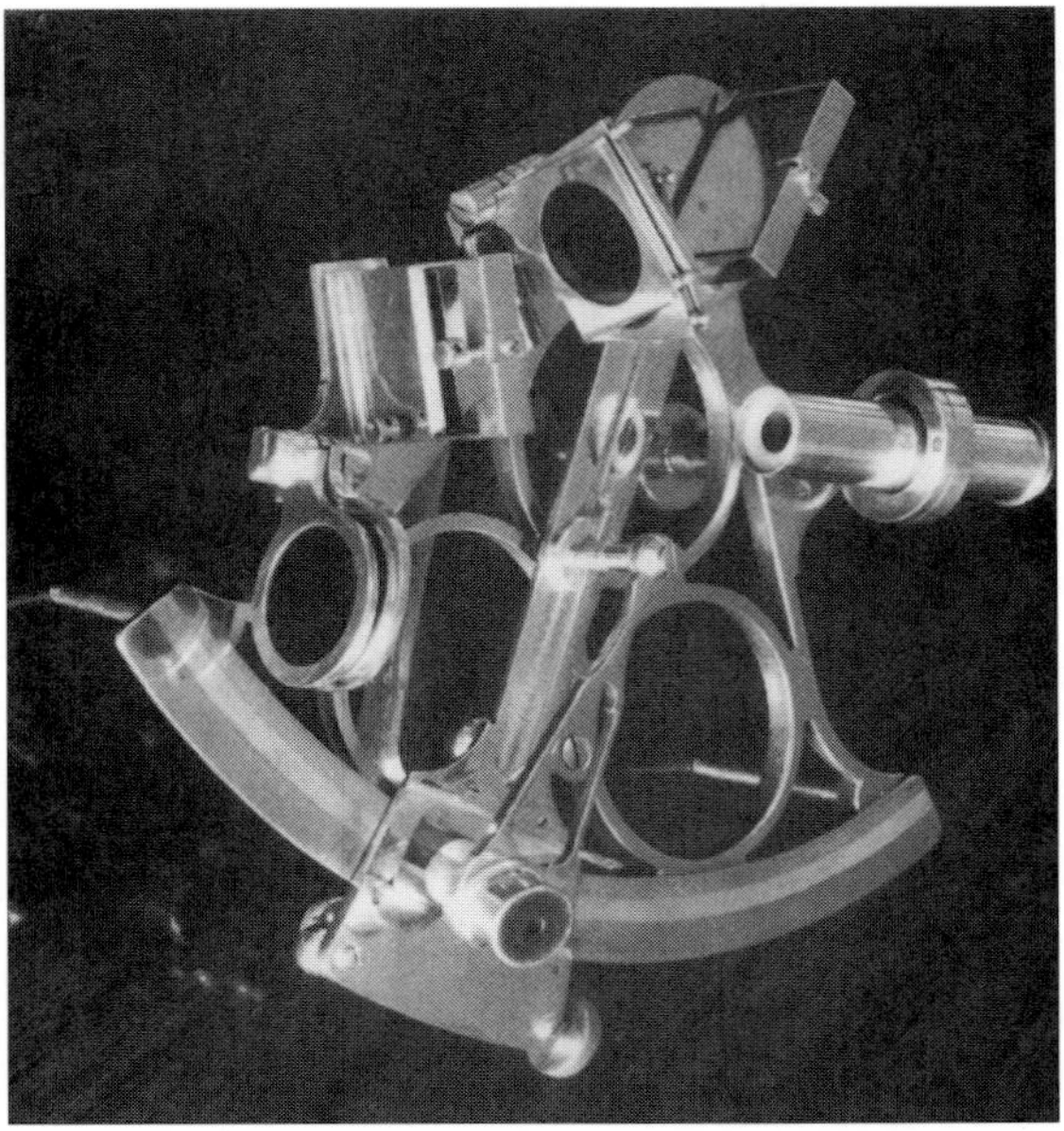

は、ニュートンだと言われている。この方法は、航海にとって今も昔もきわめて重要である。真鍮製の六分儀は、それ以前に使われていたイギリスの数学者ジョン・ハドリーの木製の象分儀が改良されたものである。最初のものはおそらく、エドワード・トラウトンの1788年の六分儀だろう。図6・10は、航海用に使われた真鍮製の六分儀である。上部に、完全にメッキされた鏡が上端に軸をもつ可動アームにとりつけられており、その角度が下側にある目盛りで測られる。もうひとつの鏡は、半メッキされた半透明鏡で、観測者が小さな望遠鏡をのぞくと、それを通して見える水平線と上側の鏡に映る太陽の両方が見える。目盛りは太陽と水平線の角度の差を示し、これによって経度が計算できる。言うまでもなく、緯度は、北半球では水平線上の北極星の高さから計算される。

経度の計算には、六分儀ときわめて正確な時計の両方が必要である。1713年に、イギリス政府は、それにかなう時計を発明した者に二万ポンドの賞金を出すと発表した。十分に正確な「クロノメーター」を最初に製作したのは、ジョン・ハリソン（1693-1776）だった。ハリソンはもともと大工だったが、生涯の功績を認められて1773年についに懸賞金を授与された。

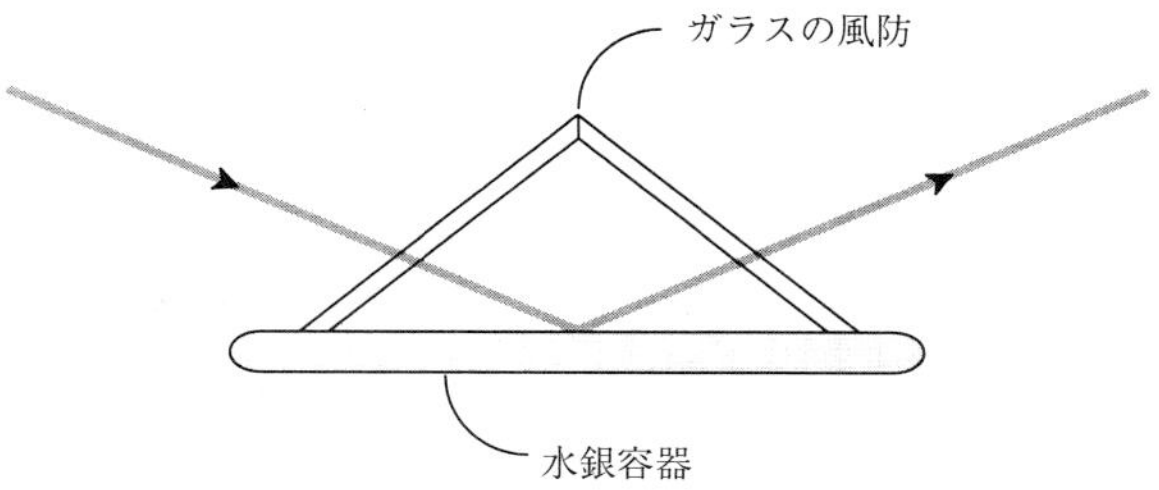

図6・11　**人工水平線**
水平線が見えないときに，六分儀で地上の位置を決定するために用いられる水銀容器。ガラスの風防がついている。

六分儀は、水平線が見えないときでも（島に埋蔵されている宝物を探したり、隠したり、位置をつきとめたりする場合にも）使える。このような場合には、「人工水平線」が用いられる。これには二つの方式があって、泡水平器で調整された水平に置かれた鏡のこともあるし、ガラスのカバーで風の影響をカットした水銀容器のこともある（図6・11参照）。

◆反射標識

（四角い箱の隅、あるいは部屋の隅の壁と天井のように）直交するように置かれた三枚の合わせ鏡には、光のくる方向に光をはね返すという特別の性質がある。これがハイウェイの「反射標識」の原理である。車のヘッドライトは、そのままはね返る。ドライバーがヘッドライトの近くに位置した場合にはとてもまぶしく見えるが、違う位置からは弱い光にしか見えなかったり、まったく見えなかったりする。こうした合わせ鏡を見ると、どこに動いても、自分が見える。月面上には、合わせ反射板が置かれており、レーダーによるきわめて正確な距離測定が可能になっている。

◆カメラ・ルシダ

カメラ・ルシダは、絵を描くのを助けるしかけとして、ウ

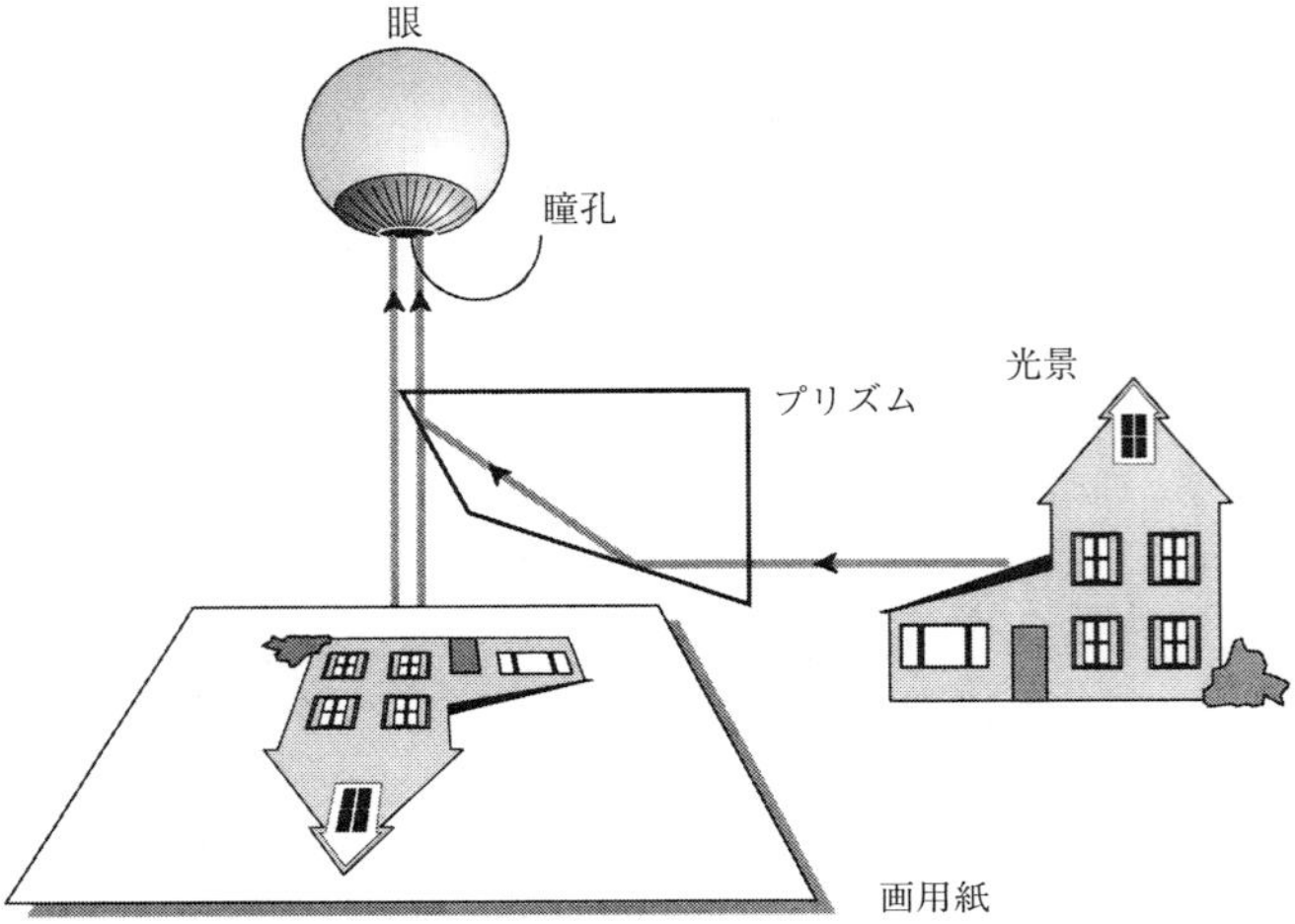

図6・12　**ウラストンのプリズム**
プリズムが光景と画用紙とを合体させる。ただ，眼の位置が少しでも狂うとうまく見えないため，これを使いこなすのは容易ではない。顕微鏡の場合には，像の逆転は問題にならないので，プリズムではなく，半透明鏡を使うほうがよい。

図6・13　**ウラストンのカメラ・ルシダ**
伸縮式のロッドの端にプリズムがついている。ロッドは締め具でテーブルに固定されている。著者所蔵。

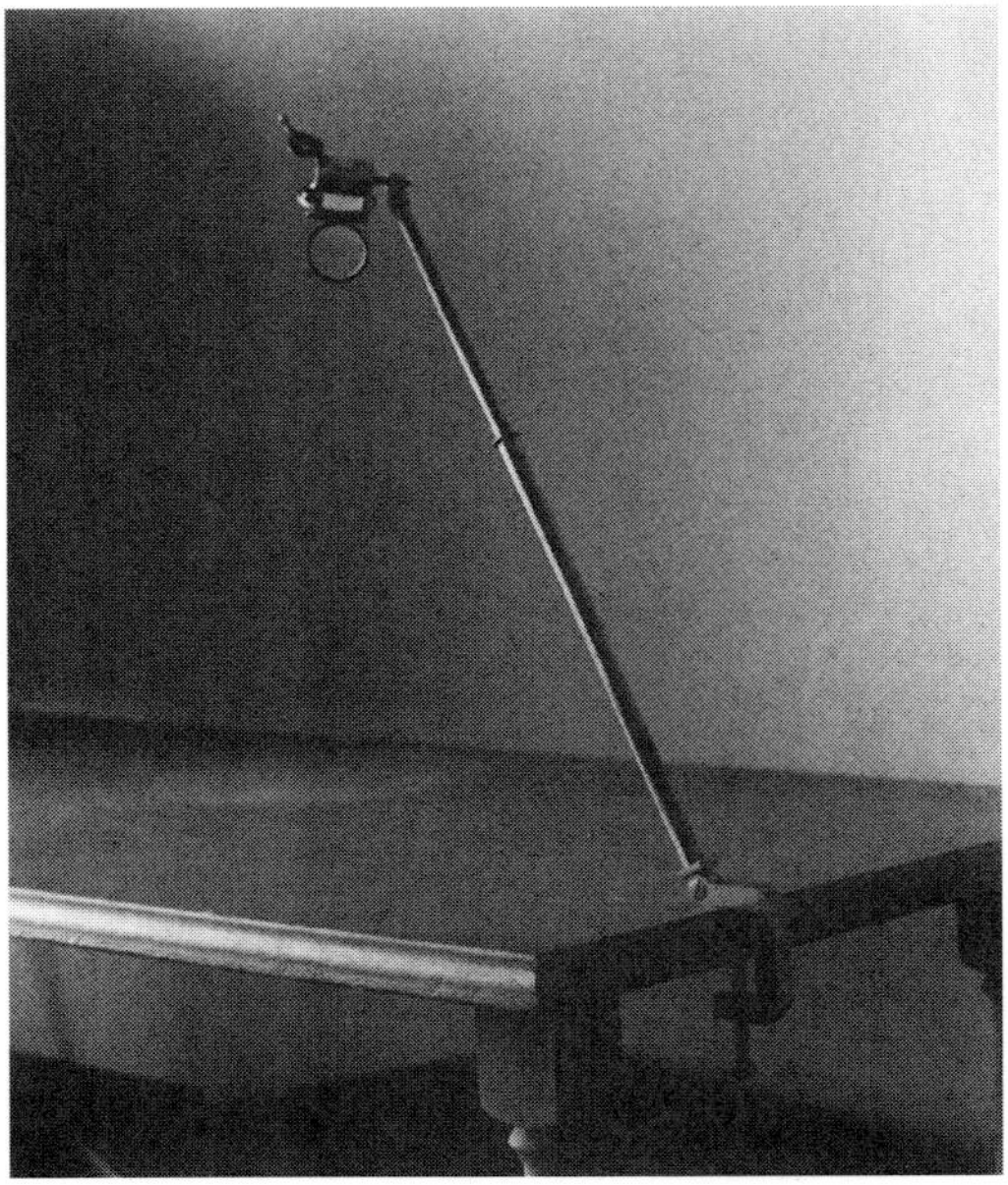

イリアム・ウラストン（1766－1828）によって発明された。このしかけを用いると、遠くの風景が紙の上に見えるので、画家はそれを透視画法的に写しとればよい。カメラ・ルシダがカメラ・オブスキュラ（「暗箱」）と違うのは、実像ではなく、虚像を生じさせるという点である。簡単なカメラ・ルシダは45度の向きに置かれた半透明鏡で、反射された風景とガラス越しに見える紙とが合体する。しかし、風景は逆さに見える。顕微鏡で絵を描く場合にはこれはさほど問題ではないので、この単純なタイプが用いられている。

ウラストンの装置は、四つの角度（90度、135度、67・5度が二つ）をもつ特殊なプリズムを用いて、像を正立させている（図6・12と図6・13を参照）。直角をなす二つの面の一方が風景に向けられる。見やすくするため、フィルターによって紙と風景の明るさが調節され、風景にも絵にも焦点が合うように、つなぎ合わせたレンズが用いられる。観察位置はきわめて微妙で、眼は、瞳孔の半分がプリズムを通して風景を受けとり、もう半分が紙が直接見える位置に置かれる必要がある。

記憶の鏡——写真

最初に成功した写真は、鏡の上に光によってエッチングされたものである。像を発現させるために、銀板に水銀蒸気がほどこされた。パリの画家でカメラ・オブスキュラに詳しかったルイ・ジャック・マンデ・ダゲール（1789－1851）によるこの発見は、それ以前の、成功とは言いがたい紙を用いたハンフリー・デイヴィとジョサイア・ウェッジウッドの実験を追試したものだった。ダゲールの研究の大部分はジョゼフ・ニエプス（1765－1833）と共同でなされたが、ニエプスはその成功を見ずに亡くなった。この発見は、注がれた知性と幸運とがうまい具合に重なってなされたものだった。というのも、銀板上にできた最初のかすかな像の単純な改良ではなく、新しいアイデアにもとづくものだったからである。実験を重ねたあげく、ダゲールは、露光したが像のほとんど写っていない銀板を、戸棚のなかに一晩入れたままにした。戸棚にはたまたま、いくつもの化学物質のビンがあった。翌朝彼は、銀板の表面が奇跡のように、細部まできれいに写ったすばらしい写真になっていることを発見した（白黒は反転していた）。いずれかの化学物質の蒸気がこの奇跡を起こしたのに違いないということに気づいて、彼はビンをひとつずつとり去り、反応を生じさせた物質が水銀であることをつきとめた。水銀蒸気が銀板上の「潜」像を「発現」させたのである。これは、だれも予想だにしていなかったことだった。

ダゲレオタイプ（過去と将来の研究すべての手柄を二人で分かちあうというニエプスとの約束にもかかわらず、こうよばれるようになった）は、1840年から実用に供されるようになった。高価ではあったが、すぐさま大きな成功を収めた。ダゲレオタイプは、銀メッキされた銅板の上で左右反転しており、光のあて方によって「ポジ」にも「ネガ」にも見えた。ヘンリー・フォックス・タルボットの方法は、ガラスの上に銀を塗るものであった（カロタイプとかタルボットタイプとよばれる）。それは黒いヴェルヴェットの上に置かれると「ポジ」に見えた。

タルボットも、ダゲールと同じころに写真に成功した。タルボットは、ダゲールの実験を知らずに、そして彼自身は画家ではなかったが、コモ湖をスケッチするため、カメラ・ルシダを使って、絵を描こうとした。タルボットは、それが大変むずかしい技巧を要する、ということを思い知らされた。『自然の鉛筆』（1844）のなかで、彼はこう述べている。「プリズム——そのなかのものはすべてが美しく見える——から眼を離すと、不実な鉛筆が紙の上に、見るからに憂鬱な線を残しただけということがわかった。私は、このしかけには絵心が要るという結論に達したが、いかんせん私はそれをもちあわせていなかった」。そこで、彼はカメラ・オブスキュラを用いることにした。カメラ・オブスキュラのなかに紙を置き、実際の像を直接写しとろうとしたのである。しかし、「紙の上に精密に詳細を写しとるには、しろうとの技量と忍耐に余った。実際のところ、なんとかその風景に見える程度のものしか描けなかった」。そこで、タルボットは、光そのものを鉛筆にしようとした。1834年に、彼は家に戻るなり、紙の上に硝酸銀を塗ってみた。しかし、これは、とてつもなく長い露光時間を必要とした。何度か試みたのち、タルボットは、紙にまえもって薄い食塩水を塗り、乾かしておくと、かなりうまくいくことを発見した。最終的には、濃い食塩水で像を定着させると成功するということがわかった。彼は、この紙の上に木の葉を置くだけで、木の葉の写真を撮ることができた。次に、多くの実験を行なって塩と水銀で交互に洗うことで紙の感度を高めてから、彼が「マウスボックス」とよんだ小さなカメラ・オブスキュラを用いて彼の邸宅と庭——レイコック・アビー(注22)——のすばらしい光景を撮った。しかし、これらは、人物を撮るにはあまりに露光時間が長すぎた。そのうち彼は、ヨウ素で紙の感度をよくすることを見つけた。これは、ダゲールが銀板を感度を上げるためにヨウ素を用いたのと同じやり方だった。ダゲールの結果は、183

9年の1月に発表された。タルボットの方法は、ダゲールの方法が詳細に発表されるよりも六か月前に、マイケル・ファラデーによってロンドンの王立協会で「フォトジェニック画」の名で報告されてはいたものの、ダゲールの結果は、自分こそ光で絵を描いた最初の人間だというタルボットの信念を打ち砕いた。タルボットの方法は、ポジの写真が何枚も複製できるという大きな利点をもっており、ダゲールの華麗な「銀の記憶鏡」よりもずっと安くすんだのである。

液晶ディスプレイ

デジタル時計やポータブルコンピュータの液晶ディスプレイは、局所的な電荷によって変化する数千から数万の微小な鏡からなるパターンである。これは、磁場によってガラス中の光の振動面を回転できるという、1845年のファラデーの発見を大きく発展させたものである。回転は空気中でも起こり、なにもガラスである必要はない。これが電場でも起こることは、1875年にスコットランドの物理学者ジョン・カーによって発見された。カーのセルやその改良版のセルは、直交した偏光フィルターの間に置かれると、高速の光学シャッターになる。それはまた、グラスファイバーを通して情報を伝達するためにレーザー光を変調することもできる。液晶ディスプレイは、らせん状の有機化合物から構成され、たとえば水晶などよりもずっとよく偏光を回転させる。液晶は固体と液体の中間状態にあり、電場の変化にしたがって分子が動き、その向きを変える。偏光フィルターの間に置かれた各液晶セルは、微小な光学シャッター（あるいは可変反射鏡）になる。カーのセルは高速で変化させることができ、光そのものが飛ぶさまを撮影できるまでになっている。これを用いて、1億分の1秒以下のレーザーのパルス光の瞬間写真を撮ることもできる。(注23)

眼のなかを見る

◆検眼鏡

どうして検眼鏡を使うと眼のなかが見えるのだろうか？　この疑問を考えてみると、さまざまなことがわかる。なぜ眼のなかを見るのに特別な装置が必要なのだろう？　なぜ単純にお互いの眼のなかを——あるいは鏡で自分の眼のなかを——のぞいてみることはできないのだろうか？

そのわけは、自分の眼と頭が相手の網膜に像を結んでいるため、相手の眼のなかを見るのに必要な周囲の光がさえぎら

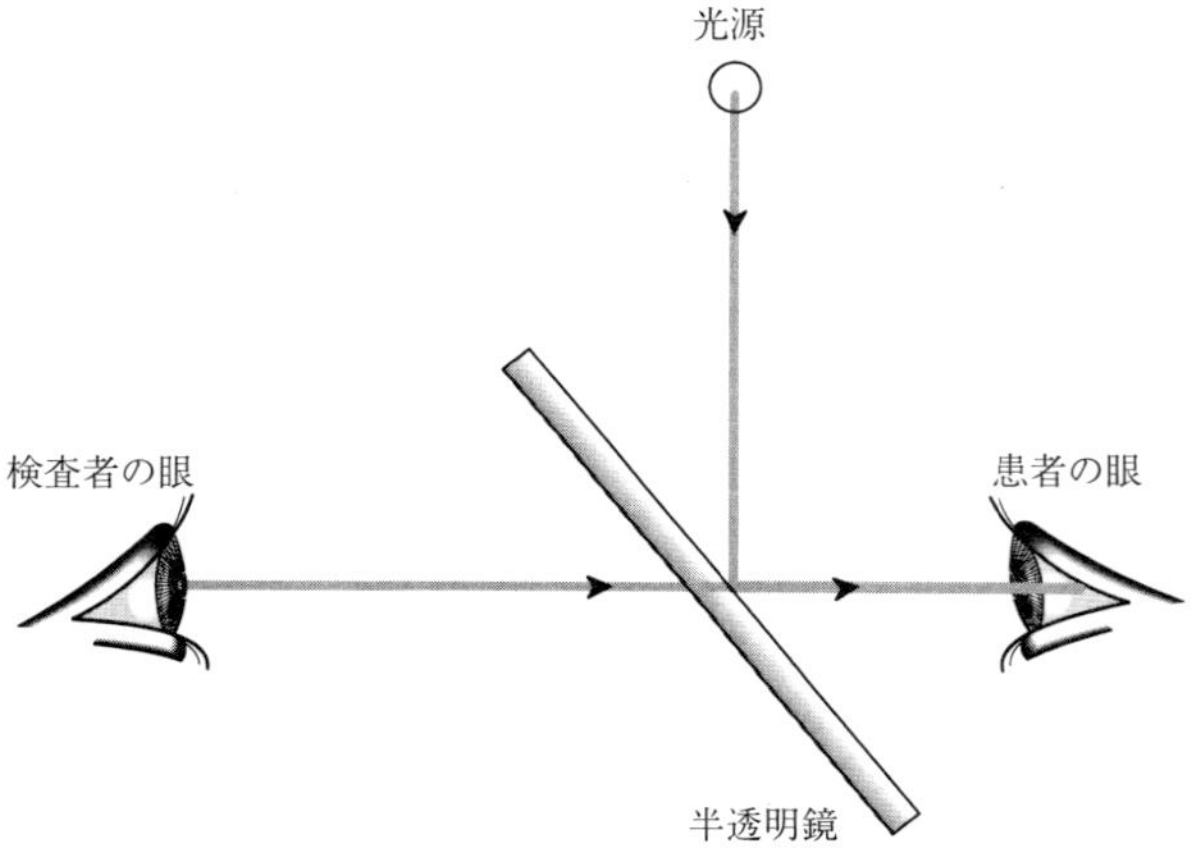

図6・14　**検眼鏡（模式図）**

検査者の眼（と頭）が患者の網膜に像を結ぶので，周囲の光は，必要なところに届くことができない。そのため，患者の眼の網膜はピンク色で，十分な光を反射しているのだが，瞳孔は黒く見える。半透明鏡を斜めに置くと，患者の眼に検査者の視線に沿って光を入れることができる。

れ、網膜に届かないからである。この解決法は、ヘルムホルツと数学者のチャールズ・バベッジ（1791-1871）によってほぼ同じころに考え出された。瞳孔のなかに視線の方向に沿って光を入れてやるのである。そうするには、図6・14に示すように半透明鏡を使うとうまくいく。

◆パンドラの箱

私は、絵を観察する際にどのような奥行き空間が見えているかを立体的に調べるために、「パンドラの箱」を考案した（図6・15参照）。それは、両眼による立体視を用いて、片眼で絵を見て感じる奥行きを測定するというものである。[注24] この装置は、45度の向きの半透明鏡を用いて、光点を絵のなかの任意の奥行きに――絵の面の手前にも向こうにも――光学的に置くことができる。観察者は両眼で見るが、直交する偏光フィルターが置かれているため、絵は片眼にしか見えない。したがって、両眼立体視を用いて、絵のなかの特定部分の見かけの奥行き（片眼で見た場合の単眼の手がかりによって生じる奥行き）が測定できる。このようにして、観察者がどのような奥行き空間を体験しているかを再構成することができる。

パンドラの箱は、ミュラー・リヤー錯視（272ページ）

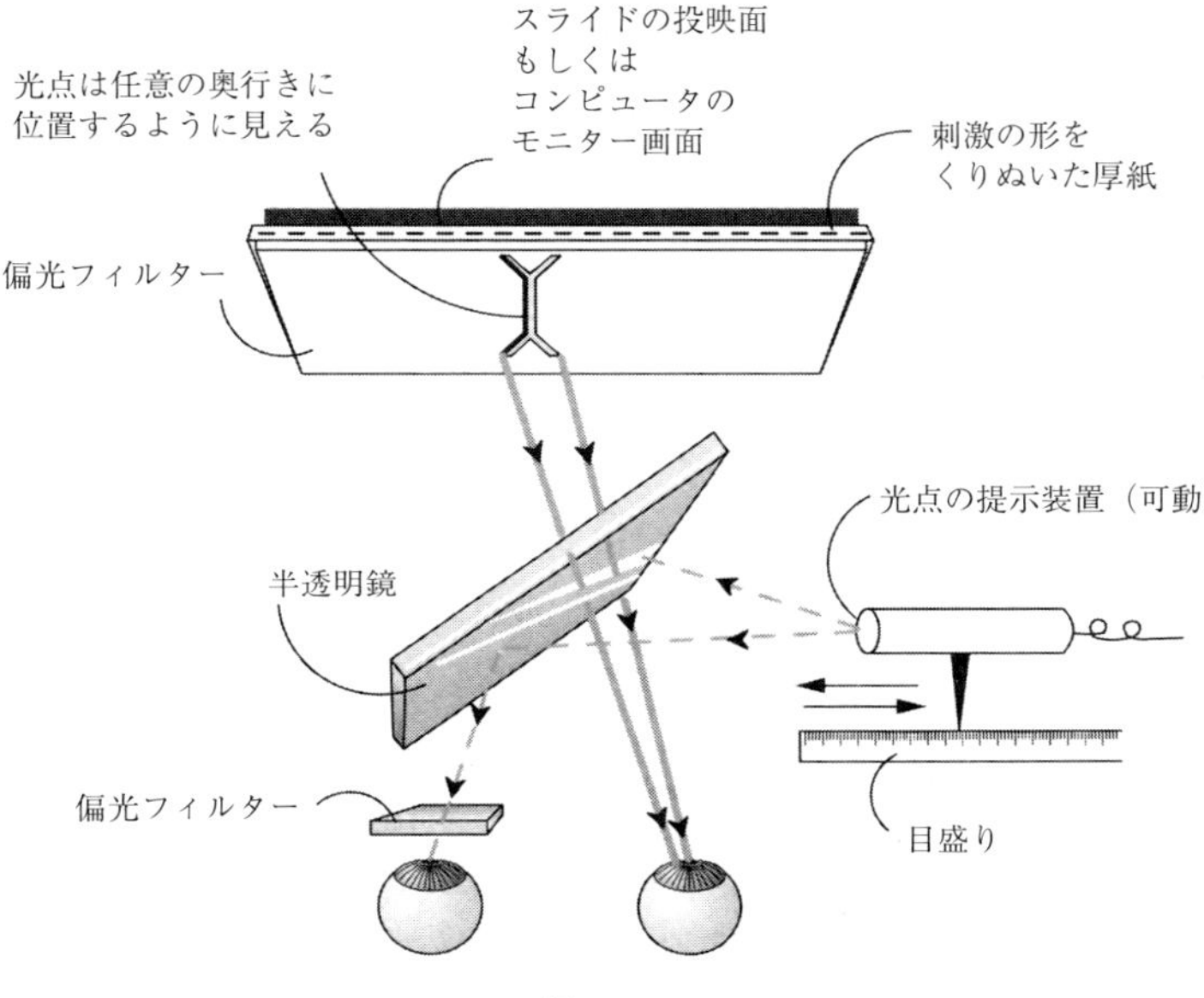

図6·15　**見かけの奥行きを測るための「パンドラの箱」**
両眼には奥行き方向に可動の光点が見える。一方の眼には直交する偏光フィルターがかけられているため，スクリーン上の図形は，もう一方の眼にしか見えない。光点は片眼に見える図形の奥行き方向のさまざまな距離に置かれる。このようにして，観察者の体験している奥行き空間を知ることができる。

のような図形の錯覚に見かけの奥行きがどのように関係するかを調べるために使える。これは、表面のキメをもたない、後ろ側から映写したスライド（あるいはコンピュータのモニター画面）にすると、もっとうまくいく。

鏡を用いた錯覚

以下では、鏡の「陰の」性質——錯覚を生み出すという性質——を紹介しよう。錯覚も、まったくの悪者というわけではない。いったん錯覚ということがわかって説明がなされれば、錯覚は誤りを警告するものとなり、真実の知覚を知る手がかりになる。しかし、聖職者や手品師は昔から錯覚を、奇跡を信じ込ませたり、ありえないことを楽しんだりするのに用いてきた。

◆ペッパーの幽霊

十九世紀半ばに大きなガラス板が使えるようになってから、舞台に幽霊を登場させるために反射が利用されるようになった。ペッパーの幽霊は、ロンドンの王立工芸学校の教授だったジョン・ヘンリー・ペッパー（１８２１‐１９００）に由来する。ペッパーは、多数の科学的な供覧実験を考え出し、数冊の科学啓蒙書を著している。ペッパーの幽霊というのは、大きな半透明鏡（あるいはたんにガラス板）を用いて、反射された役者とガラス越しに見える役者とを光学的に重ね合わせるものである（図6・16参照）。光の強さを変えれば、役者を見えるようにしたり、見えなくしたり、あるいは透明な幽霊のように合体させることもできる。ルイス・キャロルのニヤニヤ笑うチェシャー猫が消えるのも、ペッパーの幽霊にヒントを得た可能性が高い（２８１ページ参照）。この光学的効果は、マジックミラーの効果と同じである。これは薄暮時に窓で体験できることが多い。薄暗がりの状態では、しだいに、部屋があたかも外にあるかのように見えてくる。

これは、光学的にはごくありふれた現象だが、知覚的にはあまり気づかれることがない。というのは、無関係な反射や眼のなかの残像には気づかないことが多いからである。このことが示しているのは、知覚がわれわれの主観的な現実を編集し創造する力をもっている、ということである。ペッパーの幽霊の原理は、六分儀（２０９ページ）やカメラ・ルシダ（２１１ページ）や「パンドラの箱」（２１７ページ）のような、真実をとらえるための多くの装置にも使われている。

図6·16 **ペッパーの幽霊**

大きな半透明鏡によって，役者が消えたり，透明な幽霊が見えたりする。ペッパー（1877頃）より。

◆万華鏡

デイヴィッド・ブリュースター卿は、純粋に科学的な疑問から出発して、視覚現象の美しさに引きつけられ、好奇心をかき立てかつ実用的な芸術としても楽しめる万華鏡を考案した。発明がどのようになされ、どのように改良されたのかが記録として残されることはまれだが、ブリュースターは詳細にそれらを残している。(注25)

このしかけの最初のアイデアが浮かんだのは、1814年、ガラス板の間の連続した反射による偏光の実験をしている最中だった。……これらの実験では、反射鏡を面が平行になるように並べる過程で、どうしても面が互いに傾きあうことがあった。そのとき、私は中心のまわりにロウソクの像が円状に並び、ガラスの縁によって扇形がいくつもできることに気づいた。しかし、反射鏡の端からロウソクまでの距離のせいで、それらの配列は対称性を欠いていた。そのため、私はこの現象にそれ以上注意を向けなかった。

フランス人の友人で、同じく科学者のジャン・バプティスト・ビオーあての手紙のなかで、ブリュースターは、どのようにして自分がこの科学のなかに美を見出し、科学と芸術にまたがるしかけを作ったのかを説明している。

(鏡への)入射角が約85度か86度で、それらの鏡が接触せんばかりの位置にあり、ほんの少し角度が傾けられると、同時に二つの反射像が二つの曲線になって出現した。そして、すばらしい色の連続が織りなす現象は、それをもっともよい条件で見ただれもが口をそろえて、光学現象のなかでもっとも美しいものだと言うに違いないものであった。

しかし、彼が対称性を観察するのは、このあとのことである。

二枚の鏡を組み合わせて物体の像が何重にもなったり円状になったりすることをもとに、大変おもしろい効果を生み出そうとしてはいたが、……私はまだ万華鏡の発明に向けての一歩すら踏み出してはいなかった。しかし、私が観察したこの効果は、これからどんな実験を行なえばよいかについてのヒントを与えてくれるのには十分であった。……

はじめこれらは、「対称性をまったく欠いていた」。しかし、ブリュースターは、最初の実験から対称性を生み出せるということに気づいて、必要条件を列挙している。(注26)

1 物体が規則的で、どちらの反射鏡に対しても同じように位置している場合には、反射鏡は、円が偶数か奇数かで割り切れる角度に置かれなければならない。あるいは、物体が不規則でいろいろな位置にある場合には、偶数で割り切れる角度に置かれなければならない。［余りがないように割り切れなければならない。たとえば、鏡が30度の傾きだと、重複や隙き間のない12の扇ができる（30×12＝360）。］

2 反射鏡の内外どちらでも、物体のとりうる無数の位置のうち、完全な対称性が得られる唯一の位置がある。すなわち、物体が双方の反射鏡の端に触れておかれた場合である。これはちょうど、先程の三角の角度の実験で反射鏡が接合する位置である。

3 眼のとりうる無数の位置のうち、完全な対称性が得られる唯一の位置がある。すなわち、角の頂点にもっとも近いところであり、ここからだと、円弧状のパターンをはっきり見ることができる。そして、ガラスの谷間を部分的に液体で満たしてそれ越しに見ながら、眼の位置を変えてみた結果、無数の位置のなかで、この位置こそ円弧状のパターンの光の均一性が最大になり、直接の像と反射像とが同じ形、同じ大きさに見える唯一の位置であった。

ブリュースターは次のように続ける。

以上の原理にしたがって、私はしかけを作った。私は、反射鏡の終端に、色ガラス片やそのほかの不規則な形をしたものを並べて固定した。そして、この状態で、しかけをエジンバラ王立協会の何人かの会員に見せた。彼らは、その効果の美しさに大変驚いた。……しかし、しかけを完全なものにするための大きなステップがまだ残っていた。というのも、その後、しかけの終端部に固定あるいは半固定の状態で置かれた色ガラス片などの物体に動きを与える（ブリュースターによる強調）というアイデアを思いついたのである。このアイデアが実行に移され、反射鏡が筒のなかに置かれ、そして先程の原理が満たされて、シンプルな形の万華鏡が完成した。

しかし、ブリュースターは次のように判断した。

しかし、この万華鏡はまだ、普遍的に応用できる一般的な科学的装置とみなすことはできなかった。反射鏡の終端で色片が対称性の位置からほんの少しでもずれてしまうと、生ずるパターンは美や対称性からほど遠いものになった。……この装置は、その三角の開口部よりも小さな物体やそれらの集まりにしか使えなかった。

この発明の次の、もっとも重要なステップは、この制約をとり払い、装置の使用と応用をかぎりなく広げることであった。この効果は、凸レンズをはめ込んだ伸縮自在の筒をとりつけることによって得られた。レンズの焦点距離を、いかなる距離にあるいかなる大きさのものでも、像が反射鏡の終端に結ぶようにすれば、あたかもそれらが縮んで小さくなったかのように装置のなかにとり込み、対称性が得られる正しい位置に置くことができた。

ブリュースターは次のように結んでいる。「万華鏡がここまで完璧になった時点で、それがあらゆる装飾芸術に使われるようになり、同時に知的な楽しみとしてもポピュラーなしかけになるだろうと確信せずにはいられなかった」。

王立研究所のフラー記念生理学講座の教授であり、シソーラス（類語反語辞典）の生みの親でもあったピーター・ロジェ（1779-1869）は、『エンサイクロペディア・ブリタニカ』のなかで、万華鏡の反響を次のように記している。

万華鏡がロンドンのすべての階層の人々の間に巻き起こした興奮は、驚くべきものであった。それは、貧富を問わず、老若男女に喜びを与えた。万華鏡は船に積まれて、海外に、とりわけ東インドに輸出された。それは、たちまちにしてヨーロッパ中に知れ渡り、スイスの山奥の辺鄙な村にさえ、その行商人が訪れた。

ブリュースターは特許を出願した。しかし、彼がすでにその原理を公けにしていたので、特許をとることはできなかった。そのしかけは盗用され、ロンドンとパリでは三か月間におよそ20万個が売られた。しかし、正しい原理にしたがって製作されたものは数えるほどしかなかった。当のブリュースターには、ビタ一文も入らなかった。

万華鏡は簡単なしかけ――ほんの二枚の鏡――だが、理解するのは容易ではない。よくある基本的なタイプは、二枚の細長い鏡が30度の向きで置かれているもの（12の反復ができる）や、45度の向きで置かれているもの（8の反復ができる）である（図6・17と図6・18参照）。眼の位置はきわめて重要で、物体は鏡の端になくてはならない。見えるのは、交互に反転した物体が繰り返される多角形である。

図6・19は、マッチ棒を使って、万華鏡がどのようにはたらくかを示している。中央に向いた小さなマッチ棒は、その対称性のため反転していないように見える。（片側ずつを別の色で塗れば、交互に反転しているのが見える。）直角に置かれた大きなマッチ棒は、はっきり交互に反転している。（b）には、その中間の角度だと、マッチ棒がどのようなパターン

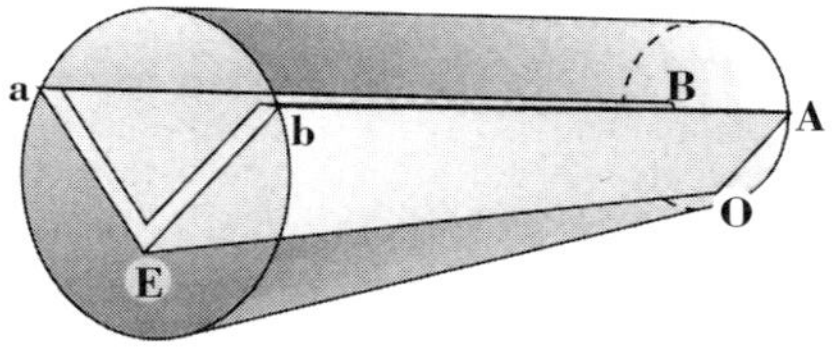

図6・17　**簡単な万華鏡**
ブリュースター（1819）より。

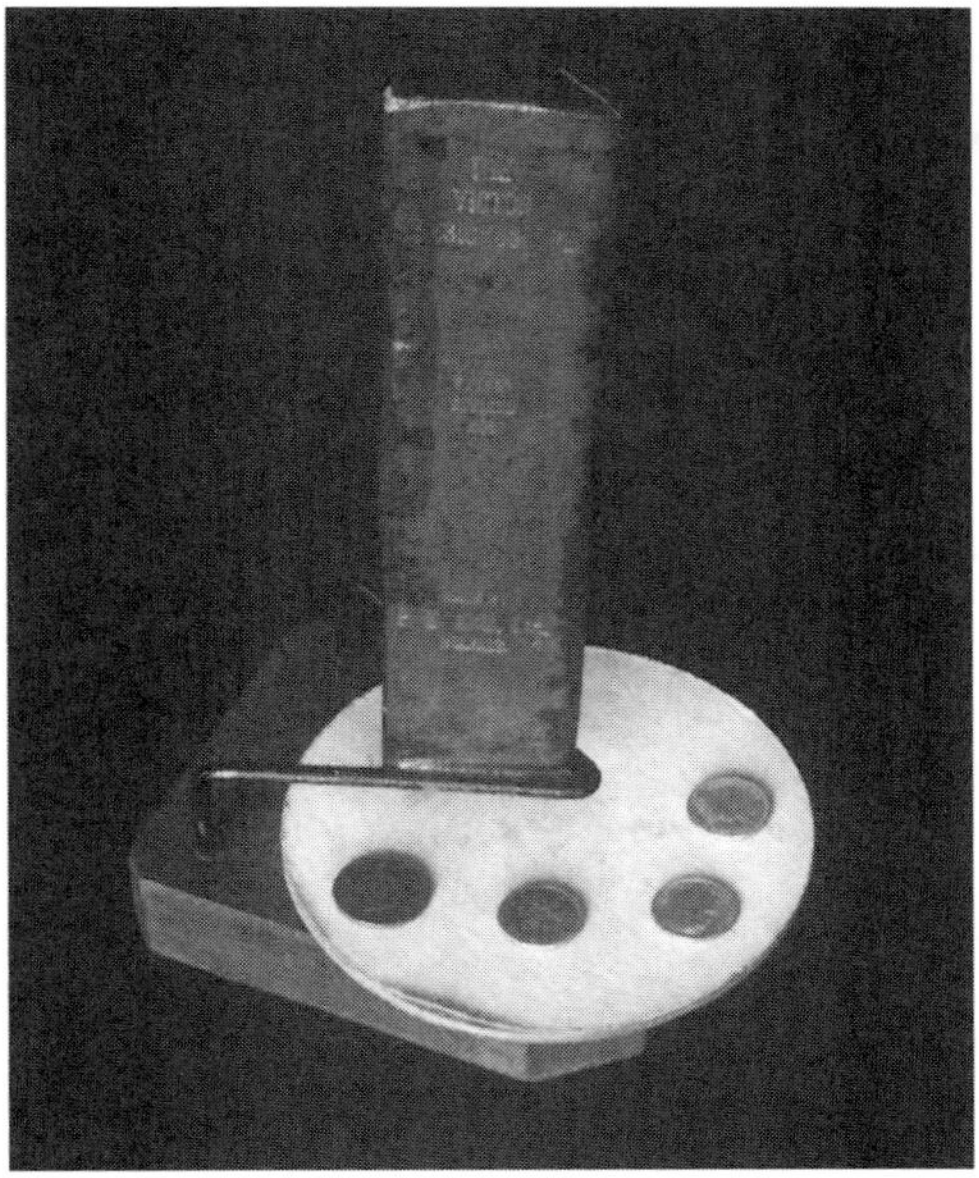

図6・18　**回転するターンテーブル上の45度の万華鏡**
1916年ベルファストのＰ・Ｋ・アーム社製のヴィクター・デジノスコープ。著者所蔵。

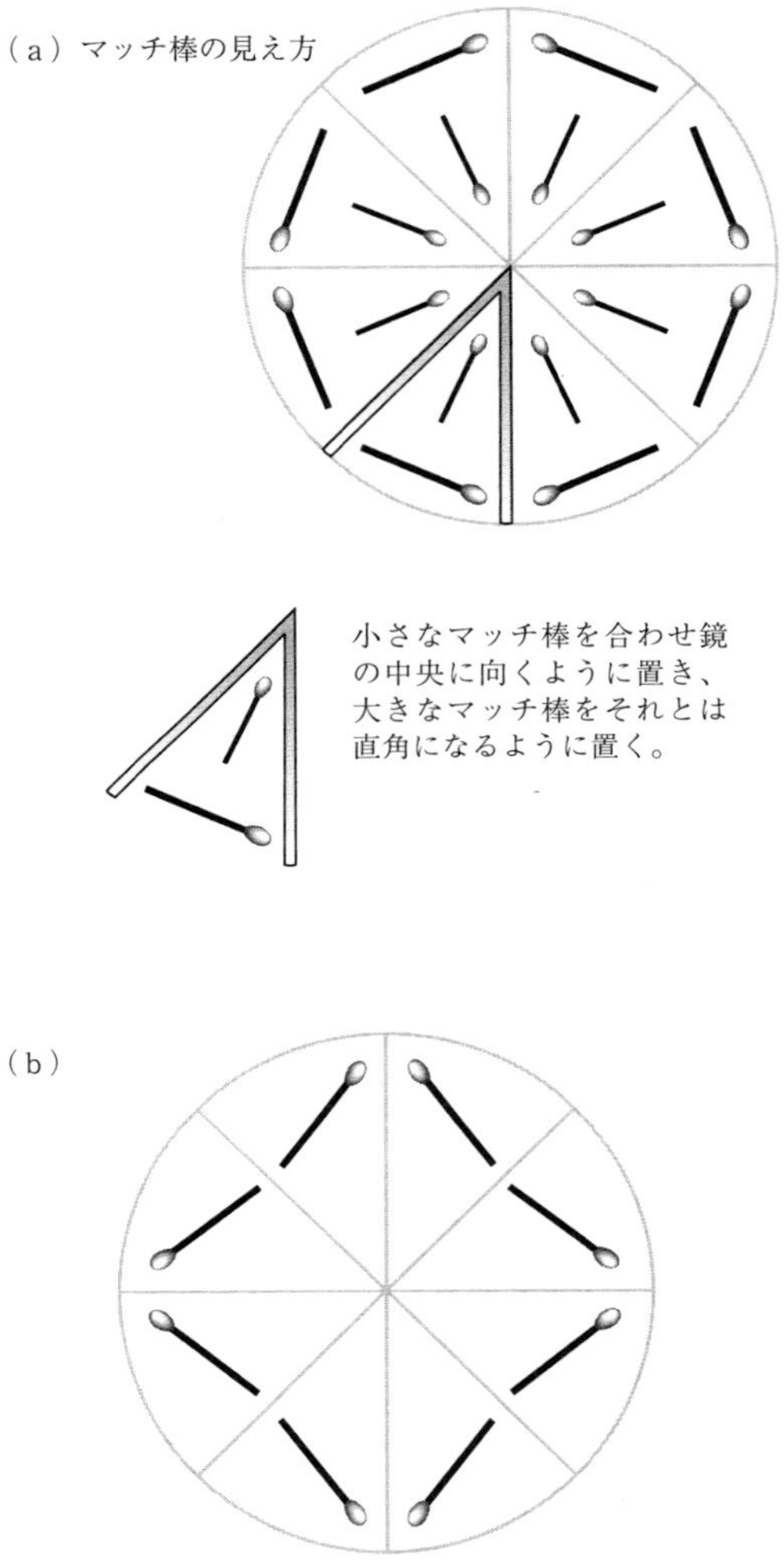
（a）マッチ棒の見え方
小さなマッチ棒を合わせ鏡の中央に向くように置き、大きなマッチ棒をそれとは直角になるように置く。
（b）

図 6·19　万華鏡のなかのマッチ棒はどう見える？

（a）中心に向いた小さなマッチ棒は対称だから，反転していないように見える。（縦に色を塗り分けたとしたら，反転の繰り返しが見える。）中心に対して直角の向きに置かれた大きなマッチ棒は，はっきり反転を繰り返している。中間の角度にすると，（b）のようなパターンになる。

に見えるかが示してある。

98ページでは、なぜ虚像が多重反射によって交互に反転するのかを解説した。では、なぜ像の数が鏡の角度とともに変わるのだろうか？　二枚の小さな鏡をつなげて、それらの間にマッチ棒や硬貨のような物体をおいてみると、おもしろいことが起こる（101ページ参照）(注27)。鏡全体を見るのではなく、鏡をのぞき込んでみよう（102ページ、図4・6）。鏡の角度が変わると、像の数は次のように変化する。(注28)

> 反射によって生じる多角形は、360度を鏡の角度で割って得られる数と同じだけの辺をもつ。

エルンスト・ゴンブリッチ卿が指摘しているように、このパターンの強力さのため、物体の個別性はほとんど失われてしまう。(注29)

◆ストロボスコープ

はじめて、見かけの速度を変えたり、回転の動きを逆転させて見せたりしたのは、マイケル・ファラデーである。これは、技術者のアイサムバード・キングダム・ブルネル（1806－59）がテームズ・トンネルの作業場で観察したことに端を発している。テームズ・トンネルには互いに逆向きに回転する大きな歯車があったが、ブルネルは、近いほうの動く歯車越しに遠いほうの歯車を見ると、歯が静止して見えることに気づいた。ブルネルは、これをファラデーに示すため、細長い穴が等間隔に開いた円盤をとりつけた一連の動く模型を製作した。この穴を通して、離れた鏡に映る回転するこの円盤の背面を見ると、静止しているように見えた。ロジェは、円盤の裏に少しずつ異なる続きものの写真を貼ったところ、写真が動いて見えた。これが最初の「動」画――映画の始まり――であった。

◆プラキシノスコープ

プラキシノスコープは、鏡をたくみに配置することによって、少しずつ違う一連の絵や写真が動いているように見せるしかけである（図6・20と図版16を参照）。これは、初期のゾートロープを改良したもので、エミール・レイノーによって発明された。ゾートロープのほうは、円筒に細い穴の開いたしかけで、1834年にブリストルのウィリアム・ジョージ・ホーナーによって発明された。

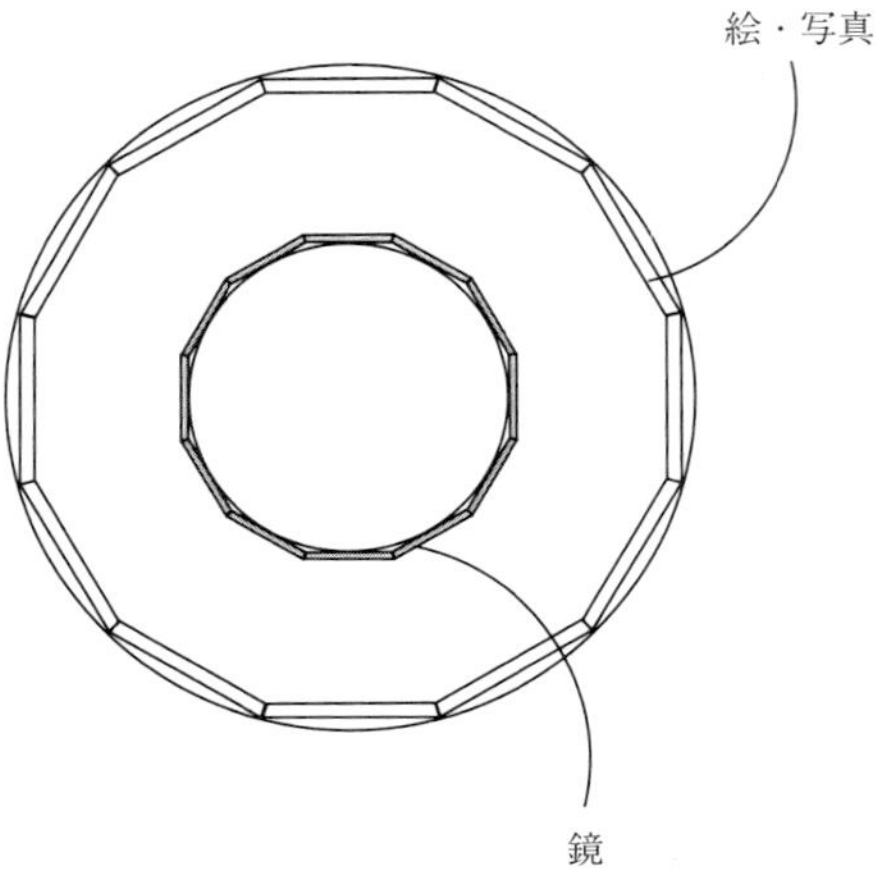

図6・20　**プラキシノスコープ**

◆歪像鏡

遊園地にはよく、人間の形を奇妙にゆがませる鏡がある。同様におもしろいのは、まず形をゆがめて描いて、次にその絵を歪像鏡に映し、もとの形をとり戻すことである。これは、対象の形を意味のないものにし、次に意味を回復させる（図6・21参照）。紙の上にピカピカ光る金属製の円筒を置くと、いとも簡単に秘密の絵を描ける。やり方は、円筒の鏡をのぞきこみながら紙の上に対象を描く。円筒内では、対象は大きくゆがんで見える。紙に描かれた絵のほうも同様に、なにが描かれているかわからないほどゆがんでしまうだろう。しかし、図6・22に示すように、ゆがんだ絵が円筒に映ると、ゆがみが消え、なにが描かれているかわかるようになる。

◆魔法のキャビネット

鏡はよく手品でも使われる。なかでも、魔法のキャビネットはきわめて効果的なトリックだ。キャビネットの奥の両隅にちょうつがいでとりつけられた垂直の二枚の鏡が、中央で直角に合わさっている。つまり鏡は、両側面に対しても、後面に対しても45度の向きにある。観客は、鏡のなかに両側面を見るが、それらを後面だと思ってしまうのである。演じ手が鏡の背後に隠れると、キャビネットはからっぽに見える。

図6・21　**歪像鏡**
秘密の絵が円筒に映ると，もとの形が復元される。

図6・22　**形をゆがめて描いた絵**
円筒ではなく，もっと複雑な形のものを使うこともできる。

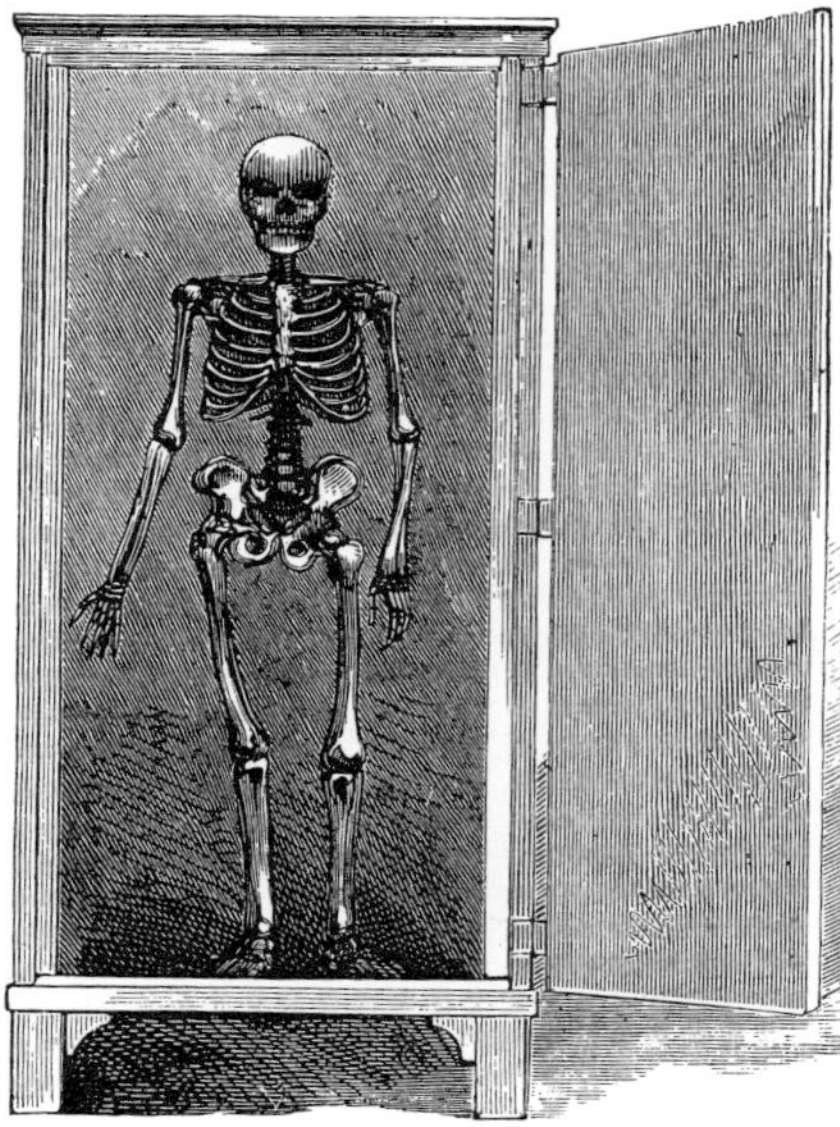

図6・23「**キャビネットのなかの骸骨**」ドアはガラス鏡で，錯覚を作り出すために，キャビネットの上の部分には細工がしてある。外側のドアのほか，内側には，厚い曇りひとつないガラスのドアがある。照明が柱の上についていて，内側を照らす。これを発明したのはダヴェンポート・ブラザーズで，彼らの子孫が現在も手品（鏡を使うのも使わないのもある）を続けている。

演じ手が鏡の上に頭だけ出せば、胴体がなくて、頭だけが宙に浮いているように見える。

この鏡の手品にはさまざまなやり方がある。たとえば、キャスターつきの大きく立派な箱がステージの上でぐるりと回され、観客は下から、上から、四方からくまなくそれを見る。上から照明されて箱が開けられると、なかはからっぽに見える。アシスタントが箱のなかに入り、ドアが閉められ、カギがかけられる。数分後ドアが開けられると、アシスタントは影も形もなく、骸骨が立っている。ドアがふたたび閉められ開けられると、今度は骸骨が消え、代わりにガタガタ鳴る骨の入ったボストンバッグをもって、アシスタントが箱から跳び出してくる。手品師が、箱について講釈しながら、箱のなかに入り、壁をこぶしで叩く。その最中に突然ドアが閉まり、またすぐに開くが、手品師は跡かたもなく消えている。ドアがまた閉じて開くと、手品師が現われる。このトリックは図6・23に示してある。

図6・24に示すように、鏡の引き起こす奇跡は、数千年もの間神々に仕えてきた。

◆幻　肢

事故で腕や脚を失くした人々は、失くした腕や脚をそれが

図6・24　**神のまぼろし**
おそらくこのトリックは大きな湾曲した鏡を用いたのだろう。頭が手前のなにもない空間に浮いて見える。

まだあるかのように感じることがある。さらに悪いことに、失くした腕や脚に痛みを感じる場合がある（激しい痛みであることが多い）。最近、V・S・ラマチャンドランは、夫人のダイアン・ラマチャンドランとS・コブとともに、十人の腕を失くした人を調べたが、だれもが、健常のほうの腕を鏡で幻肢の腕に「重ね合わせて」見ることができると、幻肢の感覚と痛みが消え去るということを発見した。三週間にわたって一日15分ずつこれを繰り返したところ、幻肢の感覚と痛みが弱まり、それ以降永久に消え去ってしまった（1996）。この注目に値する発見は、理論的にも医学的にも意味深い。

自然界の鏡

人類が存在するようになる以前の数億年にわたって、進化は反射を利用した器官を生み出した。われわれはごく最近、このことを知った。自然は、われわれが使っているのと同じくらいたくさんの種類の鏡の使い方——情報をとらえる、敵をだます、姿をくらます——をしている。

◆ネコの眼

自然界に金属鏡はない。夜間に運転をしていてよく経験す

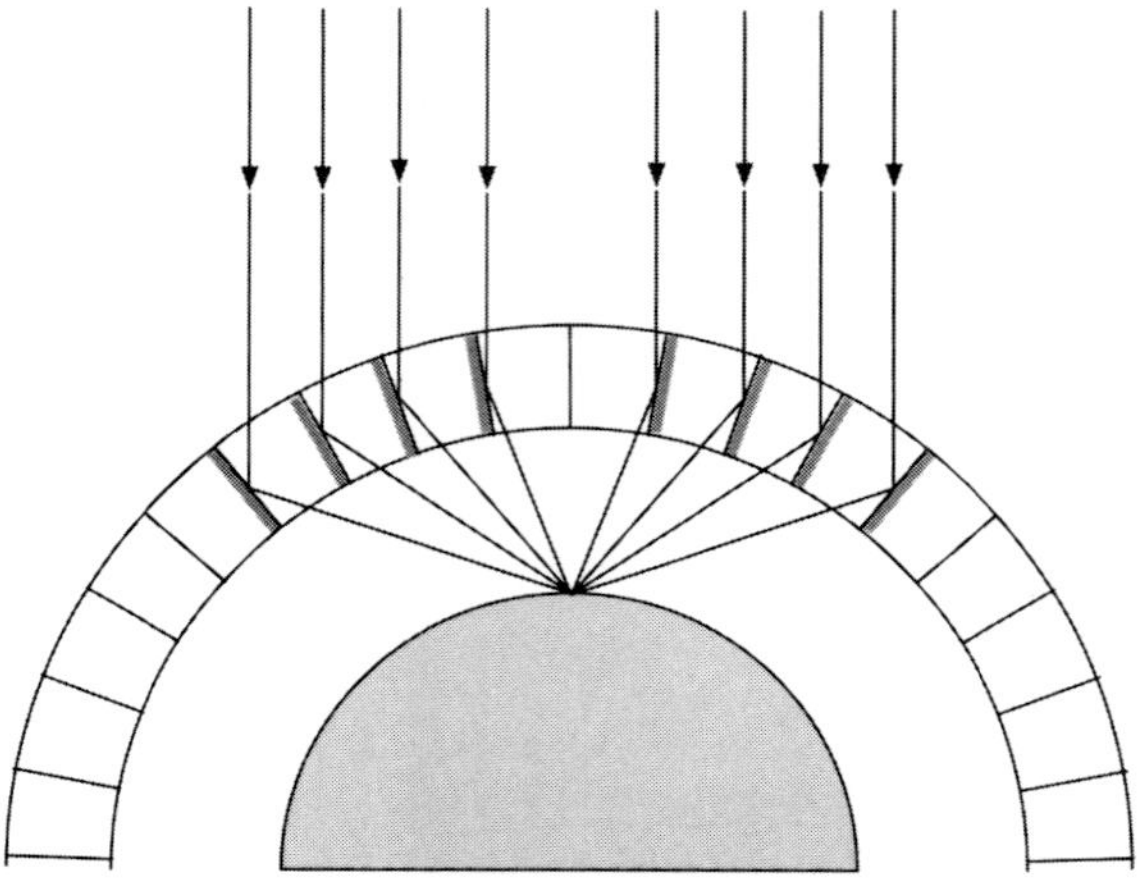

図6・25　**反射鏡眼**
ランド（1984）より。

ることだが、ネコなど夜行性の動物の眼は、光で照らされると、キラリと光る。これは、光が網膜の後ろにある鏡に反射して返ってくるからである。ネコなど夜行性の動物に見られるこのタペータム（反射膜）は、受容細胞によって吸収される光を増やす役目を果たす。入射光は反射されて、網膜の受容細胞（桿体）の感光色素にあたり、光子をとらえる再度のチャンスが与えられるのである。

タペータムは、きわめて洗練された回折光学の原理にもとづいてはたらく。それは、きわめて薄い何層かのキチン層からなる、一連の4分の1波長板で、シャボンの膜のように、キチン層の面の間隔に応じて特定の波長の光を反射する。タペータムは多数の層からなっているため、シャボンの膜よりもずっと効率的な反射鏡である。

◆反射鏡眼

つい最近まで、オウムガイのピンホール眼を除いて、すべての結像眼がレンズによって機能していると考えられていた。しかし最近、マイケル・ランドは、基本的に反射望遠鏡と同じようにはたらく眼があることを発見した（図6・25参照）。ホタテガイは、外套膜に沿って60個から１００個の反射鏡眼をもち、触手の間から外界を見る。マイケル・ランドは、そ

れらがふつうのレンズ眼だというそれまでの考えが誤りであることをどのようにして発見したか、こう記している。(注30)

考えを変えるきっかけになった観察は、解剖顕微鏡でホタテガイの眼のなかをのぞいてみると、眼のなかに自分自身の倒立像を見ることができるということだった。……もしこれらの眼が実際にレンズ眼であるなら、こういう像は見えないはずである。なぜなら、網膜上に結像する対象は、さらにレンズによって無限遠に結像され、人間の眼でそれを見るには顕微鏡ではなく、望遠鏡（あるいは検眼鏡）が必要になるからである。ということは、眼のなかに見える像はレンズによって生じるのではなく、眼の背面をおおっている半球状の反射率のきわめて高いタペータムからの反射によって生じていることになる。

もちろんこれらの眼にもレンズはついているが、そのレンズには、像を結ばせるだけの屈折力がない。鏡は、四角のグアニン結晶と細胞質が交互になった層からできている。(注31)市販の光学機器にこのような二色性ミラーが用いられるようになったのは、ごく最近のことである。

◆魚の鏡状うろこ

多くの魚のうろこは光を反射する。自然状態で横から観察すると、うろこはすぐれた鏡となり、魚がほとんど見えなくなる。とくに注目すべきは、それらは光学的干渉によってはたらくため、色がついていないことである。少しずつ厚みの違う多数のシャボンの膜のようにはたらき、その結果、それぞれの膜はひとつの色を反射するのだが、反射されたすべての色が合わさって、無色の鏡となる。これがどのように魚に生じてきたのかは、進化論にとっての難問である。その効果があまりに大きいので、群れをなす魚のなかには、仲間に見えるように小さな黒い斑点をもつ魚もいる。仲間の数が多いほど安全であるため、この鏡の効果によって群れを保つのである。

7 右利き・左利き

たいていの人は……「利き脳が左」である。つまり、繊細で特殊化された動きは、すべて左半球の責任に委ねられている。
——ウィリアム・ジェイムズ

H・G・ウェルズの『プラットナー物語』では、ゴットフリード・プラットナーという名の若い校長が、得体の知れない緑色の粉を吹きかけられ、消え去ってしまう。九日後に彼は再び姿を現わすが、身体の全器官は左右が反転していた。この話のなかで、外科医は次のことを知る。

彼の肝臓の右葉は左側に、そして左葉は右側にある。肺も同様に左右の位置が反転している。もっと奇妙なことがある。ゴットフリードが完璧な役者でないとすれば、彼の右手が左手になったと信じざるをえない。……この事件が起こってからというもの、彼は、紙の上に左手で右から左へと書かないかぎり、文字を書くのがきわめて困難だと気づいたからである。

これはフィクションだ。しかし、たいていのフィクションは経験と一致している。そうでなければ、この話を理解できないだろう。ここでウェルズがいみじくも述べているのは、こういうことである。ゴットフリード・プラットナーのような三次元の物体は、三次元空間内で回転させたとしても、左右は反転できない。なぜなら、回転にはもうひとつ別の次元が必要だからである。

われわれが彼の左右を入れ替えようとしても、ふつうの人が空間を理解しているようなやり方をするかぎり、彼をどう動かそうが、できるわけがない。なにをどうしようが、彼の右は右のままであり、左は左のままである。もちろん、きわめて薄いものであれば、できなくはない。紙からある形（左右に違いのある形ならなんでもよい）を切り抜き、それをもち上げて裏返せば、左右を反転させることができる。しかし、立体にかんしては、そうはいかない。数学の理論家によれば、立体の左右を入れ替える唯一の方法は、われわれの知っている空間からその立体を取り出し——つまり、通常の存在の外に置き——、外の空間のどこかで裏返すことによってのみ可能である。これはたしかに難解だが、数学の理論にかんして多少とも明るい者であれば、それが正しいことを読者に保証するだろう。このことを専門的に言うと、プラットナーの身体の興味深い左右反転は、彼がわれわれのいる空間から四次元とよばれる空間へ移動し、そしてふたたびわれわれの世界に戻ってきた、ということを証している。手の込んだ、そして動機不明の、作り話ではないかと疑うのでなければ、このことが実際に起こったと信じざるをえない。

　われわれの知るかぎり、これは不可能だ。しかし、ありうることで、実際まれに起こるのは、生まれながらに身体の器官が左右反転している人がいるということだ。これは内臓逆位とよばれ、十万人に一人ぐらいの割合で起こる。ごく最近、単一の遺伝子を変えることによって、内臓逆位のマウスを作り出せることがわかった。このことはあとでもう一度考えよう（245ページ）。

　ウェルズが主張している点は、三次元の身体はそれを空間内でどのように動かしても構造が反転することはないということで、これは、なぜ利き手ということばが有効かの理由である。左右を表現するときに手を用いると便利なのは、一方の手をもう一方の手と入れ替えることができない（そしてつねに一方の手は身体の右側についており、もう一方の手は左側についている）からである。

　このことを少し違ったやり方で説明してみよう。ちょうど左手用の手袋を右手にはめることができないように、左右の手を入れ替えることはできない。左右の手は基本的に違うものなのだ。したがって利き手は、生得的な非対称性を識別するために有効なのであって、なにが一方の側にありなにが他方の側にあるのかという問題とは関係がない。劇場内の観客と俳優にとって左右が反転していることを考えてみれば、非対称性がどれほど混乱を招くものかわかるだろう。上下にかんしてそのような問題がないのは、だれもが重力を共有しているからである。あるいは少なくとも、お互いが地表上のかなり近い場所にいるときにはそのような問題がない。しかし、われわれが地球の反対側や遠く離れた場所にいるときには、上下でも左右と同じ問題が生じる。この場合には、離れた場所にいる人間の足はともに「下」を向いているが、異なる方向を指している。通常、上下が左右のようなわずらわしさをもたないのは、地球の反対側にいる人の状況を説明する必要がほとんどないからである。現在ではだれもが、地球は球であると知っているものの、地球は平らであるかのように語り続けている。(注1)

重力のない空間では、上下が大きな問題となる。宇宙飛行士たちは、一般に、彼らの足の側が「下」であると感じてはいるものの、これは簡単には決まらない。無重力状態で空間定位の実験を行なっているJ・R・ラックナーは、こう報告している。(注2)

無重力状態では、身体が上下逆転していると感じたり、自分の乗っている乗りものが逆さだと感じる錯覚が、よく起こる。……自己の逆転と乗りものの逆転とがさまざまに組み合わされる場合もある。外的な刺激となるパターンがない状況下では、環境に対する自己の身体定位の感覚がすべて失われてしまう。……視覚的な入力がないときには、触覚と圧覚の手がかりが知覚的な「下方向」を規定する。視覚が使える場合には、視方向、乗りものの内部構造、自分の身体の見えなどさまざまな要因によって、見かけの方向は影響を受ける。

宇宙空間では、立っている人を後ろから逆さ向きにとび越えてはならない。というのは、上下の突然の葛藤が吐き気をもよおさせるからである。

宇宙空間では、鏡になにが起こるだろうか？　鏡自体は地上にあるときと同じように見える。方向の基準枠が変化すると、対象の向きの知覚も変化するが、鏡映像の知覚が変化することはない。

文字の左右の違い

たいていの言語と同じく、英語も左右に違いがあり、書くのも読むのも左から右である。大多数の文字は、上下左右が非対称である。小文字では、a、b、d、f、g、h、j、k、l、p、q、r、s、y、zが、水平にも垂直にも非対称だ。m、n、u、v、wは、垂直方向については非対称だが、水平方向についてはほぼ対称である。これらの文字は、鏡文字にしてもほぼ同じように見える。oやxのような完全に対称形の文字も、もちろんそうである。CとEの2文字は上下を逆転しても同じように見えるが、鏡文字にすると違って見える。26文字のうち17文字は、鏡で左右を反転すると、違って見える。bとd、pとqの二対の文字は、互いに他方の文字に変わってしまう。これらの文字は、読みを学習しつつある子どもや失読症の人にとっては、特別めんどうな問題となる。

文字は独特の対象であり、知覚にとって特殊な問題を提起している。というのは、文字以外のほとんどの対象は水平に反転されても同じ対象のままであり、それとわかるからである。たとえば、顔は左を向いても右を向いても、基本的には同じように見える。多くの文字はたんに慣習によって非対称な形をしているにすぎないのだが、そのことが文字を読むことを必要以上にむずかしいものにしている。

上下逆転

上下を逆転させると、多くの対象は認知が困難になる。とくに顔はそうである。笑いの表情は上向きの唇が特徴だが、上下を逆転すると、その表情を容易に読み誤ってしまう。顔写真から口や目を切りとり、図7・1に示すように、上下逆さまに貼りかえてみると、じつにびっくりするほど変わる。この顔全体を回転させて上下を逆にしたときと、見え方を比較してみよう。その場合には、切り離して上下逆転させた目と口は、ほとんど正常に見える。このことは、顔のこれらの特徴が、全体としての顔とはある程度独立に処理されていることを示している。この現象は、ヨーク大学のピーター・トンプソン（1980）によって発見された。

ものや写真を逆さまにすると、見え方がまったく変わることがある。イギリスの芸術家レックス・ホイッスラーの作品『OHO!』の顔は、印象的な例だ。[注3] 上下を逆転すると、まったく違った顔になる（図7・2）。ふつう目は口の上に、髭はあごの下にあるので、そういうふうに見られるからである。多少とも多義的な形は、そのさまざまの特徴がしかるべきもののように「読みとられる」。それは、その位置と向きの影響を受ける。十六世紀のイタリアの芸術家、アルチンボルドは、顔を本や果物籠のようなまったく別のものに変えてしまった（図7・3参照）。さらにおもしろい効果を、カリフォルニアのデザイナー、スコット・キムが、レタリングで示している。[注4] カリフォルニアには、パーティのおりに個人的な贈り物をするというすばらしい習慣があるが、その習慣にしたが

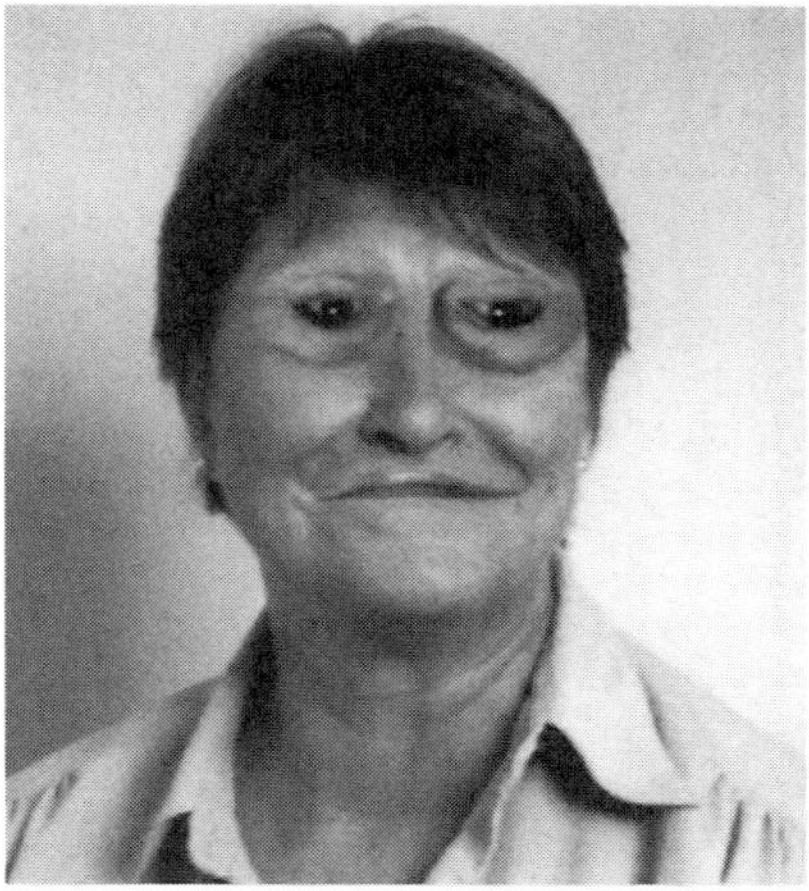

図7·1　**逆さまの顔（トンプソン効果）**

図7·2　**『ＯＨＯ！』の顔からの一例**
上下逆さまにすると，違った顔になる。

図7・3　**アルチンボルドの絵の一例「司書」**
By kind permission of Skokloster's Castle, Bälsta, Sweden.

図7・4　**逆さにしても同じ名前**
本を逆さにしてみよう。

って、スコットは数年前、私の名前をレタリングしてくれた。図7・4がそれである。

左利き

昔から、左利きは評判が悪い。右利きの人は公正で、左利きの人は無作法とされる。「左（left）」ということばは、古英語の弱いとか壊れたという意味の *left* に由来する。一方、「右（right）」は正しいという意味に由来する。悪魔、魔女、それから残念だが、女性は、伝統的に邪悪なものとして左と結びつけられている。教会のまわりを太陽の運動方向と逆向きに歩くことは、「黒魔術」つまり「左回り（widdershins）」と結びついている。太陽と一致した方向は、「右回り（deasil）」である。悪は不吉（sinister）――ラテン語で「左」を意味する――であり、善は正義（righteous）である。

利き手という左右の非対称は、人間に特有である。たとえば、一匹一匹のネコには使いやすいほうの手があるかもしれないが、ネコ全体で見れば、左右どちらかの手が利き手であるという傾向はない。大脳皮質における左半球の優位は人間の言語野の活動にとくに関連しているので、言語こそ人間の左右の非対称性の鍵だとする説がある。言語の生成を担当する大脳の主要な二つの領域が、左半球にある。ブローカ野は左半球の前頭葉にあり、ウェルニッケ野は左半球の側頭葉にある。これらの領域は人間の大脳に左右非対称をもたらしている。しかし、左利きの人の場合はどうであろうか？　彼らの脳は右利きの人の脳と鏡像関係にあるのだろうか？　意外なことに、答えは「必ずしもそうではない」のだ。左利きの人も大部分は言語野が左半球にあるが、一部の人では両半球にある。右利きの人では、このような二重性は決して起こらない。二重の言語野は、左右両半球がよく結びついているため、うまくいけば有利かもしれない。というのは、吃音のように左利きと結びついた言語の障害が多くある一方で、左利きの天才も多くいるからである。

『左利きは危険がいっぱい』という著書のなかで、カナダの心理学者スタンリー・コレンは、利き手という表現よりも左右の利き側という表現のほうを好んで用いている。その理由は、利き足や利き目が利き手の側と異なることがあるからである。(注5) コレンは、人間の利き側にかんする統計的な傾向を、次のように要約している。

- ●10人中9人は右手利き
- ●10人中8人は右足利き

●10人中7人は右目利き
●10人中6人は右耳利き

ここでは男性と女性を一緒にしている。男性に比べて女性では、わずかに右手利き、右足利き、右耳利きが多い。しかし、左目利きは男性よりも女性のほうが多い。若者に比べて老人では、左手利きが少ない。コレンによると、これは、左手利きの人の事故率がきわめて高いためだという。

自然界における左と右

無機の物理世界には、地球の自転のように偶然の要素で決まった事象を除けば、本来的な非対称性を示すものはほとんどない。もちろん、地球の自転がもとになり、太陽から見て「時計回り」とか「反時計回り」という慣習が固定し、古代の日時計における影の動きは機械時計の針へと受け継がれている。太陽は時計回りに移動するにもかかわらず、多くの植物は左にも右にも巻く。(注6)

地球の自転は、明確な物理的理由によって、大気中の温帯性低気圧や高気圧の進行方向を決めている。ある非対称性が別の非対称性を生み出すというこの種の例は、たくさんある。基礎的な物理学においては、非パリティ——つまり右回りと左回りの不均衡（左右性）——はきわめてまれである。ごく最近まで、どの基本粒子にも左右の偏りはないと考えられていた。アメリカで研究をしていた中国人の二人の物理学者、ツンダオ・リー（李政道）（1926‐）とチェンニン・ヤン（楊振寧）（1922‐）が基本粒子のひとつ——質量がゼロもしくはほとんどゼロに近いニュートリノ——が左回りであることを示したとき、大きな波紋を引き起こした。物理学者であるヴォルフガング・パウリは、この基本粒子にみられる不均衡（左右性）を確かめるために実験が行なわれているということを聞いたとき、「神が弱い左利きだとは、私には信じられない」と語った。しかし、ニューヨークのコロンビア大学にいたチェンシン・ウー（呉建雄）と彼女の共同研究者による実験は、パウリが誤っていたことを示した。リーとヤンは、1957年にノーベル賞を受賞した。(注7)

無機物理における一般的なパリティからのこの逸脱は、依然として謎である。同様に謎なのは、多くの有機分子には左右性があるという生物学的事実である。右型と左型とは、左右の違いを除けばまったく同一の分子構造をしているが、この「右」と「左」の形の違いが大きな性質の違いを生み出す。たとえば、オレンジとレモンにそれぞれの味をもたらすリモネン分子は、一方が右型で他方が左型であることを除けば、まったく同じである。オレンジとレモンの味と香りの違いを作り出しているのは、鏡像関係にあるこの非対称性なのである。

　生物の分子に左右性があることは、ルイ・パストゥール（１８２２‐９５）によって発見された。彼は、すばらしく簡潔な実験によって、生物から得られる酒石酸が左型だけの分子をもっていることを示した。[注8] ピンセットと顕微鏡を用いて、パストゥールはわずかに外観の異なる無機の結晶を分離し、最終的に右型と左型の二種類の酒石酸溶液を作った。パストゥールは、このとりわけ有機的な差異は、生命がもつ特異な性質を考える上でひとつの手がかりとなり、地球や太陽の影響によって生み出された差異であると考えた。しかしパストゥールは、温度の変化によってこの非対称性がなくなったり、逆転したりすることがあることを発見すると、この差異が地球や太陽の影響によるという考えに疑いをいだき始め、むしろ偶然のはたす役割が大きいという結論に達した。なぜ生物分子のみに左右性があるのかは、生命の起源を知る重要な鍵になるように思われる。

　生物界では、なぜ左型と右型のうち一方がより好まれるのだろうか？　また、そのような左右の偏りはなにによって決まるのだろうか？　これらについて、はっきりとした理由はわかっていない。はっきりしているのは、左右性が数十億年前に生じたということである。左右性は、この地球に生命が誕生したときの偶然だったのだろうか？　そうかもしれないが、有機分子にかんしては、とくに重要な事実がある。酵素を含むタンパク質は、左型（L型。「L」は「levorotatory 左旋性」の略）のアミノ酸だけから構成され、一方DNAとRNAは、右型（D型。「D」は「dextrorotatory 右旋性」の略）だけから構成されている。

　同一の――一方は右型で、もう一方は左型ということを除いて同一の――構造の分子は、オレンジとレモンというようにずいぶん違った味をもたらすが、これは鼻と舌にある感覚検出器が左右性にかんして特殊化されているために起こる。このことは、右回転と左回転のボルトとナットに似たところがある。右回転のナットは、左回転のボルトにははまらない。そしてもちろん、ナットを裏返しにしてもダメである。ボルトにナットのどちら側を向けようが、ナットの回転方向は変わらないからである。右回転と左回転は、右と左の手袋のように、基本的に違い、L型とD型の生物分子にも同じことが言える。

　生物界では、用いることのできる分子のうち半分しか使われないということは、実際上、重要な意味をもつ。もし両方の形の分子が消化可能なら、この世には利用可能な食物が現在の二倍存在することになるだろう。砂糖には右型と左型とがあり、どちらも甘いが、消化されるのは一方だけである。太らない砂糖を分離するには、残念ながら、費用がかかる。

しかし、左右性をもつ分子についての研究は急速に進みつつある。このことは、薬の合成にとって重要である。最近まで、人工的に作られた薬には右型と左型の分子が同数含まれていた（異性体とよばれる）。そのため、患者は必要な量の二倍の量の分子を摂取し、「悪い」ほうの分子が、不幸な、ときには悲惨な副作用をもたらすことさえあった。現在、製薬業界は、左型か右型のどちらかの分子を作ることによって、薬の服用量を減らし、有害な副作用を減らしている。それはまた、経費の節約にもなる。どのようにすれば、それができるのだろうか？　ひとつの方法は、左右性のある分子をもつ少数の生物学的「種子」から始めることである。たとえば、左右性をもつ「種子」の分子を溶液のなかで撹拌することによって、ほかの分子をこれらの分子に変えてやるのである。(注9) もうひとつは、左右性をもつ酵素を用いて異性体をとり除くという方法である。

鎮静剤のサリドマイドは、つわりを軽減するために妊婦に投与され、悲劇をもたらしたが、これは、そのなかの左右性をもつ分子のうちの一方の分子に起因するものであった。この事件は1961年に起こったが、現在ではサリドマイドの分子の異性体は分離できる。一方はハンセン氏病の治療に使われており、もう一方は（女性では更年期の患者による）関節炎の治療に使われている。(注10)

生物界では、なぜ右型と左型のどちらか一方の分子に偏っているのだろうか？　この問題を解く手がかりはいくつかある。(注11) パストゥールは、原型的生物分子に影響を与える円偏光のような別の非対称性から、この偏りを説明しようとした。(注12) それは偶然の問題にすぎなかったというわけである。パストゥールは、太陽系自体も対称性を欠いている、つまりその鏡映像とは一致しないことを指摘した。これは偶然にすぎないのだろうか？

左型の分子と右型の分子の物理的な違いはきわめてわずかで、この違いは物理の基本粒子レベルで見られるきわめて小さな非対称性——原子中の電子の基底状態がごくわずかに違う——に起因する。(注13) これについて、スティーヴン・メイゾンはこう述べている。

> パリティが保存されると考えられていた自然の力には、α と β の放射能をそれぞれ生じる強い核力と弱い核力が含まれ

ていた。強い力はパリティ保存の法則にしたがうことが観察によって見出されていたが、1928年以降、弱い力にかんするいくつかの実験が理解しがたい結果を示した。こうした変則的な結果が積み重なって、最終的にリーとヤン（1956）は、核の弱い相互作用のもとではパリティが保存されないという結論に達した。彼らは、パリティ保存への違反を調べる検査を計画し、法則どおりではない現象がまもなく確認された。弱い相互作用のもとではパリティ保存の法則が成立しないことを確証する実験により、基本粒子が固有の左右性あるいはらせんの向きをもっていることが示された。β放射能の崩壊中に放出される電子は、本来的に左回りで……、一方それに対立する粒子、つまりβ陽電子は右回りである。

時間が関与するときには、パリティは保存されるということがわかっているが、時間の非対称性がこれらの反応の非パリティ性を導いているのかもしれない。宇宙において究極的なパリティを維持しながら、時間が——ときには——逆転することがある、と考えてみるのは興味深い！

1953年に、物理学者のチャールズ・フランク卿は、はじめに生物分子群（アミノ酸）の左右性には偶然の小さな違いがあり、その違いが自然淘汰によって——それに適した孤立した湖沼で、数千万年や数億年といった長い時間をかけて——増幅され、大きな安定した左右性をもつようになった可能性があることを指摘した。[注14] その後、左型と右型のアミノ酸には、ほんの小さいながら、エネルギーの違いがあることが発見された。したがって、最初にごくわずかな違いが、偶然によってではなく、物理的な必然として生じ、多くの「増幅の役目を果たす」湖沼から、同じことが地球上のいたるところに広まったのかもしれない。こうして、現在の地球上では、タンパク質は左型のアミノ酸でのみ構成され、DNAとRNAは右型のみで構成されている。そして、食物分子の半分しか消化されないのである。

左右性をもつ分子が結合したとき、必ずしも同じ左右性をもつ構造になるわけではない。DNAの二本の右型のαらせんは互いに絡みあい、一本の左型の二重らせんを作っていることを、フランシス・クリックは示唆した。[注15] なんて複雑なことか！

ここで、「右」や「左」という用語に少しばかり注意をはらうべきだろう。というのも、「上」や「下」の分子についても同様に語ることができるからである。ときどき誤解を生むけれども、「左利き（左型）」や「右利き（右型）」という用語を便利なものにしているのは、——たまたま身体の横に（腕を介して）ついている——左右の手の形の違いを参照し

図7・5　**頭側と尾側**
利き手は上下で区別する?

ているからである。もし一方の手が頭に、そして他方の手が尾についていたら、おそらく、分子の側性を言うのに、「頭側」分子とか「尾側」分子とか表現するだろう（図7・5参照）。われわれの身体が垂直よりも水平にかんして対称であるのは、決して偶然ではない。重力があるため、地上にある一定以上の大きさのものは、ほとんどすべて安定している必要がある。したがって、動物、家具、家はそれぞれ、基底部と頭部とでは必要条件が異ならざるをえない。魚は、陸上の動物に比べれば、上下がより対称な形をしている。しかし魚も、陸上の動物も、前後にかんしては対称形ではない。これにはおそらく二つの理由がある。ひとつは、前方の動きをとらえる目のように特殊化された器官をもつほうが効率的なこと、そしてもうひとつは、関節をそなえた四肢が一方向への運動に特殊化していることである。太陽の方向を向くために、花もそのような非対称性をもつが、動けない樹木はもたない。分子は基本的には重力の影響を受けないので、上下の非対称性をもたない。「左右性」という概念は、化学者の慣用的用語にすぎない。

重力は身体の器官のような対象にはそれほど影響を与えず、ウェルズの『プラットナー物語』の内臓逆位を妨げるものではない。しかし、われわれの身体の構造は左右と上下とではきわめて異なっている。内臓逆位の場合、心臓や脾臓のように非対称の器官は、左右が反転し、身体の「誤った」側に位置する。臓器の位置が反転している人々の一部には健康で、明らかに健常な人々もいるが、多くの人々は心臓の連絡がうまくいかないことがあるため、しばしば心臓に障害をかかえている。

左右の変異はマウスにも起こる。最近まではこのような変異は、マウスの胚の50％に起こっていたが、つい最近になって、あらゆる胚の左右性を変える遺伝子が特定された。一般的には、左右反転したマウスは正常のマウスと同じようにはうまく生きていけない。(注16)

身体の左右性を決める遺伝子の特定をめざすこのような研究は、生物の個体発生の重要な謎、つまり発生しつつある胚においてなにが左右を決定するのかを解く上で、重要な一歩である。なぜ、われわれの大部分は右利きなのだろうか？　なぜ人間の内臓逆位がこれほどまれなのだろうか？　この遺伝子が発見された現在、その答えを知ることができるかもしれない。

力の左右性

物理学でいう力というのは通常、押す力と引く力である。磁場を横切って電流を運んでいる針金が横に押しやられることを発見したのは、マイケル・ファラデーだった。この発見は、物理学の通常の押す力と引く力とはまったく異なっていたため、大変な驚きだった。もちろん、この発見は、現在日常的に使われている無数の電動機の基礎となっている。ファラデーは1821年に、ロンドンの王立研究所で現代の最初の電動機を作った。この簡単で美しい実験は、磁場を流れている電流には左右性があることを示すものであったが、今日でも実験をしてみるだけの価値がある。

図7・6はファラデーの電動機を示している。つり下げられた可動の針金が、水銀溶液の入った容器に入っている。針金に電流が通ると、針金は中央に置かれた磁石のまわりを回転する。針金の回転方向は、電流の向きと磁石の極性に依存している。したがって、その力の向きは直角である。この力は、左右性をもっている。針金はどちら向きに動くだろうか？　これを示したり覚えたりするときに便利なのは、手を用いることである。左手の親指と人差し指と中指を互いに直角になるようにすると、人差し指は磁場（磁界）の向きを、中指は電流の向きを、そして親指は動きまたは力の向きを指す（図7・7を参照）。これがフレミングの左手の法則である。右手と左手は違うから、つまり右手に左の手袋ははめられな

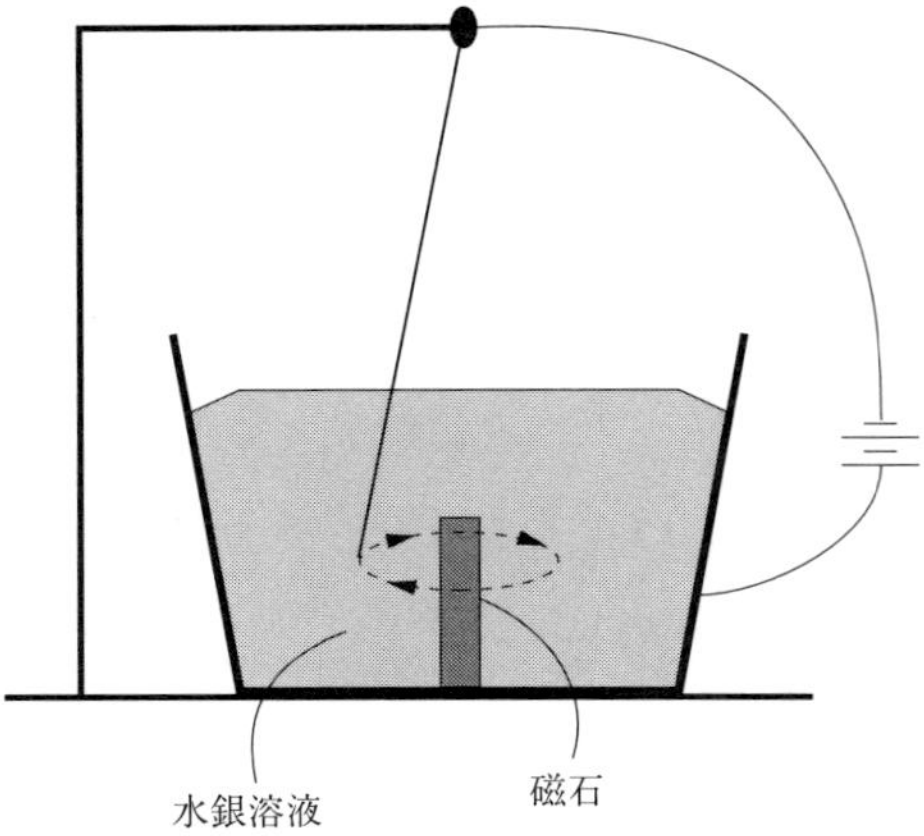

図7·6　ファラデーの電動機

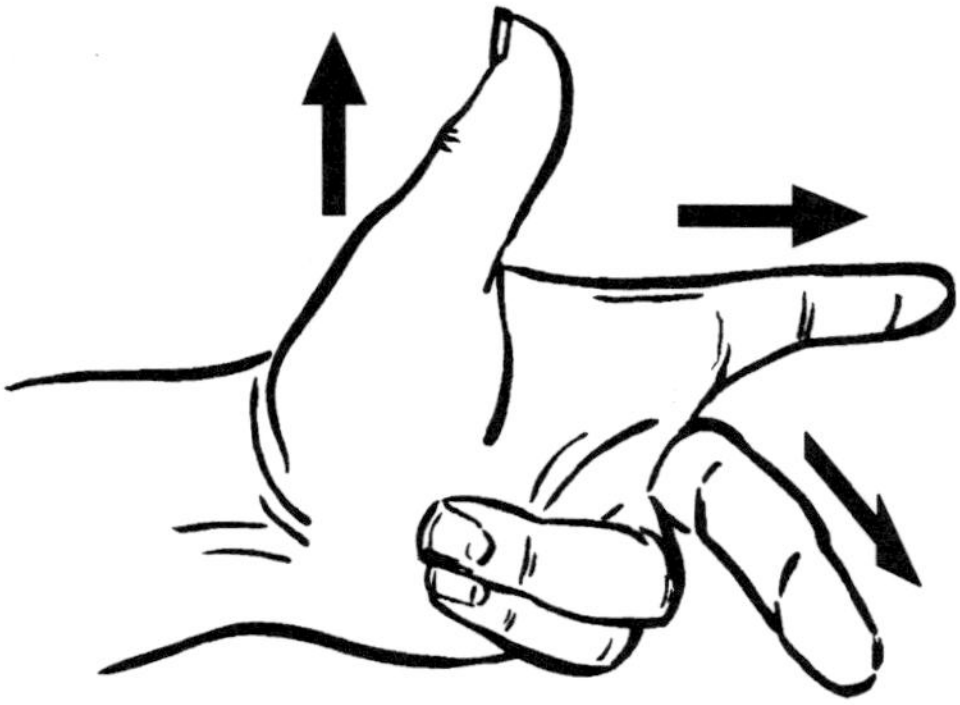

図7·7　フレミングの左手の法則（電動機の場合）

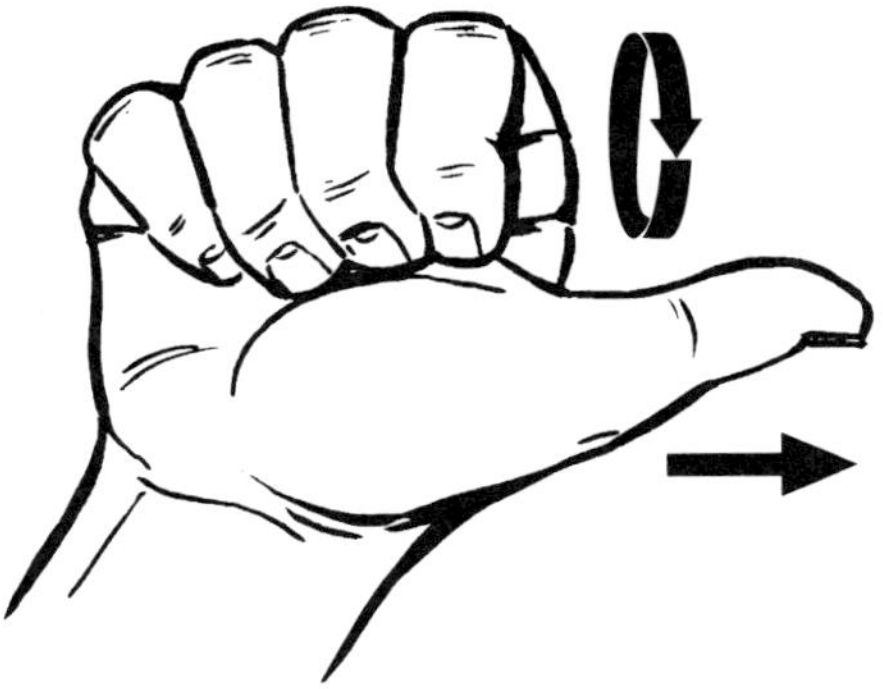

図7･8　**右手の法則（右ねじの法則）**

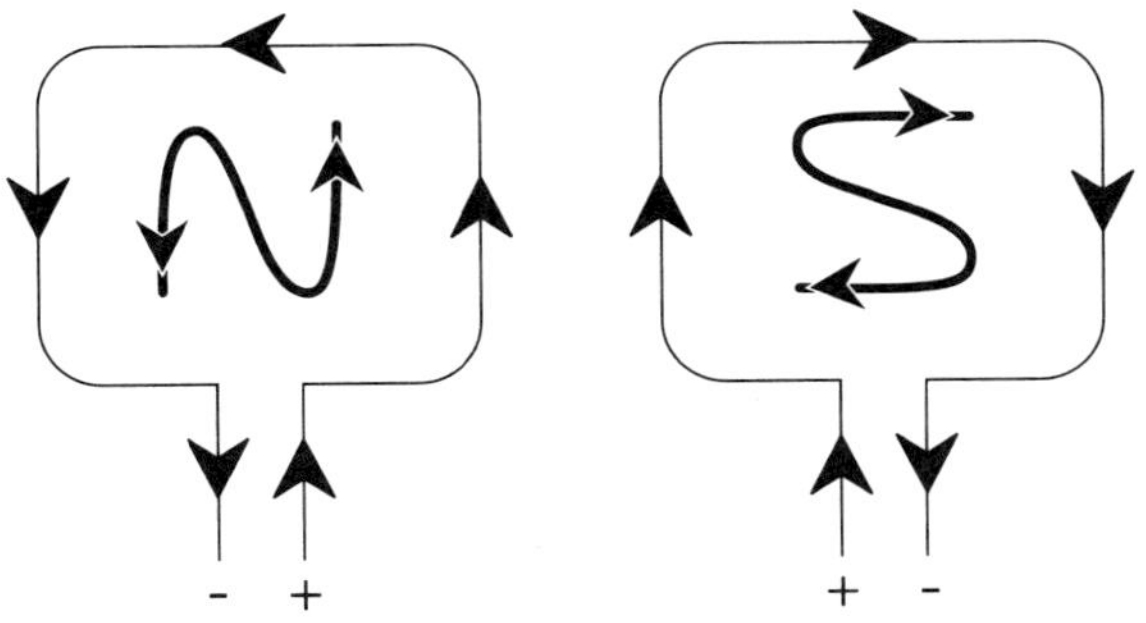

図7･9　**NとSが示す磁極**
コイルのどちらの端が北極で，どちらの端が南極かは，NとSの文字を用いると覚えやすい。

いから、これができる。右手の法則もある（図7・8参照）。これは、電流が流れている針金のまわりにある磁界の方向を示す。伸ばした親指は電流の向きを、折り曲げられた指は磁場の向きを示している。

「右」や「左」という表現は、右手と左手の形が違うことを参照している。それらの表現があいまいでないのは、腕を交差したときのように手が右側にこようが左側にこようが、それとは独立に手の名称を言うことができるからである。もし私がだれかと向かい合っているとすると、その人の右手は私の左側にあり、後ろにいれば私の右側にあるが、どちらにいようと、その人の「右手」と言う。われわれが対角線上で握手をするのは、もちろん、このような理由からである。

磁場を電流が通るときどうなるかを表わす方法がもうひとつある。これは図7・9に示してあるように、NとSの2文字の形を用いる。これは、伝統的な文字の偶然の形に依存している。偶然は知性に味方するのだ！

こまやジャイロスコープにも、機械的な左右がある。たとえば、自転車の前輪のような垂直に回転している輪は、角を曲がろうとして向きを変えるとき、曲がる方向に対して直角方向に傾こうとする。なぜなら、車輪がたとえば右に曲がるときには、方向を変えるよう強いられる質点はこの変化に対して、（ニュートンの運動の第一法則にしたがって）慣性による抵抗を示すからである。したがって、車輪の上部付近と下部付近の質点は、車輪の曲がる方向に対して直角に力をおよぼす。そのため、曲がろうとすると傾く。また同様に、傾くと曲がるのである。

この心的モデルから、車輪がどのような「歳差運動（首振り運動）」をするかを理解できる。車輪の上部が向こう向きに動いているときに右に向けられると、車輪は左に傾く。車輪の回転の向きを逆にすると、車輪は右に傾く。車輪の仮想上の質点に慣性の「心的モデル」を用いると、数学を用いなくても、こまやジャイロスコープを理解することができる。

ファラデーの電動機のように、回転する輪はじつに不思議だ。説明が理解できてしまえば、現象への直接的な驚きは失せてしまうかもしれない。しかしそれでも、ジャイロスコープは不思議に見える。そして鏡にも――もちろんどんな科学にも――、同じことが言える。理解が増すにつれて、新たなもっと深い疑問が生まれる。答えの鍵となる原理を知ることは、心に無限の歓びをもたらすのだ。

8

あざむくのは鏡か知覚か

真理ってなんだ？　ピラトはからかうように言った。
そして答えを待とうとはしなかった。

——フランシス・ベーコン

知覚はときに、現実を映す「鏡」だと言われる。しかし、眼や脳、そしてほかの感覚のはたらきがわかればわかるほど、知覚と鏡の違いは並みたいていのものではないということがはっきりする。そうはいっても、知覚と同じように、鏡のなかの像は現実を忠実に映すこともあるし、さまざまなゆがみや誤りをもつこともある。あいまいだったり、ゆがんでいたり、矛盾していたり、虚構だったりする。知覚は脳による能動的で創造的な描写だが、一方、鏡は純粋に受動的だ。それでも、ともに錯覚を起こすということには、深い理由がある。

その理由はこうだ。鏡の錯覚は、鏡にあるのではなく、われわれのなかにある。像は、観察者がそれをひとつのやり方で「読み」とれない場合にだけ、多義的だと知覚される。矛盾とは、そこに相反するものを見るからである。虚構は、証拠を超越したり、それにしたがわなかったり、創り出したりするからである。ゆがみは、それにもまして問題だ。というのも、鏡は光学的なゆがみをもちうるからで、どんな眼に対しても、あるいは受動的なカメラに対しても、入力を撹乱する。だが、鏡が平らな表面をもちながら、知覚がゆがめられる場合には、ゆがみは観察者の側に原因があるに違いない。

これは、「光には色がついていない」とニュートンが言うのに似ている。厳密に言うと、色の知覚は光の波長に応じて脳によって生み出されるのだから、光に色がついているわけではない。光がなくても眼を指で押してみるとか、頭に一撃受けるかしても、色の感覚は生じる。知覚する脳がなければ、色もなければ、音もなく、くすぐったくもないだろう。ここには、ことばの落し穴がある。「光に色がある」とか「鏡は逆説的だ」という表現は、一種の簡略表現だとわきまえていれば（明らかに、ニュートンは色についてそうわきまえていた）、誤解することはない。たとえば、自分が鏡の前にいるということを知っていながら（そして、二人の人間がいるように見えても、ひとりの人間しかいないということを知りながら）、鏡を通して自分の姿が見えるというパラドックスは、鏡のなかにあるのでも、光のなかにあるのでもない。われわれ自身の知覚のなかにある。かりにわれわれがもっと知的に劣っているか、あるいは賢いかすれば、このパラドックスも違ったものになるか、なくなるか、あるいはいっそう豊かになったかもしれない。

（平面鏡における）ゆがみの錯覚や多義性や映像の虚構についても、同じことが言える。このことをもっともよく示すのはたぶん、透明視だろう。透明視では、網膜の同一領域の刺激によって、二つないしそれ以上の対象が（距離の違う）同一の場所にあるように見える。

これらはすべて、鏡のなかを見ること（そして見誤ること）を理解するためには、見ることそのものについて考えなければならない、ということを意味している。つまり知覚と錯覚の性質を考えてみなくてはならない。これは魅力に満ちたトピックだから、さして苦にはならない。しかし、すぐさま障害になるのは、知覚にかんする理解も、錯覚の説明も、ひとつの見解だけが受け入れられているわけではない、ということである。事実、知覚とは対象の世界から情報を受動的に抽出することだと考える人たちがいる一方で、知覚とは、現に得られる感覚的手がかりと過去の経験から引き出された膨大な知識とによって、外界の対象の内的な解釈を創造することだ、と考える人たちがいる。両者の間には根本的な見解の相違がある。私は後者の立場をとる。すなわち、知覚とは能動的かつ創造的な過程だと考えている。前者の受動的な説明のもっともよく知られた提唱者は、いまは亡きJ・J・ギブソンである。その実験的研究は示唆に富む。(注1)

ここで、鏡が多義的だ、矛盾している、云々というのは、鏡が「多義的な」、「矛盾した」知覚を引き起こす、という意味だとしよう。説明するには、鏡と観察者の両方を考えに入れる必要がある。しかしそれでは煩雑だから、あえて鏡だけ

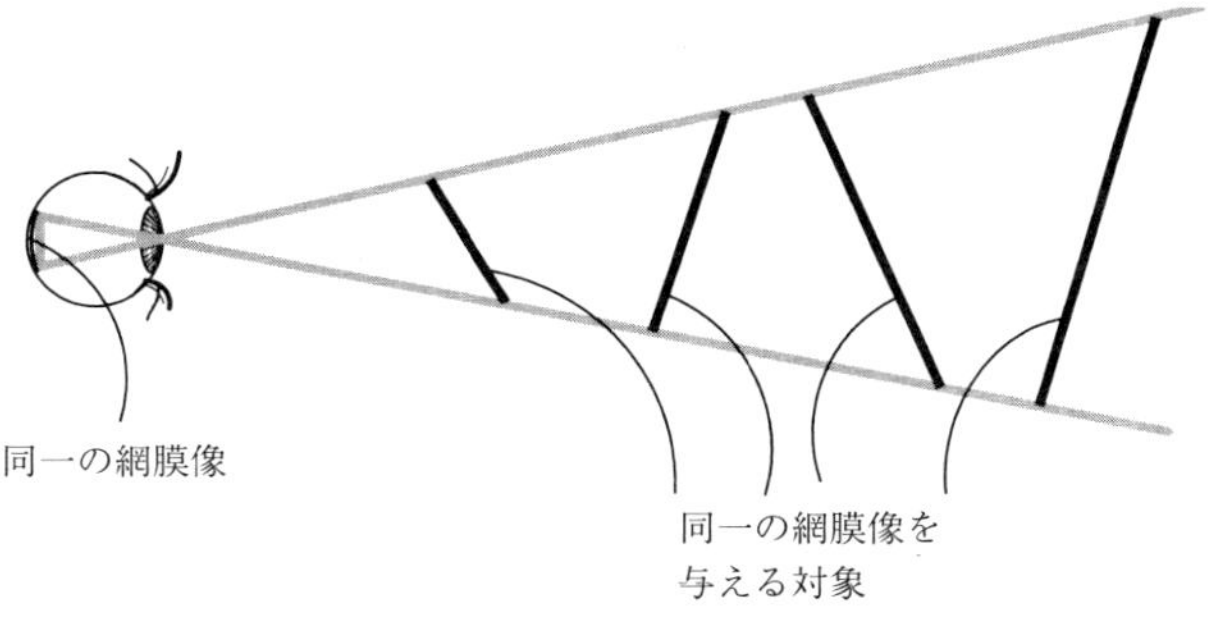

図8・1　**網膜像の多義性**
斜めの棒で示してある対象は，眼からの距離が大きくなるほど大きくなり，それぞれの傾きも違っているが，それでも，眼には同じ像として映る。（実際には，同じ形の網膜像を形成するには，対象はくさび形をしている必要がある。）この状況は本来多義的であり，どれをとるかは，脳が決めなければならない。知覚は通常安定しているが，網膜像は多義的なのである。このことは，400年前のケプラーを悩まし，今日でも完全に解明されたとは言いがたい。無数の可能性があるのに，そのなかからどのようにしてひとつだけが知覚されるのだろうか？

に言及したり、観察者だけに話を限ったりすることにしよう。この章の終わりでは、問題を整理できるよう、錯覚という知覚現象を分類してみたい。当面は、鏡と絵や写真を比べるのも、興味深いだろう。それらの奇妙な多義性から始めよう。ただし、くれぐれも、多義性はわれわれのなかにあるということを忘れないように。

視覚の多義性

ことばがどんな意味かは、文脈で決まることが多い。同じことが多義的な知覚についても言える。多義性は、三次元空間を二次元の絵に表現するその出発点にすでに存在している。網膜像を発見したドイツの天文学者ヨハネス・ケプラー（1571－1630）は、このことに気づいていた。奥行きの多義性は、眼それ自体にはじめからある。なぜなら、一定の網膜像を与える対象の形は、無数にありえるからである（図8・1参照）。

光学像や絵画は、たいていは揺るぎなく安定しているように見えても、必ず多義性をもつということに、ケプラーは気づいていた。十分細密に描かれた絵画なら、多義性がひそむ余地はないという指摘があるかもしれない。しかし、それは誤りである。二次元の絵画のなかの家や人々や風景などを三次元の対象として見ることができるという事実は、脳がそこにありうる対象の多数の可能性のなかから特定の解釈を選択するという能力によっている。これこそ、絵画——そして映画、テレビ、フライト・シミュレーター——を、そして網膜像を機能させているものなのである。ケプラーは、二次元にすぎないものから、どのようにして三次元が、たいていはかなり正確に抽出されるのかという問題に頭を悩ましたが、まったく正当な悩みだった。彼はひとつの単純な答えを示したが、それはのちに間違いであることがわかった。今日では、ひとつの単純な答えでは解決できないことがわかっている。

対になった二つの映像や絵から三次元を見ることには、眼の構造、生理、そして視覚の精緻な認知過程が含まれており、さらに一般法則にもとづいて蓄積された知識が必要だ。知覚が誤ることもあるという事実こそ、芸術を魅力あるものにし、一方、科学的観察をむずかしいものにしている。感覚を拡張し、チェックするための装置は数多くあるが、最終的には、感覚のメッセージは文脈と仮定の立て方に左右される。そしてたとえ無意識にせよ、そこからなにを読みとろうとするかに応じて、現象の多義性が生じる。

ケプラーはまた、眼底の網膜像は上下左右が逆転しているのに、知覚される世界はなぜ正立しているのか、という問題に頭を悩ました。彼は、カメラ・オブスキュラを通して、また動物の眼から外被膜（脈絡膜）をとり去って眼のなかの光学像を観察して［訳注　最初にこの観察をしたのはシャイナーだといわれている］、網膜像がどんなものか、眼がどんな能力をもち制約をもつのかを知った。すぐさま、像が上下左右逆転していることが明らかになった。では——鏡はまったく別として——、網膜像は光学的に逆転しているにもかかわらず、なぜ正立して見えるのだろう？　ケプラーは、この問題がきわめて難解だと気づいて、こう述べている。

> さて、視覚は、視対象の像が網膜の白い凹面上に形成されることによって生じる。そして、外界において右にあるものは網膜の左に、左にあるものは右に、上にあるものは下に、下にあるものは上に映る。……それゆえ、像が、［眼の］後背部をとり去って光のなかに出されたあとでも網膜上に残るとするならば、さらにその像が見えるほど視覚が鋭敏な人がいるとするならば、その人は網膜のごく狭い［表面に］ちょうど半球状の形を知覚するだろう。(注2)

ケプラーは、光線がふたたび交差して、正立像が生じることを示そうと「さんざん苦しんだ」、と述べている。つまり、眼のなかで第二の光学的逆転が起こると仮定することによって、この問題を回避しようとしたのである。それは、かつてレオナルド・ダ・ヴィンチも同じ理由から示唆したことだった。最終的には、ケプラーは第二の逆転という考えを捨てて、網膜像が倒立していることを受け入れた。それでも、彼は問題を追求し続け、その時代のほかの人たちと同じく、対象は通常正立して見え、左右も反転していないのはなぜかという問題を考え続けた。[注3] ケプラーは、光そのものが視神経を通って脳にいたるわけではないということに気づいた。しかし、視覚を網膜を越えたところまで追いかけるのは医者の仕事と考え、それ以上深入りしなかった。

ものが倒立して見えないのはなぜかという謎は、脳が網膜像を絵として眺めるという仮定に立つかぎり、未解決のまま残る。この長いこと支持されてきた考えには、いくつか難点がある。かりに眼のなかの絵を見ている内的な「眼」というものがあるとすると、この「内的な眼」には絵が映ることになる。すると、それを見るもうひとつの眼が必要となり、さらにもうひとつの眼、もうひとつの絵という具合に、絵を見ている眼がかぎりなく必要になる。これでは、どこまで行ってもきりがない。この状況を変えたのは、脳が網膜像を記述しているとする、重要な考え方だった。知覚というのは、この記述のことなのである。

現代の脳研究は、像のどの特徴が脳での記述に使用されるのかを探ることに深くかかわっている。脳の第一次視覚野（有線野）には一定の傾きの線分に対して反応する特定のニューロンがあることが明らかにされている。単純化して言うと、文字Aはちょうど三種類のニューロン――ひとつは左斜めの、もうひとつは右斜めの、そして第三のものは水平の線分に反応するニューロン――によって信号が送られる、と想像してみることができる（図8・2参照）。これら三種類のニューロンの発火によって、原理的には文字Aを表現することができるだろう。重要な点は、脳のなかにはもはや絵などは存在しないこと、いったんその絵が特定の特徴の有無によって記述されると、その絵はもう必要ないということである。これらの特徴には、傾き、動き、色など多くのものが含まれ、それらは個別の神経チャンネルによって信号が送られ、専門化された脳のモジュールで処理される。傾きと動きの「特徴検出器」にかんする最初の発見は、二人のアメリカの生理学者、デイヴィッド・ヒューベルとトルステン・ウィーゼルの共同研究によってなされた。[注4]

脳による記述という考えに立てば、眼のなかの光学像が倒立し、左右反転していても、なにも問題はない。眼の背後に、

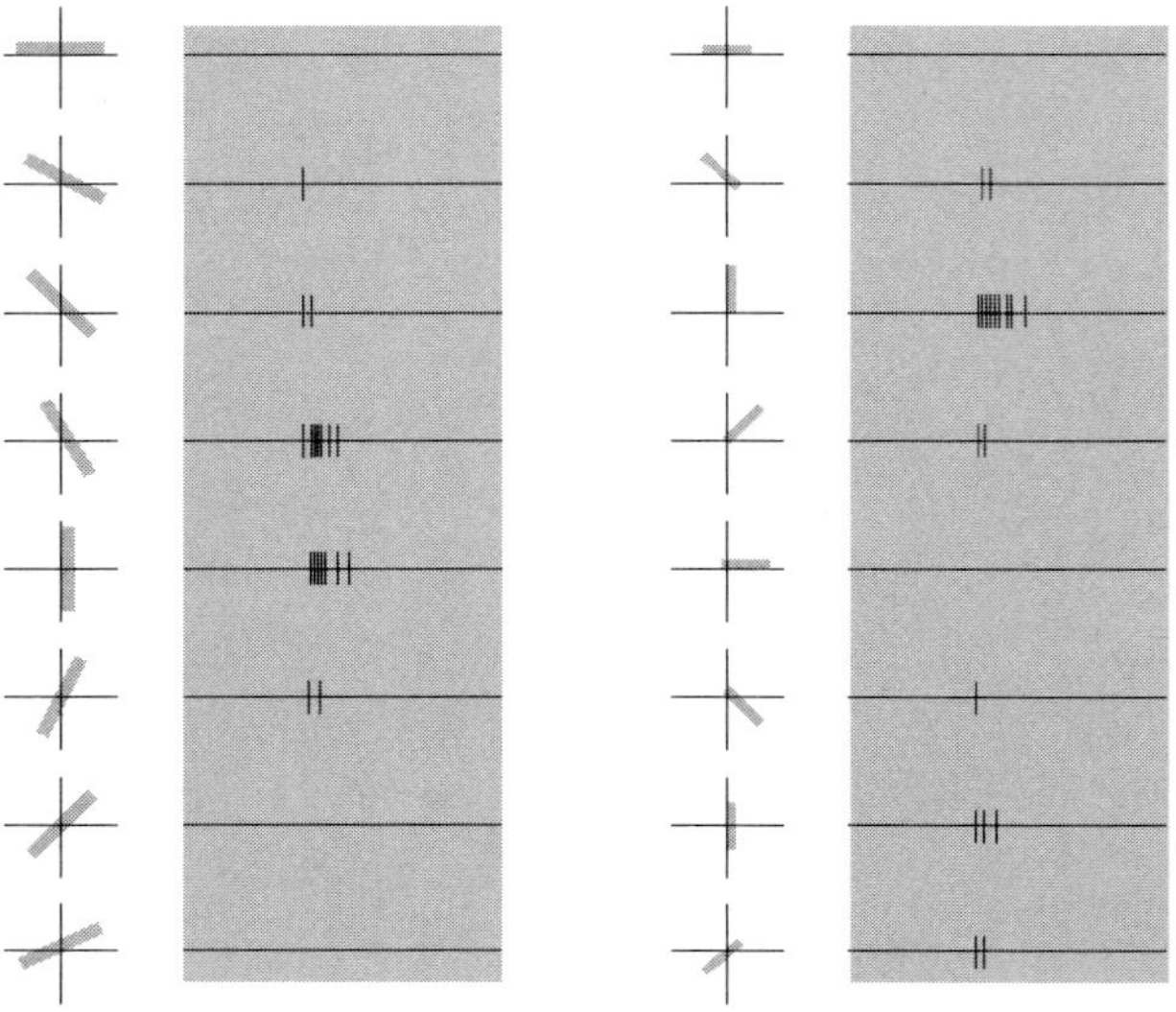

図8・2　脳における記述——ヒューベルとウィーゼルの古典的実験
視覚情報処理の初期段階では，外界の単純な特徴が選択される。

像を、絵として見ている眼などは存在しないからである。問題となるのは、触覚による対象の経験と網膜像の特徴の位置との関係である。これらの間の関係は学習されなければならない。そうは言っても、赤ん坊が、上下と左右が逆さの網膜像に適応することを学ぶ必要はない。これは特別な問題ではない。しかし、赤ん坊は対象の特性にかんして、眼の信号がなにを意味するかを学習しなくてはならない。この学習はきわめてむずかしく、複雑で、われわれの現代のコンピュータ技術を駆使してもまねることができない。

　第三の次元——奥行き——は、平らな像や絵のなかのどこから生じるのだろうか？　この点でケプラーは、そうしようと思えば、画家たちから多くを学ぶことができただろう。なぜなら、芸術家たちはかなり以前から、奥行きがさまざまの手がかりによって表現可能だということを知っていたからである。たとえば、近くにあるものは遠くにあるものを部分的に隠すこととか、陰影や影である。[注5]だがケプラーは、単眼からの、不確かでない奥行きの信号を探し求めた。これがケプラーの円錐として知られているものである。彼の考えは、図8・3に示されている。外界の対象の各点から眼の瞳孔までの光学的な円錐があり、それに対応して、瞳孔から網膜像の点までの円錐がある。したがって、網膜にあたる光線の角度

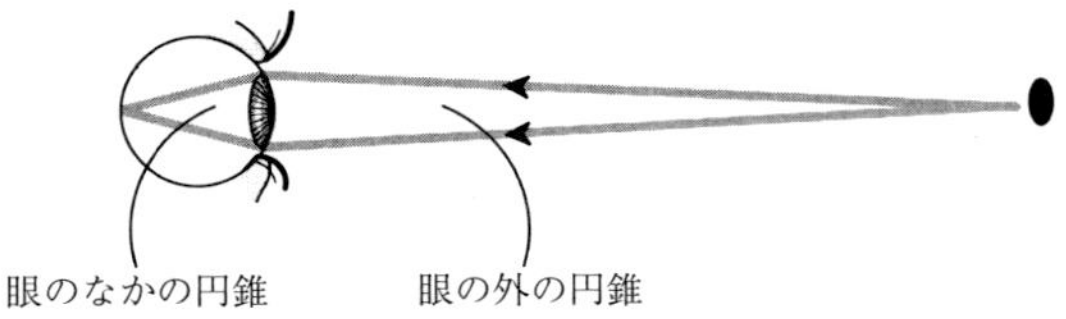

図8·3　**ケプラーの円錐**

ケプラーは，網膜像が奥行きにかんして多義的であることに頭を悩ました。彼は，網膜に入射する光の角度が距離を示すと考えた。だが，残念ながら，実際はそうではなかった！

は、各点で対象の距離と対応する。このことは形式上は正しいが、実際には役に立たない。網膜はこれらの光線の角度を信号化することはできず、しかもその効果となるとあまりにも小さすぎ、距離計としては役に立たないのだ。したがって、網膜像が奥行きにかんして多義的でないことを示そうとしたケプラーの試みは失敗した。眼の調節作用（焦点合わせ）も三次元空間にある対象から――絵画からではなく――距離にかんする情報を単眼にもたらすが、網膜像そのものは多義的である。

単眼における奥行きの多義性を避けるためのケプラーの示唆は、実際には正しくなかった。けれども、眼の調節（焦点合わせ）の状態にはある種の情報がある。これは奥行きについての小さな手がかりだが、いささか逆説的なことに、立体映画を見たりヴァーチャル・リアリティを体験したりする際に、緊張と頭痛をひき起こす原因になる。これは、立体視の奥行きを生じさせる両眼間の網膜像差――像のわずかな差［訳注　両眼非対応または両眼視差ともいう］――があることによる。そのとき眼は、鮮明な像を得るためにスクリーン面上に焦点を合わせなければならないが、それが不快なコンフリクトを生じさせるのである。

網膜像はつねに多義的であり、そのため脳はそれらの意味

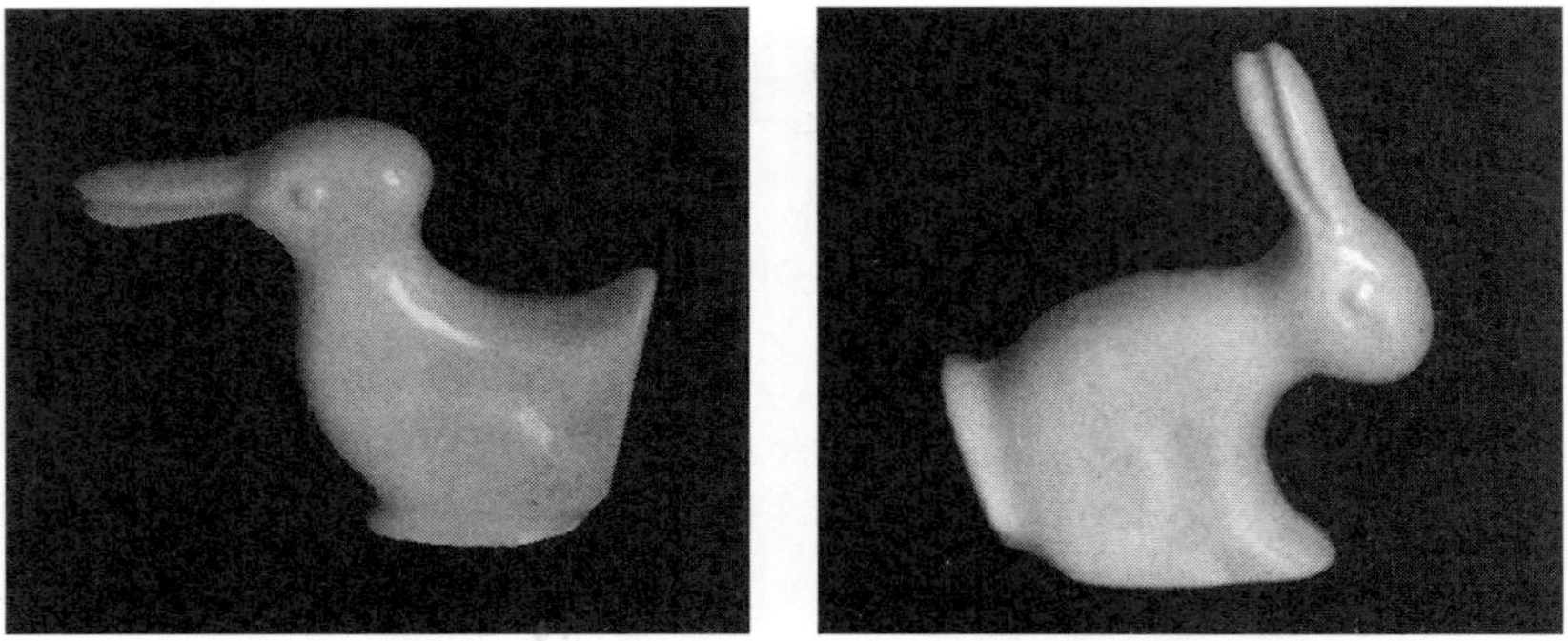

図8・4　**アヒル？ ウサギ？　多義的な置き物**

するところを推測しなくてはならない。それは遠くにある大きなものなのか？　それとも近くて小さなものなのか？　可能性は無限にある。にもかかわらず、通常ひとつの知覚が選択される。このことこそ、知覚を理解する上での大きな謎である。多義性を示す現象が、その割にはごくまれにしか起こらない、ということは驚嘆に値する。だが、これらの現象は、知覚の性質を明らかにする上できわめて重要だ。なかでももっとも有名なのは、エイムズのデモンストレーション（2章参照）で、部屋や窓の形によって、遠近法的な錯覚が起こる。もっと単純なものとしては、ネッカーの立方体やアヒルとウサギの図がよく知られている。それらの図形を見ていると、立方体の向きが変わって見えたり、アヒルとウサギが交替して見えたりする（図8・4参照）。

　知覚にかんして言えば、われわれは感覚系からの時々刻々の刺激に反応しているのではなく、起ころうとしていることへの間断ない推測に反応しているのだと言える。眼から信号が伝達され腕や手の筋肉に指令を送るにはある程度時間がかかるのにピンポン玉を打つことができるのは、こうした予測を行なうからである（その予測は決して確かとは言えないけれど）。神経の反応には時間がかかるため、玉がどこにくるか、ラケットをいつそこにもっていくべきかという推測にもとづいて打つ。(注6) 知覚とは、そこにあるものについての仮説だと言える。ただ、さまざまの理由から、その仮説は誤ることがある。

仮説としての知覚

知覚は科学の予測的な仮説ときわめてよく似ている、というのが私の考えである。(注7) どちらも入手しうるデータよりずっと豊かで、ともに予測的である。そしてどちらもルールにしたがうことによって驚くような結論に達することができるが、そのルールが適切なこともあるし、適切でないこともある。このことは視覚だけでなく、ほかのすべての感覚にもあてはまる。すなわち、どの感覚も、解釈と仮定をともなわない直接的な知識を与えるものではない。

予測は音を例にとると、よくわかる。ニュートンは、手を叩いて反響音を作り、音の速度を測ったが、それを可能にしたのは彼の知覚的な予測だった。反響音の数が、たとえば1分間でどれだけあったか数え、反響壁までの距離を知ることによって音の速度を測ったのだが、ニュートンは反響を予測して手を叩くという方法で、反応時間の影響をとり除いた(137ページ参照)。これと同じような実験をするには、友人たち(もしくは授業や講義の出席者)に、手が見えないようにして規則的に鳴らすあなたの拍手に合わせて、手を叩いてもらうとよい。最初の数拍は、友人たちの叩く手は遅れるだろう。しかし、すぐに彼らは遅れなしに——脳から手までの神経伝達の遅れはあっても——正確に拍手を同期させるようになるだろう。あなたが突然拍手を止めると、彼らは一、二度手を叩き続けるに違いない。予測が外れたのである。つまり、彼らは拍手を期待して反応しているのだが、拍手は必ずしも起こるとはかぎらないのだ。

このように、知覚は、(音や網膜像のような)感覚データから即座に、あるいは直接生じるのではない。しかも、知覚は入手できるデータよりもはるかに多くのものを含んでいる。木が硬いこと、水が湿っていること、熟した果物が食べごろなこと、金属はすぐれた鏡になることを発見するには、基本的には対象と相互作用しながらの、膨大な学習が必要である。獲得するのに骨の折れるこうした対象の知識が、触覚に、そして網膜像に意味を与えるのだ。対象の経験にもとづくこの知識が、絵画や鏡のなかの像にも用いられる。その結果、それらは実際にはそうではないのに、多少なりともふつうの対象であるかのように見えるのである。

眼識と我識

知覚が脳の記述であり、そして（それより一般的で抽象的だが）概念もまた脳の記述だとすると、知覚と思考とはまったく異なるわけでもない、ということになる。ここでは、この二つを、ちょっとしゃれて眼識（Eye-dea）と我識（I-dea）と名づけよう。前者が眼を使うのは明らかだし、後者は、考えるためには「I（我）」が必要だと（ルネ・デカルトの「われ思う、ゆえにわれあり」以来）考えられているからである。いずれにしても、知覚も思考もともに知的な仮説を立てる活動と言えるだろう。(注8)

知覚の知性と思考の知性とは、互いに異なる答えを出すことがある。知覚は、それが有効であるためにはきわめて迅速に、1秒の何分の1かの時間内にはたらかなくてはならない。ところが思考となると、何日も、あるいは何か月もかかることがあるし、知覚よりずっと一般的で抽象的になりうる。たとえば、われわれが見るのは特定の三角形だが、抽象的な三角形について考えることもできる。どの程度心的イメージがかかわっているかは、論争の的になっている問題である。(注9)

眼識と我識とが一致しないことがあるという事実は、心が単一ではないことを示している。視覚にかかわる脳は、多くの専門化された、相異なる活動を受けもつモジュールから構成されている。脳がすべてをどのようにまとめているか（ときに不一致をともなうこともあるが）は、まだ明らかにされていない。概念的な理解が知覚の誤りを修正しないということ、一方で知覚が誤った概念的理解を修正するということは、なんとも厄介だ。たとえば、鏡を通してなぜものが見えるのかにかんする光学を理解しても、その理解は、どのように見えるかに影響をおよぼすことはない。このように、鏡は、眼識と我識とを切り離してしまう。このことは、すべての錯覚についても言える。知覚が誤っていると知っていても、だからと言って見え方が変わることはない。

知っていても錯覚によってあざむかれてしまうところから、視覚は知識を必要としない、と思う読者もいるかもしれない。しかし、それは正しいとは言えない。知識は、ものを見るのに必要不可欠である。だが、脳における知覚の知識基盤と思考の知識基盤とは同じではない。実際には、知覚の知識と思考の知識との間には、重大なギャップがある。知覚と思考の間のこのギャップが、芸術にあいまいさとパラドックスという創造的な緊張の多くを与え、科学には警戒を要求するのだ。

美には、知覚の美と思考の美とがある。万華鏡の魅力（220ページ）に見られるような、視覚的対称性は美しく、また物理学や数学の方程式に見られるような、思考における対称性も美しい。美は真理への案内人であるとはよく言われることだが、必ずそうだというわけではない。ヨハネス・ケプラーは、美に惑わされて、惑星が楕円を描いて運動するという偉大な発見にいたるまでに何年も遠回りした。ケプラーは、火星の軌道が楕円であり、一方の焦点を太陽が占め、他方の焦点にはなにもないという、美しくない——だが真の——姿をなんとか避けようと、骨の折れる計算に何年も費やした。これはまるで、通常は二本のピンを使うところを、たった一本のピンで楕円を描こうとするようなものだ！　ケプラーは美を理由に卵型の軌道を考えたりしたが、結局はティコ・ブラーエの観測と彼自身の計算から、その美しくない軌道を受け入れざるをえないと認めた。今日のわれわれは、太陽系のこのモデルをよく知っているから、それが正しく適切だと感じる。このことは、技術による新しい形の発明にもあてはまる。航空力学的な形ははじめは奇妙で、不格好なものに映ったが、いまでは美と「正しさ」をそなえている。最初の飛行機の設計者たちが美しさを求めていたとは言いがたいだろう。現在正しくかつ美しいと思われているものは、およそ風変わりで、最初は不格好に思われた模型を使っての風洞テストからの、驚くべき結果によってもたらされたのだ。

視知覚は、限られた情報からすばやく世界を意味づける、能動的ないくつもの過程からなる。眼は光を受けとるだけだが、それにもかかわらず、視覚はわれわれが対象の非視覚的な特性に対して適切に行動するよう導いてくれる（まるで奇跡だ）。このことは、見るためには知識が必要不可欠だということを示している。「見る」という語の二通りの意味（「私は時計を見る」と「彼はその時計のしくみをすぐ見てとった」というときの「見る」）は、同一ではないが、関連しあっている。プラトンは眼のなかの光学像に気づいてはいなかったが、視覚を、眼から出てまた戻り、内部の火と交わることによってはたらくと考えた点で、まったく間違っていたわけでもなかった。なぜなら、光が眼に入り光学像を形成し、それは外部の世界へと、なにがそこにあるかという仮説として心理学的に投射されるからである。(注10)この投射はときには、虚構を作り出すことがある。見ているものは、触って確かめることもできるが、しかし触ることが絶対確実というわけでもない。もちろん、あらゆるものがすべて触れるわけではなく、大部分のものは手の届かない距離にある。見ているものをほかの感覚で確認できないことも多い。それに、ほかの感覚も、全面的に信頼できるわけではない。だから、眼の網膜像の外部空間への心理学的投射を頼りにしなくてはならない。これが、視知覚である。

眼から対象世界への心理学的投射をもっともドラマチックに示してくれるのは、残像である。残像は網膜に焼きつけられた写真のようなものだが、眼のなかにではなく、外部の対象世界にあるように見える。カメラのフラッシュで残像を作り、眼を壁や手のひらに向けてみよう。すると、壁の上、あるいは手の上に明るい（または暗い）スポットが見えるだろう。その像は、網膜に貼りついているにもかかわらず、外にあるものとして見える。眼を動かすと、それも動く。そのスポットは、「投射される」面が遠くなるにつれて、より大きく見えるだろう。手を近づけたり、遠ざけたりしてみよう。手を遠ざけると、そのスポットは大きくなるだろう。（暗室内で、自分の手を見ることができない状況でも、自分の手がどの距離にあるかという自己受容系の信号が送られて、この現象が観察される。）[注11]二倍の距離のところにあるように知覚される残像は、二倍の大きさに見える。これが「エンメルトの法則」である。これは、大きさの恒常性におけるスケール調整のはたらきと関係している（264ページ参照）。

視覚は、外部にあると思われるものを探し求めるという点で、きわめて能動的だ。図8・5を例にとろう。視覚は、この規則正しいパターンのなかに意味と秩序を見出す。この図の小さい円の集まりは、列、行、正方形、その他あらゆる種類の微妙なパターンを形作るように見える。ここに、視覚の活動の一端をかいま見ることができる。

眼からの神経信号による知覚の始まりは、脳への「ボトムアップ」の信号とよばれている。さらに、それとは逆に、対象にかんする知識――「トップダウン」の知識――があって、それは、眼やほかの感覚からの信号に意味を与える上で欠かせない。また、一般的な操作規則もある。ここではこれを、（コンピュータにフロッピーディスクを入れるのにおおざっぱになぞらえて）「サイドウェイズ」の規則、またはアルゴリズムとよぶことにしよう。

知覚の規則には、体制化にかんするゲシュタルト法則がある。[注12]類似の特性をもつものは、群化してまとめられる傾向がある。（風にそよぐ木の葉のように）ともに動くものは、ひとつの対象として見られやすい。閉じた形を形成する特徴は、単一の対象の部分として見られる傾向がある。以上は、対象の知覚にかんする一般的な規則だ。大部分の対象は反復するパターンをもっているし、また各部分が一緒に動く。そして閉じた簡潔な輪郭をもっている。だから、これらの規則

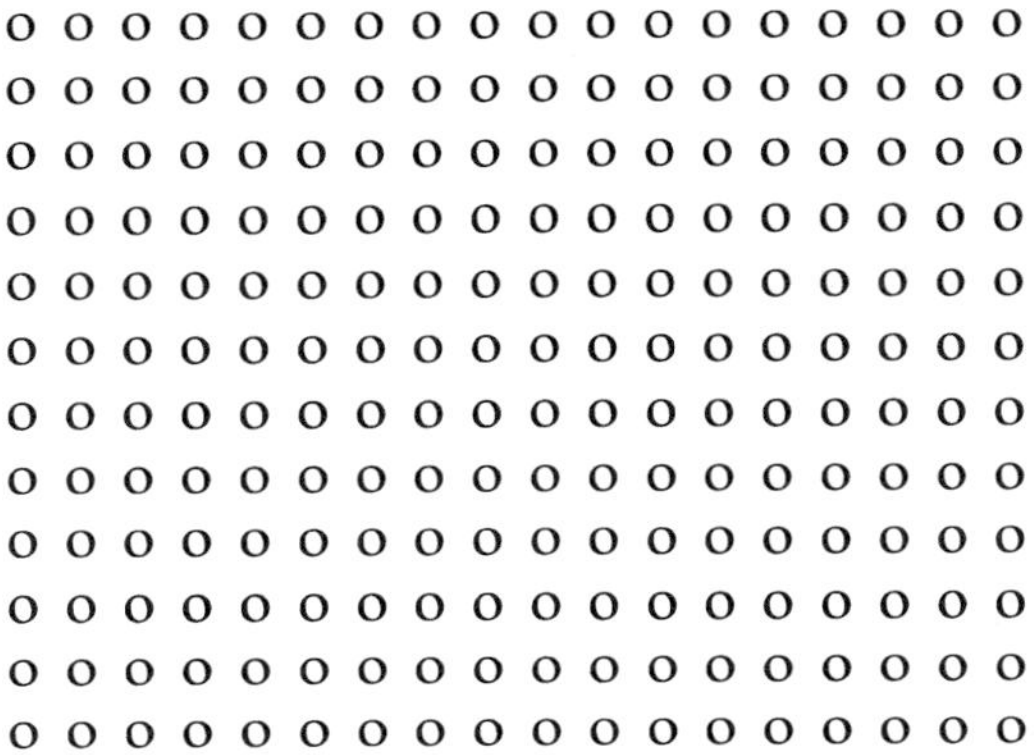

図8・5　**ダイナミックな視覚の体制化**

はふつう、妥当性をもつ。二十世紀のはじめ、ゲシュタルト心理学者たちは、これらの規則（「ゲシュタルト法則」）が生得的なもので、したがって学習は必要ないと考えた。そう考えることもできるかもしれない。というのは、これらはきわめて一般的で、これまでの間ずっと——人類出現前から何百万年にもわたって——有効だったに違いないからである。だが、対象についてのほとんどすべての知識は学習されなければならない。自転車や電話にかんする生得的な知識などありうるはずがない！

図8・6に示したようなパターンでは、形の異同による知覚的体制化が見られる。「O」と「X」の垂直の列を見る傾向がわれわれにはある。だが、視知覚の創造的なはたらきは、それ以外の体制化も生じさせる可能性がある。さまざまの法則が相互に拮抗する可能性があって、優勢なほうが見える。図8・7はそれを例示している。左側では、ドットが二つずつ対になり、近いものどうしが「一緒になる」。これが、近接のゲシュタルト法則［訳注　近接の要因による群化の法則］である。しかし、この法則は、図8・7の右側の中央にある二つのドットについては成り立たない。これら二つのドットは「一緒になる」ことはなく、ひとつは長いほうの列に、もうひとつは短いほうの列に属しているように見える。このよ

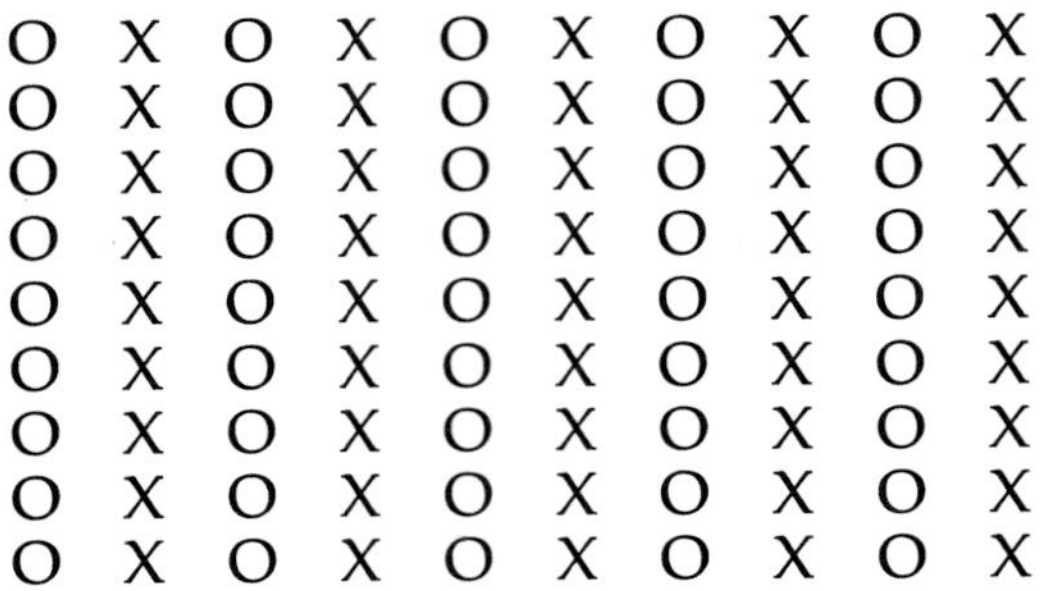

図 8・6　**類同による体制化**

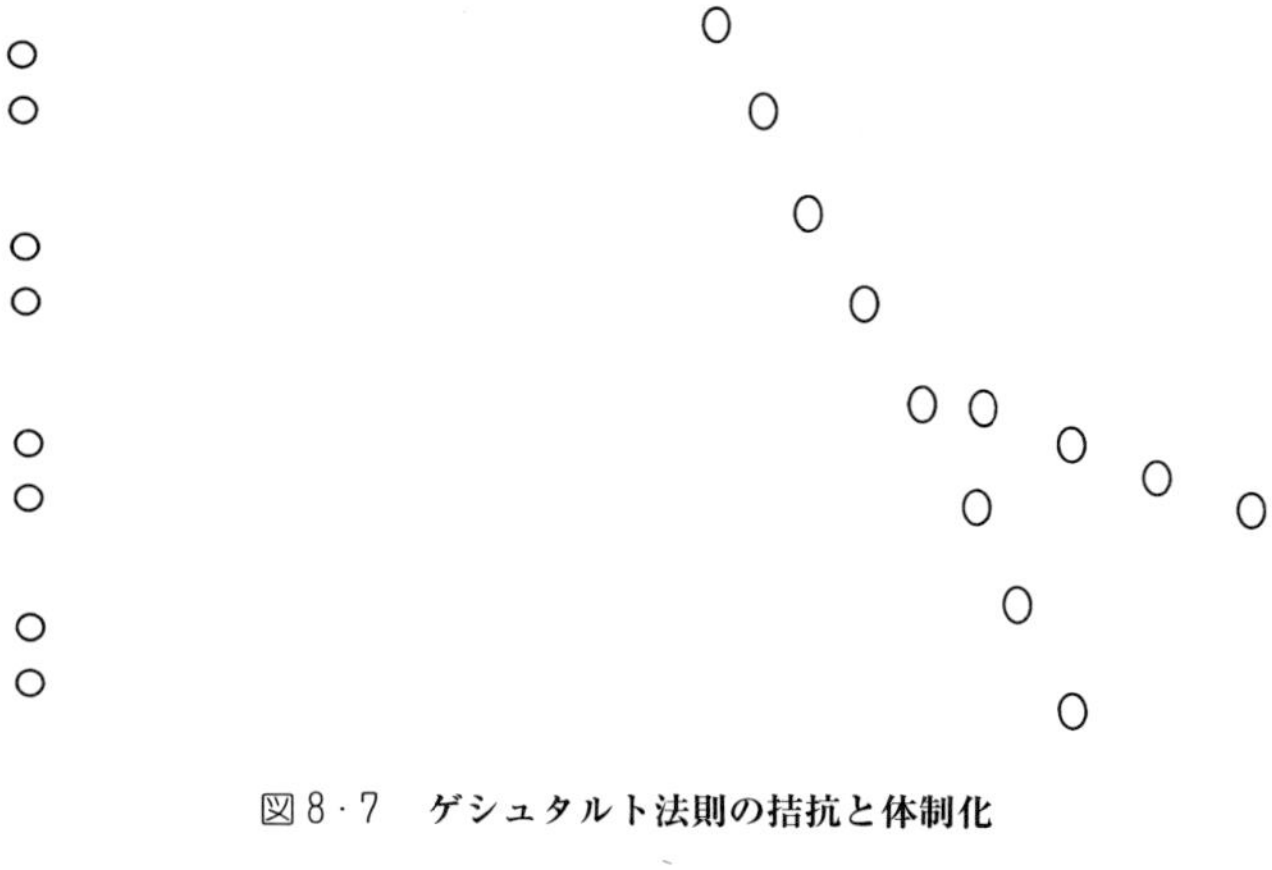

図 8・7　**ゲシュタルト法則の拮抗と体制化**

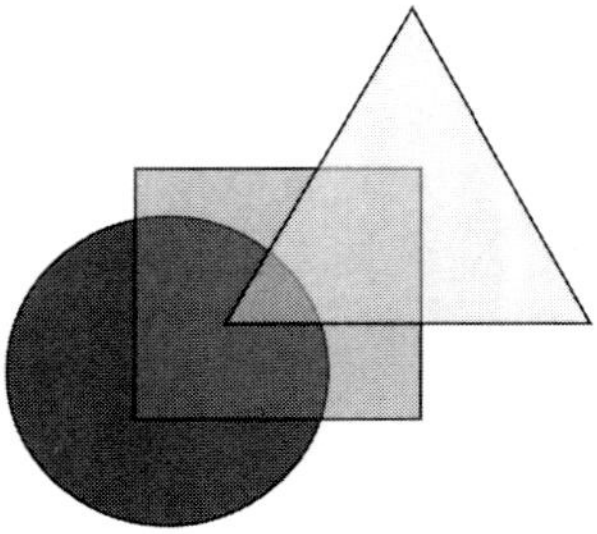

図8・8　**透明視**
メテッリの発見によれば，透明視には輝度比を含むいくつかの視覚的法則がはたらいている。アーヴィン・ロック（1983）も指摘しているように，この透明視では，偶然一致するいくつもの特徴が第二の対象を可能にしている。

うに、これらの法則を互いに拮抗させてみて、どちらの法則がより強力かを知ることができる。おそらく、どちらの法則が優勢になるかは、知覚する人がそのときにしている課題によっても左右されるかもしれない。しかし、このことは実際にはまだ明らかにされていない。

透明視には、画家にとって有用な視覚的法則がある。イタリアのトリエステ大学の心理学者、ファビオ・メテッリは最近、実験によってそれらの法則を見出した[注13]。注目すべき点は、網膜の同じ領域に――絵画のなかで、あるいはガラスや水からの反射で――刺激が重なり、同一面上に複数のものを見ることができるということである（図8・8参照）。反射は複数の知覚的仮説を生じさせる。

単眼の場合、奥行き知覚を生じさせる一組の重要な規則がある。それは、対象の距離の増加にともなって網膜像が小さくなる、という光学的な事実にもとづいている（図8・9参照）。たしかに、二本の平行線は距離が遠くなるにつれて互いに近寄り――これが線遠近法を生じさせる――、距離にともなってキメ（肌理）も密になっていく。意外にも、このような視覚の基本的な事実は、十五世紀以前にはよく認識されていなかった。当然のことだが、これらは画家にとってきわめて重要である（36ページ参照）。

O X O X O X O X O X O
O X O X O X O X O X O
O X O X O X O X O X O
O X O X O X O X O X O
O X O X O X O X O X O
O X O X O X O X O X O
O X O X O X O X O X O
O X O X O X O X O X O

図8・9　**キメと奥行き――文字の大きさの勾配**

これは，奥行き方向に延びている面のように見える。この一般法則は，像の大きさは，距離が2倍になれば半分になるということである。この法則は網膜像にはあてはまるが，それだけでなく，脳が距離を判断する場合にも，また画家が絵のなかに奥行きを描く場合にも用いられる。脳は数百万年前に暗々裡にこのことを見出していたが，画家たちは，ブルネレスキの発見（36ページ参照）以来，これを表現方法として使うようになった。

ゆがみ

視覚的なゆがみは、多くの原因によってひき起こされる。それらの原因を見つけ出すことによって、われわれがどのように見ているかについて多くのことがわかる。たとえば、収束する線は、奥行きの知覚を生じさせる（図8・10参照）。遠近法的な収束により、これらの線は遠くに向かって延びていく平行線として「読みとられる」だろう。像は通常は、距離にともなって縮小し、その結果遠ざかっていく平行線は網膜上では収束する。画家たちは、二次元の絵のなかに三次元を表現しようとして、これらのはるか昔に起源をもつ脳のトリックを用いてきた。ただし、それが概念的に理解されたのは、ごく最近になってからである。

網膜像は、対象までの距離が二倍になると、その大きさが半分に縮小するが、しかしそうは見えない。ある程度距離が変化しても、ほぼ同じ大きさに見える。しかし、それがはるか遠い距離にあるときには、その像はおもちゃの大きさにまで縮小してしまう。大きさのスケール調整は、距離にともなって像が縮小することに対する知覚的な補正である。これが、大きさの恒常性と形の恒常性を生み出す。行動にかかわるの

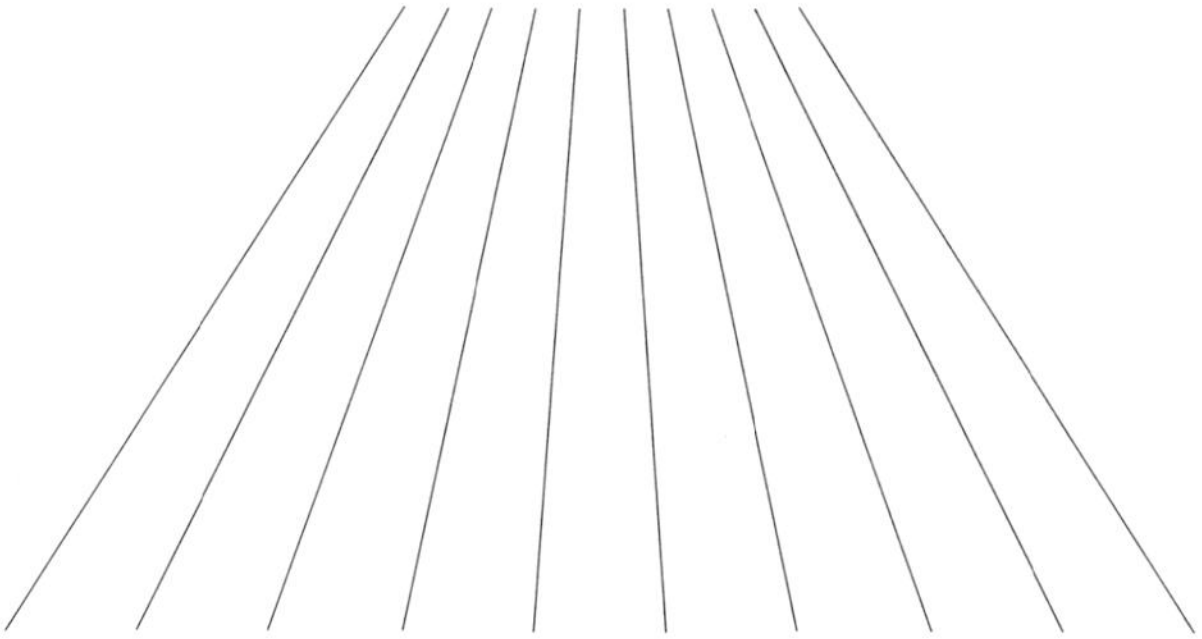

図8・10　**奥行き知覚を生じさせる線の収束の手がかり**

は、対象の実際の大きさだから、この補正はきわめて有用だ。眼のなかの像の大きさや形は重要ではない。重要なのは、それがネコかトラかであり、半リットルか1リットルかである。このような過程は仮定や規則によっているが、これらの仮定や規則がいつでも正しいとはかぎらない。だから、この過程がときにゆがみの錯覚をひき起こしても、なんの不思議もない。[注14]

ある説によれば、そのようなゆがみの錯覚は、絵の面に恒常性のスケール調整が誤って適用されるときに起こる。これが「恒常性のスケール調整の誤り」説である。[注15] このゆがみの錯覚における規則は、より遠くにあると信号化されるものは大きい、ということである（図8・11参照）。これは、眼の網膜像の光学的な縮小の逆だ。というのは、恒常性のスケール調整は、相対的に小さな網膜像を与える遠くの対象に対する補正だからだ。この知覚過程は明らかに、視覚処理の初期にはたらき、意識されない。

遠近法的に明らかな手がかりやほかの（ボトムアップの）奥行き手がかりがないのに奥行きがあると仮定される場合にも、ゆがみが生じる。これはじつに印象的で、図8・12はそのような場合の一例である。この効果は、奥行きが多義的な針金細工の立方体を見る際に、さらに強く現われる。通常、立方体の骨組みだけでも立方体のように見える。つまり、そ

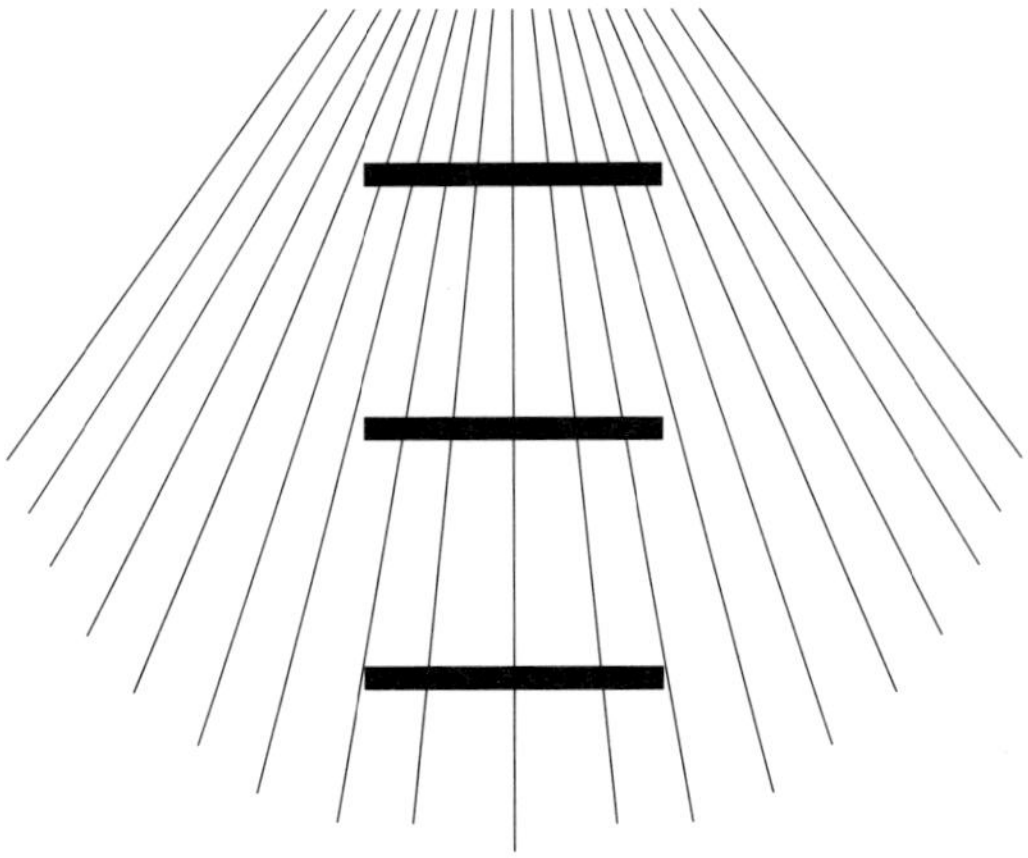

図8・11　**遠近法の錯覚――（ボトムアップの）スケール調整の誤り**

3本の水平の棒は，実際にはまったく同じ長さである。しかし，線の遠近法的収束によってより遠くにあると感じられる棒のほうが，長く見える。

図8・12　**奥行きの仮定による錯覚――（トップダウンの）スケール調整の誤り**

遠くにあるように見える長方形の上側の縁は，近くにあるように見える下側の縁より長く見える。両側は，平行に描かれているが，そうは見えない。これは明らかに，テーブルの奥行きの仮定にもとづくトップダウンのスケール調整による。この絵が線遠近法で描かれてはおらず，スケール調整がボトムアップではないことに注意。

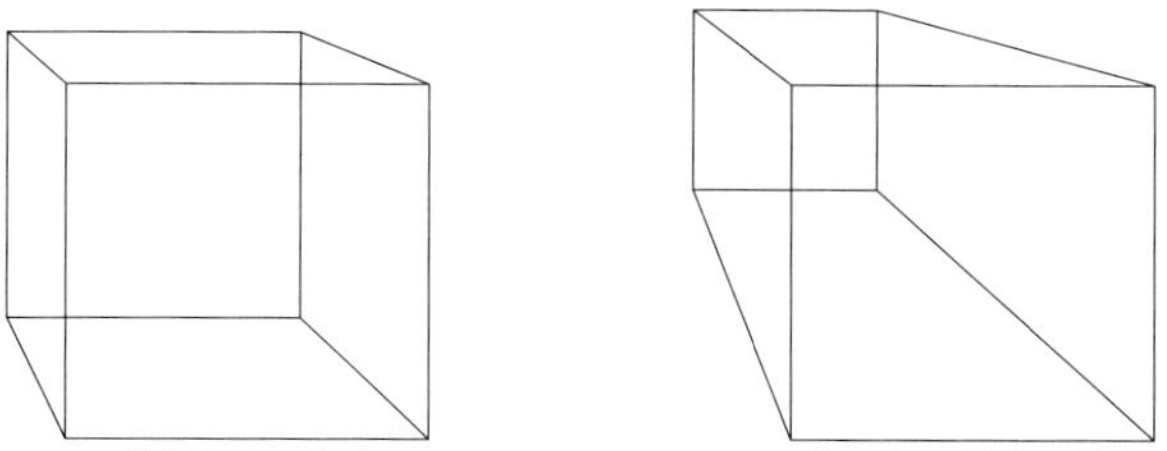

逆転しない場合　　　　逆転して見える場合

図8・13　奥行きが逆転すると，どう見える？

ネッカーの立方体の針金細工版。奥行きが逆転すると，立方体の形も変化する。実際どおり（前の面を手前に）見た場合には，前面も後面も同じ大きさに見える。逆転すると，後面として見えるほう——実際には手前の面——が，大きく見える。このように，奥行きが逆転したときには，ピラミッドの断面のように見える。

の前面と後面とが同じ大きさに見え、相対する二つの側面が平行に見える。この事実は、恒常性のスケール調整が通常どおりにはたらいていること、そしてそれが適切な大きさの恒常性と形の恒常性とを生じさせていることを示している。しかし、この立方体の奥行きが逆転して見えると、形が変わってしまう。逆転すると、後方にあるように見える面がずっと大きく見え、二つの側面は平行でなくなる（図8・13参照）。見かけの奥行きの逆転にともなってスケール調整が逆向きに切り替わったのである。これこそ、立方体の「仮説」が逆転したことにもとづく、トップダウンのスケール調整にほかならない。

　これは実験してみるだけの価値がある。こういう視覚過程を発見する上で、もっとも適した実験刺激のひとつは、針金細工の立方体である。立方体は、どんな大きさでもよい。しっかりした針金が望ましいが、長いマッチ棒やストローを接着して作ってもよい。できた立方体を、すべての面が見えるように置いてみよう。まもなく、奥行きの「逆転」が起こるだろう。実際は近いほうの面が遠いほうの面として見えるときには、三つの注目すべき効果が現われる。（はじめは片眼で観察するとよいかもしれない。）どう置くかにもよるが、それが逆転すると、一辺を下にしてもちあがっているように見えるだろう。第二に、観察者の動きに応じて、同じ向きに回転するように見えるだろう。その理由は、物理的な運動視差そのものは変化していないのに、遠近に対して誤った対応づけがなされるからである。第三の効果は、それほど劇的ではないが、きわめて示唆に富む。立方体が形を変えてしまうのだ。実際の手前の面（いまは向こうの面のように見えている）が非常に大きく見えるのである。立方体は、てっぺんを切り落としたピラミッドのように見える。もっと近づいて観察すると、そのゆがみはさらに大きくなる。これは、残像について成り立つエンメルトの法則に似ている。しかしそれは、「もっと純粋な」観察事実である。というのは、眼からのボトムアップの入力は、なにも変化していないからだ。（明らかに、その大きさや形の変化は、「トップダウン」のスケール調整によっている。刺激入力には変化がないので、これは、純粋にトップダウンの、脳によって引き起こされた現象にほかならない。）

立方体を平面上に描いた図（ネッカーの立方体）も、遠近にかんして逆転する。しかし絵は、観察者が動いても、回転するようなことはない。奥行きの逆転が起こっても、その形が大きく変わることはない。絵のなかの逆説的な奥行きに対しては、トップダウンのスケール調整が起こることはほとんどないからである。（発光性のインクでネッカーの立方体を描き、暗室で観察すると、実際の三次元の立方体の場合と同様に、はっきりと大きさが変化する）。(注16)

錯覚を分類する

錯覚という現象は、知覚の複雑なはたらきについて多くのことを教えてくれる。錯覚は、伝導路つまり神経の「チャンネル」を分けたり、情報処理機構としての脳の限界と特性とを見出すのに用いることができる。記憶、注意、疲労などの影響を、錯覚を通して研究することもできる。この本のテーマから離れてしまうかもしれないが、鏡の錯覚をほかの錯覚を含む広い文脈のなかに位置づけることは有用だろう。そこで、錯覚という現象を、その現われ方と原因という観点から分類してみることにする。

第一の種類の錯視の原因は、対象と眼の網膜の間（視覚の第一段階）で光を乱すものである。こうした原因による錯覚を物理的錯覚とよぶことにしよう。鏡はこのカテゴリーに入る。視覚の第二段階は、脳に向かう神経伝導路と脳そのものの生理的過程である。神経信号の誤りによるものを生理的錯覚とよぶことにしよう。第三段階は、認知的な過程だ。この

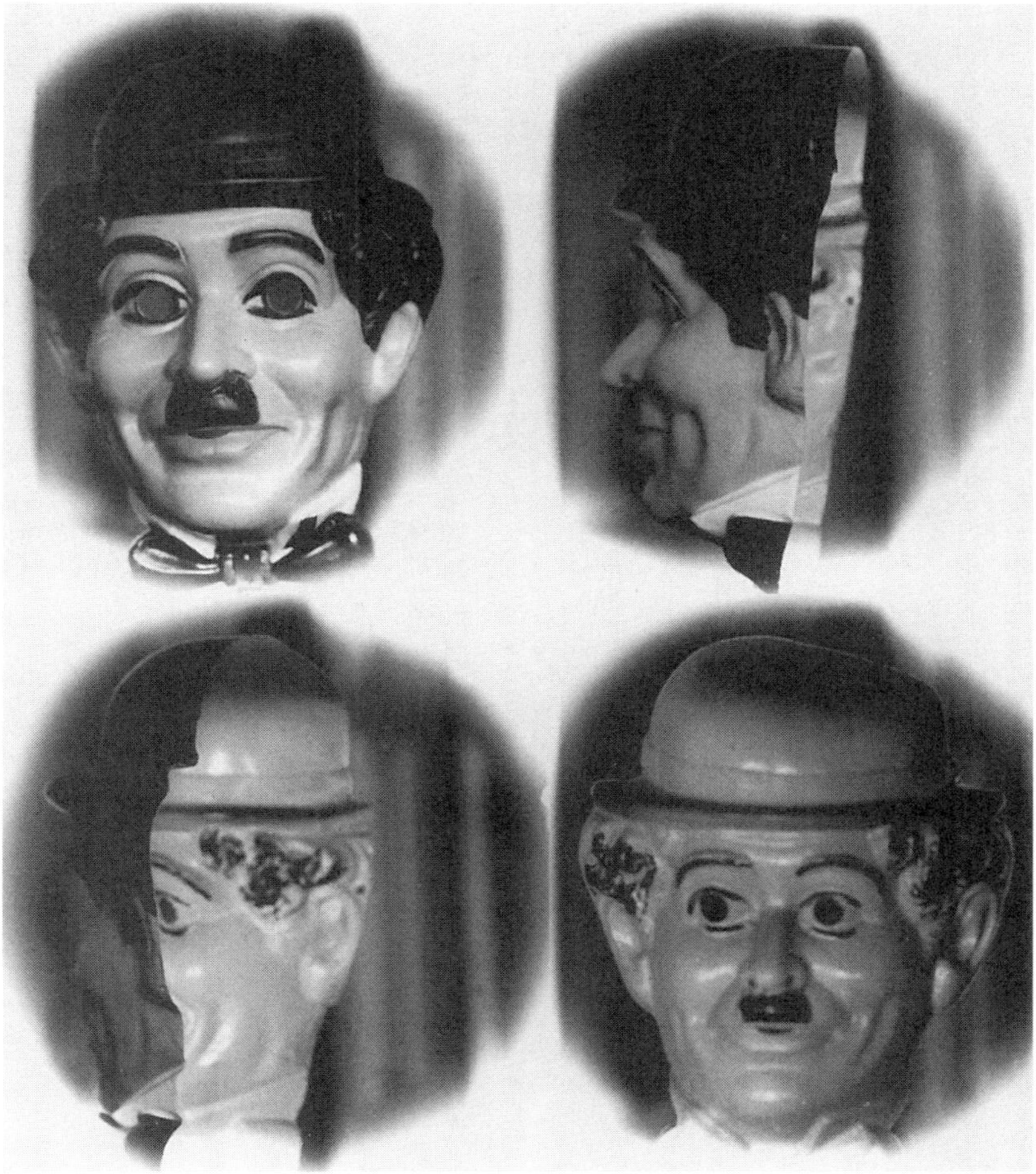

図8・14　**へこんでいる顔**

セルロイドのお面を回転させて撮った写真である——右下の写真の鼻の部分は，ほんとうはへこんでいるのに，出っぱっているように見える。へこんでいるように見えないのは，顔が見慣れたもので，へこんでいる顔などありえないからである。

段階で、神経信号の意味づけが起こる。[注17] 生理的にはなにも誤りがなくても、信号を読み違えると錯覚が生じる。そのような障害が起きるのは、知識あるいは規則に誤りがあるからだ。知識の障害は、「トップダウン」の認知的誤りを生じさせ、規則の障害は、「サイドウェイズ」の認知的誤りを生じさせる（図8・13と図8・14を参照）。

視覚と触覚は、密接に関連しあっている。このことは興味深いし、重要だ。とりわけ、そのことを示してくれるのは、大きさ - 重さの錯覚［訳注　シャルパンティエ効果ともいう］で、台所用品を使って簡単に試すことができる。大小二つのブリキの容器（あるいはカン）を用意しよう。これらの容器に、たとえば砂糖を少しずつ入れ、はかりで計って二つとも同じ重さになるようにする。こうして、同一重量の大小二つの対象ができる。では、それらは同じ重さに感じられるだろうか？　左右の手でひとつずつ、あるいは同じ手で順番にもち上げてみよう。

重さが違って感じられる。小さいほうが重く感じる。これは、筋肉が予想された重さに調整される——そして大きい対象は通常小さい対象よりも重い——からだ。このような予測的な知覚的仮説は、ふつうなら適切だが、この場合には不適切だ。こういう錯覚は認知的なもので、きわめて示唆に富んでいる。これが認知的錯覚なのは、不適切な知識や仮定に依存しているからである。この効果を説明するのは、生理学ではなく——もちろん、多くの生理的過程も含まれてはいるが——認知的過程なのだ。

眼は、おおむね典型的ではあるけれども、しかしまったくそうだとは言えないような状況によって、あっさりとだまされてしまう。図8・14に示した顔は、凹凸が逆になっているが、ふつうの顔のように見える。回転させると、奇妙なことが起こる。顔だという仮説をとらせているのは眼、鼻、口といった典型的な特徴で、その仮説が、突き出しているふつうの鼻という仮定を導くのである。これこそ、トップダウンの知識の力を示すものだ。この凹凸のある仮面を実際に見るときには、（ボトムアップの）両眼立体視の情報やほかの感覚情報は、顔という（トップダウンの）知識によって封じられてしまう。繰り返し述べてきたように、視覚における錯覚が起こる理由を知っていても、それでもあざむかれてしまう。このことは、脳内において知覚的な知識と思考上の知識とが分離していることを示す強力な根拠となっている。[注18]

知覚における錯覚は、本質的に異なる原因にもとづいて、四種類に分類できる。すなわち、物理的錯覚、生理的錯覚、そして二種類の認知的錯覚——トップダウンの知識かサイドウェイズの規則が適切でないため、誤ってしまう――である。そしてこれら四つのカテゴリーごとに、まったく異なる四種類の錯覚があるように思われる。

これらが言語における主な四種類の誤り――多義性、歪曲（ゆがみ）、パラドックス、虚構――に対応することは、示唆に富む。言語との結びつきは偶然ではないだろう。なぜなら、言語の構造は古代の、人類出現以前の対象と動作にかんする知覚的分類に由来している可能性が高いからである。(注19) もし人類の言語がはるか古代の知覚的分類を受け継いだものだとすると、言語が生物学的な時間のなかでどうしてこれほど速やかに発達してきたかを説明する助けになるだろう。(注20) 例をあげると、

多義性　金魚をかう。
歪曲（ゆがみ）　山のような大男。
パラドックス　赤毛の黒髪。
虚構　恋人は鏡のなかに住む。

視覚的錯覚がこれらのことばのカテゴリーにきちんと収まるとは、驚くばかりである。次に示すのは、代表的な錯視現象をこの四つのカテゴリーに分類したものである（試みに分類してみたものもある）。(注21)

《物理的》
多義性　三次元空間のすべての二次元像、霧、影
ゆがみ　空間にかんして――水中の棒
　時間にかんして――仮現運動
パラドックス　鏡――自分が二つで、違った場所に見える
虚構　虹、モアレ・パターン

《生理的》
多義性　単眼による大きさ - 距離の信号
ゆがみ　長さ、傾き、湾曲への順応、「カフェの壁」錯視（106ページ、図4・8）
パラドックス　視覚チャンネル間の不一致――運動残効（位置や大きさが変化しないのに、動いて見える）
虚構　残像、自動運動、偏頭痛のときに見えるパターン

《知識》
多義性　ネッカーの立方体（267ページ、図8・13）、
アヒルとウサギ（256ページ、図8・4）、
さかずきと横顔

ゆがみ　大きさ - 重さの錯覚
パラドックス　マグリットの鏡の絵（30ページ、図2・2）
　虚構　炎のなかの顔、月のなかのウサギ

《規則》
　多義性　図と地（対象と背景）
ゆがみ　ミュラー・リヤー錯視、ポンゾ錯視（スケール調整が不適切な場合）、月の錯視
パラドックス　ありえない三角形
　虚構　カニッツアの三角形（主観的輪郭）、盲点や暗点の補充現象（注22）

　鏡は、ただのモノでしかないし、なんら逆説的ではない。それにもかかわらず、視覚的なパラドックスを生じさせる。われわれは、鏡を通して自分自身を見るが、自分が鏡の前に位置していることを知っている。自己はただひとつと知りながら、二つの自己を受け入れている。ただひとつの身体をもつと知っていながら、二つの身体を経験している。自分の顔が鏡によって二つになり、正しくない位置にある。これ以上逆説的なものがほかにあるだろうか？　だがパラドックスは結局のところ、鏡にあるのではなく、われわれのなかにあるのだ。

視覚はどのようにはたらくか？

　視覚の複雑なはたらきとはどのようものだろう？　これを図で示してみよう。図8・15には、もっとも簡単な仮説的図式を示してある。それは、眼からのボトムアップの信号、対象についてのトップダウンの知識、遠近法から奥行きを生じさせるサイドウェイズの一般的規則からなる。

　知識には、二種類の基盤がある。思考上の知識と知覚的な知識である。錯覚を経験していて、しかもあざむかれていることやその理由さえ知っていても、それでもだまされる。ここから、思考による理解が、断続的にゆっくりと知覚のなかへ入り込むということがわかる。そして、逆もまた言える。

　これをもう少し展開させてみることにしよう。図8・16は図8・15をさらに発展させた仮説的図式である。それは、眼からのボトムアップの信号、対象についてのトップダウンの知識、サイドウェイズの一般的規則、学習のための対象との相互作用によるフィードバック、知識と規則に応じて設定する、当面の課題、そして――もっとも謎に満ちた――意識を示している。

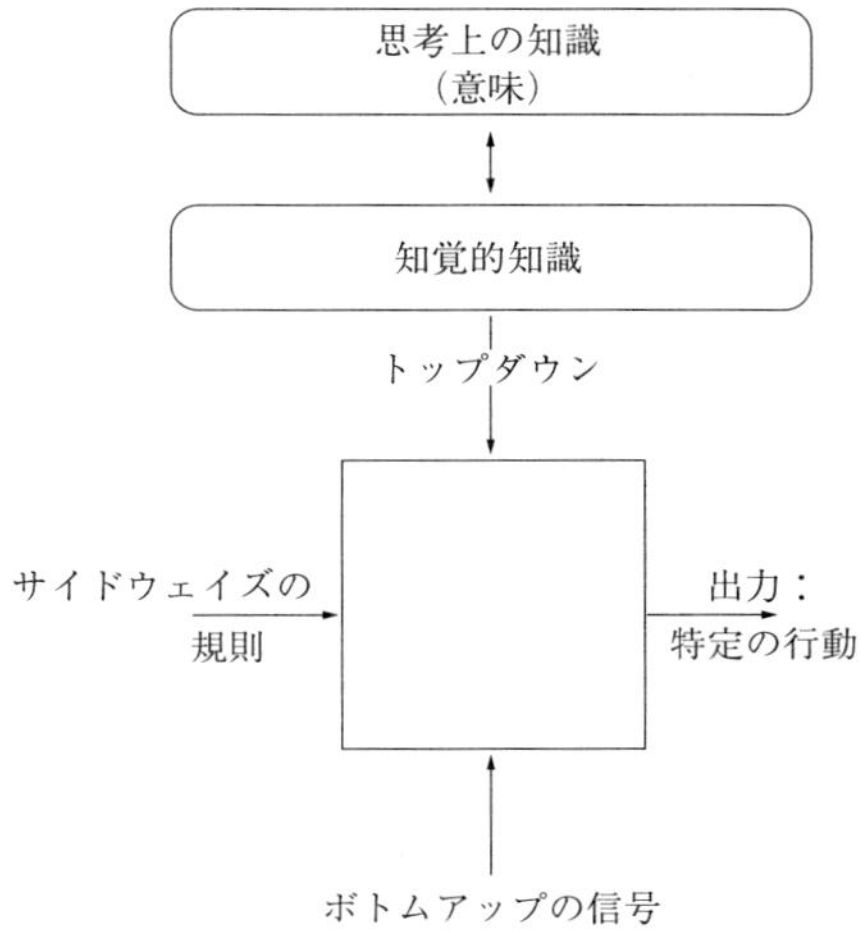

図 8・15　**視覚はどのようにはたらくか？**
もっとも単純な仮説的図式。

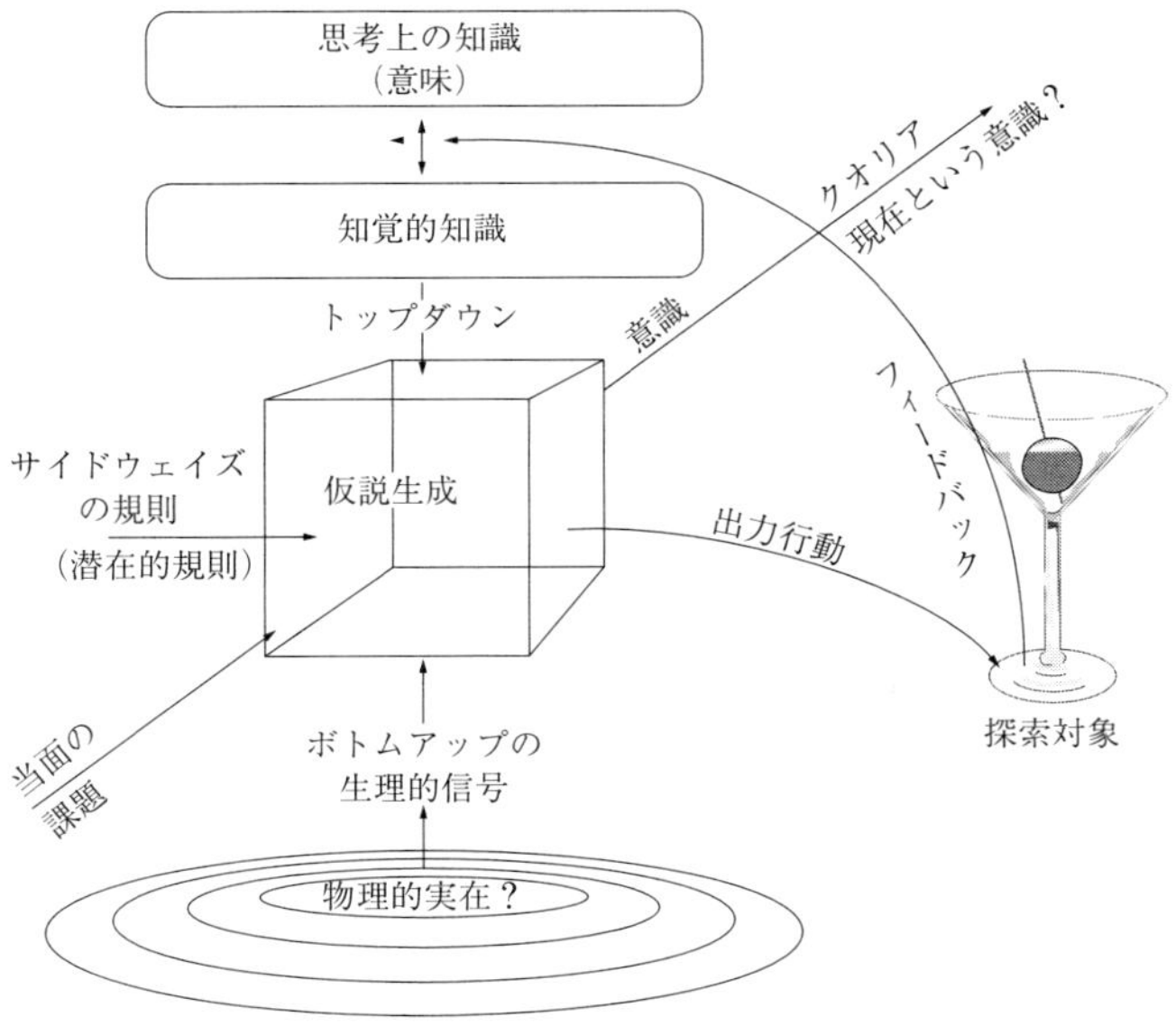

図 8・16　**視覚はどのようにはたらくか？**
図 8・15の図式を発展させたモデル。

子どもたちが見ているものは、ゆっくりと、彼らの理解に影響をおよぼす。しかし、対象世界からの相互作用的フィードバックなしには、影響しえない。後に、知識が増えるにつれて、受動的な観察、とりわけ妨害を生じさせるものの観察を通じて、多くのことを学ぶ。(注23) ルイス・キャロルは、アリスが子猫を揺り動かしたとき、子猫を目覚めさせただけでなく、アリスに子猫の存在とそれ以上のことに気づかせたということを知っていた。揺することで、対象の塊りとしての存在がわかる。その固さ、柔かさ、慣性、そしてそのほかの多くのことを学ぶ。だが、鏡映像はそのどれももちあわせていない。それは、手で触ってわかるような対象ではない。ジョッキやおもちゃを回転させるのとは違って、鏡映像は手で回転させることができない。さらに手で操作できるものは、競技やゲーム、また目的をもった遊びや実験などで、ほかの人と共有できる。鏡映像は手で操作することができないから、その特異な性質がわれわれの知識のなかに入り込むことはほとんどない。したがって、鏡が謎に満ち、考えるのがむずかしいのは、当然なのである。

思考の錯覚

知覚における錯覚は、過去経験にもとづく誤ったアナロジーから生じる、ということを見てきた。たとえば、へこんでいる仮面がふつうの顔のように見えたりする（図8・14）。それは、これまで無数に見てきた顔ではすべて鼻が突き出ていたため、顔とはそのようなものだという仮説がきわめて強く、仮面がへこんでいるというボトムアップのデータを退けてしまうからである。誤った考えを導く思考の錯覚にも、これに似たところがある。以下に示すのは、ダニエル・カーネマンとエイモス・トヴェルスキーが行なった研究である。(注24)

たとえば、てんびんやシーソーはだれでも知っているが、どのように作用するか完全にわかっていると言えるだろうか？　図8・17はなんの変哲もないてんびんである。一方のおもりをてんびんのさおの端まで動かすと、その端は下がる。これはだれでもわかる。図8・18に示したのは、不思議なてんびんである。このてんびんは、同じように見えるが、まるで違う。(注25) 中央に、ベアリングつきの平行四辺形があって、四辺形の側辺から出ている腕（左右のさお）が、上下に動いてもつねに水平に保つ役目を果たしている。まず、二つのおも

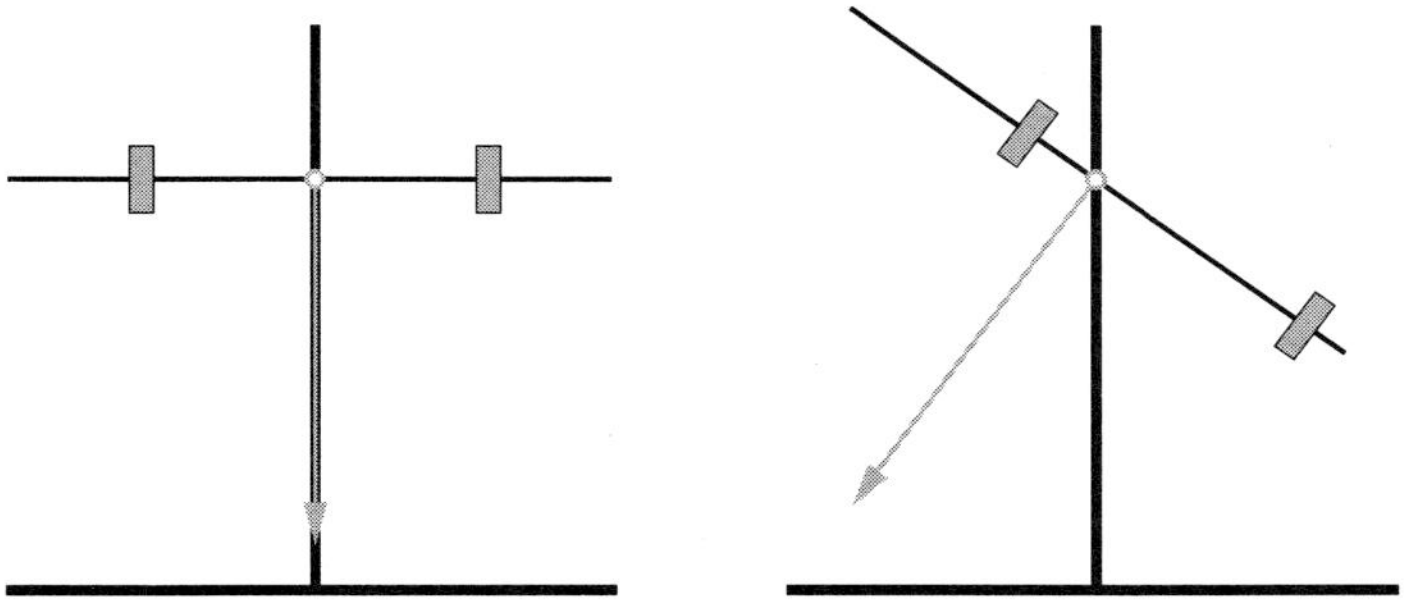

図8・17　**ふつうのてんびん**
おもりの位置によって，てんびんが傾く。

りを中心から等距離に置く。さて、おもりを動かしたとき、この不思議なてんびんは、ふつうのてんびんやシーソーと同じようにふるまうだろうか？　おもりの一方を内側に、そして他方を外側に動かすと、いったいどんなことが起こるだろう（図8・19）？　なにも起こらない！　不思議なてんびんは水平を保ったままだ。前後に動くことでバランスをとることができないようなこんなシーソーを、子どもが喜んでくれるだろうか？

　不思議なてんびんを経験すると、誰もが驚きと衝撃を受ける。そして、てんびんやシーソーや「てこ」についての自分の理解が正しいかどうかをあらためて考え直させる。たしかにそれは、驚くべきてんびんだ。なぜなら、一見似ている（深く考えると違うのだが）てんびんとシーソーの表面的なアナロジーで判断してしまうからである。起こっていることを理解するためには、はたらきの違いを見なければならない。そうすることで、ふつうのてんびんとシーソーを違った眼で、よりはっきりと認識できるようになる。

　不思議なてんびんを理解するには、おもりがどれほど端に行っても、それらは終始同じ垂直距離のまま動く、ということがわかればよい。したがって、おもりがてんびんのさおのどこに位置していても、仕事量は同じである。二つのおもり

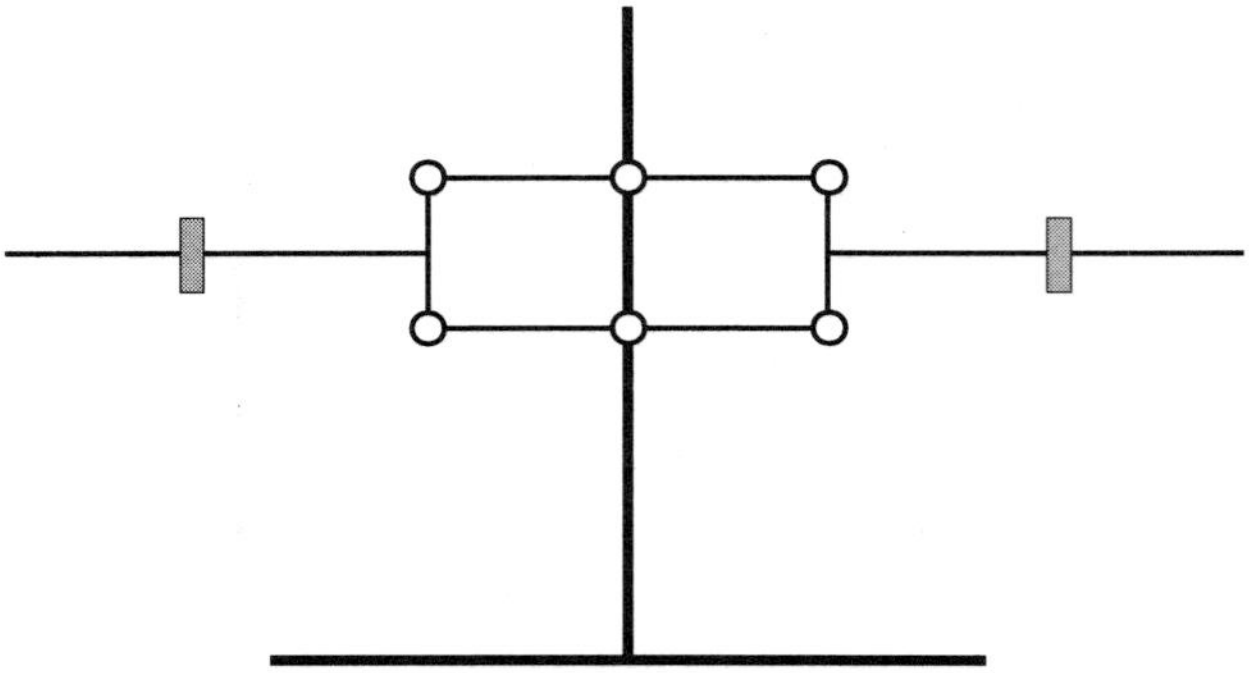

図 8・18　**不思議なてんびん——おもりが釣り合っている場合**
おもりが中心から等距離にあり，ふつうのてんびんと同じように，水平である。

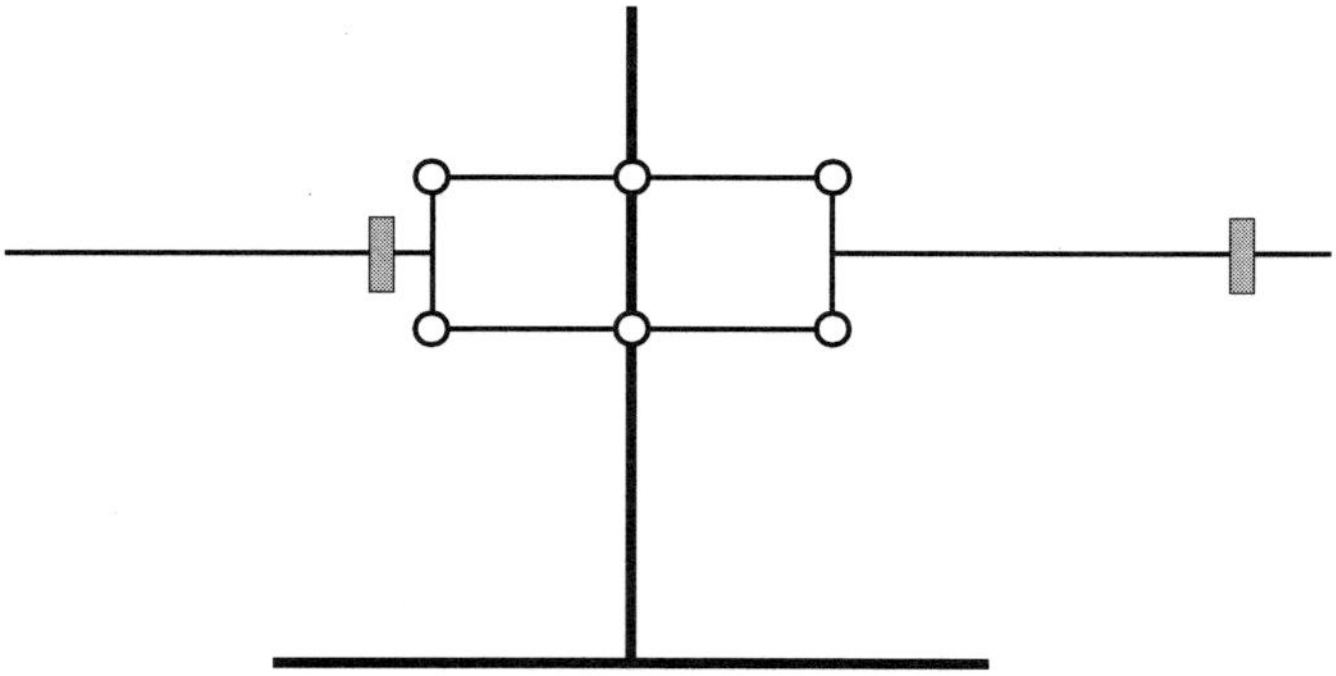

図 8・19　**不思議なてんびん——おもりが釣り合っていない場合**
おもりを内側と外側のどちらに動かしても，ふつうのてんびんとは違って，水平のまま変化しない。

図8・20　**思考の錯覚――ワイングラスとひも**

が等しい重さであれば、それらがどこに位置しようと、バランスを保ったままである。しかし、一方のおもりを重くすると、ふつうのてんびんやシーソーと同じように、さおを押し下げるだろう。このときには、仕事量が違うからである。

図8・20に示したのは、もうひとつの思考の錯覚、ワイングラスとひもの錯覚だ。まず、グラスの土台のまわりをひもでひと巻きしてみよう。次に、ひもをほどいて、一方の端をグラスの土台に固定したまま、ひもを上方に伸ばしてグラスのどこまで届くか見てみよう。どんな結果が予想されるだろうか？　答えを知れば、驚かずにはいられない。ひもは予想をはるかに超えて、上のほうまで達する。このことは、円周率の知識があれば容易にわかるはずだ。そうすれば容易に解くことができるはずなのに、正しく判断するのに必要な数学の知識を用いようとしない。数学者なら、たぶん違うだろう。おそらく、たいていの人は心のなかで数学と十分に遊んでこなかったのだ。(注26)

遊びの重要性は、次章で考えよう。遊びには、身体を使った体験的遊びと心的な探索的遊びがある。それらは、われわれの能力を発展させ、考えを理路整然としたものにする上で、鍵の役目を果たす。遊びは、じつに効果的な創造性の泉だ。一生を通じて創造的に遊べるのは、文明の大きな恩恵だし、またそれが文明を可能にする。しかし、これは後の考察に譲ることにしよう。

9 鏡の国を探検する

たちまちアリスは鏡をつき抜けて、かるがると鏡の部屋に跳び込みました。

——ルイス・キャロル

この章では、どのようにして見かけの現象を通してものを見ているのかということを尋ねてみることにしよう。これは、われわれの眼を通って脳と心へと達する個人のなかの旅である。そしてそれは、神話を通って科学にいたる、文明に共通の旅でもある。しかし、こう言ってしまうと単純化のしすぎだろう。というのは、まだ神話が完全に捨て去られたわけではないし、旅のそれぞれの段階で、なにかが失われているかもしれないから。神話は、科学が述べることのできない生に触れることができる。さまざまな科学的説明を、眼にもあらわな現象の美と驚異を冒涜するものだと考えている人もいる。彼らはおそらく、これまで見てきたような説明ではなく、鏡の不思議さのほうをとるだろう。これは好みの問題だ。一般的な傾向は、素朴さを超えて、科学的説明のなかに驚異や美を見る方向へと動いている。しかし神秘的なものは依然として、それ自体の魅力をもっているし、またさらなる疑問をよび起こしもするだろう。その疑問はまた、さまざまな方法で答えられることになる。科学がわれわれの心的生活や物質的生活を豊かにしないとは、考えにくい。現在の疑問やそれに対する答えは、アリスが鏡の国を探検した十九世紀よりも、さらにいっそう興味深いものになっている。またそれらは、プラトンが二千年以上前に、実在を洞窟の壁に映るぼんやりした影として見たときよりも、はるかに豊かになっている。

『国家』のなかのプラトンの有名な洞窟の比喩は、有史以前にその起源がある。「それはおそらく、冥界を表わす洞窟や暗い部屋のなかで行なわれていた神秘的儀式からとられた。イニシエーションを受ける者は、そこを通って、輝く光のなかで聖なるものの啓示へと導かれる。肉体が牢獄であり、そこに霊魂が過去の悪行のために閉じ込められているという考えを、プラトンはオルフェウス教のものとみなしている」(注1)。さて、プラトンの洞窟のなかに入ってみよう。(注2)

「では次に」と私は言った。「われわれ人間の本性がどの程度分別のあるものかをよく示すたとえがある。地下にある洞窟のような住まいに、人間たちが住んでいると考えてみなさい。入口が光に向かって開いているが、洞窟はそこからずっと下ったところにある。彼らはこのなかで子どものときからずっと、手と首を鎖でつながれたまま、動くこともできないし、首をまわすこともかなわない。だから前のほうしか見ることができない。彼らの頭上高いところに火が燃えていて、その光が彼らを後ろから照らしている。この火と、この囚人たちの間に壁のようなものがしつらえてあって、その上に道がひとつついているとしよう。ちょうど、操り人形師の前に衝立が置かれていて、その上から人形を出してみせ、操り師は隠れているのと同じような具合だ」。

「想像しています」とグラウコンは言った。

「ではさらに、その壁に沿って人々が、あるゆる種類の道具だとか、石や木などいろいろの材料で作った人間やほかの動物の像などを運んでいき、その影が壁の上のほうに映るとしよう。運んでいく人々のなかには、当然話をしている者もいるし、黙っている者もいる」。

「奇妙な光景ですね」、彼は言った。「それに奇妙な囚人たちですね」。

「われわれ自身によく似た囚人たちだがね」と私は答えた。

「つまり、まず第一に、こういう状態におかれた囚人たちは、彼らの正面にある洞窟の壁に火の光で映された影以外に、自分自身やお互いどうしを見たことがないのではないだろうか？」

「はい。もし一生涯、頭を動かすことができないとしたら、そうでしょう」と彼は答えた。

「運ばれているいろいろのものについても、同じではないだろうか？」

「おっしゃるとおりです」。

「さて、もし彼らがお互いどうし話しあうことができるとしたら、彼らは、自分たちの口にするものの名前が、まさに自分たちの眼の前を通りすぎていくものの名前であると信じるだろうとは、思わないかな？」

「そう信じざるをえないでしょう」。

「では、この牢獄において、音もまた彼らの正面の壁から反響して聞こえてくるとしたら、どうだろう？　彼らの後ろを通りすぎていく人々のなかのだれかが声を出すたびに、彼らは、その声を出している者が、眼の前を通りすぎていく影以外のなにかだと考えると思うかね？」

「いいえ、決して思いません」。

「こういうわけだから、彼ら囚人たちはあらゆる面において、これらの作り物の影を、現実としてとらえることになるだろう」。


プラトンの洞窟のなかの影は、鏡のなかの像と同じように、触ることはできない。問題は、対象の世界との関連でそれらをいかに解釈するか、もしくはいかに「読みとる」か、ということである。プラトンにはわかっていなかったが、われわれの眼こそが洞窟なのであり、そこに外界の対象の影の像が映るのである。ちょうどプラトンの影のように、眼のなかの像は、不完全にしか対象を再現できない。したがって、まさに影に対するように、脳は、不適切かもしれない知識から、そしてまた不正確かもしれない仮定から、対象を読みとらなくてはならないのだ。

アリス

『不思議の国のアリス』（１８６５）と『鏡の国のアリス』（１８７２）の著者――本名チャールズ・ラトウィッジ・ドジソン（１８３２-９８）――は、論理学者、数学パズルの考案者、写真家、そして鏡を含む単純なしかけを使う手品師でもあった。(注３) 彼は、オックスフォード大学のクライスト・チャーチ学寮のフェローとして、世俗から一歩引いたところでその一生を送った。ルイス・キャロルという名は、もちろんペンネームである。彼の親友、ジョン・ヘンリー・ペッパーは、「ペッパーの幽霊」――大きな半透明鏡によって、舞台上に俳優を出現させたり、消したり、透明にしたりするしかけ――を発明した人物である（２１８ページ参照）。おそらくこの事実が、チェシャー猫がニヤニヤ笑いながら消えていくというアイデアを思いつかせるきっかけとなったのだろう。(注４)

今度はすごくゆっくり消えていきました。尻尾の先から消えはじめて、最後はニヤニヤ笑いの顔でしたが、そのニヤニヤは、ほかの部分がすっかり消えてしまってからも、しばし消えずに残っていました。

じつは、二人のアリスがいた。『不思議の国』のアリスは、著名なオックスフォードの学寮長、ヘンリー・ジョージ・リデルの二番目の娘である。鏡を通り抜ける冒険をしたアリスは、彼の遠縁の従妹、アリス・レイクスである。『不思議の国のアリス』を出版した六年後、アリス・レイクスと偶然出会ったことが、『鏡の国』のヒントになった。[注5] ルイス・キャロルは、ロンドンに滞在していたとき、ケンジントン・スクエアの一角で遊んでいる子どもたちが、小さな女の子を「アリス」とよんでいるのを、たまたま耳にした。彼はその子を招き寄せて、自分がアリスという名前のほかの女の子を気に入っていると告げた。彼は、その子を家のなかに招き入れ、彼女の手にオレンジを置き、どっちの手にもっているかたずねた。

「右の手」と彼女は答えた。

「それじゃ、そこの鏡のところに行って、映っている小さな女の子を見てごらん。そして、その子がオレンジをもっているのがどっちの手か、教えてくれないかな」と彼は言った。

アリスは、鏡のところに行って、その前に立ってしばらく考えた。

「左手でもっているわ」。

キャロルは、彼女がそれを説明できるかどうかたずねた。すると彼女は、しばらくためらってから、次のように答えた。

「もし私が、鏡の向こう側に立っているとしたら、オレンジは、右手にあるんじゃないかしら?」

彼はこの答えに大いに喜び、このエピソードが、話を書くことを決心させた。彼の新しい本の空想の世界は、鏡の向こう側の世界となったのである（図9・1参照）[注6]。『鏡の国のアリス』は、こう始まる。

「いい、キティ、きちんと聞いてて、そんなにおしゃべりしないなら、私が鏡のおうちについて知っていることを、みんな話してあげるわ。まず、鏡を通してお部屋が見えるでしょ——この客間とすっかり同じで、ただあべこべになってるだけなの。椅子に上がれば、みんな見えるわ——暖炉のまうしろのちょっとだけは別だけど。ああ、そのちょっとのところを見たいのよね！　向こうのお部屋でも、冬、火が起こっ

図 9・1　鏡を通り抜けるアリス
『鏡の国のアリス』から。

ているかどうか知りたいわ。こっちの火が煙を出して、向こうのお部屋にも煙が上がらなきゃ、絶対わからないんだわ――その煙だって、見せかけで、火があるように見えるだけなのかもね。えっと、本も、ちょっとわたしたちの本に似てるわね。だけど、字があべこべになってるの。どうして知ってるかっていうと、私が鏡に向かって本をかざすと、向こうのお部屋でも本をかざすからなのよ」。

アリスが暖炉の上の鏡を通り抜けて、鏡の部屋にひらりと飛び降りたときに、彼女は、「本物の火が、いまあとに残してきた火に負けず劣らず、明るく燃え盛っていたので、すっかり嬉しくなって」しまった。それから彼女は、マントルピースの上にある時計が小さな年寄りの顔をしていて、笑いかけたのに気づいた。アリスは、驚いて叫んだ。「鏡のなかでは、後ろしか見えないのに！」アリスは、自分の子猫と一緒に鏡の国から戻ってから（もどったただけでなく、左右も反転したのだが）、考えながら言った。

「子猫って、ほんとに不便。……なにを話しかけても、いつもゴロゴロやるだけ。『はい』と言うときはゴロゴロ、『いいえ』と言うときはミャーとやってくれるとか、そんな決まりがあったらいいんだけど。……そうすれば、お話が続けられるのにね！
だけど、いつも同じことしか言わないなら、どうやってお話したらいいの？」
　このときも、子猫はゴロゴロとしか言いませんでしたから、「イエス」なのか「ノー」なのか、決められませんでした。

それからアリスは、子猫に赤の女王を見るようにさせて、こちらの世界と鏡の世界とを対決させようと考えた。

　そこでアリスは……子猫と赤の女王とを向かい合わせに置きました。「そら、キティ！」と彼女は勝ちほこるように手を打ち合わせて叫びました。「おまえはこの女王になったんだって白状なさい！」
「でも、子猫はそれを見ようともしなかったの」とアリスはあとで、お姉さんにこのお話をしてあげたとき言いました。「そっぽを向いちゃって、見ないふりしているの。でも、ちょっと恥ずかしがってるようだったわ。だから、私は子猫が赤の女王だったに違いないって思うの」。

このように、見るだけでは少しも適切ではなかったのだ。アリスは、夢の終わりに、どうやって、赤の女王を白い子猫に変えたのだろうか？　女王を揺することによってである。

「あんたを揺すって、子猫にしてやるわ、ほんとよ！」ルイス・キャロルは、なにが起こったかを仔細に描いている。

　そう言いながら、彼女は女王をテーブルからもち上げ、力いっぱい前後ろに揺さぶってやりました。
　赤の女王は少しも逆らいませんでした。その顔はだんだん小さくなり、眼は大きく緑色になっていきました。アリスがなおも揺さぶり続けていると、ずんずん小さく――ずんぐり――やわらかく――まるまると――そして――そして、やっぱり、ほんとうに子猫だったんです。

像を物のようにもち上げて、揺さぶることができたら、鏡に困惑させられることもなかっただろう。

鏡を振り返る

鏡はわれわれになにを教え、またどんな疑問を残したのだろうか？　鏡が引き起こす第一の疑問は、次のようなものだ。鏡映像は、なぜこれほどまでに混乱を引き起こし、考えるのがむずかしいのだろうか？　そしてとくに、左右の反転という「鏡の謎」は、われわれ多くにとって、なぜそんなに理解

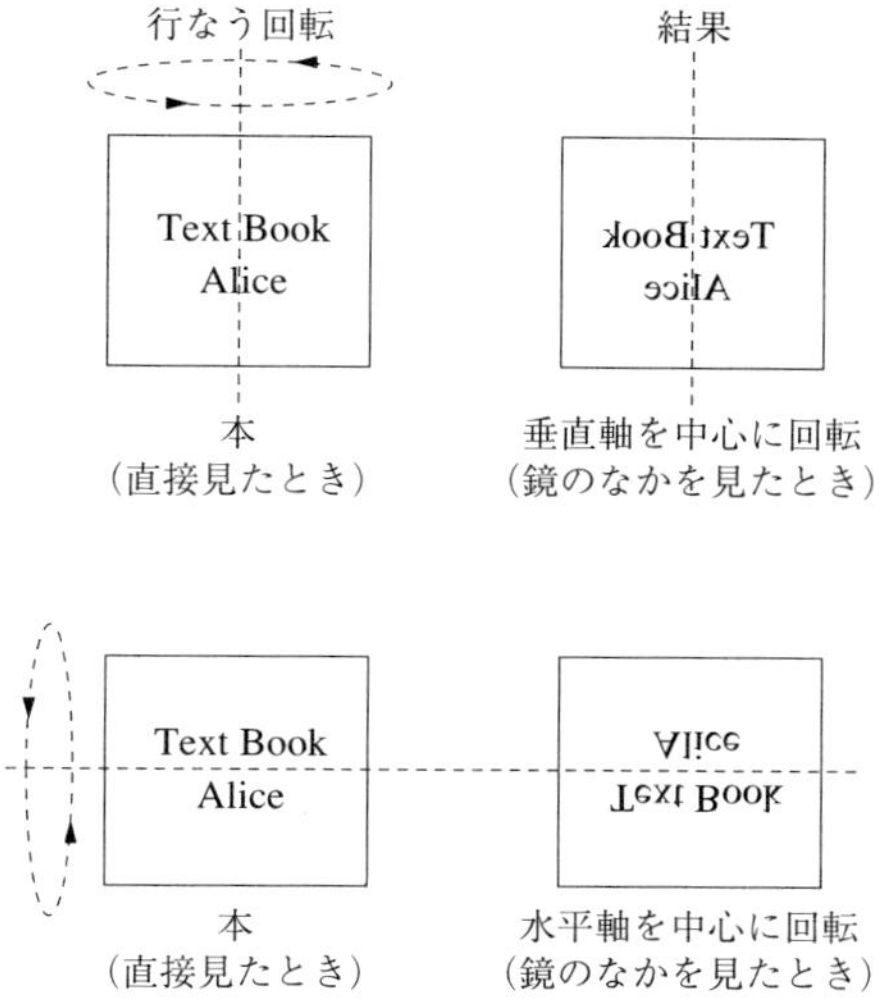

図9・2　**反転によってなにが起こるか？**

するのがむずかしいのだろうか？

　この点が理解されれば、それは、驚くほど明白で、あたりまえのこととなる。むずかしいのは、どんな説明がはっきりした見通しを与えてくれそうかを決めることである。ある問題に魅力的な解決への道がいくつもある場合には、そのうちのどれかに決めるのは不可能のように見える。ここで必要なのは、光学的、生理学的、意味的、形而上学的、心理学的解決など、多くの心惹かれる解決への道を拒否することである。多くの人々は、これらのどれかをもっともらしいと思うかもしれないが、どれもみな誤った方向に行ってしまう。すでに見たように（123-125ページ）、どれも、純粋な現象にもとづいて説明を与えることができる。このことこそ、鏡の反転の説明にとって、どの解決も適切な道であるかのように見せているのである。

　高速道路を走るときと同じで、はじめに選択を誤ってしまうと、まったく違う方向に行ってしまう。ここでとくに疑問なのは、なぜ物体の回転という答えが、説明リストの最後のほうにきてしまったのか、ということだ。図の助けを借りて、この説明を簡単に示してみよう（図9・2）。本を鏡に映す場合のことを考えてみよう。本の面を鏡に向かせるには、本を回転させせなければならない。鏡に向かせるには、図の上の部分に示したように垂直軸を中心に回転させるか、あるいは図の下の部分に示したように水平軸を中心に回転させるか、どちらかだ。その反射像は、本があたかも鏡の中に貼りついているかのように見える。しかし鏡なしで本を直接見たとすれば、本は回転されているから、見る者の側からは本の像は反転している。垂直軸を中心に回転すれば左右反転が生じ、水平軸を中心に回転すれば上下逆転が生じる。

まったく同じことが、ゴム印や印刷機の活字でも起こる。紙を印刷機からはずしてひっくり返したときに「鏡文字」にならないようにするため、活字は左右反転させて作る必要がある。スライドのような透明なものを鏡で観察する場合は、回転させないと、像は反転しない。（本のような透明でないものは、鏡で本のページを見るには、回転させて裏返しにしなければならない。）これと同じことが、鏡で自分自身を見るときにもあてはまり、鏡に向くには回転しなければならない。通常これは、重力があるために垂直軸を中心とした回転である。しかし、もし逆立ちしたなら、像は上下逆さになり、水平方向に反転することはない。

この場合、ともすれば誤りにおちいりかねない二つの込み入った問題がある。第一に、奥行きが光学的に逆転しているということである。というのは、対象やその部分（あるいは観察者自身）が鏡から遠ければそれだけ、光の経路が長くなるからである。第二に、逆立ちしている場合には、知覚的な補償が起こるということである。したがって、外界（そして鏡映像）は上下逆転して見えることはない（あなたのそばにいる友人には、あなたの鏡映像は上下逆転して見える）。第一の問題が込み入っているのは、奥行きの逆転が横方向の反転とはまったく違うからである。しかし、このことは、人間は鏡の反転を理解することが不可能だとしたカントの結論を正当化するものではない。(注7) どんな問題が含まれているかを見きわめることが重要だ。どの方略をとるべきかという選択は、むずかしい。

思考の道筋を選ぶ選択点がきわめて重要だということは、数百年前に、フランシス・ベーコン（１５６１‐１６２６）が指摘している。ベーコンは、交差点のアナロジーから、「決定的実験」という用語を作り出した。関連した知識からのヒントを、彼は、道標にたとえて「指標（フィンガー・ポスト）」とよんだ。(注8) 謎解きや問題解決には、とくに注意をはらうべき決定的な選択点があり、そしてときには、複数の可能性の交差点では新しい実験が必要だと、ベーコンは述べている。まったくそのとおりだ。

これは、アメリカの科学哲学者、トーマス・クーン（１９

22-96）の言う「パラダイム」と関連している。[注9] パラダイムというのは、観察や実験を解釈するのに必要な暗黙の前提のことだ。これらの前提が変化すると、観察の内容が大きく変化することになる。逆に、観察結果が、パラダイムの正当性に対して疑問を提起し、ときにはパラダイムを葬り去ることもある。たとえば、フロギストンや熱素は、反証の結果葬り去られたし、人間の自尊心に反して、地球は宇宙の中心ではなくなった。[注10]

一般に視覚は、ほかの感覚によって、とくに触覚によってチェックされる。しかし鏡の視覚は、触覚をともなわない。つまり、盲の状態とは逆である。これはまた、絵や写真でも同様だ。だから、鏡に映った像とか絵や写真は、触覚やほかの感覚による確認という制約から、想像力を解き放すことができる。しかしこれには、マイナス面もある。絵や写真のなかに、ほとんどなんでも読みとることができるからだ。絵や写真は、対象世界と関係してはいるが、それは文字どおりの対応関係ではなく、暗示的なきわめて弱い関係でしかない。だから、真実かどうかについての通常のテストは、絵や写真の場合には適用できない。長い間、鏡は、錯覚を生み出すものとして、また霊をよび出す道具として用いられてきたので、科学においては信用されていなかった。現在では鏡は、科学的装置の一部として欠くことのできないものになっている。そして鏡の研究は、光の性質や眼の性質について、われわれの眼を開かせてくれるのである。

われわれが見出した基本的な点（97ページ）は、眼――ないしはカメラのような焦点を結ぶほかの光学系――がなければ、鏡に映る像は存在しないということである。したがって、鏡の虚像は、スクリーン上に投影された実像とはまったく違う。つまり、虚像は、光が鏡を通り抜けるという間違った前提に依存している。窓に対しても、これと同じ前提が（この場合は正しいのだが）、立てられる。したがって、半透明鏡（あるいはペッパーの幽霊）では、この前提は反射の点からは誤りだが、透過の点からは正しい。

虚像というのは、光の屈折や反射によって位置が違って見える対象の像にすぎない。つまり虚像は、「間違った」位置に見えている対象の像である。もし脳の視覚系が、この単純な光学的原理の理解を用いることができたとすれば、鏡の向こうに像を見ることはなかっただろう。その場合、視覚と触覚は、通常のように、一致するはずである。しかし、鏡映像がそのもとの対象と――たとえなぜその対象の位置が違って見えるのかを頭で理解していても――一致しないという視覚的事実は、そうした概念的理解が実際の知覚とは別だ、ということを教えてくれる。このことは、あらゆる種類の錯覚から得られる重要な教訓だ。つまり、答えを知っていたとしても、つねにあざむかれてしまうのである。知覚的経験が概念的理解と結びついていないという居心地の悪い事実は、科学、芸術、教育、そして政治にとってさまざまな意味をもっている。

鏡のなかに見える対象は、本来あるべき場所にはないのだから、その視覚が直接的ではないことは明らかだ。しかし、あらゆる知覚が間接的だということは、それほど明快ではない。実際、哲学者や科学者はしばしば、このことを拒否してきた。しかし、知覚の間接性を拒否したり、さらにはそれに恐怖さえ抱いたりすることは、基本的な生理学における明白な事実――視覚もほかの感覚も、信号処理の多数の段階をもっているということ――を無視している。そしてこれらの感覚は、生存のために現在を理解したり近い将来を予測したりするために、記憶を必要とする。(注11)

視覚は、次のように二つの点で予測的な機能をもっている。すなわち視覚は、固さや重さのような、視覚では直接感じられない物体の性質について、予測を行なう。また視覚は、すぐ先の未来を予測する。机の網膜像には硬さなどないし、手でこすることもできないのに、それが硬いとかこすることができるとかいうことを、感じとる。そして、現在に対して活動を行なうというよりも（突然の大きな音に対するまばたきの驚愕反射のようないくつかの反射は別にして）、まさに起こるであろう事態に対して、活動を行なう。

未来はまだ起こっていないから、直接信号を受けとることはできない。したがって、信号はなにも存在しない。知覚の現実遊離の力は、感覚データを越え、それをしばしば無視することから生じる。錯覚は、見えるものが直接的で信頼できる知識であるとする素朴な考えに、衝撃を与える。視覚は、この敵意ある世界で生き抜くために、十分その役割を果たしている。しかし、知覚について、それをわれわれの祖先たちが生存に必要とした以上の深い真実を反映している、と考える生物学的な根拠はなにもない。感覚は容易にだまされる。このことが、絵に力を与えているのである。絵のなかのテーブルを見るとき、そのテーブルにコーヒーカップを置こうとはしない。それが木材ではなくて、キャンバスの上の絵の具だとわかっていながら、木材としてそれを見るのである。大部分の知覚がもつこのような実在の二重性は、実在――究極的にそれがなんであれ――への拘束からわれわれを解放する。鏡映像と絵は、奇妙なあり方で、実在であり、実在ではない。見ているものが絵や鏡映像だとわかると、われわれの通常の予測は変化する。しかしきわめて容易に、鏡に映る像を実在の対象と混同してしまう（そのため、ビルの大きな鏡の壁面は飛ぶ鳥にとって脅威になる）。そしてまた、興味深いことに、トロンプ・ルイユの絵（36ページ参照）は、ほかの画家や動物をあざむくことができるのである。

遊び

アリスは、あらゆるもの――ことば、考え、パラドックス、不合理、冗談、そして多くの種類の状況――を用いて遊んだ。彼女の冒険に魅了されるのは、われわれが彼女とゲームを共有できるからだ。遊びは、くだらないもののように見えることもある（たしかに、ときにはくだらない）。しかし子どもが対象世界、自分自身、さらにお互いどうしを発見するのは、遊びを通してなのである。二千年以上も前に好奇心の強いギリシア人は、不思議な小石の引力や反発力で子どものように遊び、世界についての見方を一変させるとともに、光の性質やなぜ鏡が反射するかといったことを含めて、古代の神秘を説明した。近代のもっとも偉大な科学者、ニュートンは、「些末なもの」で遊ぶことに異を唱えなかった。次のことばはよく知られている。

なにがこの世界に起こるか、私にはわからない。真理の大海原が、未発見のあらゆるものを私の眼前に横たえている。私は、海岸で遊びながら、もっと艶のある小石、もっときれいな貝殻を見つけるのを愉しんでいる子どもにすぎない。

このもっと艶のある小石、もっときれいな貝殻とは、古代の生命の化石のことかもしれないし、原子構造を明らかにする結晶、あるいはひょっとしてニュートンの光の理論を打ち破るほど奇妙な光学的性質を見つけることかもしれない。あるいは、ガラス質の岩石の奥深くに像を生じる黒曜石の鏡のことかもしれない。こうした遊びが些末かどうかは、それらをどのように見るか、そして科学・技術が発展した数百年、数千年後になにが出現するかに依存している。科学のなすことは、予測不可能な遊びの結果なのである。

遊びには、しばしばおもちゃが必要だ。おもちゃは、（道具のように）手の機能を延長する。またおもちゃを用いて、いろいろな原理を実際に試してみることができる。科学の黎明期に、ギリシア人は、自動人形や歌う鳥のような精巧な機械じかけのおもちゃを愛好していた[注12]。彼らは、長い時間をかけて、協力しあいながら技能を組み合わせることによって、注目すべきことをなしとげた。このことを通じて、宇宙についての理論を考え出し、地球の大きさや、太陽と月までの距離を測定し、精巧な装置を設計し、製作した。紀元前80年のアンティキテラの歯車が、西暦1900年に、ギリシアの小さな島、キテラ島の沖合いで、二千年も前に沈没した難破船のなかから青銅の塊りとなって発見された。それは、古代でもっともよく知られたおもちゃである。X線で調べた結果、30個以上の大歯車からなる驚くほど精密な暦の計算器で、きわめて正確に天文学的周期を示しうることが判明した。(注13)

この装置が発達するまでには、いくつかもっと初歩的な装置が作られ、数世紀におよぶ歳月が必要だったに違いない。またこれらの初歩的装置の記録が、プラトン、アリストテレス、さらにそれ以前の時代にも存在している。(注14)初期の文献に加え、海洋考古学におけるこのすばらしい発見は、ギリシア人が、数学や天文学的測定と結びついた精密な技術基盤をもっていたことを示している。こうした数学や天文学的測定は、バビロニア人にまでさかのぼることが知られている。いまでは、ギリシア哲学や科学的概念の多くは、機械的な模型や動くおもちゃの経験に由来していると考えられている。それより後代のプトレマイオスが惑星の周転円を計算するために用いた装置は、アンティキテラの歯車よりもずっと単純なものだった。(注15)

いろいろな種類のゲームが認知発達に対してもつ意味については、かなり詳しく研究されている。(注16)アメリカの心理学者、ジェローム・ブルーナーは、子どもにとって遊びがもつ効用のいくつかを示している。(注17)

その第一は、課題と自分自身を区別できる力である。すなわち、実際の自分の行動を振り返って、ほかの人間の行動とは別のものとして自分自身や自分の行動を眺めることができるということである。このなかには、自己認知が含まれている。こうした自己認知によって、子どもは、ほかの人間の行動のすぐれた特徴を参考にして、自分自身の行動を作り上げることができるようになる。この現象は、言語学では、ダイクシス（deixis）として知られている。すなわち、私が「私」といったときの私と、あなたが「私」といったときの私は、同じ私ではない。あるいは、私の「前」ということと、あなたの「前」、その車の「前」とでは、同じ前ではない。

ブルーナーは、遊びの機能を次のように述べている。

第一に、遊びは、自分の活動や学習による周囲への影響を最小限にする手段であり、それゆえ危険の少ない状況で行な

> うことができる。このことは、社会的遊びにとくによくあてはまる。社会的遊びでは、若い動物は、遊び特有の表情や「歩き方」で……遊びたいという意図を発信する。……
> 　第二に、遊びは、実際的な圧力のある場面では決して試みないような行動の組合せを試すのに、絶好の機会を提供する。

チンパンジーは、いろいろな技能を試しながら遊ぶ。たとえば、シロアリを釣るために木の穴に棒を突っ込む。そう、チンパンジーは道具を使用するのだ！　チンパンジーの観察から明らかになったのは、技能の学習が、熟練したおとなの行動を見ることと自分で遊びながら練習することの両方によって行なわれる、ということである。チンパンジーによる道具としての棒の使用、とくに穴からシロアリを釣るための棒の使用は、詳しく研究されている。ジェーン・グドール（1968）は、部分的技能、つまり技能の特定の構成部分が繰り返されることによって発達し、ついでそれがひとつに組み立てられて効果的なものになる、ということを見出している。ブルーナーは、次のように述べている。

> 人間と同じように、チンパンジーにおける道具使用のきわめて重要な特徴は、異なった場面でさまざまな新しい技能を試してみる、ということである。ケーラー（1925）のズルタンという名のチンパンジーは、棒を利用して食物を引き寄せることを「学習」すると、すぐさま、棒を使ってほかのチンパンジーを突っついたり、地面を掘ったり、汚水だめの開口部にそれを突っ込んだりした。ラナという名のチンパンジーは、積み重ねた箱によじ登って、ぶら下がっている果物を手に入れることを学習すると、すぐに新しい「登る」という行動をはしご、板、飼育係、そしてケーラー自身で試してみた――活動の組合せそのものに夢中になるあまり、果物のあることを忘れてしまうこともしばしばだった。……チンパンジーの操作的行動がこのように広く行なわれうまくいくのは、おそらく、（正の強化によって行動が固定されるというより）「多様に試してみたいという欲求」のゆえである。それらは、蜜をとろうとして蜜蜂の巣に棒を突っ込んだり、棒を使ってトカゲやネズミを叩いたり、また大型のネコ科動物を木の枝で殴ったり、枝を投げつけたり、といったように、その場に応じてとにかくやってみる式の行動である。

遊びを通して学習されるのは特定の技能だけでなく、抽象概念もまた遊びによって生み出される、と考えられる。というのは、遊びは、直接的な必要に縛られていないので、自由に新しい可能性を試しうるからである。抽象概念は、人間だけのものなのだろうか？　オハイオ州立大学のサラ・ボイゼンの最近の実験は、この疑問にひとつの答えを与えている。彼女は、チンパンジーのサラとシバを用いた研究で、この二頭が、食物を分け合うために、簡単な抽象的問題を解決できることを見出している。ただし、食物そのものに面と向かうと、解決できなくなってしまう。すなわち、サラ・ボイゼンによると、食物を表わす記号としてプラスチック板を使った場合には、一方のチンパンジーが、ごく簡単な計算さえして、他方のチンパンジーに食物の記号を指し示すことができた。しかし、プラスチック記号の代わりにガムドロップが使われた場合には、食い意地が邪魔してしまう！　ジョシュア・フィッシュマンは、この実験結果についてこうコメントしている。「進化の過程で、この決定的な一歩を踏み出すことができた動物種が、共有のためのルールと文化のほかの基盤とを発展させることができたのかもしれない。そしてその動物種が、ヒト科——最初の非類人猿的な霊長類——だったのだろう」。ボイゼンは、「象徴の領域へと進むことによって、ヒトは、その生物学的制約を超えることができるようになり、抽象概念——それはすでに存在していた——を用いる能力も発揮できるようになった」と結論している。(注18)おそらくは、これが哲学と科学の始まりである。

子どもは、哲学的な疑問を発することがあるだろうか？　このことはこれまでも問題にされ、アメリカのアマースト大学の哲学教師ガレス・マシューズは、『子どもは小さな哲学者』（1990）のなかで、ある程度これに答えている。彼は、6歳になるティムの話から始めている。ティムは、ビンをなめながらこんな質問をする。「パパ、なにもかも夢じゃないって、どうやったらわかるの？」父親は、知らないと言う。ティムは、次のように答える。「そうだな、ぼくがなにもかも夢じゃないと思うのは、夢のなかだと、それが夢かどうかなんてだれも聞こうとしないからなんだ」。もっと経験に基づいた例は、ジョン・エドガーという男の子の例である。彼は、空港の近くに住んでいたので、飛行機が離陸して、遠くに消えていくのをよく見ていた。4歳のとき、初めて飛行機に乗った。離陸したあとで困惑したような声で、父親に向かってこう言った。「ほんとうは、空の上ではものが小さくなることはないんだね」。これは、子どもがなんらかの興味ある実験を行なっていることを示唆している。

アーシュラ（3歳4か月）は、次のように言った。「私、ぽんぽん痛いの」。母親は、「おねんねしなさい。そうすれば痛いの、飛んでいくわよ」と言った。それに対して、アーシユラは次のように聞いた。「どこに行っちゃうの？」子どもはみな、同じような質問をする。子どもたちは、おもちゃや食べものなどでの類推から、どこかに行ってしまう、と考えるのである。実際、子どもは哲学をしている。しかし、おそらく多くの子どもたちは、10歳ぐらいまでに哲学をしないようになってしまう。プラトンは、これをよいことだという。(注19)

> 教養のために、哲学をかじっておくのはよいことだし、若いときに哲学をするのは、少しも恥ずかしいことではない。しかし、もはや年もいっているのに、なお哲学をしているとなると、ソクラテスよ、これは滑稽なことになるのだ。そしてわしとしては、哲学をしている連中には、ちょうど片言を言ったり、遊戯をしたりしている人間と同じような印象をもつのだ。

問いを発し実験をすることは、推奨されないのだろうか？　だから、われわれの多くが、前近代的科学の古い「常識」から抜け出せないのは、そのせいではないだろうか？　われわれの考えが昔の遺物にしがみついているということを、バーナード・コーエンは『近代物理学の誕生』（1980）のなかで的確に表現している。コーエンは、ガリレオ、ケプラー、ニュートンの物理学が科学的認識を一変させたこと、しかしそれは、大部分の人間にとって、住んでいるこの世界への見方を変えるには至らなかったことを指摘しているが、また運動にかんするギリシア時代の考え方を考察しながら、こう述べている。「奇妙に見えるかもしれないが、多くの人たちの運動についての考え方は、二千年以上昔に提案され、実験的には少なくとも一四〇〇年前に不適切であることが示された物理学の体系の一部なのである」(注20)。コーエンは、さらにこんなふうに続けている。

> 平均的な人々は、運動する地球と関連づけて運動の問題をとらえることができないという点で、過去の偉大な科学者たちと同じ立場にいる。それは、それなりの慰めになるかもしれない。しかし、大きな違いは、過去の科学者がこれらの問題を解決できなかったのは時代のしるしであったのに対して、われわれ現代人ができないのは、なんと、無知のしるしなのである。

子どもは、少なくともそれと意識することがなくても、単純な科学的方法を用いるというのに、おとなはなぜ昔の考えに縛られてしまうのだろうか？　子どもの発達研究におけるもっとも偉大な先駆者、ジャン・ピアジェ（1896‐1980）は、次のような指摘をしている。子どもは、原因について の「原始的」で魔術的な考え方から出発する。子どもは、自分自身の反応と無生物の対象の動きとを区別しない。また子どもは、運動や力などの物理学について、アリストテレス的な考え方をもっている。ピアジェは、こうした問題に関係した多数の研究を報告しているが、そのなかには数や量の保存についての有名な実験（正確には、保存の欠如についての実験）も含まれている。彼は、『子どもの世界観』（1929）のなかで、子どもがアニミズム的な考えをもち、自転車、太陽、月など、動くことのできるものはすべて生きていると信じている、と述べている。

ピアジェは、9歳以前のほとんどの子どもが、粘土の塊りの形が変わると、量の保存ができない、ということを見出した。しかし、おとなはどの程度こうしたことができるのだろうか？ よく知られた商売のトリックに、奇妙な形のビンを使って、中身を多く見せるのがある。ピアジェは、子どもの発達について多くのことを述べているが、われわれおとなの多くがなぜ前近代的な科学概念に縛られているかについては、ほとんどなにも語っていない。

これらの問題は、ロザリンド・ドライヴァー、エディス・ゲスンとアンドレ・ティベルギェンが編集した『子どもの科学的考え』（邦題『子どもたちの自然理解と理科教育』）（1986）のなかで考察されている。子どもは、なにもない状態から疑問にとりかかるわけではない。彼らは一般に、ある考えをあらかじめもっている。それは、不適切で、首尾一貫してはいないけれども、学校教育や自分たちの個人的経験にもかかわらず、一生を通して生き続けるほどに強固に保たれる。エディス・ゲスンは、光と視覚にかんする子どもでの実験について述べている。彼女は、15歳ごろの多くの子どもが、光が動くとは考えていないこと、そしてわれわれから見ると、影について奇妙な考えをもっていることを見出した。13、14歳の子どものなかには、光は電球からはやってくるが、机や本のようなほかのものからはやってこない、と考えている。フランスのある男の子は、光が輝く棒のように眼から出ていくと考えていた。彼は、ダンボールの箱を見ながら、こう言った。

いまは、ぼくの眼が箱までまっすぐ行けるけどね。……箱が見えるよ。……箱が15キロも離れていたら、ぼくには見えないよ。だって……ぼくの眼、そんなに強くないから……箱は動かないから、エネルギーなんてないんだ。電灯だったら

動くから、光がそこまで行くんだ。……箱はさ、生きていないものなんだ。(注21)

これは、『ティマイオス』のなかのプラトンの理論によく似ている。

子どもはしばしば、物体が「光の浴槽」のなかにあって、物体と眼との間に連結するものはなにもないと考える。これは、基本的に中世の考え方である。つまり、トマス・アクィナス（1225-74）にとって、見るということは、物体の形をつかむことだった。このことは、明らかに触覚のアナロジーであり、視覚が、なんら連結するものなしに、直接的にはたらくことを意味している。これは、子どもの考え方である。そしてそれは、J・J・ギブソン（1950）の視知覚の説明の背後にある伝統的な考え方でもある。こうした中世の説明は、デカルトの射影幾何学に由来する表象主義的な考え――デカルトによってその著『屈折光学』（1637）のなかで視覚理論として示された見解――とはずいぶん違う。『屈折光学』のなかでデカルトは、網膜像（第6講）と「視神経の多数の小線維」について述べている。デカルトは、完全な視覚が成立するための光学的手段（第7、8講）と、彼が完璧に理解していた屈折レンズを用いての望遠鏡の利用方法（第9講）によく通じていた。彼が光学装置に精通していた（第10講ではレンズの作り方について述べている）ということが、デカルトやニュートンなど実験的哲学者たちがどのようにして中世の伝統――子どもの考え方でもある――を断ち切り、物体と視覚との間が光によって連結されているという考えを受け入れたのかを理解する鍵である。こうして視覚は表象されるものとなり、間接的にのみ物体の世界と関係づけられるようになったのである。

子どもやほかの動物に見られるゲームやごっこ遊びは、反応や予測の技能を発達させるための安全な予行練習だ。もちろん、チャンスは準備された心に有利にはたらくのは事実だが、遊びは、心の準備に必要である。遊びやおもちゃは、とるにたらないどころか、個人にとっても科学にとっても、認知発達や発見になくてはならないものであるように思われる。子どものおもちゃは、彼らの実験室なのだ。

科学の実験は、自然とのゲームである。もっともよいゲームには、厳格なルールがあり、絶対に正直であることが必要だ。その成果は、人間の生活を変え、見方や考え方を一変させる。科学者は、金持ちにはなれないかもしれない（科学者はいまでもある意味でアマチュアにとどまる）。しかしその報酬は、お金にはかえがたい。科学の魅力は、科学のゲームのなかで想像力に富んだ指し手を編み出し、それを共有することであり、また発見を古い問題や新しい問題に応用することである。疑問が尽きることはないし、その応用も尽きることはない。

科学と遊ぶ

遊びが、発見や学習にとってきわめて重要だとするなら、子どもやおとなのための自由に遊べる「科学センター」を充実させることが、当然、次に必要なステップとなる。このようなやり方で科学や技術を一般市民に紹介するという考えは、決して新しいものではない。フランシス・ベーコンは、その未完の本、『ニュー・アトランティス』（1627）のなかで、彼の想像上の「ソロモンの館」について述べている。ソロモンの館は、科学や技術を用いて遊んだり、将来の可能性を思い描いたりして、すべての人が知識を分かちあい、その成果を手にすることのできる、開かれた場所である。

科学は、個人の能力と関心に応じて、多様な貢献を行なう社会的活動になりうるし、またそうあるべきだ、とベーコンは考えていた(注21)。彼は、1620年に出版した『ノヴム・オルガヌム（新機関）』のなかで、科学的方法のためのルールを提示し、また、科学的方法を用いて実験を協力して行なうことを示唆している。この提案が、1660年、チャールズ二世による王立協会の設立のきっかけとなった。『ニュー・アトランティス』で述べられたベーコンの科学センターの夢は、その後三百年もの間、かえりみられることはなかった。しかし、彼が『ニュー・アトランティス』のなかで述べたプランは、その時代もそして今日も、大きな意味をもっている。彼は、次のような提案をしている。

> いくつかの光学館。そこでは、あらゆる光や放射について、またあらゆる色について、そして無色透明のものについてデモンストレーションが行なわれる。さまざまな色を、宝石やプリズムのなかの光のように虹状にではなく、単独で提示してみせる。またはるか遠くまで届くほど光を増幅したり、小さな点や線を見分けることができるほど、鮮明な光を作ったりする。……ものをはるか遠くにあるように見せたり、逆にはるか遠くのものを近くにあるように見せたり、見せかけの奥行きを作る方法も展示されている。……
>
> 動力館。……鳥の飛行をまねた模型がある。空中を少しの間飛ぶのを体験できる。水中を進み、大波にも耐える船やボート、また水泳用のガードルやサポータも展示されている。さまざまな風変わりな時計、そして往復運動や永久運動を行な

う装置もある。人間、獣、鳥、魚、蛇などの生きものと同じような動きをする模型も展示されている。……

　数学館。そこには、精巧に作られた幾何学や天文学の装置が展示されている。

ベーコンは、感覚の誤りについて用心深かった。そのため、当時新流行の望遠鏡を信用しなかったという。ソロモンの館には、以下に述べるようなデモンストレーションを通して、知覚の誤りについて警告するという目的もある。

　……感覚錯誤館。そこでは、奇術、トリック、あざむき、錯覚などのあらゆる方法、およびその間違いについて展示している。これを見た人は、想像力をかき立てる真に自然なものが多数存在し、もしそれらのものを変形させて、より不可思議に見えるようにしたならば、いともたやすく感覚があざむかれるということを、きっと確信するだろう。

　残念ながら、科学を共有しようというベーコンの夢が実現されるには、長い歳月を必要とした。体験型展示をそなえた科学センターを設立した現代の先駆者は、フランク・オッペンハイマー（1912-85）である。彼は1969年に、サンフランシスコにエクスプロラトリウムを設立した。(注22) ロンドン科学博物館の子ども館では、1930年代から、部分的にボタン押し方式や体験型展示をとり入れていたが、オッペンハイマーはここを訪れて、エクスプロラトリウムのアイデアを得た。(注23) オッペンハイマーは、人々に自身の知覚過程の理解を通してこの宇宙世界に親しんでもらうには、知覚現象（とくに錯視）が有意義で役立つと考えた。これは、大多数の科学センターにおける重要なテーマである。私は光栄にも、サンフランシスコのエクスプロラトリウムの最初のいくつかのデモンストレーションとその運営方針にかんして彼を手助けする機会を得た。(注24) 十年後、今度はわれわれが、ブリストルにエクスプロラトリを設立した。これは、イギリスにおける最初の体験型の科学センターである。(注25) 科学センターは、いまや国際的運動となって急速に広がりつつある。それは、子どもやおとなたちに遊んで体験してもらいながら、科学を日常生活の一部にするという点で、とても重要だ。(注26)

　すでに見たように（294ページ参照）、幼児といえども白紙ではない。彼らはしばしば、奇妙な物理学的な考え方をもっており、それをなかなか変えない。子どもの「素朴概念」は、きわめてアリストテレス的だ。(注27) 子どもが自身で考え抜いた理論をもっているのか、あるいは、「なにが空のお月さまを支えているの？」と聞かれたときに最初に頭に浮かんだことを言っているだけなのかは、わからない。しかし、子どもたちの「素朴概念」が、あらかじめ形成されているものにせよ、そのときどきに自発的に考え出されたものにせよ、確かなのは、体験は不可欠だが、それだけでは理解にとって十分でないということである。理解には、多くの説明とさまざまな助けが必要なのだ。というのは、子どもが自身の力で、科学の歴史上の多くのできごとを反復するよう期待するのはばかげているから。

科学者は、とくに同僚が数学的に説明できないようなとき、そりゃ「たんなる」直感（*hand-waving*）じゃないかと言う。また、答えが自動的に出てくるようなときには、機械的（*handle-turning*——手回し計算器のハンドルを回すことからの連想）だと言ったりする。これは、個人でも科学としても、遊びながらの発見の過程を表わすのに便利で手ごろな表現だ。

体験的（hands-on——手を触れる）　発見（探索）
直感的（hand-waving——手を振る）　説明（推測）
機械的（handle-turning——手で回す）　計算

説明しておこう。体験的（*hands-on*）発見とは、「実際になにかをしてみて知識を得ること」——つまり、はたらきかけを通して対象の性質を発見すること——だ。そうすることによって網膜像を通して、物体の非光学的な性質が導かれる。その結果われわれは、眼にする刺激よりもずっと多くのものを見る。また誤りからも多くのことを学習する。誤りによって、知覚的、概念的な仮説がチェックされる。そして誤りは、新しい考えを生み出すための刺激剤であり、また理解しているかいないかのサインになる。しかし、誤りは危険でもある。だから安全な遊びのなかで、誤りを体験できるようにすることが重要なのだ。体験的技能が高度に発達すると、職人技になる。

直感的説明は、創造性の宝庫だ。知覚経験から自由になって、新しい可能性を創造することができる。ことばが通じないときや適切なことばが見つからないとき、よく手振り（wave our hands）でコミュニケーションをとろうとする。おそらく、手を振ることは、思考の「脳言語」と密接に関係している。[注28] 直感的説明が高度に発達して顕在化すると、哲学や科学の概念になる。

機械的計算は、数学のルールもしくはアルゴリズムにしたがうかどうかに依存している。アルゴリズムを発見したり、公式化したりするのは、きわめてむずかしいかもしれない。

しかしアルゴリズムをいったん選んでしまえば、答えは、「ハンドルを回す」だけで、自動的に出てくる。確かなのは、われわれが驚くほど計算力に乏しいということだ。安価なポケット電卓でさえ、どんな人よりも速く計算でき、しかも正確だ。ひもにビーズ玉を通しただけの簡単なそろばんが、金銭の計算に便利な道具として、いまでも多くの国で使われている。つまり、ハンドル回しの機械的操作は、脳の活動のしかたではないということだ。計算は不自然なのである。もし指の爪がネジを回すのに便利だったら、特別な道具は必要なかったはずだ。道具は、われわれに似ていないからこそ、便利なのだ。同じことが、デジタル・コンピュータにもあてはまる――その超人的なスピードと正確さは、脳とはまったく異なるものだということを示唆している。

創造的な科学者が、考えるために、心のなかの直感的モデル、アナロジーやイメージを用いているという証拠は、たくさんある。アーサー・ミラー（１９８６）は、ボーア、ボルツマン、アインシュタイン、ハイゼンベルグ、ヘルツ、マクスウェル、ポアンカレなど、多くの物理学者や数学者がそうだったということを詳しく書いている。多くの、そしておそらくすべての数理物理学者は、方程式を定式化する前に、直感的モデルから出発する。ニュートンもそうだったろうし、ジェイムズ・クラーク・マクスウェルの場合はたしかにそうだった。彼の光の電磁気説についての方程式は、直感的、機械論的モデルから出発した（１６１ページ参照）。直感は学問的には正当なあつかいを受けていないけれども、直感的モデルは創造的思考においてきわめて重要だ。おそらくこういう心的モデルは数量化するのがむずかしく、検証もむずかしいから、ほとんどとりあげられることはない。しかし、このモデルこそ、見たり、考えたりすることの中心であり、方程式に意味を与えるのである。

理想的には、科学者は、以上の三つの技能のすべてをもつべきだし、これらを利用して、互いに刺激しあい、チェックしあうべきなのだ。幼児期の手で触る経験から、直感的推測、さらに機械的計算へと。これが眼に見える構造であり、科学にも商売の世界にも認められる、一般的な証明の筋道なのである。

子どもも科学者も、探索的な遊びを通して学習し、その遊びが楽しいのだとすれば、科学的遊びの方法と結果がもっと広い範囲で共有されてもいいはずだ。おとなだって、生涯、多少とも方向づけられた遊びによって学習を進めていっていいだろう。これこそ、体験型の科学センターの目的だ。（注29）こういう科学センターを、エクスプロラトリ（探検館）とよぶ。

科学的遊びを体験するエクスプロラトリ科学センターには、いくつかの目的がある。科学や技術を興味深いものにし、個々の発見がわかるようにし、そして概念や説明を理解できるようにすることである（それらはつねに問い直されるものだ）。そうすれば、子どももおとなも、ものごとをずっと科学的なことばで考えるようになるだろうし、また科学や技術をさらに有効に創造し、利用するようになるだろう。その潜在力と危険性を理解できるようにもなるだろう。ベーコンが述べているように、科学は、本質的に社会的だ。特定の目標を達成するために、研究技術と発明とが結びついたもっともドラマチックな例が、アメリカの１９６９年の月面着陸だった。もうひとつの例は、戦時中の原子爆弾の開発である。このように、科学は遊びをはるかに超えてしまった。しかし、危険な現実にいかに対処すべきかを学ぶのも、遊びを通してなのである。

どのようにして体験的経験から直感的説明に移行するのかは、厄介な問題だ。というのは、どのようにして抽象的な概念を体験によって探ることができるか、ということが問題だからである。現在、科学センターの深刻な悩みは、子どもたちがはしゃぎまわって騒音を立てることだ。必要なのは、平穏と静寂のオアシスである。そこで、エクスプロロトリとは別個に、静かに考えることのできるエクスプラナトリ（説明館）が必要になる。

どうしたら直感に反する考えを、子どもやおとなに示すことができるだろうか？　子どもの説明は、古くからある不適切なアニミズムの考えや、誤ったアリストテレス的物理学に驚くほどよく似ている。日常的な多くの体験によって惑わされてしまうためだろう。たとえば、アリストテレスも現代の子どもも（そしてたいていのおとなも）、重い物体は軽い物体よりも速く落下する、と考える。ガリレオ以来の物理学は、これが誤りだと教えてくれる。しかし、重い物体が軽い物体よりも速く落下するということは、多くの身近な経験――たとえば羽毛、毛糸玉、小石などでの経験――では真実だ。ピサの斜塔でのガリレオの実験のようなことを行なうのは、容易でない。そして多くの物体では、（空気の摩擦のため）実験はうまくいかない。だから、落下物体にかんする日常の体験的経験から、誤った結論を下すことになる。これが、アリストテレスや子ども、それに多くのおとなが、なぜ間違ってしまうかの理由なのに違いない。体験的経験の多くが、不正確で混乱した直感につながることが問題なのだ。そしてこれが、なぜ科学が容易でないかの理由なのだ。だから、日常の経験を誤解することなくいかに解釈するかを学ぶために、きわめて注意深く設計された科学センター――すなわち、エクスプロラトリとエクスプラナトリー――が必要になる。

とくに、われわれにとって関心があるのは、直接的体験や直感的理解から、たいていの人にとっては困難だがきわめて有益な、数学の機械的技能へとどうやって移行させるか、ということだ。いまやコンピュータが、汗と涙の機械的計算の多くをとり去ってしまった。またコンピュータ・グラフィックスは、抽象的な原理をすばらしい画像として描いて見せてくれる。グラフィックスは、インタラクティヴなものにすることができるし、したがって体験的なものにすることもできる。科学センターでは、基礎的な数学的原理や関数を（ときにはリアルタイムで）示すために、コンピュータをデモンストレーションや実験とリンクさせることができる。

マルチメディア技術が出現して、個人が事実や概念の世界を旅することができるようになった。これが、シーモア・パパートのロゴの研究の基礎だった。ロゴでは、コンピュータが機械的な動きをするタートル（カメ）を制御して、物体の世界と数学の記号世界とを相互作用できるようにする。[注30]『数学的経験』（1980）のなかで、フィリップ・デイヴィスとリューベン・ヘルシュは、コンピュータとの相互作用を用いて、通常の空間の三次元と時間の一次元を超えた次元の視覚化が可能になる、ということを示唆している。コンピュータによって生成された回転するハイパーキューブは、意味をもたないように見える。しかし、実際に制御してみると、こうなる。

> 私は、ハイパーキューブを回転させたり、移動させたり、近づけたり、別の方向に回したりいろいろ試みた。突然、ピンとくるものがあった。どのように操作すべきがわかると、ハイパーキューブは突然明白な現実となって、見ているものを変化させたり、もとに戻したりする力が、指先に感じられるようになった。コンピュータのコンソールで能動的に制御を行なうことによって、運動感覚的思考と視覚的思考との統一が生み出され、それが、ハイパーキューブを直感的に理解できるレベルまで引き上げた。

これが、体験的経験によって生じるほんとうの心の転換なのである。

摩擦のような付加的要因によって通常おおい隠されている多くの基本原理は、実験やデモンストレーションのなかで「純化する」ことによって、直接、経験することができる。実際これが、多くの基本的な発見で行なわれてきた方法だ。たとえば科学センターでは、ニュートンの運動法則を示すために、容器中で空気を抜いて物体を落下させたり――すると、どんな重さの物体も同じ速度で落下するのを目のあたりにすることができる――、溝のなかやテーブルの表面を圧縮空気でおおって、摩擦を減少させている。

子どもやおとなが、科学センターを訪れたあとでなにを思い出せるか、ということを調べた研究がいくつかある。また、それぞれの実験（あるいは「plore（探検）」――ブリストルのエクスプロラトリでは、実験をそうよんでいる）(注31)にどれだけの時間を過ごしたかなど、見学者の行動を調べた研究もある。しかしここでは、潜在的な学習のほうが問題だ。潜在的な学習が、その後顕在化すれば、それは科学的理解になる。顕在的な知識を測定するのは簡単で、テストをすればよい。しかし、潜在的な理解も少なくとも同じように重要であるにもかかわらず、それを評価するのはきわめてむずかしい。テストそのものが、採点のつけやすい方向へと科学の授業をゆがめてしまうかもしれないからである。したがって、必要なのは「理解のサイン」だ。そのサインのひとつが、驚きである。予測が外れるということは、不適切な心的モデルをもっていたことの明らかな証拠だと言える。ひとつ、古典的な例をあげてみよう。アリストテレスは、地球が自転しているため星が動いて見える、という考えを拒否した。彼は跳び上がってみた。すると、同じ場所に着地した。だとすると、彼の下で地球が回転しているわけがない。この場合、アリストテレスに欠けていたのは、慣性の概念だった。このことは、概念がいかに重要か、また科学における常識から離れてしまうのがいかにたやすいか、という二つのことを示している。科学センターでだれもがびっくりする人気の展示は、ぶら下がった二つのビーチボールの間に空気を吹きつけたときに起こる現象である。実際、だれもが二つのボールが離れると予測する。しかし、二つのボールは、間を通る気流によって引きつけられる。こうした予測の失敗が、「探検者」たちに、そして教師にも、状況についての認識が欠けていることを教えることになる。予測の失敗は、理解していないことの強力な内的信号なのだ。予測の失敗から、前提を検討しなければならないことを教わる。そこでわれわれは、自分の着想を、あるいはまた直感の心的モデルを修正することになるだろう。驚きが理解の限界と失敗とを証明しているのと同様に、それらはまた、個人にとっても科学そのものにとっても、発見への指針となる。予測の失敗は、知識を進展させるための次のステップを、科学者に示唆することになるだろう。同様に、子どもにとっても、あるいはまた関心はあるが特別の知識のないおとなにとっても、予測の失敗は、その現象を新しいやり方で見るためにさらに別の実験を行なうことが必要だということを示唆する。しかし、問題を立てたり、再構造化を行なったりするには努力が必要で、だれもがこうした努力を好むわけではない。

もうひとつのサインは、類似性を見つけることである。たとえば、もし共鳴の現象を理解したならば、表面上はまったく異なって見える現象――楽器、土星の輪の境界、ラジオ回路のチューニング、原子内部の共鳴によるスペクトルの基線の位置、そのほか多くのもの――の間に、共通点が見つけられるだろう。実際に類似性を見つけるには、見かけ上異なる多くの現象を経験することが重要になる。このことが、直感的な理解を豊かにして、機械的計算の科学に挑戦したり、その正当性を証明したりすることになる。

発明は、理解していることのサインだ。これには、新しい解決法を考え出し、ギャップを埋める能力が期待される。発明には、創造的な理解が必要だからだ。

冗談に笑ったり、口にしたりするということは、理解していることの明らかな証拠だ。科学や技術に対する関心が増すにつれて、科学に「発する」ユーモアが多くなると予想される。このユーモアは、生活や文学を活気づけるはずだ。小さな、見かけはささいな現象の重要性がわかるということは、それらの現象が、意味のあるものとして認識されている、ということを示している。理解が増すにつれて、感覚的な刺激をはるかに超えて、経験が豊かになる。

理解についてのもっとも劇的な証拠は、無のなかに意味を見出すことだ。これは、実験における統制条件のポイントでもある。また、実験でなにも起こらないという事実から、多くのことが得られる。状況が概念的に理解されてはじめて、無を理解することができる。だから、「無を見る」ということは、理解していることを示す強力なサインなのだ。

教師がこのような理解のサインを読みとることができるなら、あの伝統的なテストの専制から逃れることができるのではないだろうか？

鏡で遊ぶ

この本では、鏡で――そして像や光や視覚の謎で――遊んできた。また、反転する鏡や反転しない鏡の遊びも紹介した。なかでも、世界を反転も回転もさせない60度の合わせ鏡は、光学の専門家にとっても驚きである（103ページ参照）。これらは実験だったけれども、できれば自然でおもしろいゲームとして楽しめたほうがいい。ここでは、さらにいくつか興

図9・3　**鏡映描写**

触るとそうでないのに，見ると反転しているこの装置では、大きな混乱が生じる。単純なパターンでも容易にはたどれなくなる。

図9・4　**鏡を使ったボールゲーム**

これは，ブリストルのエクスプロラトリ科学センターの最初の「体験展示」のひとつ。ボールが小さなベルにあたるように鏡を調整する技能が必要だ。このゲームは，ホログラフィーのような光学装置をセットアップするのに必要な方略と忍耐力を要求する。形をもつボールと形のない光との比較から，反射の法則が一般化できる。ただし，角度が小さいときには，エネルギーがボールの回転に変換されるために，両者は対応しなくなる。

味深い例を紹介しよう。

簡単な実験は、図9・3に示した鏡映描写だ。鏡で反転させた図形を見ながらそれをたどるのだが、視覚と触覚がくい違って、単純な図形でもたどるのが信じられないほどむずかしい。これは、十分やってみる価値がある。

ブリストルのエクスプロラトリ科学センターの最初の探検のひとつは、平らなテーブルの上に置かれた、動かすことのできるいくつかの垂直の鏡と、小さな金属ボールの発射台だ(図9・4参照)。ボールが鏡で反射して標的にあたるように、鏡を動かして調節する。標的はベルで、うまくボールがあたると音が出る。ベルが鳴るように鏡が調整できれば、ボールの軌道は、光の軌道と同じになる。しかし、角度があまり極端になると、光と違ってボールには摩擦や回転などがあるから、その影響を受け、両者は類似しなくなる。

サンフランシスコのエクスプロラトリウム科学センターには、「分離する自己」とよばれる混乱した体験を生じさせる鏡がある(図9・5)。これは、垂直の両面鏡で、中心を水平の棒が通っている。水平棒のそれぞれの側には、動かすことのできるリングがついている。リングを、左右それぞれの手でひとつずつもつ。鏡の一方の面を見ながら背後に隠れているほうのリングを手でゆっくり動かすと、隠れている手を鏡に映って見えている手と見誤って、腕が麻痺したように感じられ、自己が分離したかのようになる。だれかほかの人にリングを動かしてもらうと、おもしろいことが起こる。ほかの人の動く手を、自分の手と見誤ってしまうのだ。

エクスプロラトリウムにはまた、愉快で、楽しい「反重力の鏡」がある(図9・6)。これは、ただの大きな垂直の平面鏡だ。鏡の端に立ち、身体の半分が見えるようにする。つまり、身体の半分が鏡の背後になって隠れ、もう半分が二倍――すなわち直接見える身体とその鏡映像――になって見えることになる。人の身体は、ほとんど左右対称だから、鏡映像が、あたかも見えない半分として受けとられて、完全な姿のように見える。鏡の背後に隠れたほうの脚で立って、鏡に映ったほうの脚を上げると、支えなしに、空中に浮いたように見える。これを、キャシー・コールは、次のようにうまく表現している。(注32)

> 見えているほうの脚を上げると、その反射像の脚も鏡のなかで上がる。そうすると、なんの努力もなしに自分が空中に浮かんだように見える。これは、明らかに錯覚なのだが、それを見ると、思わず笑いこけてしまう。このように、あたかもその像が現実であるかのように反応してしまうのだ。

図9·5　**分離する自己**

このしかけは，垂直の鏡の左右に，水平の棒とリングがついている。それぞれの手でリングをもち，隠れたほうの手をゆっくり動かすと，奇妙な体験が生じる。

図9·6　**反重力の鏡**

われわれはほぼ左右対称なので，鏡に映る脚が，鏡の後ろに隠れたもう一方の脚のように見える。そのため，鏡に半身が映った人間が，重力に反して，空中に浮かんで見える。第二の鏡を直角に置くと，空中に浮かんだ自分自身を見ることができる。

この場合、物体と像との間の区別は、ほとんどなくなってしまう。反重力の鏡の実際のトリックは、鏡のなかでいつも見ているのと同じ「錯覚」以外にはなにもトリックがない、ということなのだ。だましているのは、ほかのだれでもない、自分自身なのだ。

科学に関係したいくつかの鏡ゲームについては、すでに述べた。たとえば、多重像や反転や回転を生じさせる「合わせ鏡」や万華鏡、そしてとくに鏡と関連した偏光現象などである。円偏光は、とりわけ興味深い。らせん状の光がドラキュラ効果とよばれる現象を生じさせる。円偏光フィルターを通して鏡を見てみよう（偏光フィルターは写真撮影に使われている）。そうすると、鏡は、真っ黒に見える。これは、ちょうど鏡でネジを見るようなものだ。右巻きのネジは左巻きのネジとして映る。だから、右巻きのナットと左巻きのボルトがかみあわないのと同じで、先に進めないのだ。反射して逆回転になった偏光は、フィルターを通って帰れないのである。90度や60度の合わせ鏡では、どんなことが生じるのだろうか？　この疑問の答えは、読者にお任せしよう。

ルイス・キャロルは、ことば遊びやあらゆる種類のパズルが好きだった。彼は単語でも遊んでいるが、驚くことに、それらの単語は鏡で反転しないのだ。次の単語を鏡の前で逆さにしてみよう。

BEECH
DICE
KID
COOKBOOK
CHOICE
BOX

まったく同じに見える！　いままで考えてきた回転や非回転の問題と全然違う。というのは、これは自然現象でも知覚現象でもないからだ。じつにおもしろいトリックだ。鏡に映しても変化しない対称性は、単語の形そのものにある。

ヴァーチャル・リアリティ

数千年にわたって、実際の世界とは別の世界が、絵や詩のなかに表現されてきた。過去を保存し、未来を暗示しながら、そういう世界はいつでも、新しい世代を豊かにしてきた。二十世紀の科学技術は、プラトンの影の洞窟（280ページ）に、映画やテレビという、もっとドラマチックでずっとリアルな経験をつけ加えた。さらに現在、インタラクティヴなヴァーチャル・リアリティ（VR）が、影や像を触われるものにしつつある。

映画やテレビは、断片的な二次元映像を提供するにすぎない。そしてその映像は、たいていの物体や実際の光景に比べて途方もなく大きいか、滑稽なぐらい小さい。それにもかかわらず、映画やテレビがその機能を十分に果たすということは、驚くべきことである。三万年前の洞窟の壁画を含めて、あらゆる画像がそうだったし、いまもたいていそうである。さらに映画やテレビは、知覚に新しい課題を与えている。すなわち、ある視点から別の視点へ、またあるシーンから別のシーンへとカットを変えて、信じられないほどすばやく、スケールや視点を変化させ、観察者がいる場所を瞬時に切り替える。映画では、われわれは、光より速く移動する(注33)。映画やテレビ番組には必ず見られるこうしたありえない場面の移動に、われわれはどのようにしてついて行くことができるのだろう？　また、どのようにしてシーンの終わりと始まりを区別しているのだろう？　そしてまた、たとえ違った対象を見せられても、そのショットが同じシーンのものだと、どうやって認識しているのだろう(注34)？　映画やビデオの編集は、直感的な技術であって、名人芸によって、しかもあまりはっきりとした法則も十分な理論的理解もなしに、行なわれている。不思議なことに、それを見る側の知覚的技能についても、十分な研究がなされていない。ここに、研究の絶好のチャンスがある。そしてインタラクティヴなVRは、知覚の能力とその限界を研究するための大きな可能性を提供している(注35)。

インタラクティヴなVRのコンピュータ技術は、画期的な展開を見せている。この技術は、ヘルメットについたゴーグル内の左右2つの小さなディスプレイを使って、3Dの立体視を生じさせることができる。また、ヘルメットについた小さなアンテナで装着者の位置をモニターしているので、コンピュータによって作り出された世界のなかを歩きまわることが可能だ。指の運動を検知するセンサーがついているデータグローヴで、物体に「触わったり」、「つまみ上げたり」することもできる。3Dゴーグル、データグローヴ、コンピュータから構成されるシステム全体は、「リアリティ・エンジン」とよばれている。ヴァーチャル・リアリティのなかを探索する人間は、「サイバーノート」とよばれる。将来は、ほかの人たち——教師、友達、恋人——を、コンピュータの世界に引き入れることが可能になるかもしれない。現時点では、その世界に自分自身を引き入れることができるようになったところだ。

ハワード・ラインゴールド(注36)は、その著、『ヴァーチャル・リアリティ』（1991）のなかで、彼の最初の経験をこう述べている。

サイバーノートが視線を移動したり、手を振ったりすると、リアリティ・エンジンは、サイバーノートのセンサーからのデータと、デジタル化したヴァーチャル世界の最新映像とを織り込んで、三次元的シミュレーションのいわば布全体を織り上げる。しかしコンピュータは、VRシステムのほんの一部をになっているにすぎない。サイバースペースは、実験室の床に置かれたマイクロチップからできたリアリティ・エンジンと、私の頭蓋のなかにある神経エンジンとの協同の産物なのである。

頭蓋のなかのエンジン（脳）との共同作業は、もちろん、あらゆる知覚過程にとって不可欠だ。この共同作業は、現実世界にとっても、またVRにとっても、手と眼の相互作用によって大いに高められる。しかし、これを書いている現時点では、VRは納得のいくほど十分なものではないし、そうなるには、まだまだ道は遠い。現時点では、見づらかったり、解像度が悪かったり、細部が省略されていたりするのだ。たしかにそれは、現実の経験に代わるものではない。

コンピュータ・グラフィックスの場合、静止画像の辺や影やハイライトなどを計算するのに、必要なだけ時間をかけることができる。こうしたコンピュータ・グラフィックスと比較して、現在のところ残念ながら、インタラクティヴな機能をもつVRは、目を見張らされるというほどではない。とは言っても、VRによる未来のコンピュータ世界は、科学教育の場で現実世界の代わりをすることができるのではないだろうか？　コンピュータの世界は、異なった法則をもつ、代わりの宇宙を提示することができる。これによって、ちょうど旅をするとそれまで当然と思っていた自分の故郷のことをあらためて認識し直すのと同じように、われわれの住んでいる世界をよりはっきりと知る助けになるだろう。そしてコンピュータは、科学が理解している原子の内部や星の内部にわれわれを連れていってくれる。学校や、知的財産を共有するための科学センターは、こういう新しい技術がさらに進歩すれば、恩恵を受けるに違いない。新しい技術はおそらく、子どもたちが現代物理学の相対論的・量子論的世界と自由に相互作用しながら、探検するのを可能にしてくれるだろう。

しかしだれが、本物の花や虹や泡よりも、花や虹や泡のコンピュータ・シミュレーションのほうを好むだろうか？　だれが、化学薬品やジャイロスコープや磁石を使った――そして鏡を使った――実際の実験よりも、シミュレーションのほうを好むだろうか？　コンピュータ・スクリーンの上の鏡は、退屈以外のなにものでもない！

VRには、思わぬ落し穴がある。望遠鏡や顕微鏡で感覚を拡張するときには、見えるものが本物かどうかを一時的に保留する必要はない。しかし、VRでは対象（絵に描かれた対象でも同様だが）が本物らしく見えるのは、たんにわれわれがそれらが実際の対象ではないという知識を無視したり、拒否したりするからだ。鏡とVRとは、本質的に逆説的な経験であり、視覚という祭壇に知識という犠牲を供しているのだ。あらゆる絵や写真もまたそうである。実際の対象についての経験は、自然自体から情報を引き出すのであって、ほかの人々によって編集され技術的に限定されたシーンからではない。リアリティを直接経験することに特有の利点はそれにとどまらない。プログラムされたコンピュータ画像には、エラーが生じうる。そしてそれらの画像は、グラフィック・アーティストの興味と理解によって編集される。これは、科学を教える場合、誤解のもとになるし、また数世代にもわたって重大な誤りを伝え続けかねない。同じことが本についても言えるが、本なら著者は、知らないことを省けばよい。一方、画像は、こうした誤解を避ける余地がないため、書くことよりも誤解が生じやすい。

明確な理由もなしに、現実をヴァーチャル・リアリティに置きかえることは愚かなことだろう。VRに、直接的経験の代わりはできない。もちろん、ある意味では手や眼の届く範囲を越えてはるか遠くまで行くことができるだろうし、直接的経験の可能性を超えて想像と洞察による新しい世界を創り出すことができるだろう。これは、機械の心がわれわれの心と出会うとき、未来の科学技術によって達成されることになるかもしれない。そのとき、コンピュータが生み出す錯覚が現実を変え、錯覚が現実になるかもしれない。

10

最後に振り返って

一粒の砂にひとつの世界を、
そして一輪の野の花にひとつの天を見、
君の手のひらに無限を、
ひとときに永遠をつかむこと。

——ウィリアム・ブレイク

鏡のなかの世界は、実在と幻の間にある、奇妙な中間の世界だ。鏡のなかの対象は、実在するもののように見えるが、見ているものがそこにはないことをわれわれは知っている。映っている対象は別のところにあり、見る者がいないかぎり、その像は存在しない。虚像を実在のものにするには、眼が（あるいはカメラが）必要なのだ。眼あるいはカメラの映像のいったいなにが「実在」なのだろうか？　幻か実在かをめぐる論争は、哲学の始まりこのかた今日まで、連綿と続いている。核心をなすのは、見かけを離れてなにが存在するのか、という問題である。見かけ——知覚——は、対象世界のなかに存在するすべてのものと、どのように関係しあうのだろうか？

イギリスの哲学者、ジョン・ロック（１６３２-１７０４）は、その著『人間知性論』（１６９０）において、イギリス経験論におけるこの論争の口火を切った。[注1] 彼は、すべての知識は感覚と経験にもとづいている、と主張した。

心は、言ってみれば文字が書かれていない白紙であり、観念はまったくないと仮定してみよう。どのようにして心は観念をそなえるようになるのだろうか？　心はどこから、人間の忙しく果てしない空想力がほとんどかぎりなく多様に描いてきたあの膨大な蓄えを得るのだろうか？　心はどこから理性と知識のすべての材料をわがものにするのだろうか？　これに対して、私はひとことで、経験からと答える。われわれのいっさいの知識はこの経験に基礎をもち、いっさいの知識は究極的にこの経験に由来する。

生得的な観念や生来的な知識という考え方を離れて、あらゆる知識は感覚に由来するという考え方へのこの一歩は、哲学における大胆でもっとも重要な一歩であった。しかし、実在のなにが感知され、経験されるのだろう？　ロックは、単純な観念が対象の世界に直接由来する――なぜなら心はそれらを作ることができないから――、ということを示唆した。しかし、われわれは心が作り出す能力の限界をどのようにして知るのだろう？　この本では、知覚というものが能動的に作り出されるもので、その大部分が虚構なのだ、と主張してきた。ではどうやって、どの観念あるいは感覚が世界から直接生じるもので、それゆえ必然的に真実だということを知ることができるのだろう？　経験論におけるこの中心問題は、いまだ解決されていない。私は知覚を仮説と考えているが、これで解決になるのだろうか？

ロックは第一性質と第二性質を区別したという点でデモクリトス（ついで、ガリレオ、デカルト、ニュートン）を受け継いでいる。第一性質とは、対象に本来そなわっていると考えられている性質である。第二性質とは、たとえば色のような感覚の性質で、照明や眼と脳の状態などに依存する、対象に本来的にはそなわっていない性質である。ここで、両者の間に納得のいく明確な区別を設けることは、きわめてむずかしい。しかし、ある種の感覚は明らかに、対象の世界のなかにはない。そのため、何人かの哲学者は、どんな感覚も客観的ではないと考えるようになった。そのなかの数人はさらに、物質が存在しないとまで言っている。これこそアイルランドの哲学者、ジョージ・バークリー（1685‐1753）のとった立場だった。バークリーは、感覚が対象や物質に直接由来するということを否定した。彼はまた、知覚が感覚の原因についての推論でありうる、ということも否定した。バークリーの魅力に富んだ著作、『ハイラスとフィロナスとの三つの対話』のなかで、ハイラスは次のように言う。(注2)

この種の質問をこれで打ち切るために、私は次のことを、これを最後にあなたに申し上げておきます。すなわち、私の言う感知されるものとは感官によって知覚されるものだけを指すということ、また実際には感官は推理をいっさい行なわないので、それが直接感じないものはなにひとつ知覚しない、ということです。ですから、感官によって知覚される唯一のものである結果と現象から原因や契機を演繹することは、もっぱら理性によるものなのです。

バークリーは、その当時新たに発明された顕微鏡を引き合いに出して、それだけは真であるような特定の感覚（たとえば色の感覚）はないことを示そうとしている。なぜなら、遠くの雲は近くで見ると違って見えるし、花は顕微鏡で見るのと裸眼で見るのとではまったく異なるからである。それでは、感覚の客観的な真実はどこにあるのだろうか？　彼は聴覚と触覚についても同じような議論を展開している。光について、彼は次のように書いている。

ハイラス　フィロナス、あなたに申し上げますが、外界の光は薄い流動的な物質以外のなにものでもないのです。その微粒子は、活発に動きながら振動し、外界の対象のさまざまな表面から眼へと多様にはね返され、さまざまな運動を視神経へ伝達します。そしてそれは脳へと伝えられ、脳のなかにさまざまな印象を引き起こします。そしてそれらが感覚、すなわち赤、青、黄などを生じさせるのです。

フィロナス　では、光は視神経を振動させることしかしないのですね。

ハイラス　それだけしかしません。

フィロナス　そして、神経のそれぞれ独自な運動の結果、心に感覚がもたらされ、それがある特定の色というわけですね。

やがてこれが、次の対話へと続く。

ハイラス　フィロナス、率直に白状してしまいますが、これ以上抵抗することは無駄です。色、音、味、ひとことで言うと、第二性質と名づけられるあらゆる性質は心なしには存在しないのです。けれども、このことを認めたからといって、物質、すなわち外界の対象の実在性からなにかがなくなると考えるべきではありません。……哲学者たちによれば、感知しうる性質は、第一と第二とに分けられます。前者の第一性質とは、広がり、形、固さ、重力、運動、そして静止です。そして、これらは物体のなかに実在している、と彼らは主張しています。後者の第二性質は、いましがたあげた性質です。つまり、簡単に言えば、感知しうるもので、第一性質以外のすべてです。彼らは、これらがただ心のなかにしか存在しない、さまざまの感覚すなわち観念である、と主張しています。……

フィロナス　では、あなたは依然として、広がりと形が外界の実体のなかにもともとそなわっている、というお考えなのですか？

ハイラス　そうです。

フィロナス　ですが、第二性質に対してなされた同じ議論がこれら（第一性質）にもまた適用されるとしたら、どうなるでしょうか？

ハイラス　そうなれば、第一性質もまた心のなかにのみ存在する、と考えざるをえません。

これがバークリーの結論である。これは、バートランド・ラッセル(注3)独特の、機知にあふれた次のようなコメントを引き出した。

ジョージ・バークリーは、物質の存在を否定した――その否定を数多くの巧妙な議論によって根拠づけた――点で、哲学的に重要である。物質的対象は、知覚されることによって存在するにすぎない、と彼は主張した。そうだとすれば、たとえば一本の樹は、だれもそれを見ていないときには存在しなくなるのか、という反論に対して、彼は次のように答えた。すなわち、神はつねにあらゆるものを知覚している。もし神が存在しないとすれば、われわれが物質的対象だと考えるものは、それに眼をやるとにわかに存在し始める、といったような気まぐれな生命をもつだろう。しかし実際には、神の知覚のおかげで、樹や岩や石といったものは、常識が仮定しているとおり、間断なく存在し続けるのである、と。彼の考えによれば、以上は神の存在を支持する有力な議論であるという。

鏡のなかの虚像が、バークリーの考える通常の対象ときわめてよく似ているということは、まことに驚嘆すべきことである。なぜなら、鏡映像は、人が見ていないときには存在するのをやめてしまうから。

この本で私は、バークリーとは異なる道筋をたどってきた。というのも、一世紀以上も前のヘルムホルツにしたがって、知覚が推論を行なうことを認めているからだ。知覚と思考とでは、異なる推論をすることがある。たとえば、われわれは、錯覚であると知っていても、錯覚を体験する。したがって、知覚的推論とそれらの推論が受け入れるデータは、われわれが「思考」とよぶものと同じではない（274ページ）。どの性質が「第一」で、どの性質が「第二」かは未解決の問題であり、どちらに分類されるかは科学の変化とともに変わる。しかし、いずれにせよ、対象は存在しないという言い方よりも、どのような感覚も対象から直接生じるものではないという言い方のほうが、今日でははるかに適切だと思われる。もっとも、ある意味で、この（対象の存在にかんする）疑いは量子力学とともにふたたび姿を現わしたのだが。(注4)

イギリスの哲学者ジョン・スチュアート・ミル（1806-73）は、次のような興味深い考えを提唱した。すなわち、われわれが対象を外界のものとして認識するのは、それらが見えなくなる可能性をもつからだ、というのである。彼は対象を「つねに感覚しうるもの」と定義づけた。(注5)ミルはこの考えをアリストテレスにまでさかのぼって、心にかんする二つの仮定にもとづいて立てた。第一に、心には予期する力がある。第二に、心は観念の連合を形成することができる——同時にあるいは時間的に接近して生起する現象は「一緒のものとして考えられ」、「永続的な連合」を形成する。ミルは、「われわれは推論ができるようになったものを、たとえそれが誤りであると知っていても、見るし、見ざるをえない」と書いている。彼は次のような例をあげている。

> 私はテーブルの上に、一枚の白い紙を見る。私が別の部屋に行くとする。それが見えつづけたとしたら、あるいはそれが見えなくなったとき自ずから消えたと私が信じたとするなら、それを外部の対象であると考えるべきではない。

ミルは次のように指摘している。対象を見る際のこのような連合はきわめて速く喚起され、そして非常に強力なので、経験にもとづいている——多くの「肯定的な」事例と少数の「否定的な」事例とを通して、すなわち帰納によって培われる信念にもとづいている——にもかかわらず、生得的な直観であるように思える。

（ベーコンを受け継いで）帰納法を詳しく論じた最初の人は、ミルであった。帰納法は、学習と科学的経験主義の核心をなす。(注6)彼は、帰納にかんする考えを推し進めたが、演繹の確実性を事例の一般化だと説明しようとしたのは行き過ぎだった。ミルによれば、2＋3＝5が確かなのは、子どものころのわれわれが積み木で遊び、帰納によって、2と3で5になることを発見するからである。演繹を帰納と同じものと見る試み――あるいは、帰納を確実に真にしようという試み――は、現在では受け入れられていない。帰納については、論理の一種というよりは、科学的な方法に入るものと考えたほうがよさそうである。もちろん、帰納が存在するということを認めた上での話だが。カール・ポパー卿は、帰納とは「眼の錯覚」のようなものにすぎないという極端な見解をとっている。(注7)けれども、もし帰納が錯覚であり、明確なものだとは言えないのなら、どうやって列車を運行したり、本を書いたりすればいいのだろう？　そうなると、列車がやがて到着するとか、本がいつかは出版されるとかいう予期はできないことになる。(注8)それでもなお、外部になにかがあるとわれわれに否応なく信じ込ませるのは、外部世界が、予期しないことを出現させて驚かせる可能性があるからである。

ジョン・スチュアート・ミルなら、鏡映像についてどう言うだろうか？　それらはつねに感覚しうるが、対象と言えるのだろうか？　ミルは虚像を対象と認めるだろうか？　彼はそう認めるかもしれないが、その「つねに感覚しうるもの」は、視覚に限られる。

ミルなら、絵についてどう言うだろうか？　絵はキャンバスの上の絵の具であり、同時に、描かれた風景であるという「二重の実在」をもっている。これは鏡の虚像とはおよそ対極に位置するものと言える。なぜなら、通常鏡のなかの像はガラスの向こうに位置するように見える――光がどのように反射するかを概念的に知っていても、その知識は知覚に影響しない――が、一方、絵を見るのは、絵の具のパターンという不完全で、相対立するデータにもとづいて仮説を構成することによっているからである。この違いは、トロンプ・ルイユでは最小で、ミニマルアートの絵では最大となる。とは言え、すべての絵画はこうした奇妙な二重の実在をもち、その点で鏡映像とは大きく違う。このことが、絵画について述べている専門家たち――鏡とは画家にとって理想的な手本であると説く専門家たち――を混乱させているように思われる。

ミルなら、多義的な絵――たとえば、反転するネッカーの立方体やルビンのさかずきと横顔のような――について、どう言うだろうか？　これらは、同一の網膜像から二通りのものを交替して知覚することであり、それらは知覚研究にとって――とりわけ、認知的な「ソフトウェア」の過程や規則と生理的な過程や規則とを分離する上で――、きわめて重要である。インク・ブロット（ロールシャッハ・テストの図版）

となると、何百もの異なる可能性を秘めている。いずれも、ミルの言う意味での対象なのだろうか？　知覚が実在を決めると主張している量子物理学者たちは、たとえば知覚の反転について、どう言うだろうか？

　絵画——そして映画、テレビ、鏡映像——の形がそれとわかるのは、触覚やそのほかの視覚とは別の知覚と結びついた経験から帰納的に推測されるからである。たとえ絵画が通常の対象にピッタリ一致していなくても、われわれは通常の対象から絵画のパターンへの帰納が可能である。というのは、絵画も鏡も、幻影——触知しうる対象の、せいぜいのところ、実際の場所にない幻影——を提示するにすぎないからである。ヴァーチャル・リアリティは、見せかけの触覚の幻影を提供することができる。だがそれらもまた、対象にかんするわれわれの経験を利用もすれば、また一方で、われわれの経験をあざけることもあるだろう。

　われわれが帰納によって「実在」を信じるというのは、逆説的である。なぜなら、帰納によって驚きは弱められるが、対象の存在を信じるのは、対象がわれわれを驚かすことがあるという理由からである。われわれが絵画を対象の代用物として受け入れるのは、一種の心理学的な怠惰である。というのも、絵画は対象にかんするわれわれの帰納的知識を利用しつつ、その知識に違反もするのだから。したがってわれわれは、絵の具のパターンを——たとえそれが平板で、話すことも見ることもできなくても——顔として見る。表象芸術の機能がよって立つのは、知覚のこの「怠惰」なのである。

量子的実在

実在は観察者（あるいは神）に依存するというバークリーの考えは、量子物理学において姿を変えて復活した。この、およそ直観とは程遠い見解は、標準的な「コペンハーゲン解釈」の基本である。というのも、観測が、いくつもの可能性の「波動関数の崩壊（収縮）」によって（179ページ参照）実在を決定する、と仮定されているからである。この考えは、ニールス・ボーアが70年前に提出したものだが、近年になってようやく真剣に問題にされるようになった。

　すぐさま生じる難題は、検出や記録をする測定装置類そのものが量子効果の対象となり、この測定装置にはわれわれの眼と脳も含まれる、という点である。では、いったいどうやって実在を決定することができるのだろうか？　ある提案によれば、意識が実在の最終の審判者であり、決定者だという。しかし、もしそうだとすると、実在は、意識されるまでは決定されないということになる。それにいずれにせよ、巨大な、じつに驚くばかりの範囲にまでおよぶ実在と比べると、われわれは（ほかの動物たちも？）、はるかに限られた意識や知識しかもっていない。ハンガリーの数理物理学者、ユージン・ウィグナー（1902－95）は、観測者である人間の眼と脳全体とは量子の原理に支配されてはいるけれども、意識は物理学の範囲外にあり、意識が実在を決定する最終点となる、と提唱した。だが、たとえ意識が物理学とは独立であると仮定しても、その結果起こることはきわめて奇妙だ。波束は、意識ある生命体が存在する以前には、宇宙の全歴史を通じて崩壊（収縮）することはなかった、と仮定しなくてはならないだろう。さらにマウスやアメーバさえも、実在を決定することができるのか、と問い続けなくてはならないだろう。起こりつつあることの大部分は観測されないにもかかわらず、それは未来を作り上げる因果的事象として推移する。ガイガー・カウンターのような観測装置もまた、大いに問題となる。それらの装置は、波束を崩壊（収縮）させるからだ。しかしいくら何でも、それらの装置は意識をもってはいない。

これにとって代わる説明を提唱したのは、デイヴィッド・ボームであった。[注9] 彼の考えが真剣にとりあげられるまでには長い年月を要し、しかも量子の「パラドックス」のすべてを解決してはいない。ボームは、波動‐粒子の二重性とは、じつは深淵な、本来隠れた実在の二つの側面であるという考えを提唱した。これは、散髪のとき自分の頭の後ろを見るように、同一対象の、鏡に映った異なる眺めと考えることができる。鏡のなかには自分の顔と頭の後ろとが見えるが、それらは同一対象の別々の眺めであると仮定しなくてはならない！

最近、サイエンスライターのジョン・グリビンは、これらの問題をとりあげ、きわめて明快に論じている。[注10] グリビンは、波動と粒子がともにはたらくという考えは「自然で簡単」だという物理学者ジョン・ベルのことばを引用している。ベルは、「実在の概念を放棄するくらいなら、むしろアインシュタインの特殊相対性理論をあきらめ、必要とあらばエーテルの考えにまで（ないしは少なくとも、特定の座標系優先の考えまで）戻るつもりだ」という。[注11] ベルのことばを借りると、

> 人は、この世界を実在論的に把握できることを願っている。つまり、観測されないときでもそこに実在しているかのように、世界について語りたいのである。私も、以前ここにあった世界、未来にもここにあるであろう世界の存在を確信している。そして、あなたがその世界の一部であるということも！　さらに、ほとんどの物理学者も哲学者に問い詰められ

たら、同じ見方をとると私は信じている。

9章での私の用語——体験的発見（探索）、直感的説明（推測）、機械的計算——を用いるなら、量子物理学は実験によって引き起こされた驚きの体験から出発し、機械的な数学へと一気に飛躍して成功を収めたが、しかし起こっていると思われることについて満足のいく直感的な心的モデルを発展させそこなった、と言えるかもしれない。いまになってやっと、それが発展しつつある。われわれはもはや「常識」には——たとえ、ある種の実在はそれで救われるとしても——戻ることはないだろう。

かりに実在が知覚によって決まる（そのようなことは考えられそうもないが）とするならば、次のように問いかけることができるだろう。すなわち、知覚的多義図形——アヒルとウサギ、さかずきと横顔、ネッカーの立方体など——では、どういうことが起こるのだろうか？　つかの間の多義的な知覚が実在を決定することになるのだろうか？　知覚的錯覚は宇宙の現在や未来を決めることができるのだろうか？　そうだとすれば疑いもなく、物理学には強力な認知的成分があるということになる。すなわち、われわれは、あれこれの宇宙を創り出すドン・キホーテだという点を除けば、宇宙を創造した神にほとんど近い存在となる。

われわれが自らの心にかんする、象徴にもとづいた心的モデルのなかで生きているということは、奇跡以外のなにものでもない。このモデルこそ、感知される実在からわれわれを引き離しつつ、外部にあるものについて考えることを可能にし、そして世界に人間の創造したものをつけ加えることを可能にしているのである。

オーストリアの物理学者であり、哲学者でもあったエルンスト・マッハ（1838－1916）は、知覚経験から直接、物理学を導き出そうとした。(注12)

> 感覚とその結合から概念が生じる。その目標は、その感覚ともっともよく一致する感知可能な考えを、もっとも単純で容易なしかたで導くことにある。それゆえ、すべての思惟は、感覚することから出発して、そこへとまた戻るのである。われわれの心のなかで実質的にはたらくのは、これらの感知可能な心象または考えであって、他方、概念とは、それらの総体にどこへ向かいなにをなすべきかを教える統率者であり、監督なのである。

マッハとは正反対に、ニュートンの物理学は、できるかぎり観測者――われわれ――を排除した「客観的な」科学を提唱した。そのため、科学的な観測機器がきわめて重要なものとなった。たとえば、望遠鏡のような機器が、感覚を拡張したのである。今日では、天文学者たちが実際に望遠鏡をのぞくことはあまりない。もっとも望ましい機器は、人間による観測を可能なかぎりゼロに近づけるものである。したがって、目盛りの針を読んだり、水平かどうかを知るのにもっとも重要なのは人間ではなくて機器である。きわめて容易に自動化されうるものについては、観測者は最小限の判断をすればよい。

アインシュタインは、空間と時間の概念に意味を与えるための道具として、ものさし、および光のビームと時計とを用いるように、とたえず言っていたが、それは右に述べた精神に沿う。しかしアインシュタインは、観測者を排除してはいない。[注13]

> 「現実の外的世界」を決定する第一歩は、さまざまな種類の物質的な「物理的な」対象の概念を形成することにある、と私は考える。多数の感覚経験のなかから、われわれは、心的にそして任意に、感覚印象（一部は他者の感覚経験のサインと解釈される感覚印象も含まれる）の繰り返し生起する特定の複合をとりあげ、それらに意味――物質的対象の意味――を与える。論理的に考えると、この概念は、それが指し示す感覚印象の総体と同じではない。それは、人間（あるいは動物）の心が任意に創り出したものなのである。もう一方で、概念は、その意味とその正当性とを、それに結びついている感覚印象の総体に全面的に負っている。

ウィリアム・ジェイムズのプラグマティズム（１９０７）とブリッジマンの実証主義（１９２７）によれば、意味は観測可能なものに限定され、観測可能なものによって決定される。この経験主義の拡張は、知覚と実験に重きをおいている。論理実証主義者たち、とりわけＡ・Ｊ・エイヤーは、広く読まれたその著『言語・真理・論理』（１９３６）のなかで、意味を観察されるものに、あるいは一歩譲って、観察されると考えられるものに限定しようとした。命題の意味はときには「その検証方法」として記述された。観察によるテストを考えつくことができなければ、その命題は、誤りというよりむしろ、意味のないものとして片づけられた。

技術の発展（とりわけ、真空ポンプ、望遠鏡、顕微鏡、てんびん、宇宙探査機、脳の断層撮影装置などの発展）は、新たな立証を可能にし、あるいは少なくとも想像可能なものにする。したがって、技術は意味を広げるのである。新しい概念的モデルと理論、それに数学の新技法もまたそうである。この点で、天文学は特殊である。というのは、インタラクティヴな実験が可能ではなかったからである。そのため概念が観測からはるかに離れ、数学的モデルがとりわけ重要とされてきたし、いまも重要だ。かりに占星術が受け入れられていたとしたら、実験科学は事実上ありえなかっただろう。というのは、星の位置が重要だと信じられていたら、観測結果を確証し、あるいは反証するための同一条件を待って、長い年月を費やすことになるからである。[注14] あらゆる命題に検証が必要であるとする論理的原子論は、断念せざるをえなかった。現在われわれは、科学というものを、観察と実験というそのときどきの柱によって支えられたアーチ橋にたとえることができる。

この本では、芸術や文学、そして科学を刺激するものとして、鏡を見てきた。だが、創造的な科学者と創造的な芸術家とはまったくかけ離れた存在なのだろうか？　この問題を深く考察しているのは、マイケル・ポラニーである。ポラニーは、1958年に物理学と幾何学の理論について考察しているが、そのなかでこう述べている。[注15]

> われわれがなぜこうした理論を受け入れるかは、気持ちを高揚させる美、恍惚とさせる深遠をわれわれが感じとる、ということを前提にしなければ説明がつかない。しかし、大方の科学概念は、主観性と客観性の峻別にもとづいており、科学から理論のもつそうした情熱的、個人的、人間的な評価にかかわる部分を――どんな代価をはらってでも――とり去ろうとする、あるいは少なくともその機能をとるにたらない端役にしようとする。それは、現代人が、知識の理想として、「客観的な」命題の集合といった自然科学の概念を設定したからである。「客観的」というのは、それが完全に観察によって決まるという意味である。……このような概念は、われわれの文化の奥深くに根ざしてはいるが、かりに自然における合理性の直観が、科学理論の正当な、まさに基本的な部分として承認されなければならないとしたら、粉々に砕かれてしまうだろう。

一般にわれわれは、理性を人間だけのものと考えている。だが、もし数学の記号構造がプラトン流に実在するとするなら、理性の規則もまた同様に実在すると考えてなぜいけないのだろうか？　心が自然を映し出すのか、あるいはまた自然が心を映し出すのかを知ることはむずかしいし、なにが客観的でなにが主観的かを知ることも、あるいはなにが真実でなにが錯覚かを知ることもまた困難だ。だが間違いなく、ポラニーは、鏡を見る観察者もそのなかに含めており、それは的を得ている。そこで問題になるのは、その観察者が機械でもよいのかどうかである。そのような人間に似た機械は、物理学的に記述可能なのだろうか？

心的モデル

鏡や、不思議なてんびん（276ページ）、ワイングラスとひも（277ページ）、そしてほかの多くのパズルなどに驚くのは、われわれがそれらについて考えるための適切な心的モデルをもっていないからだ、と言えるだろう。このことは、見たり、理解したりする際に用いる心的モデルの向上を目指すべきだ、ということを示唆している。

脳が実在や空想にかんするモデルを作り上げるという考えを導入したのは、ケンブリッジ大学の心理学者、ケネス・クレイク（1914-45）だった。[注16] クレイクの小著『説明の本質』（1952）は、いまなお読むに値する古典である。この本はデジタル・コンピュータが普及する以前に書かれたが、彼の考えによれば、脳は生理学に基礎をおいた機能的作業モデルを作り上げ、それが実在の側面を反映し、想像へと飛び立つという。クレイクは、彼が「内的モデル」とよぶものについて、次のように書いている。[注17]

> われわれがモデルと言うとき、それは、模している過程と類似の関係構造をもつ、なんらかの物理的ないしは化学的なシステムを指している。「関係構造」と言っても、それは、そのモデルにともなう、あいまいな非物理的なものを意味するわけではない。それは、ある時点のある局面で、対応する過程と同じようにはたらく物理学的作業モデルだということを意味している。それゆえ、そのモデルは実際の対象と見かけ上似ている必要はない。ケルヴィンの潮汐推算器は、多くの「てこ」と滑車から構成されていて、その外観が潮汐に似ているわけではない。だが、ある本質的な点で潮汐と同じように変化する。すなわち、さまざまな周波数の振動を組み合わせることによって、ある場所での潮位変動の、各時点での振幅と近似する振動を生じさせるのである。別の言い方をするなら、物理的な対象は作業モデルへと「翻訳され」、そのモデルが予測を導き、次にその予測がもとの対象のことばへと再翻訳されるのである。それゆえ、そのモデルはそれが模している外的対象に先んずるとも後を追うとも言うことはできない。

これは、その後の、脳をアルゴリズムという一定の規則を実行するデジタル・コンピュータであるとする考え[注18]とはきわめて異なる。現在、ＡＩ（人工知能）の分野では、クレイクの内的モデルの考えに近いもの――神経回路網（ニューラル・ネット）の考え（329ページ参照）――への回帰が見られる。

クレイクの考えを発展させる上で、もっとも貢献した心理学者は、フィリップ・ジョンソン＝レアードである。なかでも、彼の著書『心的モデル』（邦訳『メンタルモデル』）（1983）の影響が大きい。ジョンソン＝レアードは、人々が形式論理の問題を、たとえば三段論法を用いて解く場合、その規則に直接したがうわけではないことを示した。むしろ、その状況のモデルを想定し、そして非形式的に、個人的なやり方で、その状況についての心的モデルから答えを導き出すのである。これこそ、知能の核心をなしている。しかしそれは、スチュアート・サザーランドが近年論じているように[注19]、唖然とするような誤り――たとえば司令官が戦況を評価する場合など――を引き起こすことがある。

心的モデルを改善する上で重要な方法は、構成的な、身体的・心的な遊びを用いることだろう。鏡は、「コントロール・ケース（対照事例）」となる。というのは、対象を手であつかうことを通してのインタラクティヴな経験がそこでは得られないからである。私は、触ることのできない鏡映像について考えることのむずかしさを強調してきたが、そのことは見て考えるための学習にとって、体験的なインタラクティヴな経験が重要であることを示している。このことは、学校と科学センターのもつ意味をはっきりと示している。

科学は不自然か？

ルイス・ウォルパートはすぐれた生物学者だが、科学が不自然だと嘆いている[注20]。もちろん、彼は探求による興奮を否定しないだろうし、記録された歴史を通じて多くの試みが積み重ねられてきたこと、そして事象を説明するまでには長い時間を必要とすることも否定しないだろう。だが、ウォルパートにとって、こうしたことの多くは、いわゆる「科学」ではない。これは定義の問題である。（十七世紀にフランシス・ベーコンによって定式化された）厳密な実験的方法は、不自然なものかもしれない。しかし、好奇心、探求と発明の欲求は、不自然ではない。それらは人間のもつ特性であり、魅力的な科学の教え方によってひとつの生き方として身につく。

たしかに、科学における結果は、直観に反するものも多い。というのも、あらゆる発見や発明は、それまでの常識からはるかにかけ離れたところへとわれわれを導くからである。このことは、人間の好奇心や発明の才に根ざす科学への動機づけが不自然だということとは、まったく別のことである。これは、学校と科学センターを考えていく上で重要な問題だ。ただし、幸いなことに、子どもたちにとって、不自然なものが必ずしも学習しにくいわけではない。自転車のペダルを漕ぐのは不自然な動作だが、子どもたちはまるで水のなかのアヒルのように、自転車が好きだ。たいていの子が、自然な動作である歩行よりも、不自然なペダルを漕ぐほうが好きなのだ。そして、直観に反するもの――驚きをもたらすもの、謎を秘めているもの――もまた、多くの人々の心をとらえて離さない。

ルイス・ウォルパートは、中国に科学があったかどうかに疑いを抱いている。彼によれば、この数百年の西欧科学に先んじて科学なるものを有していたのは、ギリシアだけだという。もちろん、これは「科学」というものをどう定義するかによる。ルイス・ウォルパートはこの点で、ジョージ・サートンのような科学史家とは、はっきりとその見解を異にしている（もちろん、これはウォルパートが間違っているということではない）。サートンは、その先駆的な著作『科学の歴史』(注21)（1952）のなかで、こんなふうに述べている。

古代科学にかんする理解は、二つの許しがたい脱落によって損なわれている。そのひとつは、東洋の科学である。科学がギリシアにその源を発したと考えるのは、あまりに幼稚だ。ギリシアの「奇跡」は、それ以前の数千年にわたって、エジプトやメソポタミア、そしておそらくは他の諸地域で準備されたのである。ギリシアの科学は、創造というより、復興と言うべきものであった。

第二の脱落は、東洋の科学のみならず、ギリシア科学そのものの迷信的な背景である。東洋の起源がなければ、ヘレニズムの科学的達成もありえなかっただろう。そうした東洋の起源をおおい隠してきたことは、大きな誤りであった。やむことのない迷信は、ヘレニズムの科学的達成を妨げ、ひょっとしたらその達成を無に帰していたかもしれないが、一部の歴史家は、そうした迷信も隠してしまうことによって、その誤りをさらに深刻なものにした。ヘレニズムの科学は、合理主義の勝利である。それが不合理に立ち向かって勝ちとる必要のあるものであったということがわかれば、その勝利は小さくはなく、大きなものとなるのである。

サートンはさらに、こう問いかけている。

科学はいつ始まったのか？　どこで始まったのか？　科学は、人間が生活上の数かぎりない問題を解決しようと試みたすべてのところで、始まったのである。はじめの解決法はその場しのぎの方法でしかなかったが、それは初期の間だけであったに違いない。しだいに、これらの方法は比較され、一般化され、合理化され、簡略化され、相互に関連づけられ、統合されていっただろう。こうして科学という模様の織物が、ゆっくりと織られていったのである。……ある程度の抽象に達していなければ、およそ科学とはよべない、という主張もあるかもしれない。しかし、その程度をだれが測るのだろうか？　最初の数学者が、三本のヤシの木と三頭のロバとの間に共通するなにかがあると認識したとき、その認識はいったいどのくらい抽象的だと言えるのだろうか？……それは、純粋な科学であったのか、それとも科学と芸術、宗教、あるいは魔術との混合であったのか？

……

こうした問いかけは、不毛である。なぜなら、それらは決め手を欠き、答えが正しいかどうかを立証できないからである。

これらの疑問は不毛だろうか？　どうすれば答えが見つかるかを知るのは、問うことを通してである。科学が不自然なものかどうかを問うている点で、ルイス・ウォルパートはまったく正しい。大多数の人々にとって、科学が難解であることは間違いない。しかし、子どもたちは、自転車やコンピュータのような自然でないものを好む。さらに彼らは、むずかしく熟練を要するゲームに熱中する。だからこそ、その答えがどうであれ、科学を魅力あるものにする責務が学校や科学センターにあるのだ。その結果、われわれの多くは、未知のものへの壮大な冒険を共有することができるのである。

知性を機械に

機械は創造的な知性に——科学者自身にも——なりうるのだろうか？　実在を機械のなかに映そうという、この夢（人によっては悪夢）は、驚くばかりの長い歴史をもっている。ここでは、それに簡単にふれておこう。

最初の計算装置——そろばん——は、有史以前からある。これは、多数の珠が同じく多数の個々のモノと単純に対応しているわけではなく、もっと巧妙だ。というのは、その珠の位置がそれぞれの意味を定めているからである。たとえば算数の10、100といった位どりである。しかし、そろばんはその規則を知っている人間の手で操作されなくてはならない。一方、自動操作の心の機械はどうだったのだろうか？

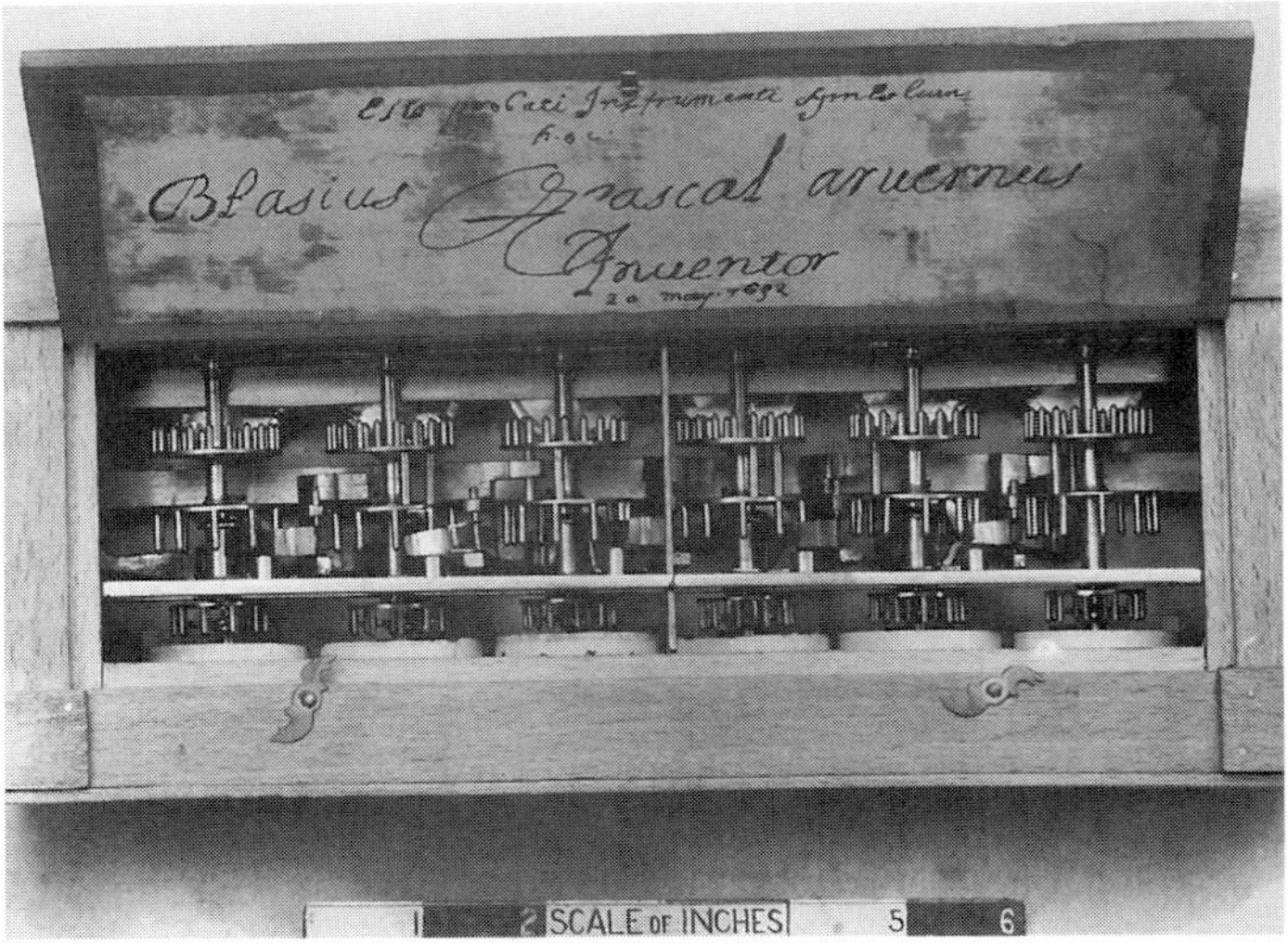

図10・1　**歯車による「暗算」**
パスカルが1642年に製作した計算器。

ギリシアの天文暦の計算器、紀元前80年のアンティキテラの歯車、そしてその先駆をなす、プラトンとアリストテレスの時代やそれ以前に使われていたもの(注22)は、一定の問題に対して数値的な答えを出すものだった。異なる問題も処理できる最初のハンドル式の計算器は、ブレーズ・パスカル（1623-62）によって1642年に発明された。それは、彼の父親の面倒な税務関係の計算を助けるためのもので、「暗算」を歯車によって行なうことができることを明らかにした（図10・1）。

パスカルの計算器はさらに1670年ごろ、ドイツの哲学者で数学者だったゴットフリート・ライプニッツ（1646-1716）によって、ハンドルを回して正確な加減乗除をする実用的な機械へと発展した［訳注　パスカルの計算器は加算と減算しかできなかった］。これは最初の、実用的な計算器で、わずかな改良を加えられつつ、一世紀以上もの間、保険の表計算に用いられ続けた。ライプニッツのシリンダーは1から9までのそれぞれの数ごとに歯の長さが違い、それが遊び車の歯とかみあい、カウンターへと導かれる。桁上げのメカニズムは、カウンターの各歯車がひっかかって、隣の桁――10、100、……――の歯車を作動させてはたらく。こうして、足し算と引き算ができ、操作は少し複雑になるが、掛け算と割り算ができる。

おそらくあまり知られていないのは、考えを計算するためのライプニッツのシステムである。彼は実際に思考を機械化しようとしたのである。ライプニッツこそ、人工知能の先駆者と言えるかもしれない。彼の野心は、いまもなお、その実現が望まれている夢である。ここで、次のような疑問が生じる。なぜその実現にこれほど長い時間がかかっているのだろうか？　ケンブリッジの数学者チャールズ・バベッジ（1791‐1871）は一五〇年前に、驚くほど手の込んだ機械的コンピュータを設計し、ほぼ完成させたが、それは主に数表を誤りなく計算するためのものだった。バベッジはプログラム可能なコンピュータの基本原理を考え出したが、現代の電子計算機と同じく、バベッジの機械は、機械がなにをしているのか、なぜそうしているのかについての考えをもたなかった。われわれ人間は、こうした機械とは違うと考えられる。決定的な違いは意味である。どのようにすれば、機械に意味を処理させることができるだろうか？　これこそ、脳が独自にたえず行なっていることではないだろうか？　ライプニッツはその「論理計算法」で、この意味の壁を突破しようと試みた。彼はなにが心的で、なにが心的でないかについて考察した。これが、彼を「半心的」という概念――対象のクラスのようなもの――へと導いたのである。たとえば、羊の群れは、対象についての、われわれの概念上の分類である。したがって、クラスは半ば実際の物で、半ば心のなかのものである。もっとも単純な概念を念頭において、彼はそれらに「特性数」――プラスとマイナスの素数の対――を与えた［訳注　複雑な概念は、素数でない数をもちうるとされる］。複合概念の特性数は、その成分の数の積になる。たとえば、もし動物が [+13] [-5] で、理性的が [+8] [-7] であれば、理性的動物である人間は [+104] [-35] になる。すなわち、＋13×8−5×7になり、それは理性的動物を意味する。

ライプニッツは、論理学における形式と意味とを区別した。(注23)形式的に真である例をあげてみよう。

すべての金属の鏡は反射する。
ある種の金属は反射しない。
ゆえに、ある種の金属は鏡ではない。

しかし、

すべての鏡は反射《リフレクト》する。
ある種の反射《リフレクト》は知的である。［訳注　reflect には、反射、反省の意味がある」

ゆえに、ある種の鏡は知的である。

これが真か偽かを判断するには、意味が必要である。

ライプニッツは、概念は単独で存在するのでなく、相互に関連しあっていることを見出し、意味の計算器を設計する試みに没頭した。

ジョージ・ブール（1815-64）は、『思考の法則』（1854）を著して、ライプニッツよりさらに歩を進めた。その考えの基本は、命題の間の関係に記号を割りあてることだった。それらの関係には、「和集合」、「補集合」、「交わり（共通部分）」がある。ブールは心を、明確に記述され、自動化されうる規則を用いて集合（クラス）の演算を行なうものと考えた。ブール代数はスイッチの位置に応じてOR、AND、NOTを表わす回路に応用されている。それは、デジタルなスイッチ回路の設計を助けただけでなく、そのような回路に論理演算を実行させる道をひらいたのである。こうして、かなりのところまで、コンピュータが新しいコンピュータを設計している。

ブール代数はやがて、思考を機械化する上で限界があり、柔軟性に欠けることが明らかになった。それは、普遍的な要素や不定の要素を表わすことができなかった。この点で推進役を果たしたのが、述語を導入したゴットロープ・フレーゲである。述語は、真か偽の変数をもつ。したがって、経験的な真偽は論理命題として表現できる。フレーゲは、これを普遍的記号へと拡張した。しかし、バートランド・ラッセルは、フレーゲの定式化にパラドックス（ラッセルの「集合論のパラドックス」）を見つけ、存在は述語ではないと説いた。クルト・ゲーデルは、どの論理系もその系に矛盾がないことを証明できないということを明らかにした（ゲーデルの「不完全性定理」）。彼は、まったく矛盾のない論理的言語を生み出そうとする試みを打ち砕いたのである。アラン・チューリングは、ある種の方程式は計算不可能であることに気づいていたが、しかし、このことは必ずしも機械の思考を妨げるものではないと結論した。彼にとって、これは、人工知能を発展させることによって経験的にのみ決めうることだった。おそらく、われわれもまだ、その答えを知らない。

脳がデジタル・コンピュータのようなものだという考えは、疑問視されつつある。生理的過程は、そのようなものではない。しかも、視覚や思考は一瞬のうちに生じるのだから、生理的過程の緩慢な成分で、デジタル・コンピュータのように逐次的にはたらいているわけがない。実際、それは同時に

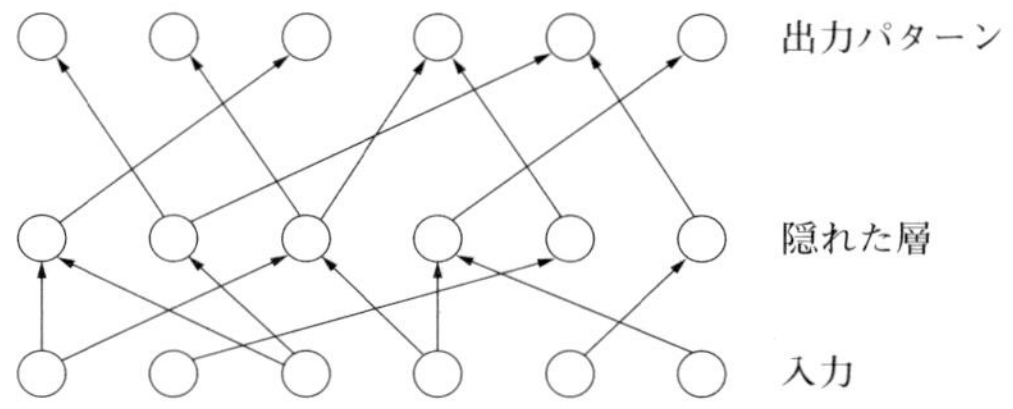

図10・2　適応的回路網
細胞は，受けとる信号が多くなると，反応しやすくなる。何度か入力があって，それが一般化されると，システムはパターンを発見する。「隠れた層」は，入力にも出力にも（ちょうど心のように？）表われない。隠れた層は，プログラムされたアルゴリズムにしたがうのではなく，それ独自の規則を発展させる。

進行する、多くの並列処理過程によってはたらくように見える。のみならず、脳がアルゴリズムによってはたらいているという考えも、疑問視されつつある。1970年代以降、カナダの心理学者ドナルド・ヘッブの考えに帰って、脳の知的な機能の大部分はデジタル型ではなく、高度の相互連絡をもつ細胞の自己適応的なネットワークによるアナログ型である可能性が高い、と考えられている。その基本となる考えによれば、細胞は繰り返し刺激されると、発火しやすくなり、エラーが生じれば、それは回路網（ネット）を修正するようフィードバックされる。その結果、その状況をダイナミックに反映するようになる。そこにプログラマーは存在しない。それは、自らの経験を通して、自らがプログラムを形成するのである。回路網を活動できるようにしてやれば、回路網自体が発見と学習を行なう（図10・2）。おそらくこれは、数学の形式によるだけでなく、意味によっても問題を解く、考える機械という、ライプニッツの夢を実現する第一歩となりつつある。これこそ、見かけという鏡を通して、われわれが真理を見る方法ではないのだろうか？

　これはまた、子どもたちが言語をどのように学習するのか、あらゆる自然言語に共通の、生得的に受け継がれる構造があるのかどうかをめぐる今日の論争へとつながっている。直接の証拠はなにもない。赤ん坊を人工言語の環境で育てるというようなことが可能なら、あるいはこの証拠が得られるかもしれない。しかし、そんなことは倫理的に許されることではない。問題は、なにが学習の限界かにかかっている。これは次のような疑問にもつながる。脳あるいは人工的なニューラル・ネットが抽象的な構造を映し出す上での限界とはなんだろうか？　これは哲学というよりも技術にかかわることだが、それでも魅力的な哲学的意味をもっている。哲学と科学のもっとも深遠な問いかけに答える（あるいは、少なくとも答えるための道具を提供する）上で、技術というものがきわめて強力であるということは、奇妙なことにあまり認識されていない。逆に言えば、技術の限界は、科学と哲学における想像力に限界を設けることになるかもしれない。現在、機械に利用可能な豊富な知識をもたせるのが技術的に困難であるために、知覚と知性にかんするわれわれの見方はゆがんでいる。

知性

科学は共同作業であるから、それは共有された知である。新しい知識が生まれるたびに、科学の知、そしてわれわれの知が増えていく、と言えるだろう。知というものを問題を解くための能力と考えるならば、知識と技能が増えれば、問題を解くのもそれだけ容易になる。したがって、知は知を増す上で必要不可欠である。ここに、ある種のパラドックスがある。すなわち、博識な人ほど、知性が高いと考えられるが、知識が多くなれば、知性を必要とする度合いは少なくなる。これは、複雑な割り算を行なう能力といったような技能についてだけでなく、道具についてもあてはまる。たとえば、紙や布を切るにはハサミがあれば問題ないが、切ったり測ったりするのに適切な道具がなければ、それは問題である。したがって、この意味で、技術はわれわれの知性を増大させる。

技能を学習するためには、そしてハサミのような道具を発明するためには、知性が必要不可欠だということを認識すれば、パラドックスはしだいに解消する。それらは、われわれが自由に使うことができる蓄積された知である。「知」ということばには、一般に二通りの意味がある。ひとつは、たとえば「軍事情報（military intelligence）」というときのような、知識という意味である。これは、軍関係の人々がとくに頭がよいということを意味しているわけではない（頭がよいのかもしれないが）。シェイクスピアは、マクベスに「いったいおまえたちはどこからこの不可解な知らせ（strange intelligence）をもってきたのだ？」［訳注　魔女の予言に対して］と語らせているが、ここで言っているのは、この意味である。ここでの「知らせ（intelligence）」は、明らかに知識を意味している。それゆえ、われわれは蓄積された知識をもっている。それと同時に、知識（道具を含む）を適切に使用しもする。これは、一種の問題解決であり、したがって一種の知性（intelligence）である。最初のものは受動的に蓄えられた知性であり、あとのものは能動的に活用される知性である。

この違いは、ポテンシャルエネルギーと運動エネルギーとのアナロジーを思い起こさせる。知識のように、ポテンシャルエネルギーは、あとでの使用にそなえて準備され、蓄えられている。それを用いるのに必要とされる運動エネルギーは、ごくわずかでよい。石を崖から落とすのは簡単だ。コンピュータの電子スイッチがはたらくのに必要なエネルギー、脳の神経のスイッチがはたらくのに必要なエネルギーは、ごく小さい。ただ、その効果はきわめて大きなものになりうる。そこで、ポテンシャルエネルギーと運動エネルギーとのアナロジーから、二種類の知性を潜在的知性と動的知性とよぶことができるだろう。[注24] 動的知性を有効に活用するための、この潜在的知性の力こそ、科学を学ぶことの正当な理由である。

このアナロジーは、知能テストが疑わしいものだということを示している。というのも、このテストでは潜在的知性の寄与が圧倒的に大きく、動的知性の寄与が小さいため、それをいともたやすくおおい隠してしまうからである。特殊な知識が助けにならないように問題を作ることは、きわめてむずかしい。年齢差、人種差、性差により、知能に差があるとかないとかという主張は、堂々めぐりにおちいる危険性をはらんでいる。多少とも「有利にはたらく」問題を入れてテスト結果を変えてしまうことは、いともたやすいからである。われわれの文化では、モーターバイクにかんする問題は男性に有利にはたらくし、料理にかんする問題はいまでも女性に有利にはたらくだろう。このように、男性も女性も、問題の選び方しだいで、簡単に知的にしてしまうことができる。一方、問題が中立的であることを見きわめるほうは、きわめてむずかしい。[注25]

意識

ここ数年で、意識にかんする著作——生理学者、心理学者、物理学者および哲学者たちによって書かれた本——が、たて続けに出版された。それらを見ると、著者たちは（まことにもっともなことだが）、自らの専門的知識を活かしながら、また彼ら自身の現在の理解の方向をさらに押し進めて答えを見出すことを期待しながら、それぞれの立場でこの問題にアプローチしている。たとえば、生理学者は、脳の構造と電気的に記録可能なニューロンのはたらきに眼を向けている。心理学者は認知過程（コンピュータのソフトウェアのようなもの）に注意を向け、物理学者は心に似た、まったく奇妙とも言えるような物理的現象——とくに量子現象——に注意を向けている。哲学者たちは（観念的で）なにもわかっていない。実際、彼らには、右にあげたような技術的な出発点が欠けている。彼らは意識を、ある種の錯覚だと言ってあっさり片づけてしまうことが少なくない。われわれにはクオリア（感覚）がある、と認めるほうがよいように思われる。ただ、いまのところ、われわれは、ひとかたまりの物質（脳）が、いかに複雑なものであるにせよ、どのようにして外部世界からのクオリアとそれ自身についての意識とをもちうるのかを明らかにするための、適切な心的モデルをもちあわせていない。とは言っても、探し始めなければ、答えを見つけることはできないだろう。

　意識が脳——脳全体というわけではないが——と密接に結びついているということについては、そう考えるだけの十分な根拠がある。熟達した演奏には小脳が関与しているが、ピアニストは指のひとつひとつの動きを意識しているわけではない。意識活動とは、計画を立て、調整し、評価するという「高次のレベル」の活動である。注意を指に向ければうまく演奏できなくなり、破綻をきたすだろう。もっと身近な例で言えば、自分の脚の動きにいちいち注意を向けながら、階段をすばやく登ることなど不可能だ。「階段を登れ」という一般的な指令を出しさえすれば、小脳と脊髄反射などが、あとのことはやってくれる。「下位のレベル」の機能に意識的に注意を向けることは、邪魔になるだけである。ただし、つまずくとすぐさまそれに気づき、転ばないような動作をとることはできる。

　心はよく、意識と同じだとみなされてきた。しかし、無意識的な心的過程もあるのだから、このような考えは放棄されている。ヘルマン・フォン・ヘルムホルツは、フロイトより一世代も前に、知覚が「無意識の推論」であるという考えを提出していた。そしてフロイトと同じように、悪評を買った。その理由のひとつは、もし人々がその行為について意識していないとすると、それらの人々を非難したり、賞賛したりすることはできないことになるからだ。一方、その後実験心理学の支配的な学派となった行動主義は、意識を完全に否定しようとした。というのも、意識を認めることは、心理学を物理学のような厳密な科学とはほど遠いものにしてしまうと思われたからである。意識は、心理学が一人前の科学になるのを邪魔していた。ここで言う「一人前」とは、「客観的」という意味である。そもそも、どのようにすれば感覚——意識——を測ることができるのだろう？　さまざまな試みがなされた。しかし、それらの試みによって、意識の本質——現在クオリアとよばれているもの——がとらえられたとは言えそうにない。それらは、赤い、熱い、痛いといった感覚である。これらのうちのあるものは、外的世界の「客観的」特性（光の波長、分子の運動、対象の形）とおおまかに対応している。ほかのクオリア——痛み、むずがゆさ、吐き気——は身体の状態と関連している。それ以外のもの——おかしい、恥ずかしい、美しい——は、身体の状態との関連性がそれほどはっきりしない。恐怖は「主観的」なものだが、ある有名な理論によれば、恐怖という情動は、危険の感知により喚起される身体的変化を経験することである。これが情動のジェイムズ - ランゲ説である。身体的な変化とつねに関連があるという理由から、この理論はときに、自動的な身体的変化から脳内の変化へと言い換えられることがある。色の感覚の場合も、そうだった。神経生理学とＰＥＴ（陽電子放射断層撮影）による検討によって、色の感覚は脳内の（Ｖ４野の）特定の細胞によって引き起こされる、と現在では考えられている。記憶は脳のある領野（側頭葉）への局所的な電気刺激によって誘発されることがわかっている。もちろん、脳にはたらく薬物によっても、気分は変化し、視覚やほかの感覚の経験を引き起こすことができる。

ここで次のように問いかけてみよう。われわれがもっとも高い意識状態にあるのはいったいいつだろうか？　この場合には、内観に頼らなくてはならない。私自身の内観によれば、それは驚いたときである。驚きというのは、出現や消失に関係していることが多い。自分の居間に、カチカチと音を立て、チャイムを鳴らす時計があっても、チャイムが鳴るのを待っているような場合でなければ——あるいは、時計が突然止まってしまったようなときを除いて——、その音などまずもって聞いていない。（こう書いていて、私はすぐさま、部屋の振り子時計がかすかにカチカチと音を刻んでいるのに気づいた。ニュートンが生きていた時代から動き、音を立ててきた時計である。）

鏡に映る像は、多くの場合は驚きを引き起こさないが、たまには驚きを生じさせることもある。つまり、まわりのものとは切り離された状態で、対象を思いがけない角度から見せてくれることがあり、それがわれわれを驚かせるのだ。まったく同様のことが、窓についても言える。外部の光景は部屋の内部となんら関係がないけれども、鏡に映った光景は、通常とは異なる視点から見た光景であり、その上左右が反転しているから、いっそう強く驚きを引き起こす。反射というものに気づくことがほとんどないのは、いったいなぜなのだろうか？　とりわけ、関連あるものの上に、関連のないものが重ね合わせられているときに、気づかないことが多い。たとえば、カリフォルニアには、巨大なガラス窓のあるレストランがたくさんある。夕方、外の風景がしだいに見えなくなっていくにつれて、室内の照明がガラスに反射して外の空間と重なっていく。だが奇妙なことに、そんなふうに見えることはめったにない。注意が向けられるまで、無視されている。(私はそれらに注意を向けさせる実験を何度もやってみては、そのたびに驚いたものである。この実験は試してみるに値する。) 同様のことが、残像のような「眼内の」視覚現象についても言える。したがって、意識をとらえるものはたんに、いつもとは違うものというのではない。意識をとらえるのは、関連のあるものだが、予期せざるものなのである。

車を運転しているとき、道端の歩行者の変な動きは、即座に意識をよびさます。もちろん、その動きは、関係のない観察者にはなんの影響もおよぼさない。明らかに、意識は注意に、文脈に、そしてそのとき没頭していることに関連している。浜辺でぼんやり寝そべっているときには、そのときの意識は、夢を見ているように、さまよっている。不慣れな仕事をやっている場合にはその仕事を強く意識するが、ほかのことにはほとんど意識を向けない。自分の家の壁にかかっている絵のような、よく見慣れた対象は、注意が向けられないかぎりそれに気づくことがほとんどない。それまで見えていなかった特徴にふと眼をとめたとき、人は驚く。注意の変化は、慣れ親しんだものに対して驚きを引き起こすことがある。たしかに、意識の鍵となる特徴は驚きである、と結論できるかもしれない。そして人は、いつもとは違った、関連のあるものに驚くのである。親しんでいるものでも、それに新たな注意を向ける——驚きを引き起こす——とき、われわれは意識的になって、新しい情報を抽出し始めるのである。

以上のことは、まさしく意識というものが情報に関係しているということを示している。というのは、驚きが大きければ大きいほど、その驚きを確実に信号化するための情報も、その驚きが伝える情報も、ずっと多くなるからである。(したがって、幽霊や火星人を見たとか、高温のストーブの上で水が凍結したのを見たとかいうような報告が効果をあげることは、ほとんどない。その人が夢を見ているか、だまされているか、あるいは嘘《うそ》をついている可能性のほうがずっと高いからである。）かりにとてもありそうにない報告が信じられたとするなら、それは膨大な量の情報を伝えているということになるが、それだからこそそれが正しいということはありそうもない。この原則は、すべての観察や実験にあてはまる。

もうひとつの重要な疑問は、脳のどの部位が意識と結びついているのか、という問題である。この問題は、盲視（blindsight）の専門家、ローレンス・ワイスクランツ（１９８７、１９９７）によって、脳の解剖学ならびに脳損傷による意識の喪失という観点から論じられている。（注26）彼は、次のように述べている。「ときにはどの損傷が決定的かを言うことができることもある。健忘症［記憶障害］の場合、大脳辺縁系が顕在的再認にとって必要不可欠である。盲視の場合、第一次視覚皮質が『意識をともなって見ること』にとって必要不可欠であるように思われる」。盲視とは、一方の半球の視覚皮質の損傷が原因で、片側の視野に起こる、意識をともなわない最小限の視覚のことを言う。ワイスクランツは多数の証拠をあげて、盲視を経験している人々が、「見ている」という意識がないのに刺激を見分けることができるという事実を明らかにした。その人たちは十分な知覚――知覚的仮説――をもっているのだろうか？　以上のような臨床的知見はきわめて示唆に富み、研究を進めるだけの価値が十分にある。

意識というものがニューロンとどんな関係をもっているのか、という点にかんして、ワイスクランツ（１９８７）は次のように結論している。

　ニューロンはニューロンである。それで終わりである。われわれが問わねばならないのは、なぜある場合には意識活動がニューロンだけでは十分ではなく……別の場合にはそれで十分なのか、という問題である。その答えは、もしそれを神経活動という還元論の範囲内で探し出そうとするなら、それらの組織化された構造のなかに――その力動的で構成的な結合網のなかに――あるに違いない。

見るべき「レベル」は、ニューロンあるいはニューロンの構成ではなく、もっとはるかに深いレベルの、量子力学という物理学である、ということが提唱されている。これは、ロジャー・ペンローズが中心になって展開している説である。彼は、活動の解剖学的な場所が細胞内のきわめて小さな微小管（マイクロチューブル）だという試案を出している。（注27）量子力学の超自然的な現象を引き合いに出すとなれば、それは心にかんするまったく新しい考え方を切り開くことになるだろう。非局所性と遠隔作用は、脳機能を考える上で、現在知られているニューロンとその結合の生理学とはかけ離れた、まったく別の活動の候補があるということを教える。難点はと言えば、この説に立つと、なぜ心的現象がとりわけ脳と結びついているのか、テレパシーや念力やそのほかオカルトなどのさまざまなトリックがなぜそうでないのかが、明らかでないことである。そのような現象が実際には起こらないとすれば、それは、心と意識にかんするこうした量子力学的説明に反する証拠とみなすことができるかもしれない。危険なのは、量子力学も意識もともに神秘的だからと言って、それらが密接に関連しあっているとか、あるいは同一であると仮定してしまうことである。哲学者のダニエル・デネット（１９９１）の認知と意識についての説は大きな議論を巻き起こしたが、クオリアについては神秘的なままである。

動物には意識があるのだろうか？　オックスフォード大学のアラン・カウェイは、巧妙な実験で、サルはいま行なっていることにかんしてなんらかの「自覚」をもっているということを示している。実験の方法は、サルに二つの刺激の一方をキーを押して選択させ、さらにそれが「推測だった」か、「推測ではなかった」かを示すためのキーを押させた。これはきわめて興味深い実験である。しかし、それはサルが意識、感覚、あるいはクオリア——をもつことを示すものと言えるだろうか？　そう言い切れないのは明らかである。なぜなら、コンピュータにそれが推測であったか否かを示すようにプログラムを組むことは可能だが、だからと言って、おそらくコンピュータに意識があるというような推論は下せないからである。さらに、ゴードン・ギャラップ（10ページ参照）が始めた魅力ある実験——類人猿の顔に絵の具を塗って鏡に向かわせた実験——も、厳密に行動を通して意識を立証しているわけではない。

私はこの本のなかで、またほかの論文でも、知覚とは科学の予測的仮説のようなものだ、という主張を展開してきた。[注28]その理由は、知覚と対象の結びつきが間接的だからであり、また知覚は用いることのできる感覚信号よりもずっと豊かで、信号やデータの欠けている部分を埋め、さらにまたすぐ目前の未来を予測するからである。この意味で、テーブルや人間などの知覚は、物理的世界の仮定された実在へと、心理学的に投影された仮説なのである。

図地反転のような多義的現象では、感覚信号は変化しないにもかかわらず、知覚が二通りの可能性の間で交替する。この現象は、クオリアが感覚信号から直接引き起こされるのではなく、いまとられている知覚的仮説に関係していることを示しているという点で、注目に値する。これもまた、科学の仮説に似ている。科学の仮説はデータの変化がないときでさえ、仮定あるいは「パラダイム」が異なったものになると、変わってしまうことがあるからだ。知覚にかんして言えば、「交替」は、あたかも別のデータを探すための新しい場所を示唆していると言える。だから、科学の仮説と知覚の仮説とはよく似ているように思える。ただし（強い「ただし」だが）、われわれには意識があるのに、科学的仮説にはそれがない（とわれわれは信じている）。そして科学的仮説はおそらく、意識のない機械――高性能のコンピュータのような――によって支えられ、用いられている。したがってこの点で、知覚的仮説は、科学とは異なるのである。

そこで次のように問うことができるだろう。われわれの感覚――クオリア――はいったいなにをしているのだろうか？ここにひとつの示唆がある。現在の瞬間は、生き残る上で決定的に重要だ。ところが、仮説は本質的に時間を超越している。クオリアは、現在というしるしをつけるのに役立ちうるだろうか？ ニコラス・ハンフリー（1993）は、数年来この問題を考えている。反射行動がしだいに脳の認知的仮説という知性（それはとんでもない誤りや錯覚にもおちいりやすい）に道を譲るにつれて、意識は進化を通じてますます重要なものとなっていったに違いない。反射は、感覚信号が引き金になるので、いまこの場ではたらく。これに対し、仮説は、過去に得られた知識に大きく依存していて、時間を特定しないから、現在というしるしをつけるために、（クオリアと結びついた）現在の感覚信号を必要とするに違いない。クオリアは、われわれの主観的実在なのだ。したがって、記憶が知覚と混同されるようなことはめったにない。記憶は、弱いクオリアしかもたないか、あるいはクオリアをまったくもたないからである。しかし、記憶された情動は生き生きとしたクオリアをもちうる。おそらくそれは、情動が、危険や性的対象などさまざまなものに対する身体的変化についての、記憶によって喚起される感覚だと考えられるからである。それゆえ、ほかの想像作用や記憶とは違って、想起された情動はクオリアを引き起こす感覚信号をもつのかもしれない。(注29)

こんな笑い話がある。鍵を落とした酔っぱらいが、まぬけなことに、光があるのはそこだからというわけで、街灯の下だけ探したんだってさ。とは言え、理解や証拠、あるいは理論が欠けていたとしたら、いったいどこを探せばよいのだろう？ 科学は、知識と技術と理論という光があるところで真理を探す。オカルトは、暗闇のなかにミステリーを見つける。逆説的なことに、光の感覚は意識に依存しているが、意識の根拠を理解するにあたっては、光はほとんどないか、あるいはまったくない。少なくとも、科学や哲学の、どの街灯のもとをわれわれは探すべきか、明らかではない。これは、鏡映像逆転の謎——その謎をどう見るかがわかる以前の——に似たところがある。

アリスなら、どう言うだろうか?(注30)

本が一冊、アリスの手許近く、テーブルの上に載っていました。アリスは白の王様をちらちら見ながら（というのは、アリスはまだ王様の身が気がかりで、今度気を失ったら、インクを浴びせてやろうと待ちかまえていたのです）ページをめくって、どこか読めるところはないか探しました。「だって、みんな私の知らないことばで書いてあるんだもん」と、アリスはひとりごちました。

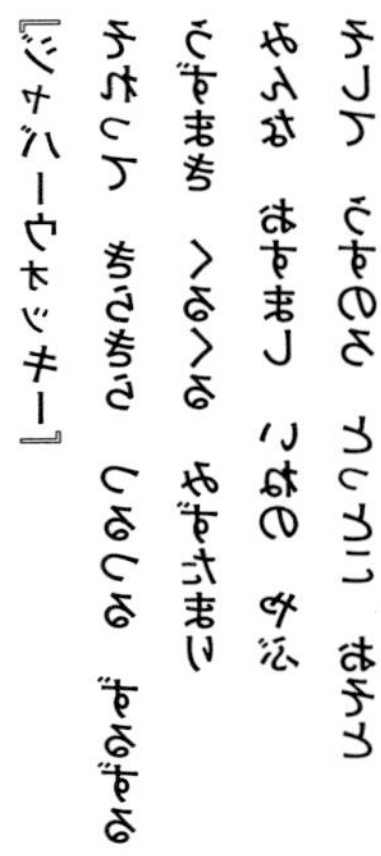

アリスはしばらく頭をひねっていました。しかし、やっとうまい考えが浮かびました。「あら、これは鏡の国の本じゃないの！　鏡にかざせば、字はみなちゃんと、もとどおりになるんだわ」。

これに加えるとしたら?

ついで、アリスはそのページを光のほうに向けて、本をぐるりと回した。すると、紙面の背後に書かれた文字を読むことができた。ことばはすべてまた正しい向きになった。アリスは読めた！　アリスは鏡を必要としなかった。だが、自分の微笑や瞳は見ることができなかった。だから結局は、アリスには鏡が必要だったというわけだ。

これが、アリスが最後に振り返ってわかったことだった。

注

◆まえがき

1　シェイクスピア『冬物語』第一幕、第二場。カミローは、レオンティーズ王の宮廷貴族。

2　シェイクスピア『冬物語』第一幕、第二場。ボヘミアの王、ポリクシニーズの台詞。

3　おそらく唯一鏡を題材にとりあげた彫刻は、イギリスの芸術家マイケル・エアトン（1921‐75）の一連のブロンズ像だろう。彼は晩年の10年間、私の親しい友人だった。彼は、野心的なテレビシリーズ『鏡の不思議』を企画したが、その完成を見ずに亡くなった。われわれはよく鏡について議論した。実際、彼の刺激的な作品『とらわれしもの』と『囲まれた頭』で灰色のアクリルのハーフミラーを使うよう勧めたのは私である。彼のもっとも野心的な彫刻は、フィラデルフィアのクレスギ・コーポレーション・ビルのための巨大な作品『反射する（沈思する）頭』（高さ6・7メートル）で、のちに『コーポレイト・ヘッド』として知られるようになった。ホプキンズ（1994）を参照。

◆1章

1　アリストテレス（384‐322BC）。

2　ラ・ベル（1988）。

3　「世界創造の前に」と「もののふ、乙女、阿呆」は、イェーツ（1983）に収められている。

4　ミットフォード（1945）。

5 シェイクスピアの『ヘンリー五世』、第五幕の第二場。
6 ゴールドバーグ（１９５８）、２４９ページに引用されている。
7 これはコーエンとコックス（１９９５）によって論じられている。
8 ローレンス・スターン（１７１３-６８）は、父が軍隊の一兵卒、曾祖父はヨークの大主教だった。スターンは、波乱に満ちた、多少放蕩な生活を送ったが、意識の流れをとりあげた最初の小説『トリストラム・シャンディの生涯と意見』を著した。なぜ「シャンディ（Shandy）」という名前がついたかは不明だが、このことばには、気のふれた、半ば狂気の、風変わりな、といった意味がある。
9 ペレット、ミストリンとチティ（１９８７）。
10 ダーウィン以降の一世紀間の研究は、エクマン（１９７３）によってコメントつきで紹介されている。結論は、ダーウィンの考えが確かだというものである。エクマン（１９７２）には、興味深い実験が報告されている。
11 ベル（１８０６）。
12 ダーウィン（１８７７）。この論文には、チャールズ・ダーウィンとその長男のウィリアムが3歳ぐらいのときの写真が掲載されていて興味深い。
13 ブロード（１９２９）。
14 C・D・ブロード教授は、ケンブリッジのトリニティ・カレッジにあるニュートンがかつて使った研究室を長い間使っていた。伝えられるところによれば、彼は、精妙な儀式によってニュートンの幽霊と会話をしようとしたという。しかし、彼がそうできたかどうかは、だれも知らない。
15 ブロード（１９２９）。生き霊の引用は、マイヤーズ（１９１５）から。
16 デズモンド・モリスは、これについてなかなか役に立つ楽しい考察を行なっている。モリス（１９６７、１９７７）を参照のこと。
17 デカルト（１６３７）。
18 ギャラップ（１９７０、１９７７、１９７９）、およびスアレスとギャラップ（１９８６）。
19 アムステルダム（１９７２）、およびブルックス＝ガンとルイス（１９７５）。
20 グレイ・ウォルター（１９１０-７６）は、イギリス系アメリカ人で、脳の電気的活動の記録にかけてはパイオニア的存在の生理学者である。彼は、決定をする直前に脳が活動的になることを発見した。１９５０年代はじめに製作された機械じかけの「カメ」は、生きもののような行動がほんの少数の能動的成分から生み出せることを示した。
21 グレイ・ウォルター（１９５３）、84ページ。
22 パーカー、ミッチェルとボッチャ（１９９４）。
23 膨大な数の文献がある。たとえば、ウィリアムズ（１９７

3）、ローティ（1976）、ロック（1968）、チャーチランド（1988）、デネット（1991）を参照。

24 クレッチとクラッチフィールド（1962）。

25 とくにバーマン（1989）による。モリス・バーマンは、バリント（1968）、ゴルトシュタイン（1957）、スターン（1983、1985）、ヴェルニー（1981）、ウィニコット（1957）らの考えを論じている。これにかんしては、アンダーソン（1984）の論評が役に立つ。

26 カッポン（1973）とベネット（1956）。

27 ハル（1991）。これと、これに関連する例や問題点は、ローゼンフィールド（1992）に詳しく紹介されている。

28 白内障や角膜の白濁では、網膜にまったく光が届かないということはない。網膜や視神経がまったく機能していない場合には、それを治療したり、移植したりはできない。そのため、手術が可能な盲は、厳密には完全な盲ではない（それでも重度の盲である）。

29 M・フォン・ゼンデン（1932）『先天盲開眼者における空間と形態の知覚』。ドイツ語の原著のほとんどは、第二次世界大戦の戦火で焼失した。ヒース（1960）による英訳がある。

30 グレゴリーとウォレス（1963）。

31 グレゴリーとウォレス（1963）、32ページ。

32 グレゴリーとウォレス（1963）、35ページ。

33 ヴァルヴォ（1971）。

34 彼らが子どものときにはまだその技術がなかったので、手術はおとなになってから行なわれた。当時、移植角膜の供給が極度に不足していたので、SBの場合、角膜が手に入らず、手術できる見込みはないように思われていた。しかし、アイバンクが設立されてから、一挙に、多くの角膜の供給が可能になった。

35 われわれも、サールの「中国語の部屋」で育てば、盲の状態になるだろう。アメリカのすぐれた哲学者であるジョン・サールは、次のような示唆を行なっている。中国語の話せない英語だけを話す人が、中国語を話す人々の漢字の使い方を開かずの部屋のなかで見るだけでは、漢字の意味がわかるようになることはない。同様に、賢いと言われるコンピュータ・ロボットも、英語で書かれた文がわかるようにはならない。私の考えでは、赤ん坊もサールの中国語の部屋では見えるようにはならないだろう。サール（1984）とグレゴリー（1987）を参照のこと。

36 梅津・鳥居・上村（1975）。

37 望月・鳥居（1992）。

◆2章

1 マイケル・レヴィ卿の『ジョットからセザンヌまでの絵画史』（1962）のなかにとりあげられている549点の絵画

のうち、二つだけが鏡を描いている。ひとつはヤン・ファン・アイクの『アルノルフィーニの結婚（ジョヴァンニ・アルノルフィーニとジョヴァンナ・セナミ）』（１４３７）（図版２）、もうひとつはディエゴ・ヴェラスケスの『宮廷の侍女たち（ラス・メニーナス）』（１６５０頃）（図版４）である。ハーバート・リードの『近世絵画史』には、鏡の例はまったく出てこない。

2　ユイグ（１９５９）、70-71ページ。

3　ガロウェイ（１９９２）に述べられている。

4　コレン（１９９２）、１３１ページ参照。

5　レヴィ（１９６２）、１９０ページ。

6　このようなテーマは、宗教裁判の時代、スペインではタブーであった。したがって、この絵は、王に近い人物、おそらくその最初の所有者のマルケス・デル・カルピオのために描かれたと思われる。この絵の名称は、この絵がヨークシャーのロクビー・ホールのモリット・コレクションのなかにあったことに由来している。

7　スウィングルハースト（１９９４）。

8　ホプキンス（１９９４）による引用。

9　ＢＢＣのためにカール・サバッハによって制作された。このシリーズは、ケネス・クラークの『文明』とジェイコブ・ブロノフスキーの『人間の進歩』の続編で、いずれもフィリップ・デイリーが監督した。エアトンの役は、ヒュー・バーデンが演じた。シリーズの当初の予定の概要を描いたデモテープを貸してくださったサバッハに感謝したい。このシリーズは、マイケル・エアトンが亡くなった直後に着手された。

10　列車に乗る機会があれば、いろいろな距離を注視してみるとおもしろい。景色が列車の動きとは逆方向に、「注視点」を中心に回転するように見えるはずである。部屋のなかでは、すべての対象が観察者の動きとは逆方向に回転し、近いほうの対象は、より遠い対象とは逆方向に移動する（運動視差）。ただし、通常このことには気づかない。

11　これには、視知覚の研究者にとって、魅力的で重要な、そしてまだ十分に解明されていない多くの劇的な現象が含まれている。グレゴリー（１９７０）を参照のこと。

12　ユイグ（１９５９）、68ページ参照。

13　フィリッポ・ブルネレスキ（１３７７-１４４６）はフィレンツェに生まれ、フィレンツェに死んだ。彼は、金細工師、彫刻家、建築家、技術者、発明家であった。彼の手になる壮大なドゥオーモ（本堂）（１４２０-６１）によって大聖堂は完成を見たが、この本堂は世界中の本堂のなかで最大の直径を有する。

14　ケンプ（１９９０）、14ページ。

15　いつ書かれたのか正確な年代は、不明である。ブルネレスキの没した１４４６年の数十年後であったと思われる。

16　フィレンツェのブラッチョ（braccio）は、時代につれて変化し、また測定されるものによっても違っていたので、値は不確かである。その後採用されたメートル法に換算すると、58・36センチ以下であったようだ。引用文に続く箇所では、「ほんとうの」ブラッチョや短いブラッチョという表現も出てくる。

17　最初のデモンストレーションは、1938年ハノーファーで作られた。その後プリンストン大学に、エイムズが数人の同僚の協力を得てこのデモンストレーションを設置し、研究を行なった。エイムズ（1951）を参照。

18　キャントリル（1960）。

19　ヘルムホルツ（1866）。またヘルムホルツ（1867）を参照。

20　ペーター・ユーア（1956）。

21　ジョアンナ・ヒルトン夫人は、ここにあげた引用を探し、手ずから書き出してくれた。彼女に深く感謝申し上げる。解説は彼女によるものである。ヒルトン夫人はクラーク女史の『シェイクスピア項目索引』（1847）を用いたが、本書では、現代の読者の便宜を考えて、『オックスフォード版シェイクスピア』（ウェルズとテイラー、1986）を用いた。

◆3章

1　フロイト（1919）。

2　ランク（1914）。

3　ジェイムズ・フレーザー（1854‐1941）は、ケンブリッジ大学で、世界中の神話を収集し解釈することにその生涯を捧げた。『金枝篇』（この書名は、北イタリアの聖なる森にある一本の樹木の黄金の枝をもぎとる儀礼にちなんでいる）は、1890年には二巻の分量だったが、1911‐15年には十二巻までになった。本文に引用したのは、1923年の簡略版からのものである。

4　フレーザー（1923）、178ページ。

5　プラス（1985）。

6　ゴールドバーグ（1985）、27ページ。

7　死体は乾いた砂のなかだと自然にミイラになるが、湿った石の墓の下では腐敗して消え失せてしまう。身体と魂は石のなかに入り、石のなかで生き続けると考えられ、これが石の信仰につながっている。

8　バッジ（1904）。

9　ゴールドバーグ（1985）、37‐66ページ。

10　ストックホルムのハリウィル博物館の極東古代美術館には、みごとなコレクションがある。

11　ゴールドバーグ（1985）、47ページ。

12　李白（1921、1949）。

13　ゴールドバーグ（1985）、53ページ。

14　ニーダム（1962）、第三巻、305ページ。

15　サートン（1952）、トーマス（1971）。

16　沈括《しんかつ》『夢渓筆談』器用篇からの引用。
17　エアトンとペリー（１８７８）。
18　このことは、ブラッグの『光の宇宙』（１９３３）に述べられている。
19　ルイス・キャロルは、凸面鏡の表面に、薄いアラビアゴムの溶液で簡単な図形を描いたらしい。通常の太陽光のもとでは、図形は見えないが、反射光を向かいの壁に向けると、くっきりした影が映し出される（フィッシャー、１９７３、75ページ参照）。これは、驚くほどうまくいく。
20　フィッシャー（１９７３）、67‐68ページ。
21　北イタリアのコモの大プリニウス（ガイウス・プリニウス・セクンドゥス）（２３‐７９ＡＤ）である。プリニウスは、ヴェスヴィオ火山の噴火で亡くなった。彼は、噴火で被害にあったポンペイに行こうとして、その途中火山の斜面を駆けおりてきたガスに呑みこまれた。ポンペイは全住民が死に絶え、その上を灰がおおい、その全容は手つかずのまま残されていた。
22　シーフォード（１９８４、１９８７）参照。
23　ギリシアの地理学者で歴史家のパウサニアス（紀元二世紀）は、ギリシアの慣習や芸術を自分の眼で見て正確に記したことで有名である。
24　これは、トーマス・ブルフィンチ（１７９６‐１８６７）の『神話の時代』の新しい版、『神話と伝説の黄金時代』（１９９３）からの引用である。
25　オヴィディウス（１９８７）からの引用。
26　ボイヤー（１９５９）、40ページ。
27　カーク（１９７０）、１８１ページ。
28　アナエウス（５ＢＣ頃‐６５ＡＤ）。
29　鏡の動きが速すぎないようにするために、鏡は、空気制動シリンダーとピストンをそなえていた。これが、ピストンとシリンダーの最初の記述である。ギリシア人たちは、ヘロンのオモチャのエンジン（スチームロケットのようにはたらく）のほかに、今日の蒸気機関の基本原理の大部分も知っていた。
30　これは現在は、カークウォールのタンカーネス・ハウス・ミュージアムにある。
31　トーマス（１９７１）、１１７ページと５４９ページ。
32　科学的方法の使用は、おそらく時間が十分にないためと十分な証拠を集めることができないため、法手続きの点では花開くことはなかった——ベーコンは弁護士であったにもかかわらず！
33　トーマス（１９７１）、２５５ページ。
34　プラトンの対話篇『パイドロス』。
35　ここは、ゴールドバーグ（１９８５）に、とりわけその第一章に負っている。ゴールドバーグは、文献を広汎に紹介している。
36　ベスターマン（１９２４）。

37　ソーンダイク（1923‐58）。ゴールドバーグ（1985）も参照のこと。

38　ウェルトン（1884）。

39　ボルトン（1873）。ゴールドバーグ（1985）、15ページも参照のこと。

40　グッドリッチ＝フリーア（1889）。

41　ユレシュ（1971）。

◆4章

1　プラトン（427‐347BC）『ティマイオス』45ページ。この宇宙論はプラトンの最後の著作である。

2　アリストテレスは、木洩れ陽の斑点が、おい繁った葉と葉の小さなすき間を通して太陽の像がいくつも重なり合うことによって生じると考えた。その点で彼は、像の認識にあと数歩のところにいた。このことが当時、ピンホール・カメラに見られるような単一の像を思いつかせなかったというのは、奇妙である。

3　カメラ・オブスキュラにかんする詳しい歴史は、ハモンド（1981）を参照のこと。

4　イブン・アルハーゼン（1040頃）。

5　デラ・ポルタ（1658）。

6　カメラ・オブスキュラの発展と芸術家によるその利用にかんしては、ケンプ（1990）が、すばらしい図解つきで、詳細に記述している。

7　ここで用いているtoysという語は、現在ではほとんど使われない「奇談」の意味である。『OED（オックスフォード英語辞典）』では、「空想的な、あるいはとるにたらない話や物語」となっている。シェイクスピアの作品（『真夏の夜の夢』の第五幕第一場）のなかの「あのような珍聞奇談はとうてい信ずることができない」と同じような用い方である。

8　専門的でない一般向けの説明については、グリック（1988）を参照。

9　このような現象が起こる（あるいは起こらない）ことを、私は鏡で遊んでいるときに発見した。それはすでに知られていることかもしれない。しかし私は、それがどこかに述べられていないか探してみたが、見つけることができなかった。

10　ピエール・キューリーは、夫人のマリー・キューリーとともに、ポロニウムとラジウムの抽出の研究でノーベル賞を受賞した。

11　グレゴリーとハード（1979）。

12　スチュワートとゴルビツキー（1992）。

13　ここでの対称性とは鏡を貫く奥行きのことではない。これは光学的な逆転である。鏡の前にある対象（あるいはその一部）が離れるにつれて、光路の長さは増していくので、像は鏡の向こうにますます遠ざかることになる。

14　プラトン（427‐347BC）、『ティマイオス』46ページ。

15　ルクレティウス（８０ＢＣ頃）、四巻。

16　その一例。「1回の反射は像の側方の反転をひき起こす」（リッグス、１９６５、20ページ）。射線図が示されているが、これは想定されている非対称性を示していない。一連の鏡のなかで交互に反射が起こることを示すこの図は、マッキンリーによる。

17　この可能性を私に指摘してくれたのは、マイケル・ベリー教授である。

18　ジェイムズ（１８９０）。

19　ウォーフ（１９５６）。

20　ストラットン（１８９７）。これは、その二〇〇年前バークリーの『備忘録』のなかで示唆されていた。そのなかで、バークリーは、赤ん坊が生まれたときから「遠近を逆転させる」ものを装着されたとしたら、どうなるかを考察している。ただし、バークリーはそれについて予想をすることも、試してみることもしていない。

21　これらの重要な実験は、コーラー（１９３１）やテイラー（１９６２）によって述べられている。エヴァート（１９３０）は、逆の実験——被験者の動きを最小限に抑える実験——を行なっている。

22　テイラー（１９６２）、１９８‐２３１ページに詳しく述べられている。

23　ジョン・マーシャル（１９９４）の私信による。

24　シェパードとメッツラー（１９７１）。これとほかの重要な論文は、シェパードとクーパー（１９８６）に収録されている。

25　パーソンズ（１９８７）。

26　ピアス（１９５２）。

27　ガードナー（１９６４）、29‐31ページ。

28　カール・ポパー卿（１９５９、１９７２）は、反証に（それがたった一例であっても）重きをおいた。これはときに、高度に構造化された物理学においてあてはまる。はじめ反証と見えたものでも、受け入れられている理論やパラダイムのなかで説明可能ということはよくあることである。たしかに仮説は、検証が可能なように組み立てられなければならない。しかし、有望なアイデアなら、それを救うために戦いもせず、あきらめてしまうのは間違っている。あとになって「反証」が誤りとわかることも多いからである。

29　グリック（１９９２）、３３２ページ。

30　ブロック（１９７４）。

31　カント（１７８３）が、鏡映像は「それ自体あるがままのもの、すなわち、純粋悟性なら認識できるであろうようなものの表象ではなく、感性的直観、すなわち見えである。そして、このような見えの可能性は、それ自体としてはわれわれに知られていないあるものが、ほかのあるもの——すなわちわれわれの感性――に対してもつ関係にもとづくのである」と述べた際に、言わんとしたのはこのことだったのだろうか？ 私はそうではないと思う。

32　おかしなことに、このことは、それを心理的な現象であると考えている心理学者たちによって暗黙裡に無視されているように見える。だが近年、すぐれた知覚心理学者ウィリアム・イッテルソンと、その同僚のリン・マウアリーとダイアン・マジド（1991）は、鏡のなかに見えるものと窓を通して見えるものの見え方の違いにかんする実験を行なった。実験的なアプローチは歓迎すべきだが、きわめて奇妙なことに、彼らは、水平に回転した対象がたんに上下逆さまに見えるだけなのか、それとも左右にも反転して見えるのかを問うのに、ことばの定義の問題をもち出している（彼らの論文の570ページ）。用語と定義にかんする同様の考察は、鏡のなかに見られるものであるかどうかに関係なく、どんな対象に対してもあてはまる。明らかに、イッテルソンたちは、鏡の左右反転の説明を直接見えの知覚に求めている。だが、科学においては一般にそうであるように、見え（現象）はその舞台の背後で進行しているものと単純には結びつけられない。これはまさしく、現象主義を押し進めすぎることに対する、ある種の警告である。

33　A・スクエアは、エドウィン・A・アボット（1926）のペンネームである。

34　アボット（1926）、61ページ。

◆5章

1　ユークリッドが行なったとされる鏡の研究が、ほんとうにあの偉大な幾何学者の手になるものなのか、という疑いはある。その研究は、のちの時代（紀元四世紀末）にアレキサンドリアのテオンがユークリッドのものとしてまとめた可能性もある。しかし、私はここでは、それがあのユークリッドによるものだとしておく。

2　ヘロンは、自作の蒸気機関（オモチャのようなものでしかなかったが）を含む力学的・水力学的装置にかんする著作を書いたことで有名である。彼は発明家であっただけでなく、それ以前の数百年間に製作された装置の収集家でもあった。

3　科学哲学の点から同様に興味深いのは、レーマーが全然別の問題を考えていたのに、結果的に光の速度を測ることになってしまったことである。これは、仮説を立てて検証するという方法とはまったく異なっている。整然とした単純な物語を望む科学哲学者にとっては都合が悪いことかもしれないが、歴史は、科学がさまざまなやり方で営まれているということ、そして仮説を明確に検証して葬り去るのが例外的なことかもしれないということを示している。印象的なのは、それまで関係のなかった考えがまったく思いもかけなかったやり方でひとつにまとまり、実に驚くべき、ときにはきわめて重要な結果をもたらすことがあるという点である。木星の衛星の観測から光の速度がわかるとは、それまでだれも考えなかったし、光の速度のcという値が宇宙のもっとも重要な普遍定数のひとつだということも、だれも想像だにしなかった。

４　イギリス国立物理学研究所。

５　プリズムが光を分散させたり、屈折させるのは、ガラスが光の速度を遅くするからである。遅くなる程度は波長によって異なるので——長波長よりも短波長のほうがその程度が大きい——、プリズムは波長に応じて光を分散させ、スペクトル色を生じさせる。

６　ランバートの法則（１７６０）にしたがう表面は、どの角度から見ても明るさが等しい。その明るさは、それを照らしている点光源の角度の余弦の関数になり、距離の自乗に反比例する。ランバートはまた、厚さの等しいそれぞれの層が同じ量の光を吸収することも示した（ランバートの吸収の法則）。深い割れ目や裂け目があるときには、ランバートの余弦の法則は成り立たない。月は地球に対してよりも、太陽に対して光をずっと多く反射する。球の表面がでこぼこしているほど、その面は平たく見える（ガリレオが望遠鏡で月が球であるのを見て驚いたのは有名な話だ）。ランバートの法則は、コンピュータ・グラフィクスで面らしさを作り出すために使われている。オエレンとネイヤー（１９９４）を参照。この情報はジェフ・サリヴァンに負っている。

７　この値は媒質の相対屈折率による。スネルの法則の式は$\sin\theta_i/\sin\theta_t=n_{ti}$である。

８　たとえばファインマン（１９７０）を参照。

９　ルクレティウス（６０ＢＣ頃）。

10　この名は、フランスの数学者ジャン・バプティスト・ジョセフ・フーリエ男爵（１７６８-１８３０）にちなんでいる。彼はナポレオンのエジプト遠征に随行し、下エジプトの司政官になった。１８０７年にフーリエは、反復される波の関数のほとんどすべてが、たくさんの倍音の正弦波と余弦波の重ね合わせであり、振幅の値と倍音周波数を与えることによって記述されることを示した。フーリエ解析は、時間的パターンにも空間的パターンにも適用できる。

11　スピーカーのたった一枚の振動板からオーケストラのすべての楽器の音が聞こえるというのは、驚くべきことのように思える。たしかにそれは驚くべきことなのだが、われわれの耳もあらゆる音を、一枚の振動膜である鼓膜で受けとっている。

12　視覚におけるフーリエ解析の重要性については、バーローとモロン（１９８２）を参照のこと。

13　光の波動特性を示すために水の波を用いることについては、ロウォーチ（１９６１）に詳細に解説・考察されている。

14　ブリュースター（１８３１）、１３８ページ。

15　これを最初に考え出したのは、ニュートンというわけではない。それに先立つこと数年前、スコットランドの数学者ジェイムズ・グレゴリー（1638‐75）が「グレゴリー式」反射望遠鏡の製作を試みたが、技術的な理由から失敗に終わった。このグレゴリー式の望遠鏡は、十八世紀にはよく用いられるようになる。

16　ウラストンは、色消しレンズを最初に「予想」したので、その発明者ということになっている。発明や発見の名誉は、その発明や発見を効果的に使えるようにした人、あるいはその重要性をはっきりと認識した人に帰されることが多い。ガリレオの天体観測にも、ニュートンの『光学』の古典的な実験にも、トーマス・ヤングの色覚理論にも、それを「予想」した人はほかにもいたのだ。しかし、発明や発見は有名人に帰されがちである。このように、科学史にはかなり神話的な側面がある。レンズから色収差をとりのぞく歴史は、ホール（1993）に詳しく書かれている。

17　トーマス・ヤングは、神童と謳われ、語学、医学、科学において驚くべき才能を発揮した人であった。彼は、エジプトのヒエログリフの最初の解読作業を行ない、さらに保険、血流、色覚、そして光学の原理を打ち立てた。

18　これは二次波によって複雑になる。二次波は、基本的に放射線の形でエネルギーを提供する。光が広がる波だというのなら、なぜ直線で進むように見えるのかという疑問に答えるのは容易ではなく、ホイヘンスはこれを完全に説明できたわけではなかった。彼の考えは、フランスの物理学者オーギュスタン・ジャン・フレネル（1788‐1827）によって発展させられた。ホイヘンスの波動説は、ドイツの物理学者グスタフ・ロベルト・キルヒホッフ（1824‐87）によってさらに精密化され、マクスウェルの電磁理論と関係づけられた。

19　バーロー（1982）。

20　ファラデーは、力線の存在を鉄粉を用いて証明した。これは美しい実験だけに、注意が必要である。というのは、われわれに見える線は、鉄粉が並ぶことによっており、鉄粉の大小によって異なる間隔をとるからである。鉄粉がないときにも線があると考えてはならない。それらは、力線を見えるようにしているのではなく、力線を生じさせているのだ。

21　電子は1897年に、ケンブリッジのキャヴェンディッシュ研究所にいたJ・J・トムソン（1856‐1940）によって、陰極線を研究している際に発見された。

22　ジェイムズ・クラーク・マクスウェルは、1831年にエジンバラに生まれ、1871年にケンブリッジ大学の実験物理学の初代教授になった。彼の著書『電気と磁気』は1873年に出版された。電気と磁気と光を関係づける彼の理論は、物理学におけるニュートン以来の最大の洞察だと言われている。彼はまた混色についても興味深い実験を行なった。

23　マクスウェルは、エーテルが電磁波を運ぶ媒質だと信じていた（のちにこの考えは捨てられることになる）。エーテルの考えが誤りであることを理論的に証明したのはアインシュタインで、それは有名なマイケルソン‐モーリーの実験によって確かめられた。この実験は、地球の動きにかかわらず、光の速度には変化がないことを示した。エーテルの考えは捨てられたが、光は現在も波動だと考えられている。しかし、どのようにして波が媒質なしで伝わることができるのだろうか？　この疑問に対するひとつの答え方は、光が波動からなる粒子（光子）だと考えることである（図5・29）。

24　マクスウェルの考え方の展開は、シーガル（1991）に詳しく論じられている。

25　ポラロイドフィルターは、1938年にE・H・ランドによって発明された。これは、炭化水素の長い鎖状分子によって望ましくない方向の波を吸収する。これらの分子は、それらが埋め込まれたプラスチックのシートを伸ばすことによって、一定の向きにされている。

26　ウッド（1934）参照。

27　技術的な解説はヘヴンズ（1955、1991）を参照のこと。

28　これにかんしては、アイゼンバーグ（1972、1992）に詳しく解説されている。

29　ロバート・フックは、これらの色を使って、液体中の色が硫黄《いおう》や塩や水銀の成分によるものとした錬金術師の考えが誤っていることを示した。フックは、これらの効果を顕微鏡によって雲母《ウンモ》の薄膜のなかに観察し、彼の「パルス」説で説明した。この説は、現代の光の波動説とよく似ている。

30　ゼキ（1993）。

31　量子物理学を創始したのは、ドイツの物理学者マックス・カール・エルンスト・プランク（1858‐1947）であった。プランクはキールに生まれ、ミュンヘン大学のキルヒホッフとベルリン大学のヘルムホルツのもとで学んだ。

32　光電効果はハインリッヒ・ヘルツ（1857‐94）によって発見され、電波の存在がはじめて実証された。アインシュタインは、この効果がきわめて重要であることを指摘した功績で、1921年にノーベル賞を授与された。彼の相対性理論は、当時は授賞対象とするにはあまりに問題がありすぎると見られていた。

33　ヘクト、シュレアーとピレンヌ（1942）。詳しくはピレンヌ（1948）に述べられている。

34　ニールス・ボーアはコペンハーゲンに生まれ、ケンブリッジ大学でJ・J・トムソンとラザフォード卿とともに研究したのち、コペンハーゲン大学の教授になった。彼は、量子論の知的体系――そして量子力学の「コペンハーゲン解釈」――を作り上げた。

35　原子核は、正の電荷をもつ重い陽子と（水素を除くと）同じ質量で電荷をもたない中性子からなる。電子は陽子や中性子の約2千分の1の質量しかない。

36　ヘクト、シュレアーとピレンヌ（1942）は、光が見えたと感じるのに必要な最少限の光子の数を推定した。個々の桿体細胞は光子がひとつでも応答できるが、それが「眼や神経のノイズ」でないことを確実なものにするには、三個から四個の光子が必要である。眼に入る光子の約半数は、眼のなかの組織に吸収されて失われる。

37　この発明を理論から実用への輝かしい飛躍だと述べている者もいる。赤外線メーザーは、チャールズ・タウンズによって発明され、その後彼はA・L・ショウローと共同でレーザーを作った。何年間も、レーザーは、それまで問われたことのなかった問題に対する答えとして位置づけられ、実用性のほとんどないものと見られていた。

38　この難問の解決法（デイヴィスとブラウン、1986、8-9ページとファインマン、1985参照）は、量子的粒子が明確な経路をもたないと考えることである。それぞれの粒子が無数の異なる経路をもち、これらの経路のそれぞれがその粒子のふるまいに寄与すると考えるほうが、いろいろうまくいくのである。これらの経路あるいはルートは、ついたてに開いた二つの穴や二つのスリットを通り、それぞれにおいて情報を符号化する。これが示唆することは、粒子は離れた空間でなにが起こっているかがわかっているということである。ジョン・ホイーラーの提案した「遅延選択」実験の結果は、電子が装置を通り抜けたあとでさえ、どこを通ったかを決定すると、干渉パターンがなくなってしまうというものであった。この結果は、時間をさかのぼる効果であるように見える。したがって、時間は前にしか進まないという通常の仮定も、疑問視されるのだ！　しかし、よく強調されるように、この時間の逆行には限界があるため、過去を変えるのには使えない（グリビン、1992参照）。

39　このページの引用は、ファインマン、1985の16ページ、81ページ、82ページからのものである。

40　ひとつの解釈は、すべてのありうる経路を通る確率の波はそれらの振幅を合計したものになるが、最短時間の経路に近い波だけが位相が同じになり、ほかの波は互いに打ち消し合うということである。その結果、最短時間の経路を通る波が最大の寄与を示す。

41　ファインマン（1985）37ページと本書の6章。

◆6章

1　メルセンヌの『宇宙の調和』（1630）のなかに述べられている。ゴールドバーグ（1985）を参照。

2　イスラエリ（1991）。

3　のちの時代のすぐれた凸面の壁鏡の例は、ファン・アイクの『アルノルフィーニの結婚』（1434）に描かれている。この作品は現在は、ロンドンのナショナル・ギャラリーにある。図版2参照。
4 ブラウン（１９９２）参照。
5 シャルル・ブロッス『イタリアだより』。ドゥ・ブランセイあての１７３９年8月29日付の手紙。ローシュ（１９５６）中の引用による。
6 ボズウェルの『ジョンソンの生涯』。１７７５年10月23日（月曜）。
7 この製造所は１９０１年、有名なピルキントン・ブラザーズ社に吸収された。ピルキントン・ブラザーズ社は、セント・ヘレンズ・クラウンガラス工業として１８２８年に設立されている。
8 バーミンガムのチャンス・ブラザーズ社は、１８３２年にブロードガラスの製造を開始した。彼らは、機械化されたシリンダー工程を用いるフランスの職人たちの助けを借りて、１８５１年の万国博覧会の水晶宮のガラスを作った。この巨大な展示館は、三か月で完成された。
9 １９５０年代にこの工程を開発するためにかかった費用は、50万ポンドであった。現在、この方法は世界中で特許がとられ、莫大な成功を収めている。
10 シュヴェイク（１９７３）。
11 『エンサイクロペディア・ブリタニカ』第十一版、17巻。
12 ボナヴェントゥーラが天日レンズと望遠鏡に円錐曲線を用いようとしたことは、彼の『天日鏡』（１６３２）に記されている。
13 これは、メルセンヌの『宇宙の調和』（１６３０）に記されている。ゴールドバーグ（１９８５）を参照。
14 色消しレンズの歴史については、ドーマ（１９７２）に述べられている。
15 これは、グラスゴーのストラスクライド大学のピーター・ウォッデルによって開発された。
16 １９０８年に、R・W・ウッドによって最初に試みられた。これについてはキング（１９５５）を参照。ごく最近では、エルマンノ・F・ボーラが振動の問題を解決するために空気ベアリングを用いて、直径１・６メートルの回転水銀望遠鏡を製作した。『空と望遠鏡』誌（１９８４）とマンリー（１９９１）を参照のこと。
17 われわれは、安価な焼き石膏を回転させ、次に高価なエポキシ樹脂の薄い層を、同じ速度で回転させながら加えてみた。これは非常に高性能というわけではなかったが、使用に十分耐えるものだった。
18 俯角入射望遠鏡については、『空と望遠鏡』誌（１９６９）に述べられている。
19 私は、乱れた像を受けつけず、乱れのない多数回の像からひとつの像を作り出すサンプリングシステムを考案し、これを優秀な工学者スティーヴン・ソルターと共同で製作して、テストした。変動する像と、内部に保存されている長時間露出の基本像とを照合することによって生じる自己相関の信号から、最良の像が得られる瞬間が選択された。この場合主要な問題は、軸からのずれが自己相関を台なしにしてしまうため、天体望遠鏡を適切に動かさねばならないことだった。実験室でのシミュレーションではうまくいったものの、残念ながら、実際の天体望遠鏡ではうまくいかなかった。科学と技術の常だが、このような問題は、細かなところになると、なかなかうまくいかない。スティーヴン・ソルターは、ケンブリッジ大学とエジンバラ大学で十年近く私と共同研究をし、波力から電気を得るためのソルターカム式波力発電装置やそのほかのたくさんのものを発明し続けている。現在は、エジンバラ大学の工学部の教授である。グレゴリー（１９７４）を参照。

20 ハワードとロジャーズ（１９９５）。

21 ＤＭＤ（Digital Microprocessor Device）は、テキサス・インスツルメント社のラリー・Ｊ・ホーンベックが発明したもので、２・３平方センチの大きさのチップ上に約50万個の小さな可動鏡が載っている。それぞれはチップからの静電気によって制御される。ユーンス（１９９３）を参照。

22 ウィルトシャーのレイコックには現在、写真の歴史にかんする資料館がある。

23 ニュージャージーのベル電話研究所のダゲイによって行なわれた。ダリウス（１９８４）を参照。

24 これは私の発明である。グレゴリー（１９７０）に述べてある。

25 ブリュースター（１８５６）。

26 ブリュースター（１８５８）。

27 最初の発明者は、イタリアの物理学者で哲学者だったジョヴァンニ・バティスタ・デラ・ポルタ（１５４３‐１６１５）である。彼は、その解説書『自然魔術』（１５８９）のなかで最初にカメラ・オブスキュラについて記述した。

28 角度が小さくなるにつれて、次のようになる。（コインの直接の像も含む。＊印がついている角度では、対称性が生じない。）

鏡のなす角	見えるコインの数
180°	2
120°	3*
90°	4
72°	5*
60°	6
$51\frac{3}{7}^\circ$	7
45°	8
40°	9*
36°	10
$32\frac{8}{11}^\circ$	11*
30°	12

29 ゴンブリッチ（１９９５）。

30 マイケル・ランドは、イングランドのブライトンに近いサセックス大学の教授である。この研究は、引用文も含め、ランド（１９８４）からのものである。

31　ランド（１９６６、１９７２）。

◆7章

1　ブロック（１９７４）。

2　ラックナー（１９９２）。

3　ホイッスラー（１９４６）。

4　スコット・キムの『逆さ文字』（１９８１）は、あらゆる種類のすばらしい例を収めている。

5　スタンリー・コレン『左利きは危険がいっぱい』（１９９２）。

6　チャールズ・ダーウィンは、『よじのぼり植物——その運動と習性』（１８８８）のなかで、このことを詳細に述べている。

7　パージェルズ（１９８２）、およびリーとヤン（１９５６）を参照。

8　これは、それ以前になされていたジャン・バプティスト・ビオー（１７７４‐１８６２）の観察にもとづくものだった。ビオーは、「自然の」酒石酸が、人為的に作られたパラ酒石酸とは反対方向に光の偏光面を回転させる（これ以外の違いは生じさせない）ことを見出した。

9　コンデプーディら（１９９０）。

10　現在では、サリドマイドについてのこの説明は受け入れられていないようだということを耳にした。一方の左右性のみを用いるもうひとつの例は、麻酔薬のケタミンである。その有害な副作用（幻覚、興奮）は、偏光に反時計回りの回転を生じさせる分子に関係している。この例やほかの例は、C・ブラウン編の『薬の設計と合成における不斉性』（１９９０、アカデミック・プレス）のなかのマーサ・ハイネック、ジョン・デントとジェリー・B・フックの「不斉性——薬理学的作用と薬の進歩」に紹介されている。

11　これについては、チバ財団主催のシンポジウムをまとめたルイス・ウォルパート編の『生物学的非対称と左右性』のなかのスティーヴン・F・メイゾン（１９９１）やJ・W・ガロウェイ（１９９１）などの重要論文を参照のこと。

12　太陽光は、大気中の塵による散乱によって、ほんのわずかながら偏光しているが、日の出と日没とではこれが逆転する。したがって、全体的に見れば、非対称性はほとんどないと言ってよい。

13　メイゾン（１９９１）。

14　フランク（１９５３）。

15　クリック（１９５３）。

16　横山ら（１９９３）。

◆8章

1　J・J・ギブソンは、コーネル大学に長く在職していた。

彼の著書、『視覚世界の知覚』（１９５０）と『知覚システムとしての感覚』（１９６６）はいまや古典だが、現在でも学生の必読書であり、専門家によって考察が加えられている。知覚にかんする彼の受動的な説明に対する私の批判のいくつかは、グレゴリー（１９７４）のなかで詳しく述べられている。

２　ケプラーの『視覚論』、１８５ページ。リンドバーグ（１９７６）、２００ページを参照。

３　たとえば、ケプラーの友人ヨハン・ブレンガーは、『視覚論』を読んで、次のように書いている。「きみは視覚の意味を、みごとに、かつ的確に説明している。視覚とは網膜上で視対象を受けとめることによって成立する、と私はずっと思ってきた。しかし、それに多少疑いを抱くようになった。というのは、あらゆるものが網膜では倒立して受けとられ、しかも視覚は正立した状態で生起するからである」。リンドバーグ（１９７６）、２０３ページ参照。

４　ヒューベルとウィーゼルは、ロジャー・スペリーとともに１９８１年のノーベル生理学・医学賞を受賞した。ヒューベルとウィーゼル（１９６２）を参照。簡潔な説明はグレゴリー（１９６６）を参照。

５　ゴンブリッチ（１９９５）参照

６　この測定は、ヘルムホルツによって１８５０年にはじめて行なわれた。

７　グレゴリー（１９７０、１９８０）。しかし、ほとんどすべての哲学者は、これとは違う考え、すなわち知覚とは受動的なものであって、問題解決を含んでいないという考えをもっている。バークリー（１７１３）が――彼の著作はきわめて興味深いものだが――この問題にとり組んだ理由もそこにある。ラッセル（１９４６）も参照。

８　私の本『インテリジェント・アイ』（１９７０）のタイトルは、そういう理由からつけられた。

９　ミラー（１９８７）参照。そのほか、心的イメージにかんしては、膨大な数の文献（すべてが満足のいくものとはかぎらない）がある。

１０　私は、視覚について、それは高度に能動的で、外界にかんする仮説を作り上げる、と考えている。これはまさしく、ヘルマン・フォン・ヘルムホルツの説明である。彼は、百年以上も前に、知覚にかんする現代的研究を創始した。ただし、かならずしも知覚を仮説として考えたわけではなかった。これに対して、何人かの著名な研究者は、視覚とは、外界にあるものの受動的な受容だと考えている。私は（グレゴリー、１９６８、１９７０、１９７４a、１９７５、１９８０、１９８１）、能動的な仮説生成という考えの妥当性を主張している。この考えは知覚に適用されるものであって、刺激に対する単純な反応にはあてはまらない。たとえば、突然大きな音がしたときのまばたき反射は、知覚ではない。なぜなら、われわれは、その音がなにかを特定したり、仮定したりして、この「仮説」に反応するわけではないからである。

11　心理学的には、このことは重要である。というのは、エンメルトの法則は、残像のおおう背景領域が遠くになるほど大きくなる、というような単純なものではないからである。ほかの証拠からも、大きさのスケール調整は、奥行きの手がかりにもとづく能動的な仮定であることが明らかにされている。グレゴリー、ウォレスとキャンベル（1959）を参照。

12　今世紀はじめに、ゲシュタルト心理学者は、見ている対象の形状と同型の電場が脳内にある――円形の対象は脳に円形の痕跡を生じさせる――という仮定をとっていた。その痕跡は、単純ないわばシャボン球のような形態へと体制化される、と考えられていた。この考えはもはや受け入れられてはいないが、体制化にかんするゲシュタルト法則は妥当で、しかも重要なものとみなされている。これらの論文はいまや古典だが、エリス（1938）によって英語に翻訳されている。

13　メテッリ（1974）。これと、これに関連する知覚の問題にかんする興味深い重要な説明が、ロック（1983）にある。

14　2章参照。台形窓やゆがんだ部屋のようなエイムズのデモンストレーションは、観察者が遠近法の規則を受け入れているることによっている（その規則はこれらの場合には適切ではない）。イッテルソンとキルパトリック（1951）を参照のこと。ヘルムホルツやアインシュタインとの関係については、グレゴリー（1994）を参照のこと。

15　グレゴリー（1963、1980）。「カフェの壁」錯視のような、まったく別の種類の視覚的ゆがみもある。これについては、グレゴリーとハード（1979）を参照。

16　平面的な絵や写真が強力な奥行きをもって見えるとき、それは観察者の動きにつれて回転するように見える。この回転の方向は、運動視差が示すのとは逆方向である。三次元的対象の（物理的な）運動視差に対する自分自身による補正を体験するのである。この逆向きの見かけの運動は興味深い視覚現象で、それは眼を通じて、われわれを脳のはたらきへと誘ってくれる。

17　認知過程は、生理学には「還元」できない。それはソフトウェアが、コンピュータのハードウェアに還元できない、あるいはハードウェアとして記述できないのと同様である。それらは本質的に異なっている。この二元性はデカルトの脳と心の二元論とは違っていて、それと同じ哲学的問題をもつものではない。というのは、二つの実体を仮定していないからである。それは「見かけの二元性」と名づけてもよいかもしれない。このような考えは、コンピュータのハードウェアとソフトウェアの区別においてよく知られている。

18　これは、私の著書『インテリジェント・アイ』（1970）やほかの著作、論文のなかで展開されている。

19　ここでは、言語や思考と知覚の関係という、きわめて興味深い問題にほんの少ししかふれなかった。チョムスキーの「深層構造」の考えと、普遍的な「脳言語」があるという考えにかんしては、スティーヴン・ピンカー（1994）によるみごとな論考がある。

20　グレゴリー（1974b）参照。

21　この分類は、王立研究所における記念講演のなかで、私が提唱したものである。グレゴリー（1993）参照。

22　ラマチャンドランとグレゴリー（1991）。

23　ドラマチックな例としては、1994年7月、木星にシューメーカー＝レヴィ彗星の破片が衝突したできごとがある。何世紀もの望遠鏡による観測ののち、ついに木星のダイナミックスの一部が、これで明らかになった。

24　カーネマン、スロヴィックとトヴェルスキー（1982）。ジョンソン＝レアードとウェイソン（1977）。ピアッテリ＝パルマリーナ（1994）。

25　不思議なてんびんは、メカーノ社の組み立て玩具［訳注　金属片やプラスチック片とボルト・ナットなどを使って、いろいろなものを組み立てることができる］で簡単に作ることができる。てんびんの秘密は次のとおり。おもりは、それが内側にあっても外側にあっても、同じ垂直距離を動く。そのため、重力に対する仕事量は、おもりがさおのどこにあっても同じである。シーソーと同じように見えても、この点が本質的に異なる。このパラドックスを理解するためには、その基礎をなす原理、つまり仕事量はおもりがどこにあっても同じだということがわからなければならない。

26　次に示すのは、誤った心的モデルの別の二つの例である。ひとつめの例。顕微鏡のセールスマンは、投影顕微鏡のレンズの倍率が低いものを見せ、次に高いものを見せた。高倍率だと、像はずっとうす暗くなった。彼の言う理由は次のとおり。「レンズのガラスが厚くなるため、通る光が少なくなるんです」。このレンズはたしかに厚いが、ほんとうの理由はこれとはまったく違う。すなわち、像がスクリーンのずっと広い領域に映し出されるからである。

もうひとつの例。科学センターで歯車の説明を聞きながら、大学で物理学を専攻したことのある男性がこう言った。「歯車の歯数の比に応じて、一方の歯車がもう一方の歯車よりも早く回転するのを示すには、同じ大きさで、歯数の異なる二つの歯車を使うほうがいいんじゃないかな」。これは不可能だ！　歯数の比で考えるのはたしかに便利だが、実際に問題となるのは、歯車の数ではなくその円周である。二つの歯車が同じ大きさで歯数が異なれば、かみ合うはずがないことは、メカーノ社の組み立て玩具で育った人間には明白で、この話はまったくのジョークにしか聞こえない。ちょっとでも体験的経験をしていれば、機械的に考えるために起こるこうした誤りは起こらなかったかもしれない。だが、このような思考の錯覚はだれにでも起こりうる。9章参照。

◆9章

1　コーンフォード（1941）、222ページ。

2　コーンフォード（1941）、222-223ページ。

3　キャロルの『記号論理学』（1896）は、バートレー（1977）で読むことができる。そこには、多数のパズルが載っているが、鏡についてはふれられていない。

4　フィッシャー（1976）を参照。

5　グレアム（1962）を参照のこと。『不思議の国のアリス』と『鏡の国のアリス』はそれぞれ、1865年と1872年に出版されている。

6　この話の別の側面が、キャロルの遠縁の従妹、アリス・レイクスによって残されている。「子どものとき、私たちはオンズロー・スクエアに住んでいました。そしていつも家の裏庭で遊んでいました。チャールズ・ドジソンは、年寄りの伯父さんのところによく滞在していて、手を後ろに組んで芝生の小道をあちこち歩き回っていたものです。ある日、私をよぶ声がしたので見ると、彼が私に手招きしていました。彼は、『きみがもうひとりのアリスだね。ぼくはアリスという名の子がとっても好きなんだ。ぼくのところにきて、ちょっと不思議なものを見たくないかい？』と言いました。私たちは、家までついていきました。その家は、私たちの家と同じように、庭に面していました。部屋には家具がいっぱいで、背の高い鏡が部屋の隅に立っていました」。

「『さあ』と、彼はオレンジを私にもたせて言いました。『どっちの手にもっているか言ってごらん』。『右』と、私は言いました。『それじゃ』と彼は、言いました。『鏡の前に行ってごらん。そうして鏡のなかの女の子がどっちの手にもっているか言ってごらん』。ちょっと戸惑いましたが、しばらく考えて、私は言いました。『左手』。『そのとおり』と、彼は言いました。『それじゃ、どうしてそうなのか、説明できるかな？』私は説明できませんでした。けれども、なにか答えなければいけないと思ったので、思い切って言いました。『もし私が鏡の向こう側に立っているなら、オレンジは、まだ私の右手にあるんじゃないかしら？』私は、彼が笑ったのをおぼえています。『アリス、上出来だ』と、彼は言いました。『いままで一番すばらしい答えだ。』

そのときに聞いたのは、それだけです。しかし数年後、彼が、そのできごとから『鏡の国のアリス』の最初のアイデアを得たと言っていることを聞きました。そして、定期的に送られてくる彼のほかの著書と一緒に、その一冊を、私は贈ってもらいました」（ロンドン・タイムズ、1932年1月22日付）。ガードナー（1965）、180ページとフィッシャー（1973）、72ページにも引用されている。

7　三次元の物体ではどんなことが起こるか（111ページのカントの右手と左手についての説明を参照）は、文字のような二次元的対象よりも、「見」たり記述したりするのがむずかしい。というのは、奥行きの逆転と、左右反転や上下逆転とでは、きわめて異なった過程が関与しているからである。内と外の奥行き逆転は光学的だが、左右の反転はそうではない。したがって、手ではどんなことが生じるかは、たしかに混乱を生じさせる。だがカントが考えていたように、理解できないわけではない。

8　ベーコン（1878）。

9　クーン（1962）。

10　科学が、十七世紀にすばらしい成功を収める以前にどのようなものであったかを探してみるのは、興味深い。当時は、錬金術のパラダイムが、物質と心の概念に影響を与え、それを制約していた。1620年に『ノヴム・オルガヌム（新機関）』のなかでフランシス・ベーコンが設定した研究のためのルールにしたがって、ロバート・ボイルとベーコン自身のような指導的な科学者が錬金術を捨て去ったまさにそのときに、実験科学は飛び立ったのである。ニュートンはケンブリッジで、黄金を作ろうと20年間を費やし、錬金術にかんする膨大な書籍を個人的に収集していた。最後に彼は、造幣局長官になった。

たしかに、仮説の検証という点で妨げになったのは、錬金術というより占星術に関係したパラダイムのほうである。錬金術のパラダイムの場合には、失敗に対してもいくらでも弁解の余地があった（グレゴリー、1989a参照）。西暦一世紀ごろから、錬金術師たちは、卑金属類を黄金に変えるために、そして永遠の生命の秘密を明らかにするために、大胆な実験を行なっていた。しかし、実験の失敗にたえず弁解を行なったため、錬金術の実験への信用を失わせることになった。一方、占星術では、惑星や恒星の位置が成功の重要な鍵になると考えていた。そのため、比較実験をひとつひとつ行なうためには、惑星、月、太陽、恒星のそれぞれが、天空の同じ位置に戻ってくるのをいちいち待つ必要があるというわけだった。たとえ占星術が真実であったとしても、実験科学に必須の反復と対照実験は、ほとんど不可能だろう。つまりは、実験科学は、占星術と両立できなかった。

しかし、錬金術に対する信念が、実験の失敗への弁解に終始し、科学を不可能なものにしていたとすると、古代科学の女王である天文学はどうして成功したのだろうか？　天文学と占星術は仲良く何世紀も共存していた。著名な天文学者たちは、占星術師でもあった。ケプラーは、占星術の専門家として雇われていたのである。したがって、右に述べた問いに対する答えは、天文学が、純粋の観察科学であるために、以上の問題を免れており、いずれにせよ計画的に制御された実験を行なうことはできなかった、ということである。天体現象は周期的に起こるので、天文学は、「観察された現象を活かす」ために、予測的な概念モデルを発展させることができた。

しかし科学としての天文学は、概して実験的ではなかった。

もしテレパシーとか、千里眼とか、念力とかがほんとうにあるとすると、実験科学は、きわめて困難になるだろう。それは、それらの現象が科学にとって受け入れられないものだからであって、誤りだからというのではない。それらは、実験科学の方法と相容れないからである。ベーコン的科学は、これらの現象を認めないし、共存もできない。

11 「見たとおりの事実」ということは、真実であることを保証しない、と言えるかもしれない。しかし、視覚が――網膜像とか、生理学的関係とか、貯蔵されている知識による情報の付加とかがなしに――直接的であると信じることは、眼や脳についてのもっとも基本的な知識を無視するパラダイムに陥ってしまう。

12 ブランボー（１９６６）参照。

13 プライス（１９７５）。

14 この種の装置については、昔の記録を調べた研究がいくつかある（コーエンとドラブキン、１９５８。またグレゴリー、１９８１のなかでも考察されている）。アルキメデス（２８７ＢＣ頃‐２１２ＢＣ）の時代にまでさかのぼった記録があり、アルキメデスは、精巧な機械じかけの天体儀を作ったとされている。また紀元前四、五世紀のアリストテレスやプラトンにまでさかのぼる記録もある。

15 数学者、クリストファー・ジーマン（１９８６）は、歯車装置の再解釈を行ない、ギリシア人がどのようにして当時の数学的技術を用いて歯車比を計算したかを示している。

16 たとえば、ホジキン（１９８５）、およびゲーリッツとウォーウィル（１９８７）を参照。

17 ブルーナー、ジョリーとシルヴァ（１９７６）によって編集されたすぐれた著書を参照。

18 フィッシュマン（１９９３）。

19 プラトンの対話篇『ゴルギアス』。

20 コーエン（１９８７）。

21 科学は共通に受け入れられる知識へと導く協同活動だとする議論は、物理学者、ジョン・ザイマン（１９７８）によってきわめて説得力のある主張が提唱されている。

22 エクスプロラトリウムの歴史については、ヘイン（１９９０）を参照。

23 オッペンハイマーは、次のように書いている。「科学者や画家の伝統的な成果である、自然にかんして集積された知識、しだいに一貫性をもって認識されつつある知識を共有したい、そしてまたそうした知識を身近なものにしたいと、あなたや私だけでなく、だれもが心から望んでいると、私はおもう」。また彼は、自分の展示について次のように述べている（マーフィー、１９８５を参照）。「人々が、『自分は賢くないから』といった感情を抱いて展示館を去って欲しくない。われわれの展示は、率直で単純であり、ばかにされたりだまされたりしないよう、用心する必要をだれにも感じさせない」。

24　イギリスで最初の体験型科学センターは、ブリストルのエクスプロラトリである。それは、私が中心になって１９８０年代初期に設立したもので、現在、ブルネル鉄道のテンプル・ミーズ駅にある（グレゴリー、１９８３、１９８６、１９８８、１９８９ｂ、１９９３）。このブリストルのエクスプロラトリは、ロンドン科学博物館の子どものためのローンチパッド体験ギャラリーと同時にスタートした。

25　体験型科学センターは、われわれの文化の本質的な部分として科学を認識し推進することを目指す、科学内部からの最近の運動の一環である。イギリスでは、学士院のＣＯＰＵＳ（科学啓蒙委員会）、イギリス科学振興協会、そして王立研究所が運動の中心になっている（ボドマー、１９８５、１９８７）。現在、体験型科学センターと博物館は、イギリスに40、ヨーロッパには４００ほどある。さらにアメリカ、インド、そのほかの国々には、この数を上回る施設がある。それらは、ＥＣＳＩＴＥ（ヨーロッパ科学工業技術展示協力委員会）によって、またアメリカでは、それより歴史の古い規模の大きなＡＳＴＥＣ（アメリカ科学技術展示委員会）によって、連携を保っている。

26　科学センターは、楽しめて、理解が容易になるように現象やアイデアを提示しようと意図されている。しかし一方では、あまりにくだらないものに見えると、批判されてもいる。シヨートランド（１９８７）は、科学センターを遊園地のようだと批判している。この判断は読者にお任せしよう。遊園地で愉しみながら、多くのことが学べる！　子どもが退屈していたら、いったいなにを学ぶことができるだろう？　なにも学びはしない！

27　ディセッサ（１９８２）、ドライヴァー、ゲスンとティベルギエン（１９８５）、マシューズ（１９９０）。

28　ピンカー（１９９４）を参照。この考えは、チョムスキーの深層構造と関係している。すなわち、思考は、話しことばの形ではたらくのではなく、ピンカーがメンタリーズ（Mentalese）とよぶ普遍的な脳言語の形ではたらく。

29　子どもが探索的「遊び」を通してなにを学ぶかは、研究によって判断しなければならない問題である。こうした研究は、長期間にわたって効果を見る必要があるため容易ではないが、いくつかの試みが行なわれている（ヘイン、１９８７、スティーヴンソン、１９９１、デュラント、１９９２）。たしかにエクスプロラトリは、教育にかんする多くの疑問について研究するのに理想的な実験室だ。

30　パパート（１９８０）。

31　博物館用語である「展示する（exhibit）」は、体験型科学センターの場合には、受け身的すぎる表現だ。私は、体験型展示と実験を示すものとして、「探検する（ex*plore*）から「plore」ということばを作り出した。このことばは、エクスプロラトりで用いられており、かならずしも一般的とは言えないが、ほかでも広く採用されている。

32　コール（1985）。

33　映画の編集は、科学ではなく、職人芸だが、不思議なことに、それについてはほとんど研究がない。なお、実践的経験については、ライスとミラー（1968）を、またその認知的意味については、ホックバーグとブルックス（1978）、ホックバーグ（1987）を参照のこと。

34　これには、それなりの悪影響があるかもしれない。テレビを長時間見ることとアルツハイマー病を含む脳障害との間には、関連があるという示唆がある（テルアヴィヴ大学医学部のマーシャ・アロンソンによる）。これは、急速に変化するシーンと、対応する行為なしに喚起される情動とに起因するとされている。この証拠は強いものではないが、検討に値する。ヴァインズ（1993）を参照。

35　ジョナサン・ミラー、あるいはジュリアン・ホックバーグ（1987a、1987b）によれば、ここには学ぶべき多くのものがある。カレル・ライスとギャヴィン・ミラー（1953、1968）は、映画制作者のための信頼できるハンドブックを出版している。

36　ラインゴールド（1991）、132ページ。

◆10章

1　ロック（1690）。

2　バークリー（1963）、152ページ。

3　ラッセル（1946）。

4　この立場は、ヘルムホルツの（私もとっている）ものだが、対象の知覚を推論と考えている。そしてこれは、J・J・ギブソンのような「直接的知覚」の立場とは異なる。

5　ミル（1865）。

6　この点については、グレゴリー（1981）で論考している。

7　ポパー（1972）を参照のこと。ポパーは、「反復による帰納の考えは、誤り――一種の眼の錯覚――であるに違いない。要するに、反復による帰納というようなものは存在しないのだ」と述べている。

8　哲学者のカール・ポパー卿（1902‐94）は、観察や実験によって検証できる形で仮説を示すことの重要性を、きわめて力強く主張している。仮説は、証拠によって反証が可能なように立てられなければならない。このことはパラダイムの選択にどう適用されるのだろうか？　パラダイムの選択は実際には、仮説とその仮説の検証に先立つ。事実、検証の方法は、受け入れられているパラダイムのなかで使われているものによって示唆され、それに限定される。それゆえ、それぞれのパラダイムは攻撃から免かれ、パラダイム間で議論するのは困難になる。

9 ボーム（1980）。

10 グリビン（1995）、4章。

11 グリビン（1995）、159ページ。

12 マッハ（1976）、106ページ。マッハによって書かれたそのほかの重要な著作の英訳は、以下のとおり。『感覚の分析』（1897）、『力学』（1960）、『物理光学の原理』（1926）、『一般向け科学講義』（第五版）（1943）、『空間と幾何学』（1943）。マッハの現象主義については、ブラッドリー（1971）が論じている。

13 アインシュタイン（1936）。

14 グレゴリー（1989）参照。

15 ポラニー（1958）。

16 ケネス・クレイクは、悲劇的な若さで、ケンブリッジでの交通事故で亡くなった。クレイクの、きわめて独創性に富む論文の数々は、シャーウッド（1966）に収められている。

17 クレイク（1952）、51ページ。

18 視覚をデジタルな計算過程として記述するもっとも影響力をもった説明は、デイヴィッド・マーの『視覚』（邦題『ビジョン』）（1982）である。私は以前に、視覚科学者たちが「アルゴリズムではない」アナログ過程をアルゴリズムで記述していると言えるなら、マーの場合は、脳がデジタルなアルゴリズムを実行していると仮定している、という示唆を行なったことがある。記述のしかたと記述されるものとを混同することは、明らかに危険である。グレゴリー（1994）参照。

19 サザーランド（1992）。

20 ウォルパート（1993）。

21 サートン（1952）、ixページ。

22 プライス（1975）。

23 三段論法を考え出したのは、アリストテレスである。古典的な例（すべての項が肯定である第一格のバルバラBARBARAとよばれる形式の三段論法）をあげると、

すべての人間は死ぬ。
ソクラテスは死ぬ。
（ゆえに）
ソクラテスは人間である。

別の形式では、

先生に金持ちはいない。
プラトンは先生である。
（ゆえに）
プラトンは金持ちではない。

この結論は事実上は誤りである。しかし、論理的には誤りではない。それは妥当な三段論法だからである。われわれは論理と知識の仮定とをよく混同する。

24 この提案は、グレゴリー（1987）で行なわれた。

25 これについては、グレゴリー（1981）の10章で論じている。

26 ワイスクランツ（1995）。ラリー・ワイスクランツは、アメリカからケンブリッジ大学にやってきて、その後オックスフォード大学の心理学教室の主任教授となり、そこに世界をリードする学科を設立した。人望の厚い友人である。

27 ペンローズ（1989、1994）。

28 グレゴリー（1980）。

29 ジェイムズ（1890）。

30 『鏡の国のアリス』1章、「鏡のなかの家」。

訳者あとがき

本書はRichard L. Gregory: *Mirrors in mind*（Oxford: W. H. Freeman, 1997）の翻訳である。訳出には、当初このフリーマン社刊の版をもって始めたが、著者の要請により１９９８年刊のペンギン版に切り換えて進めた。前者の誤植などを後者では修正してあるから、というのがその理由である。

著者のグレゴリー教授は、イギリスの知覚心理学分野における第一人者として知られ、多数の論文・著書がある。邦訳されたものとしては、『見るしくみ』（船原芳範訳、平凡社、１９７０）と『インテリジェント・アイ』（金子隆芳訳、みすず書房、１９７２）の二著のほか、Ｊ・カルファ編『知のしくみ』（今井邦彦訳、新曜社、１９９７）に寄稿された「視覚の知」（同書、19‐40ページ）がある。上掲の『見るしくみ』については原著の改訂版（第五版）が１９９８年に刊行されている。このほか、主著に*Mind in science*（London: Weidenfeld and Nicolson, 1981; London: Penguin, 1984）、編著に*The Oxford companion to the mind*（Oxford: Oxford University Press, 1987）、共編著に*The artful eye*

鏡に映ったペンローズの三角形。三次元の物体としては実際には存在しえない。（写真の主はグレゴリー教授）

（Oxford: Oxford University Press, 1995）などがある。

著者は（訳者に送られてきた私信によれば）、現在ブリストル大学神経心理学の名誉教授となっている。その経歴をみると、最初にケンブリッジ大学の講師に就任し、そこで感覚研究室を開設している。１９６７年にはエジンバラ大学に移って、ドナルド・ミッキーやクリストファー・ロンゲ＝ヒギンズとともに機械知能・知覚研究所を設立した。次いで、１９７０年からはブリストル大学医学部教授として、脳・知覚研究室の運営に携わってきた。公式には１９８８年に退職したが、現在なお、ブリストルとオックスフォードで研究活動を続けている。また、１９７２年には、知覚研究の国際専門誌 *Perception* の創刊に尽力し、現在も編集責任者の地位にある。

その主たる研究領域は視知覚で、とくに数々の「錯視」を含む知覚現象の解明に力を注いでいる（本書8章参照）。著者自身の言葉を借りると、その研究を通して脳のしくみおよび認知過程に関する理論の提唱とその検証を目指している、とのことである。今日までの神経科学的研究に対して、イギリスの王立医学協会からヒューリングス・ジャクソン・メダルが授与されている。

著者はまた、ブリストルにおけるイギリスで最初の体験型科学センター・エクスプロラトリの創設者でもある（9章参照）。その科学の普及に関する啓蒙活動が認められて、王立協会のファラデー・メダルが授けられている。１９８９年にはＣＢＥ（大英勲章）を受けており、王立協会会員でもある。

本書の図９・５（３０６ページ）に写っている人物が当のグレゴリー教授である。


本書の内容は驚くほどの多領域にわたっていて、一言一行をもって尽くすことは到底できないが、著者の意図は「まえがき」に簡潔に述べられているように、「鏡――それは過去を映し、ときには未来を占いもする――の神話、歴史、そして像と光の科学を紹介」しようとする点にある。

その序言どおり、本書の2章と3章では、神話のなかの鏡やさまざまな時代・地域の鏡小史のほか、文学作品や絵画・映画のなかに登場する鏡が多数の引用文・カラーを含む図版とともに紹介される。これだけでも、鏡の世界の神秘と謎に引き込まれていく。「驚くことに、鏡が美術作品のなかに登場することはあまりない。だが、例外的な作品もあって、ハッとする光景、実像と虚像の奇妙な混じりあい、他人のように見える自分が描かれている」と、「まえがき」（viiiページ）にあるように、たとえば、本書図2・2（30ページ）のマグリットの『複製禁止』などは、まさしく人の意表を衝くみごとな作品といえよう。

これに先立つ最初の章「鏡のなかの自分」では、人は眼前の鏡映像をいつ、どのようにして「自分の顔」と認知するのかという問題をまっ先に提起している。ここに、本書のひとつの大きな特色がある。とりわけ、先天性ないし生後早期の失明者が開眼手術を受けて初めて鏡映像に対面したとき、それをどこに定位し、どのように知覚するのかという探究課題を取り上げ、それに多くの紙幅をあてている点に、本書の比類なき独自性を垣間見ることができる。ちなみに、ここに登場する開眼者（SB）の術後の視覚体験と視知覚（錯視および線画の奥行き知覚）に関するJ・ウォレスとの共著論文（1963）は、グレゴリーの名を広く知らしめた開眼事例報告――フォン・ゼンデン（1932）以後の――と言ってよい。

ところで、鏡あるいは鏡映像の謎として多くの人が思い浮かべるのは、「鏡のなかの像はすべて左右が反転するのに、上下が逆転しないのはなぜか」（104ページ、および284ページ以下参照）という疑問であろう（もっとも著者は、「たいていの人は、一生こんなことは考えない」と言っているが）。この「聡明な人たちを何世紀もの間混乱させてきた」鏡の謎に取り組むにあたって、著者は周到に光と像の科学に関する研究の流れを追うことから始めている。ここで、例示される一連の「鏡を用いた実験」のうちには、実際に自分の眼で確かめてみようという気を起こさせずにはおかない、まことに興味深いものがいくつかある。エクスプロラトリを創設し、鏡と――像や光や視覚の科学と――遊ぶことを、そして、アリスとともに「鏡の国を探検する」（9章）ことを提唱している著者の面目躍如たるものがある。

次いで、鏡映像反転の謎にかんする、古代、近代、現代におよぶ「聡明な人たち」の「説明」が引用に次ぐ引用をもって紹介される。心的回転説（115ページ以下）およびイメージの回転説（119ページ以下）にかんして、とりわけストラットンに始まる光学的変換への順応実験については、記述がきわめて具体的で、いささか不釣りあいと思われるほどの紙数が割り当てられているが、ここにも実験心理学者としての著者の側面が色濃く反映されている。

以上の紹介のあと、これまでに提案、あるいは現在提案されているさまざまな「説明」とそれらに対する「しかし（難点）」が簡潔に要約されている（123ページ）。そして最後に「鏡の左右反転は心理的な回転でも記述の問題でもない……それは……ものを物理的にまわすことによって起こる」（128ページ）と著者は主張する。40年前に思いついたという著者自身の以上のような「説明」を読み解き、そこに「しかし」がないかどうかを読者であるわれわれもまた、「明快に考え」（129ページ）てみる必要がある。本書は、そのような思考活動を触発する本なのである。

そのような厄介な、しかし魅惑にみちた思考活動を進める上で指針となる、うってつけの著書がわが国で近年出版されている。高野陽太郎著『鏡の中のミステリー——左右逆転の謎に挑む』（岩波書店、1997）がそれである。同書では、グレゴリーにより「10年ほど前に」提唱された「説明」を「回転仮説」と位置づけ、それは「卓抜なアイデア」ではあるが、残念ながら、説明のつかない現象が残ると批判している（同書、23-26ページ）。

「まえがき」では「像と光の科学」を紹介すると事もなげに言っているが、5章以下の内容は「鏡と鏡映像」にかかわる各種の（光学・物理学・化学・量子物理学・量子電磁力学・心理学・大脳生理学にわたる）専門領域の研究を包括するものとなっている。さながら、鏡の科学の小エンサイクロペディアの観を呈している。「物」として、「道具」としての鏡についても、各種の光学機器や光学系装置が次々と展示されていて、まるで小さな博物館と思えるほどである。

反面、あまりにも多くのトピックスが取り上げられているために、ひとつひとつの「解説」が簡にすぎ、多少舌足らずではないか、との感も残る。当該領域の専門家にとってはいざ知らず、少なくとも、専門外の読者には理解に相当な努力を要すると思われる箇所も数多くある。

たとえば、図6・15の「パンドラの箱」（217ページ）は著者自身の考案による「見かけの奥行き測定装置」であるが、これなども上掲書『インテリジェント・アイ』（同書、128ページ）を参照しないかぎり、そのしくみと用途（ミュラー・リヤー錯視の研究にどう用いられたのか）を十分納得することはおそらくできない。

あるいはまた、「自然界にも見つかる」鏡の一例として、ネコの眼のなかのタペータムがあげられている（229‐230ページ）。これも、その存在をヒントにして開発された網膜内の感光色素（ロドプシンなど）の濃度測定装置、ならびにケンブリッジのW・A・H・ラシュトンらの研究について十分な知識があって初めて、その「眼底反射鏡」としての研究面での意義も明らかになる。

同様の事情は、各種専門領域の研究成果に関する紹介のうちにも影を落としているように思われる。たとえば、「瞬間的に照射されたかすかな光を見るのに必要とされる光子の最少数は、測定の結果、網膜の小領域に1ミリ秒ほどの間に3ないし5個程度届けばよいことがわかった」（175ページ）とある。これを読んでも、ヘクトらの研究（1942）に通じていないかぎり、そのような結論を導き出した論理の糸はわからない。

以上のような二、三の例をあげただけでも、本書がその背景となる（ここには明示・記述されていない）膨大な基礎知識を、あたかも当然の前提として書かれていることを窺い知るのに十分であろう。一読しただけで、誰もが本書のすべての内容を理解し尽くすことはなかなか困難であるが、またそれだけに、読者としては大いに挑戦心をそそられる書でもある。

そのような次第で、心理学専攻の訳者らも、訳出に際して何か所かでつまずき、専門家の助力を仰がなくてはならなかった。初めに鳥居が、本書の翻訳を新曜社の堀江洪社長から勧められたときにそもそも、単独でそれにあたるには荷が重すぎると判断し、以下のように4人で2ないし3章ずつ手分けして作業を進めることにした。

1章、7章　　　　望月登志子
2章、3章および9章　　　　鹿取廣人
4章、8章および10章　　　　鳥居修晃
5章、6章　　　　鈴木光太郎

各自が分担する章の下訳を作成し、それらを回読して相互に疑問点を洗い出したあと、訳語・用語・訳文などの統一作業を鈴木が担当した。その草稿を新曜社第一編集部の塩浦暲氏に手渡して、手直しや統一にかかわる提案を受けることにした。その結果浮かび上がってきた何か所かの疑問点・不明点については、訳者一同が編集部スタッフ（塩浦氏と吉田昌代さん）を交えた討議の会合を数回にわたって重ね、最終原稿にまでまとめ上げた。

また、本書の随所に示されている興味深い鏡と鏡映像にかんする実験に対しては、訳者ら、とくに鹿取はそれらをひとつひとつ実際に試みて、討議会合の席上で原著の記述内容を確認し補足するとともに、訳文に反映させた。4章99ページの合わせ鏡などは、簡単に実験してみることができ、かつ、じつに興味深いので、読者もぜひご自分で試してごらんになるようお勧めする。

なお、「まえがき」の訳文作成、引用文献中邦訳のあるものの収集・整理および索引の作成には、編集部の手も借りつつ、鈴木がその作業を引き受けた。

冒頭でもふれたように、原著のフリーマン社版には誤植その他の不備な点があって、訳者ら（鳥居と望月）がたまたまヘルシンキで開かれたＥＣＶＰ（ヨーロッパ視知覚学会）に出席してグレゴリー教授に会った際、翻訳にはペンギン版を使ってほしい旨告げられた。たとえば、訳者のひとり

(鹿取)がいち早く気づいたように、前者の版では図版4のヴェラスケス『宮廷の侍女たち』の絵が左右反転して掲げられている、といった誤りさえあった。どうしてこのようなことが起こったのかわからないが、むろんペンギン版では修正されている。しかしながら、訳出を進めてみると、そのペンギン版にもまだ三十数か所におよぶ誤りが認められた。それを邦訳では訂正することを原著者に知らせるとともに、それ以外の疑問点・不明点(二十数か所)を質す書簡を送ることにした。間もなく受け取った返事のなかでは、それらの質問に逐一答えてくれていたが、訳者らとしてはまだ十分には納得しかねているところが残っている。

たとえば、そのひとつに、「彼(ケプラー)は、……動物の眼から外被膜(脈絡膜)をとり去って眼のなかの光学像を観察して、網膜像がどんなものか、眼がどんな能力をもち制約をもつのかを知った」(252ページ、傍点訳者)という記載がある。視覚の研究史を扱った書物を見るかぎり、網膜像を直接観察した研究者としてあげられているのは、C・シャイナー(1625)やR・デカルト(1637)で、ケプラーが自らそれを試みたとは出ていない。現に、グレゴリー著『見るしくみ』(1966年版の訳書)にも「網膜はレンズで作られた像を写すスクリーンであることが1604年、彼(ケプラー)により示唆された。1625年、シャイナーによりこの仮説が実験的に立証された。シャイナーは牛の眼の後面から外被膜(強膜、脈絡膜)を剥離し……(中略)……網膜を露出させた。その結果、シャイナーは牛の網膜上に小さな倒立像を認めた」(同書、59ページ、一部改変)とある。同書の第五版(1998、52ページ)を見ても、シャイナーとデカルトの名だけが出ている。

その点を質したところ、「ここでは歴史にあまり深入りしたくなかった」と断りつつ「確かに、シャイナーは網膜像を最初に観察した人とみなされている。とはいえ、ケプラー自身もまたそれを観察したということも十分考えられる（何しろ、彼は観察科学者だったのだから）」というのがグレゴリー教授からの返答であった。ここは簡単な訳注を入れるにとどめてある。

一方、ぜひとも訳書では訂正あるいは補足したほうがよいと専門家のご指摘を受けた箇所もいくつかある。とりわけ問題になったのは図5・24（164ページ）「光の磁気的成分と電気的成分」である。これとまったく同一の模式図が、上掲書『見るしくみ』原著の第五版の図2・8（同書、22ページ）にも掲載されているが、これでは波の進行方向に対して互いに直交する関係がうまく表現されていない。この図を再検討するよう第二書簡で原著者に書き送ったところ、「間違いだとは思わないが、改善の余地はあるだろう」という返事を受けたので、訳書では北海道大学電子科学研究所講師の井野秀一氏の助言にしたがって、修正を加えた図に変えてある。念のため、この図は原著者に送って、修正を了承するとの回答を得ている。なお、井野氏には、電気や磁気に関係する箇所全般にも目を通していただいた。

このほか、訳者一同と編集部スタッフの間で議論のすえ、原著のままではわかりにくいのではないかと考えて、専門家に解説と訳文の訂正をお願いした箇所がある。「ジャイロスコープやこまの回転とその傾きの方向」にかんする記述（248ページ）がその例である。ここは、日本女子大学理学部物質生物科学科教授の土屋荘次氏から二度にわたって、原理的な図解と懇切な解説とを拝受しただけでなく、訳文についてもご助言をいただいた。

「鏡小史」（3章）のなかで中国が取り上げられている部分については、新潟大学人文学部（中国文学）助教授の田口一郎氏のご助言を得つつ訳出を進め、李白の詩二篇（65-66ページ）の邦訳は同氏のものをそのまま引用させていただいた。

原著の英文は、科学論文などのそれとは趣を異にする表現が多用されていて（土屋教授もその点を指摘されていた)、訳文にそれを反映させることはかなり骨の折れる作業であった。とりわけ厄介な数か所(1、4、8、10章)の訳出にあたっては、日本女子大学人間社会学部文化学科教授の塚野千晶氏に添削をお願いして、訳文を整えた。

上掲の四氏にはこの場を借りて、心からお礼を申し上げたいと思う。むろん、最終的な訳文の責任はわれわれ訳者らにある。また、多方面の文献を渉猟している原著のことゆえ、仔細に点検すれば、以上のほかにも各領域の専門家の示唆を仰ぐべき箇所が伏在しているに相違ない。訳出と記載内容の確認には、及ぶかぎり遺漏なきを期したつもりであるが、万全とは言いがたい。読者のご指摘・叱正を待望する。

なお、本書に引用されている著作にかんしては邦訳のあるものが少なくない(引用文献中に記載)。それらからの引用文の訳出に際しては、邦訳を参考にさせていただいたが、末尾に訳者名をあげることはしていない。原著の英文による引用に即して独自に訳出作業を進めたためであるが、ここであらためて深く感謝の意を表する次第である。

末筆ながら、本書の上梓にあたっては新曜社の堀江洪社長と同第一編集部の塩浦暲氏ならびに吉田昌代さんのご尽力に負うところがきわめて大きい。編集部のお二人による、訳文の手直し、統一のほか、疑問点・不明箇所にかかわる討議から校正などにいたる各局面でのご助言・ご協力なしには、本書が完成の日を迎えることはなかったであろう。訳者一同、心から感謝の辞を申し述べたいとおもう。

訳者一同

新曜社の好評書

知のしくみ
その多様性とダイナミズム
「視覚の知」（R・グレゴリー著）「進化の知」「小児の知」「数学的知」「伝承音楽の知」「言語と知」ほか。
J・カルファ編
今井邦彦訳
四六判320頁
本体2800円

美を脳から考える
芸術への生物学的探検
美の知覚、美の創造は脳の内部でどのように情報処理され、身体的に表出されるか。
レンチュラー／ヘルツバーガー／エプスタイン編
野口　薫・苧阪直行監訳
A5判304頁
本体3300円

脳は絵をどのように理解するか
絵画の認知科学
脳と視覚との関係、感覚システムの進化、目の動き、遠近法により絵が私たちに与える感動とは。
R・L・ソルソ
鈴木光太郎・小林哲生訳
A5判368頁
本体3500円

視覚のトリック
だまし絵が語る〈見る〉しくみ
数々のだまし絵から、なぜ人は錯覚や錯視から逃れられないのか、その〈見る〉秘密を解く。
R・N・シェパード
鈴木光太郎・芳賀康朗訳
A5判248頁
本体2400円

動物は世界をどう見るか
動物が見ている世界と人間が見ている世界とはどう違うのか？　動物心理学への招待。図版多数。
鈴木光太郎
四六判328頁
本体2900円

動物のこころを探る
かれらはどのように〈考える〉か
その知能、空間認識、時間感覚、社会的認知やコミュニケーション能力はどこまで解明しているのか。
J・ヴォークレール
鈴木光太郎・小林哲生訳
四六判336頁
本体2900円

心理学基礎論文集
昭和記念集
7人の心理学者によるモノグラフ集成。心理学基礎論、知覚心理学、学習心理学、生理心理学の各章からなる。
梅岡義貴・小川　隆・苧阪良二
川村　幹・鳥居修晃・野澤　晨・原　一雄
A5判520頁
本体8500円

訳者紹介

鳥居修晃（とりい　しゅうこう）

1954年東京大学文学部卒業，1959年東京大学大学院人文科学研究科博士課程修了。現在，東京大学名誉教授，文学博士。専門は視覚心理学。主な著書に『視覚の心理学』（サイエンス社，1982），『視知覚の形成（1・2）』（共著，培風館，1992，1997），『先天盲開眼者の視覚世界』（共著，東京大学出版会，2000）がある。

鹿取廣人（かとり　ひろと）

1954年東京大学文学部卒業，1961年東京大学大学院人文科学研究科博士課程修了。現在，東京大学名誉教授，文学博士。専門は実験心理学。主な著書に『現代基礎心理学10　発達』（編著，東京大学出版会，1984），『心理学』（編著，東京大学出版会，1996）が，主な訳書にエイチソン『言葉をもった哺乳類』（共訳，思索社，1985），マクニール『心理言語学』（共訳，サイエンス社，1990）がある。

望月登志子（もちづき　としこ）

1966年日本女子大学文学部卒業，1971年日本女子大学大学院修士課程修了。現在，日本女子大学人間社会学部教授，文学博士。専門は知覚心理学。主な著書に『視知覚の形成（1・2）』（共著，培風館，1992，1997），『視覚障害と認知』（共著，放送大学教育振興会，1993），『先天盲開眼者の視覚世界』（共著，東京大学出版会，2000）が，本書に関連する主な論文に「開眼手術後における鏡映像の定位と知覚」（基礎心理学研究，1996，15，89-101）がある。

鈴木光太郎（すずき　こうたろう）

1981年千葉大学人文学部卒業，1985年東京大学大学院人文科学研究科博士課程中退。現在，新潟大学人文学部教授。専門は実験心理学。主な著書に『錯覚のワンダーランド』（関東出版社，1990），『動物は世界をどう見るか』（新曜社，1995）が，主な訳書にシェパード『視覚のトリック』（共訳，新曜社，1993），ソルソ『脳は絵をどのように理解するか』（共訳，新曜社，1997）がある。

鏡という謎
その神話・芸術・科学

初版第1刷発行　2001年3月30日©

著　者　リチャード・グレゴリー
訳　者　鳥居　修晃　　鹿取　廣人
　　　　望月登志子　　鈴木光太郎
発行者　堀江　洪
発行所　株式会社 新曜社
〒101-0051　東京都千代田区神田神保町2-10
電話(03)3264-4973・Fax(03)3239-2958
e-mail info@shin-yo-sha.co.jp
URL http://www.shin-yo-sha.co.jp/

印刷　銀　河　　Printed in Japan
製本　協栄製本
ISBN4-7885-0754-4 C1040

索　引

あ行

か行

さ行

た行

な行

は行

ま行

や行

ら行

わ行

文献一覧

まえがき

HOPKINS, Justine（1994）*Michael Ayrton: A Biography*（London: Andre Deutsch）Chapter 23.

1章

AMSTERDAM, B.（1972）Mirror self-recognition before age two. *Developmental Psychobiology,* **5**, 297-303.

ANDERSON, James R.（1984）The development of self-recognition: A review. *Developmental Psychobiology,* **17**, 35-49.

ARISTOTLE（384-322BC）*Parva Naturalia.* On Dreams II, 459b（Harvard: Harvard University Press, Loeb Classical Library）Volume VIII, pages 357-358.

BALINT, Michael（1968）*The Basic Fault*（London: Tavistock）.（『治療論からみた退行――基底欠損の精神分析』中井久夫訳, 金剛出版, 1978）.

BELL, Charles（1806）*Anatomy of Expression in Painting*（London: Longman, Hurst, Rees & Orme）pages 137-139.

BENNETT, D.H.（1956）Perception of the upright in relation to the body-image. *Journal of Mental Science*, **102**, 487-506.

BERMAN, Morris（1989）*Coming to Our Senses*（New York: Simon and Schuster）.（リプリント版はUnwin（London, 1990））.

BROAD, C.D.（1929）*Mind and its Place in Nature*（London: Routledge and Kegan Paul）Chapter VII.

BROOKS-GUNN, J. and LEWIS, M.（1975）Mirror image stimulation and self-recognition in infancy. Paper presented at the Society for Research in Child Development, Denver.

CAPPON, Daniel（1973）*Eating, Living, and Dying: A Psychology of Appetites*（Toronto: Toronto University Press）.

CHURCHLAND, Paul（1988）*Matter and Consciousness*（Cambridge, Mass.: MIT Press）.

COHEN, Barry and COX, Carol Thayer（1995）*Telling Without Talking: Art as a Window into the World of Multiple Personality*（New York & London: W.W. Norton）page 23.

DENNETT, Daniel（1991）*Consciousness Explained*（New York: Little, Brown）(『解明される意識』山口泰司訳, 青土社, 1998）.

DARWIN, Charles（1872）*The Expression of the Emotions in Man and Animals*（London: John Murray）.（リプリント版はUniversity of Chicago Press（Chicago, 1965））.（『人及び動物の表情について』浜中浜太郎訳, 岩波書店, 1931）.

DARWIN, Charles（1877）A biographical sketch of an infant mind. *Quarterly Review of Psychology and Philosophy*, **2**, 285-294. Reprinted in GRUBER, Howard（1974）*Darwin on Man: A Psychological Study of Scientific Creativity*, together with Darwin's early and unpublished notebooks, transcribed and annotated by Paul H. Barrett（New York: E.P. Dutton）pages 464-474.（『ダーウィンの人間論――その思想の発展とヒトの位置』江上生子・月沢美代子・山内隆明訳, 講談社, 1977）.

DESCARTES, René（1637）*Discourse on Method*, translated by J. Cottingham, R. Stoothoff and D.

Murdoch（1985）(Cambridge: Cambridge University Press).（『方法序説』谷川多佳子訳, 岩波書店, 1997).
EKMAN, Paul（1972）*Emotion in the Human Face*（Cambridge: Cambridge University Press).
EKMAN, Paul（1973）*Darwin and Facial Expression : A Century of Research in Review*（New York: Academic Press).
GALLUP, G.G. and SUAREZ, S.D.（1986）Self-awareness and the emergence of mind in humans and other primates. In: *Psychological Perspectives of the Self*, Vol.3, edited by J. Suls and A.G. Greenwald（Hillsdale, NJ: Erlbaum）pages 3-26.
GALLUP, G.G.Jr（1970）Chimpanzee self-recognition. *Science*, **167**, 86-87.
GALLUP, G.G.Jr（1977）Self-recognition in primates. *American Psychologist*, **32**, 329-338.
GALLUP, G.G.Jr（1979）Self-awareness in primates. *American Scientist*, **76**, 417-421.
GOLDBERG, Benjamin（1985）*The Mirror and Man*（Charlottesville, VA: University Press of Virginia).
GOLDSTEIN, Kurt（1957）The smiling of the infant and the problem of understanding the 'other'. *Journal of Psychology*, **44**, 175-191.
GREGORY, R.L.（1987）In defense of artificial intelligence—A reply to John Searle. In: *Mindwaves*, edited by Colin Blakemore and Susan Greenfield（Oxford: Blackwell）pages 235-244.
GREGORY, R.L. and WALLACE, J.G.（1963）*Recovery from Early Blindness: A Case Study*. Experimental Psychology Society Monograph No.2（Cambridge: Heffers). Reprinted in: GREGORY, R.L.（1974）*Concepts and Mechanisms of Perception*（London: Duckworth）pages 65-129.
HEATH, Peter（1960）*Space and Sight*（London: Methuen）pages 326-335.
HULL, J.M.（1991）*Touching the Rock: An Experience of Blindness*（New York: Pantheon).（『闇と光を越えて——失明についての一つの体験』松川成夫訳, 新教出版社, 1996).
KRECH, D. and CRUTCHFIELD, R.S.（1962）*Elements of Psychology*（New York: Knopf).
LA BELLE, Benijoy（1988）*Herself Beheld*（Ithaca, NY: Cornell University Press).
LOCKE, Don（1968）*Myself and Others: A Study of Our Knowledge of Minds*（Oxford: Clarendon Press).
MITFORD, Nancy（1945）*The Pursuit of Love*（London: Hamish Hamilton).（『愛の追跡』奥山康治訳, 彩流社, 1991).
MOCHIZUKI, Toshiko and TORII, Shuko（1992）Perception of mirror image in a case of the blind after surgery. Paper presented at the XXV International Congress of Psychology, Brussels.
MORRIS, Desmond（1967）*The Naked Ape*（London: Cape).（『裸のサル——動物学的人間像』日高敏隆, 河出書房新社, 1969).
MORRIS, Desmond（1977）*Man Watching*（London: Grafton).（『マンウォッチング——人間の行動学』藤田統訳, 小学館, 1980).
MYERS, Frederic W.H.（1915）*Human Personality and its Survival of Bodily Death*（London: Longman Green).
PARKER, S.T., MITCHELL, R.W. and BOCCIA, M.L.（1994）*Self-awareness in Animals and Humans*（Cambridge: Cambridge University Press).
PERRETT, D.I., MISTLIN, A.J. and CHITTY, A.J.（1987）Visual neurons responsive to faces. *Trends in Neurosciences*, **10**, 358-364.
RORTY, Amélie O.（1976）*The Identities of Persons*（Berkeley: University of California Press).
ROSENFIELD, Israel（1992）*The Strange, Familiar and Forgotten: An Anatomy of Consciousness*（New York: Knopf).
SCHILDER, P.（1935）*Image and Appearance of the Human Body*（London: Kegan Paul).

SCHWARZ, J.H. and FJELD, S.P.（1968）Illusions induced by the self-reflected image. *Journal of Neurological and Mental Diseases*, **146**, 277-284.

SEARLE, John（1984）*Minds, Brains and Science*（London: BBC Publications).（『心・脳・科学』土屋俊訳, 岩波書店, 1993).

STERN, N. Daniel（1983）The early development of schemas of self, other, and 'self with other'. In: *Reflections on Self Psychology*, edited by J.D. Lichtenberg and Samuel Kaplan（Hillsdale, NJ: The Analysis Press).

STERN, N. Daniel（1985）*The Interpersonal World of the Infant*（New York: Basic Books).（『乳児の対人世界（理論編・臨床編)』小此木啓吾・丸田俊彦監訳, 神庭靖子・神庭重信訳, 岩崎学術出版社, 1989-91).

SUAREZ, S.D. and GALLUP, G.G.Jr（1981）Self-recognition in chimpanzees and orang-utans, but not gorillas. *Journal of Human Evolution*, **10**, 175-188.

TRAUB, A.C. and ORBACH, J.（1964）Psychophysical studies of body image. *AMA Archives of General Psychiatry*, **11**, 53-66.

UMEZU, Hachizo, TORII, Shuko and UEMURA, Yasuko（1975）Postoperative formation of visual perception in the early blind. *Psychologia*, **18**, 171-186.

VALVO, A.（1971）*Sight Restoration after Long-term Blindness: The Problem and Behaviour Patterns of Visual Rehabilitation*（New York: American Foundation for the Blind).

VERNY, Thomas（1981）*The Secret Life of the Unborn Child*（New York: Summit Books).（『胎児は見ている——最新医学が証した神秘の胎内』小林登訳, 祥伝社, 1982).

WALTER, W. Grey（1953）*The Living Brain*（London: Gerald Duckworth).（『生きている脳』懸田克躬・内薗耕二訳, 岩波書店, 1959).

WILLIAMS, Bernard（1973）*Problems of the Self*（Cambridge: Cambridge University Press).

WINNICOTT, D.W.（1957）*Mother and Child*（New York: Basic Books).

WITKIN, H.A. et al.（1954）*Personality through Perception*（New York: Harper).

WOODWORTH, Robert S. and SCHLOSBERG, Harold（1954）*Experimental Psychology*（3rd ed.)（London: Methuen).

YEATS, W.B.（1983）*The Poems of W.B.Yeats: A New Edition*, edited by Richard J.Finneran（New York: Simon & Schuster).

2章

AMES, A.Jr.（1951）Visual perception and the rotational trapezoid window. *Psychological Monographs* **7**（65), 1-32（Washington, DC: American Psychological Association).

CANTRIL, H.（1960）*The Morning Notes of Adelbert Ames Jr*（New Brunswick, NJ: Rutgers University Press）page vii.

COREN, Stanley（1992）*Left Hander*（London: John Murray).（『左利きは危険がいっぱい』石山鈴子訳, 文芸春秋社, 1994).

GALLOWAY, John（1992）Reflections on handedness. *Scope*, Winter, 4-7.

GREGORY, R.L.（1968）Perceptual illusions and brain models. *Proceedings of the Royal Society B*, **171**, 279-296.

GREGORY, R.L.（1970）*The Intelligent Eye*（London: Weidenfeld and Nicolson）Chapter 6.（『インテリジェント・アイ——見ることの科学』金子隆芳訳, みすず書房, 1972).

GREGORY, R.L.（1994）Adelbert Ames: Interactions with Hermann Helmholtz, Albert Einstein and the Universe. In: *Even Odder Perceptions*（London: Routledge).

HELMHOLTZ, H.von（1866）Concerning the perceptions in general. *Treatise on Physiological Optics*, Vol.III（3rd ed.), translated by J.P.C. Southall（New York: Optical Society of America,

1925) Section 26.（リプリント版は Dover（New York, 1962)).
HELMHOLTZ, H.von（1867）*The Recent Progress of the Theory of Vision*. Popular Scientific Lectures（New York: Appleton), translated by P.H. Pye-Smith.（1867年フランクフルトとハイデルベルクで行なわれた講演の記録).
HIGGONET, Anne（1990）The other side of the mirror. In: *Perspectives of Morisot*, edited by T.J. Edelstein.（New York: Hudson Hill's Press）page 75.
HOPKINS, Justine（1994）*Michael Ayrton: A Biography*（London: Andre Deutsch）page 372.
HUYGHE, René（1959）*Discovery of Art*（London: Thames and Hudson).（『見えるものとの対話(1-3)』中山公男・高階秀爾訳, 美術出版社, 1962-1963).
KEMP, Martin（1990）*The Science of Art: Optical Themes in Western Art from Brunelleschi to Seurat*（New Haven, Conn.: Yale University Press).
LEVEY, Michael（1962）*From Giotto to Cézanne: A Concise History of Painting*（London: Thames and Hudson).
READ, Herbert（1974）*A Concise History of Modern Painting*（London: Thames and Hudson).（『近代絵画史』大岡信訳, 紀伊国屋書店, 1962).
SWINGELHURST, Edmund（1994）*The Art of the Pre-Raphaelites*（London: Peerage Books/Octopus）page 15.
URE, Peter（1956）*Introduction to The Arden Shakespeare, King Richard II*（London: Routledge）pages lxxxii-lxxxiii.
WHITE, John（1957, 1967）*The Birth and Rebirth of Pictorial Space*（London: Faber and Faber).

3章

ANNAEUS, Lucius（*c*.5BC-65AD）*Questiones Naturales*, I, 17, 8.（セネカ『自然研究（全）——自然現象と道徳生活』茂手木元蔵訳, 東海大学出版会, 1993).
AYRTON, W.E. and PERRY, J.（1878）The magic mirror in Japan, 1. *Proceedings of the Royal Society*, **28**, 127.
BESTERMAN, Theodore（1924）*Crystal-gazing: A Study in the History, Distribution and Practice of Scrying*（London: W. Rider）page 47.
BOLTON, Henry C.（1893）A modern Oracle and its prototypes. *Journal of American Folklore*, **6**, 37.
BOYER, Carl B.（1959, 1987）*The Rainbow: From Myth to Mathematics*（Princeton, NJ: Princeton University Press).
BRAGG, Sir William（1933）*The Universe of Light*（London: G. Bell & Sons）pages 35-37.（『光の宇宙』稲沼瑞穂訳, 創元社, 1951).
BROWN, Sarah（1992）*Stained Glass: An Illustrated History*（London: Studio Editions, Princes House, 50 Eastcastle Street London WIN7AP).
BUDGE, E.A. Wallis（1969）*The Gods of the Egyptians*（New York: Dover).
BULFINCH, Thomas（1993）*The Golden Age of Myth and Legend*［The Age of Fable］(Ware: Wordworth Editions）pages 124-127.（『ギリシア・ローマ神話』野上弥生子訳, 岩波書店, 1978).
CHEN-TAO SHEN KUA（350BC）*Hou Shan Tan Tshung*（Collected Discussions at Hou-Shan).
DOUGLAS, R.W.（1958）Glass technology. In: *A History of Technology*, edited by Charles Singer, E.J. Holmyard, A.R. and Trevor J. Williams（Oxford: Clarendon Press）Vol.V, Chapter 28.
FISHER, John（1973）*The Magic of Lewis Carroll*（London: Nelson).
FRAZER, Sir James G.（1923）*The Golden Bough*（abridged ed.)（London: Macmillan).（『金枝篇(1-5)』永橋卓介訳, 岩波書店, 1966).

FREUD, Sigmund (1919) *Das Unheimliche Image*, **5** (6-5), 297-324. English translation: *Collected Papers*, **4**, 368-407. Standard edition, **17**, 217-252. *Art and Literature* (London: Penguin) pages 339-376.(「無気味なもの」高橋義孝訳,『フロイト著作集3(文化・芸術論)』所収, 人文書院, 1969).

GOLDBERG, Benjamin (1985) *The Mirror and Man* (Charlottesville, VA: University Press of Virginia).

GOODRICH-FREER, A. (1889) Recent experiments. *Proceedings of the Society for Psychical Research*, 495, 1.

JACKSON, Anthony (1984) *The Symbol Stones of Scotland: A Social Anthropological Resolution of the Problems of the Picts* (Orkney: The Orkney Press).

JULESZ, Bela (1971) *Foundations of Cyclopean Perception* (Chicago: University of Chicago Press) page xi.

KARLGREN, Bernhard (1934) Early Chinese mirror inscriptions. *Museum of Far Eastern Antiquities Bulletin* (Stockholm), no.6.

KEMP, Martin (1989) *Leonardo on Painting* (New Haven and London: Yale University Press).

KIRK, G.S. (1970) *Myth: Its Meaning and Functions in Ancient and other Cultures* (Cambridge: Cambridge University Press) page 181.(『神話——その意味と機能』内堀基光訳, 社会思想社, 1976).

LI PO (1921, 1949) Character of a beautiful woman grieving before her mirror. In: *Fir Flower Tablets*, edited by Amy Lowell, translated by Florence Ayscough (Boston: Houghton Mifflin).

NEEDHAM, Joseph (1962) *Science and Civilization in China* (Cambridge: Cambridge University Press).(『中国の科学と文明(1-11)』礪波護ほか訳, 思索社, 1991).

NICHOLLS, Richard V. (1993) *Corpus Speculorum Etruscorum. Great Britain 2* (Cambridge: Cambridge University Press).

OVID (1987) *Metamorphoses*, translated by A.D. Melville (Oxford: World Classics/Oxford University Press).(『変身物語(上・下)』中村善也訳, 岩波書店, 1981).

PAUSANIAS (2nd century AD) *Itinerary*, vii, 21, 5.(『ギリシア案内記(上・下)』馬場恵二訳, 岩波書店, 1992).

PLATH, Sylvia (1985) Mirror. In: *Selected Poems*, edited by Ted Hughes (London: Faber and Faber).

PLATO (1914) *Phaedrus*, ñ244, translated by Harold North Fowler (Cambridge, Mass.: Harvard University Press/Loeb Classical Library).(『パイドロス——美について』藤沢令夫訳,「プラトン全集5」所収, 岩波書店, 1974).

PLINY (Gaius Plinius Secundus)(23-79AD) *Historia Naturalis*, xxxvi, 66, 193.(『プリニウスの博物誌』中野定雄ほか訳, 雄山閣出版, 1986).

RANK, Otto (1914) Der Doppelgänger. *Imago: Zeitschrift für Anwendung der Psychoanalyse auf die Geisteswissenschaften*, Vol.III, edited by Sigmund Freud (Leipzig: Internationaler Psychoanalytischer Verlag) pages 97-164.(『分身——ドッペルゲンガー』有内嘉宏訳, 人文書院, 1988).

ROCHE, Serge (1957) *Mirrors* (London: Duckworth).

SARTON, George (1959) *A History of Science: Hellenistic Science and Culture in the Last Three Centuries BC* (Cambridge, Mass.: Harvard University Press).

SCHWEIG, Bruno (1973) *Mirrors: A Guide to the Manufacture of Mirrors and Reflecting Surfaces* (London: Pelham).

SEAFORD, Richard (1987) Pentheu's vision: Bacchae 918-22. *Classical Quarterly*, **37** (i), 76-78.

SEAFORD, Richard (1984) Corinthians XIII. 12. *Journal of Theological Studies*, New Series,

XXXV, 1.

THOMAS, Keith (1971) *Religion and the Decline of Magic* (London: Weidenfeld and Nicolson). (『宗教と魔術の衰退』荒木正純訳, 法政大学出版局, 1993).

THORNDYKE, Lynn (1923-1958) *History of Magic and Experimental Science* (New York: Macmillan) 8 Vols.

TYMMS, Ralph (1949) *Doubles in Literary Psychology* (Cambridge: Bowes and Bowes).

VINCI, Leonardo da (1651) *Discourse on Painting*. (『レオナルド・ダ・ヴィンチの絵画論』加藤朝鳥訳, 北宋社, 1996).

WELTON, Thomas (1884) *Mental Magic* (London: G. Ridway) page 93.

WING-TSIT CHAN (1963) *A Source Book of Chinese Philosophy* (Princeton: Princeton University Press).

WILLS, Geoffrey (1965) *English Looking-Glasses: A Study of the Glass, Frames and Makers* (London: Country Life, 2-10 Tavistock St WC2).

4章

ABBOTT, Edwin A. (1926) *Flatland: A Romance in Many Dimensions* (Oxford: Basil Blackwell). (『多次元・平面国――ペチャンコ世界の住人たち』石崎阿砂子・江頭満寿子訳, 東京図書, 1992).

AL-HAYTHAM, Ibn (Al Hazen) (*c.*1040) *Optics*, translated by A.I. Sabra (1989) *The Optics of Ibn Al-Haytham* (London: The Warburgh Institute, University of London) 2 Vols.

BENNETT, Jonathan (1970) The difference between right and left. *American Philosophical Quarterly*, **VII** (3), 175-191.

BLOCK, N.J. (1974) Why do mirrors reverse right/left but not up/down? *Journal of Philosophy*, LXXI, 9 May.

BLOCK, N.J. (1981) *Imagery* (Cambridge, Mass.: MIT Press).

BROWN, Roger (1958) *Words and Things: An Introduction to Language* (New York: Free Press/Macmillan). (『ことばともの――言語論序説』石黒昭博訳, 研究社出版, 1978).

CARROLL, Lewis (Charles Dodgson) (1872) *Alice through the Looking Glass* (London: Macmillan). (『鏡の国のアリス』矢川澄子訳, 新潮社, 1991).

EWART, P.H. (1930) A study of the effect of inverted retinal stimulation upon spatially coordinated behaviour. *Genetic Psychology Monograph*, 8.

GARDNER, M. (1964) *The Ambidextrous Universe* (New York and London: Penguin). (『自然界における左と右』坪井忠二・小島弘訳, 紀伊国屋書店, 1971).

GLEICK, James (1988) *Chaos: The Making of a New Science* (London: Penguin). (『カオス――新しい科学をつくる』上田皖亮監修, 大貫昌子訳, 新潮社, 1991).

GLEICK, James (1992) *Genius: Richard Feynman and Modern Physics* (London: Little, Brown) page 332. (『ファインマンさんの愉快な人生 (1・2)』大貫昌子訳, 岩波書店, 1995).

GREGORY, R.L. (1966) *Eye and Brain* (London: Weidenfeld and Nicolson) (Oxford: Oxford University Press, 1970) pages 204-207. (『見るしくみ――目と脳の生理学』船原芳範訳, 平凡社, 1970).

GREGORY, R.L. (1986) Reflecting on mirrors. In: *Odd Perceptions* (London: Methuen).

GREGORY, R.L. and HEARD, P. (1979) Border locking and the Café Wall illusion. *Perception*, **8** (4), 365-380.

HAMMOND, John H. (1981) *The Camera Obscura* (Bristol: Adam Hilger). (『カメラ・オブスクラ年代記』川島昭夫訳, 朝日新聞社, 2000).

ITTELSON, William H., MOWAFY, Lyn and MAGID, Diane (1991) The perception of mirror-reflect-

ed objects. *Perception*, **20** (5), 567-584.
JAMES, William (1890) *Principles of Psychology* (London: Macmillan) Vol.II, page 150.
KANT, I. (1783) *Prolegomena to any Future Metaphysics*, translated by L.W. Beck, 1950 (Indianapolis: Bobbs-Merrill).(『プロレゴメナ』篠田英雄訳, 岩波書店, 1977).
KEMP, Martin (1990) *The Science of Art: Optical Themes in Western Art from Brunelleschi to Seurat* (New Haven, Conn.: Yale University Press).
KOHLER, I. (1951) Über Aufbau und Wandlungen der Wahrnehmungswelt. *Österreichische Akademie der Wissenschaften Proceedings*, **227**, Vol.1.
LUCRETIUS (*c*.80BC) *De Rerum Natura*, translated by C.H. Sisson, 1976 (Manchester: Carcanet Press).(『物の本質について』樋口勝彦訳, 岩波書店, 1961).
PARSONS, L.M. (1987) Imagined spatial transformation of one's hands and feet. *Cognitive Psychology*, **19**, 178-241.
PEARS, David (1952) Incongruity of counterparts. *Mind*, **61**, 78-81.
PLATO (427-347BC) *Timaeus*, translated by Desmond Lee, 1977 (London: Penguin).(『ティマイオス』種山恭子訳,「プラトン全集12」所収, 岩波書店, 1975).
POPPER, Karl (1959) *The Logic of Scientific Discovery* (London: Hutchinson).(『科学的発見の論理』大内義一・森博訳, 恒星社厚生閣, 1971).
POPPER, Karl (1972) *Objective Knowledge: An Evolutionary Approach* (Oxford: Clarendon Press).(『客観的知識——進化論的アプローチ』森博訳, 木鐸社, 1974).
PORTA, Giovanni Battista della (1589) *Magiae Naturalis*. English translation (1658) *Natural Magic* (London: Thomas Young and Samuel Speed, The Three Pigeons, and the Angel in St. Pauls Church-yard) pages 360-361.(『自然魔術(部分訳)』澤井繁男訳, 青土社, 1990).
RIGGS, L.A. (1965) Light as a stimulus for vision. In: *Vision and Visual Perception*, edited by C.H. Graham (New York: Wiley).
ROCK, Irvin (1974) The perception of disoriented figures. *Scientific American*, January; reprinted in: *Psychology in Progress: Readings from the Scientific American*, edited by Richard C. Atkinson (1975) (San Francisco: Freeman).
RONCHI, Vasco (1957) *Optics: The Science of Vision*, translated from the Italian *L'Ottica Scienza della Visione* by Edward Rosen (New York: New York University Press).(リプリント版は Dover (New York, 1991)).
SHEPARD, Roger, N. and COOPER, Lynn A. (1986) *Mental Images and their Transformations* (Cambridge, Mass.: MIT Press).
SHEPARD, Roger N. and METZLER, J. (1971) Mental rotation of three-dimensional objects. *Cognitive Psychology*, **3**, 701-703.
STEWART, Ian and GOLUBITSKY, Martin (1992) *Fearful Symmetry* (London: Penguin) Chapter 1.(『対称性の破れが世界を創る——神は幾何学を愛したか?』須田不二夫・三村和男訳, 白揚社, 1995).
STRATTON, G.M. (1897) Vision without inversion of the retinal image. *Psychological Review*, **4**, 341 and 463.
TAYLOR, James G. (1962) *The Behavioural Basis of Perception* (New Haven, Conn.: Yale University Press).
WHORF, B.L. (1956) *Language, Thought, and Reality* (Cambridge, Mass.: Technology Press).(『言語・思考・現実』池上嘉彦訳, 講談社, 1993).

5章

BARLOW, H.B. (1982) What causes trichromancy? A theoretical analysis using comb-filtered spec-

tra. *Vision Research*, **22**, 635-643.

BARLOW, H.B. and MOLLON, J.D.（1982）*The Senses*（Cambridge: Cambridge University Press）.

BERRY, Micahel（1995）Natural focusing. In: *The Artful Eye*, edited by Richard Gregory, John Harris, Priscilla Heard and David Rose（Oxford: Oxford University Press）Chapter 15.

BREWSTER, Sir David（1831）*Treatise on Optics*（London: Longman, Rees, Orme, Brown, and Green）.

DAVIES, P.C.W. and BROWN, J.R.（1986）*The Ghosts in the Atom*（Cambridge: Cambridge University Press）.（『量子と混沌』出口修至訳, 地人書館, 1987）.

DAWKINS, Richard（1986）*The Blind Watchmaker*（London: Longman）.（『ブラインド・ウォッチメイカー――自然淘汰は偶然か？（上・下）』日高敏隆監修, 中嶋康裕・遠藤彰・遠藤知二・疋田努訳, 早川書房, 1993）.

DIRAC, P.A.M.（1982）*The Principles of Quantum Mechanics*（4th ed.）（Oxford: Oxford University Press）.（『量子力学（第4版）』朝永振一郎訳, 岩波書店, 1968）.

EINSTEIN, A.（1936）Physics and reality. In: *Albert Einstein: Essays in Physics*（New York: Philosophical Library at 200 W. 57th Street, New York NY10019）.

FEYNMAN, R.（1970）*Lectures in Physics*, Vol.1（Reading, Mass.: Addison Wesley）.（『ファインマン物理学・力学』坪井忠二訳, 岩波書店, 1967;『ファインマン物理学・光, 熱, 波動』富山小太郎訳, 岩波書店, 1968）.

FEYNMAN, R.（1985）*QED: The Strange Theory of Light and Matter*（Princeton, NJ: Princeton University Press）.（『光と物質のふしぎな理論――私の量子電磁力学』釜江常好・大貫昌子訳, 岩波書店, 1987）.

GAMOW, G.（1966）*Thirty Years That Shook Physics: The Story of Quantum Theory*（New York: Dover）.（『現代の物理学――量子論物語』中村誠太郎訳, 河出書房新社, 1967）.

GRIBBIN, J.（1984）*In Search of Schrödinger's Cat: Quantum Physics and Reality*（London: Black Swan）.（『シュレーディンガーの猫（上・下）』山崎和夫・坂本憲一訳, 地人書館, 1989）.

GRIBBIN, J.（1992）*In Search of the Edge of Time*（London: Bantam）.

HALL, A. Rupert（1993）*All was Light: An Introduction to Newton's Opticks*（Oxford: Oxford University Press）pages 96-112.

HEAVENS, O.S.（1955）*Optical Properties of Thin Solid Films*（London: Butterworth）.（リプリント版はDover（New York, 1991））.

HECHT, S., SCHAER, S. and PIRENNE, M.H.（1942）Energy, quanta, and vision. *Journal of General Physiology*, **25**, 819-840.

ISENBERG, Cyril（1972, 1992）*The Science of Soap Films and Soap Bubbles*（New York: Dover）.

LLOWARCH, W.（1961）*Ripple Tank Studies of Wave Motion*（Oxford: Oxford University Press）.

LUCRETIUS（*c*.60BC）*Of the Nature of Things*, translated by W.E. Leonard, 1921（London: Everyman's Library/J.M. Dent）pages 45-89.（『物の本質について』樋口勝彦訳, 岩波書店, 1961）.

OEREN, Michael and NAYAR, Shree K.（1994）Seeing beyond Lambert's Law. In: *Lecture Notes on Computer Science*, edited by Olof Eklunh（Berlin: Springer-Verlag）.

PIRENNE, M.H.（1948）*Vision and the Eye*（London: Pilot）.

RONCHI, Vasco（1957）*Optics: The Science of Vision*（New York: New York University Press）.（リプリント版はDover（New York, 1991））.

SABRA, A.I.（1967）*Theories of Light from Descartes to Newton*（London: Oldbourne）.

SIEGEL, Daniel M.（1991）*Innovation in Maxwell's Electromagnetic Theory: Molecular Vortices, Displacement Current, and Light*（Cambridge: Cambridge University Press）.

SQUIRE, Euan（1986）*The Mystery of the Quantum World*（Bristol: Adam Hilger）.
WOOD, Robert（1934）*Physical Optics*（3rd ed.）（London: Macmillan）page 348.
ZEKI, Semir（1993）*A Vision of the Brain*（Oxford: Blackwell）.（『脳のヴィジョン』河内十郎訳, 医学書院, 1995）.

6章

BREWSTER, D.（1858）*The Kaleidoscope: Its History, Theory, and Construction*（2nd ed.）（London: John Murray）page 4.（リプリント版はVan Cort（Holyoke, Mass., 1987））.
BREWSTER, D.（1856）*The Stereoscope: Its History, Theory, and Construction*（London: John Murray）.（リプリント版はMorgan & Morgan（Hastings-on-Hudson, NY, 1971））.
CHARLESTON, R.J. and ANGUS-BUTTERWORTH, L.M.（1957）Glass. In: *A History of Technology*, edited by Charles Singer, E.J. Holmyard, A.R. Hall and Trevor J. Williams（Oxford: Clarendon Press）Vol.III, Chapter 9.
DARIUS, Jon（1984）*Beyond Vision*.（Oxford: Oxford University Press）.
DAUMAS, Maurice（1972）*Scientific Instruments of the Seventeenth and Eighteenth Centuries and their Makers*（London: Portman Books）.
DOUGLAS, R.W.（1958）Glass technology. In: *A History of Technology*, edited by Charles Singer, E.J. Holmyard, A.R. Hall and Trevor J. Williams（Oxford: Clarendon Press）Vol.V, Chapter 28.
GOLDGERG, Benjamin（1985）*The Mirror and Men*（Charlottesville, VA: University Press of Virginia）Chapter 9.
GOMBRICH, E.（1995）*Shadows: The Depiction of Cast Shadows in Western Art*（London: National Gallery）.
GREGORY, R.L.（1970）*The Intelligent Eye*（London: Weidenfeld and Nicolson）pages 92-96.（『インテリジェント・アイ——見ることの科学』金子隆芳訳, みすず書房, 1972）.
GREGORY, R.L.（1974）*Concepts and Mechanisms of Perception*（London: Duckworth）pages 501-581.
HAMMOND, John H.（1981）*The Camera Obscura*（Bristol: Adam Hilger）.（『カメラ・オブスクラ年代記』川島昭夫訳, 朝日新聞社, 2000）.
HAMMOND, John H. and AUSTIN, Jill（1987）*The Camera Lucida: In Art and Science*（Bristol: Adam Hilger）.
HOWARD, I.P. and ROGERS, B.J.（1995）*Binocular Vision and Stereopsis*（Oxford: Oxford University Press）.
ISRAELI, Yael（1991）The invention of blowing. In: *Roman Glass: Two Centuries of Art and Invention*, edited by Martine Newby and Kenneth Painter（London: Society of Antiquaries, Burlington House, Piccadilly, London W1V0HS）pages 46-55.
KING, Henry C.（1955）*The History of the Telescope*（New York: Dover）page 401.
LAND, M.F.（1966）A multilayer interference reflector in the eye of the scallop Pecten maximus. *Journal of Experimental Biology*, **45**, 433-437.
LAND, M.F.（1972）The physics and biology of animal reflectors. *Progress in Biophysics and Molecular Biology*, **24**, 76-106.
LAND, M.F.（1984）Molluscs. In: *Photoreception and Vision*, edited by M.A. Ali（New York: Plenum）pages 699-725.
MANLY, Peter（1991）*Unusual Telescopes*（Cambridge: Cambridge University Press）page 12.
PEPPER, John Henry（c.1877）*Cyclopaedic Science Simplified*（London: Frederick Warne）.
PORTA, Giovanni Battista della（1589）*Magiae Naturalis*. English translation（1658）*Natural Magic*（London: Thomas Young and Samuel Speed, The Three Pigeons, and the Angel in St.

Pauls Church-yard).（『自然魔術（部分訳）』澤井繁男訳, 青土社, 1990).

RAMACHANDRAN, V.S. and ROGERS-RAMACHANDRAN, D.（1996）Synaesthesia in phantom limbs induced with mirrors. *Proceedings of the Royal Society of London B*, **263**, 377-386.

ROCHE, Serge（1956）*Miroirs*（Paris: Paul Hartmann）; and in English as（1956）*Mirrors*, translated by Colin Duckworth（London: Gerald Duckworth）page 12.

SCHWEIG, Bruno（1973）*Mirrors: A Guide to the Manufacture of Mirrors and Reflecting Surfaces*（London: Pelham）page 24.

Sky and Telescope（1969）January, page 14 and May, page 300.

Sky and Telescope（1984）September, page 267.

TALBOT, Henry Fox（1844）*The Pencil of Nature*.

WADE, N.J.（1983）*Brewster and Wheatstone on Vision*（London: Academic Press/Experimental Psychology Society).

YOUNSE, Jack M.（1993）*IEEE Spectrum*, November, 27-28.

7章

AVETISOV, Vladik A., GOLDANSKI, Vitalii I. and KUZ'MIN, Vladimir V.（1991）Handedness, origin of life and evolution. *Physics Today*, July, 33-41.

BLOCK, N.J.（1974）Why do mirrors reverse right/left, but not up/down? *Journal of Philosophy*, LXXI, 9 May.

COREN, Stanley（1992）*Left Hander*（London: John Murray）page 32.（『左利きは危険がいっぱい』石山鈴子訳, 文芸春秋社, 1994).

CRICK, Francis（1953）The packing of α-helices: Simple coiled coils. *Acta Crystallographica*, **6**（8-9), 689-697.

DARWIN, Charles（1888）*The Movements and Habits of Climbing Plants*（London: John Murray).『よじのぼり植物——その運動と習性』渡辺仁訳, 森北出版, 1991).

EMMONS, T.P., REEVES, J.M. and FORTSON, E.N.（1983）Parity-non-conserving optical rotation in atomic lead. *Physical Review Letters*, **51**, 2089-2092.

FRANK, F.C.（1953）On spontaneous asymmetric synthesis. *Biochemica Biophysica Acta*, **II**, 459-463.

GALLOWAY, J.W.（1991）Molecular asymmetry. In: *Biological Asymmetry and Handedness*, edited by L. Wolpert（Chichester: Wiley）CIBA Foundation Symposium 162, pages 16-35.

KIM, Scott（1981）*Inversions*（New York: McGraw-Hill).

KONDEPUDI, Dilip K., KAUFMAN, Rebecca J. and NOLINI, Singh（1990）Chiral symmetry breaking in sodium chlorate crystallization. *Science*, **250**, 975.

LACKNER, J.R.（1992）Spatial orientation in weightless environments. *Perception*, **21**, 803-812.

LEE, T.D. and YANG, C.N.（1956）Question of parity conservation in weak interaction. *Physical Review*, **104**, 254-258.

MASON, Stephen F.（1991）Origins of the handedness of biological molecules. In: *Biological Asymmetry and Handedness*, edited by L. Wolpert（Chichester: Wiley）CIBA Foundations Symposium 162, pages 2-15.

PAGELS, Heinz R.（1982）*The Cosmic Code*（London: Penguin).（『物質の究極』黒星瑩一訳, 地人書館, 1984).

STEWART, Ian and GOLUBITSKY, Martin（1992）*Fearful Symmetry*（London: Penguin).（『対称性の破れが世界を創る——神は幾何学を愛したか？』須田不二夫・三村和男訳, 白揚社, 1995).

THOMPSON, Peter（1980）Margaret Thatcher: A new illusion. *Perception*, **9**, 483-484.

YOKOYAMA, Takahiko, COPELAND, Neal G., JENKINS, Nancy A., MONTGOMERY, Charles A.,

ELDER, Frederick F.B. and OVERBEEK, Paul A.（1993）Reversal of left-right asymmetry: A situs inversus mutation. *Science*, **260**, 679-682.
WHISTLER, Rex（1946）*OHO!*（London: Bodley Head).

8章

BERKELEY, G.（1963）*Dialogues between Hylas and Philonous*（London: Dent).（『ハイラスとフィロナスとの三つの対話』名越悦・名越諭訳, 薩摩書館, 1984).
ELLIS, W.H.（1938）*Source Book of Gestalt Psychology*（London: Kegan Paul).
GIBSON, J.J.（1950）*The Perception of the Visual World*（Boston: Houghton Mifflin).
GIBSON, J.J.（1966）*The Senses Considered as Perceptual Systems*（Boston: Houghton Mifflin).
GOMBRICH, E.（1995）*Shadows: The Depiction of Cast Shadows in Western Art*（London: National Gallery).
GREGORY, R.L.（1963）Distortion of visual space as inappropriate constancy scaling. *Nature*, **199**, 678-691.
GREGORY, R.L.（1966）*Eye and Brain*（London: Weidenfeld and Nicolson)（Oxford: Oxford University Press, 1970).（『見るしくみ——目と脳の生理学』船原芳範訳, 平凡社, 1970).
GREGORY, R.L.（1968）On how so little information controls so much behaviour. In: *Towards a Theoretical Biology*, Vol.2, edited by C.H. Waddington（Cambridge: Cambridge University Press).
GREGORY, R.L.（1970）*The Intelligent Eye*（London: Weidenfeld and Nicolson).（『インテリジェント・アイ——見ることの科学』金子隆芳訳, みすず書房, 1972).
GREGORY, R.L.（1974a）Choosing a paradigm for perception. In: *Handbook of Perception*, edited by E.C. Carterette and M.P. Friedman（New York: Academic Press), Vol.1, Chapter 3.
GREGORY, R.L.（1974b）The grammar of vision. In: *Concepts and Mechanisms of Perception*（London: Duckworth).
GREGORY, R.L.（1980）Perceptions as hypotheses. *Philosophical Transactions of the Royal Society of London B*, **290**, 181-197.
GREGORY, R.L.（1981）*Mind in Science*（London: Weidenfeld and Nicolson).
GREGORY, R.L.（1993）The unnatural science of illusions. *Royal Institution Proceedings*, **64**, 93-110.
GREGORY, R.L.（1994）Adelbert Ames: Interactions with Hermann Helmholtz, Albert Einstein and the Universe, Essay 26. In: *Even Odder Perceptions*（London: Routledge).
GREGORY, R.L. and HARRIS, J.P.（1975）Illusion destruction by appropriate scaling. *Perception*, **4**, 203-220.
GREGORY, R.L. and HEARD, P.（1979）Border locking and the Café Wall illusion. *Perception*, **8**, 365-380.
GREGORY, R.L., WALLACE, J.G. and CAMPBELL, F.W.（1959）Changes in the size and shape of visual after-images observed in complete darkness during changes of position in space. *Quarterly Journal of Experimental Psychology*, **11**（1), 54.
HUBEL, D.H., and WIESEL, T.N.（1962）Receptive fields, binocular interaction and functional architecture in the cat's visual cortex. *Journal of Physiology*, **160**, 106-154.
ITTELSON, W.H. and KILPATRICK, F.P.（1951）Experiments in perception. *Scientific American*, **185**, 50-55.
JOHNSON-LAIRD, P. and WASON, P.C.（1977）*Thinking: Readings in Cognitive Science*（Cambridge: Cambridge University Press).
KAHNEMAN, D., SLOVIC, P. and TVERSKY, A.（1982）*Judgement under Uncertainty: Heuristics*

and Biases (Cambridge: Cambridge University Press).
LINDBERG, David C. (1976) *Theories of Vision from Al-Kindi to Kepler* (Chicago: University of Chicago Press).
METELLI, F. (1974) The perception of transparency. *Scientific American*, **230**, 90-98.
MILLER, Arthur (1987) *Imagery in Scientific Thought* (Cambridge, Mass.: MIT Press).
PIATELLI-PALMARINA, M. (1994) *Inevitable Illusions: How Mistakes of Reason Rule our Minds* (New York: Wiley).
PINKER, S. (1994) *The Language Instinct* (London: Allen Lane/Penguin).(『言語を生みだす本能(上・下)』椋田直子訳, 日本放送出版協会, 1995).
RAMACHANDRAN, V.S. and GREGORY, R.L. (1991) Perceptual filling-in of artificially induced scotomas in human vision. *Nature*, **350**, 699-702.
ROCK, I. (1983) *The Logic of Perception* (Cambridge, Mass.: MIT Press).
RUSSELL, Bertrand (1946) *History of Western Philosophy* (London: Allen & Unwin) pages 623-633.(『西洋哲学史(1-3)』市井三郎訳, みすず書房, 1970).

9章

BACON, Francis (1878) *Novum Organum*, edited by Thomas Fowler (Oxford: Oxford University Press).(『ノヴム・オルガヌム〈新機関〉』桂寿一訳, 岩波書店, 1979).
BACON, Francis (1915) *New Atlantis* (Oxford: Oxford University Press).(『ニュー・アトランティス』成田成寿訳,「世界の名著20・ベーコン」所収, 中央公論社, 1970).
BARTLEY, William Warren III (1977) *Lewis Carroll's Symbolic Logic* (Hassocks: Harvester Press, 2 Stanford Terrace, Hassocks, Sussex, England).
BODMER, Sir Walter, et al. (1985) *The Public Understanding of Science* (London: Royal Society).
BODMER, Sir Walter (1987) The public understanding of science. *Science and Public Affairs*, **2**, 69-89.
BRUMBAUGH, Robert S. (1966) *Ancient Greek Gadgets and Machines* (Westpoint, Conn.: Greenwood).
BRUNER, Jerome S., JOLLY, A. and SYLVA, K. (1976) *Play: Its Role in Development and Evolution* (New York: Viking-Penguin) pages 38 and 410.
COHEN, Bernard (1987) *The Birth of the New Physics* (London: Penguin) page 3.
COHEN, Morris R. and DRABKIN, I.E. (1958) *A Source Book of Greek Science* (Cambridge, Mass.: Harvard University Press).
COLE, C.K. (1985) *Sympathetic Vibrations* (New York: Morrow) page 241.
CORNFORD, Francis (1941) *Plato's Republic* (Oxford: Oxford University Press) Chapter XXV (vii. 514-521B) pages 222-223.
DAVIS, Philip J. and HERSH, Reuben (1980) *The Mathematical Experience* (Boston: Houghton Mifflin).(『数学的経験』柴垣和三雄・清水邦夫・田中裕訳, 森北出版, 1986).
DI SESSA, Andrea A. (1982) Unlearning Aristotelian physics: A study of knowledge-based learning. *Cognitive Science*, **6**, 37-75.
DOBBS, Betty J.T. (1975) *The Foundations of Newton's Alchemy: Or, The Hunting of the Green Lyon* (Cambridge: Cambridge University Press).(『ニュートンの錬金術』寺島悦恩訳, 平凡社, 1995).
DRIVER, Rosalind, GUESNE, Edith, and TIBERGHIEN, Andrée (1985) *Children's Ideas in Science* (Oxford: Oxford University Press).(『子ども達の自然理解と理科授業』貫井正納ほか訳, 東洋館出版社, 1993).

DURANT, John (1992) *Museums and the Public Understanding of Science* (London: Science Museum/COPUS).

FISCHMAN, Joshua (1993) New clues surface about the making of mind. *Science*, **262** (3 December), 1517.

FISHER, John (1976) *The Magic of Lewis Carroll* (London: Nelson) pages 168-169.

GARDNER, Martin (1965) *The Annotated Alice* (London: Penguin).(『詳注不思議の国のアリス』石川澄子訳;『詳注鏡の国のアリス』高山宏訳, 東京書籍, 1980).

GALLUP, G.G.Jr (1970) Chimpanzees: Self-recognition. *Science*, **167**, 86-87.

GIBSON, J.J. (1950) *The Perception of the Visual World* (Boston: Houghton Mifflin).

GÖRLITZ, Dietmar and WOHLWILL, J.F. (1987) *Curiosity, Imagination, and Play: On the Development of Spontaneous Cognitive and Motivational Processes* (London: Lawrence Erlbaum).

GRAHAM, Eleanor (1962) *Introduction to Lewis Carroll's Alice's Adventures in Wonderland and through the Looking-glass* (London: Penguin) pages 169-170.

GREGORY, R.L. (1981) *Mind in Science* (London: Weidenfeld) (London: Penguin, 1984).

GREGORY, R.L. (1983) The Bristol Exploratory—A feeling for science. *New Scientist*, **17** November, 484-489.

GREGORY, R.L. (1986) *Hands-on Science: An Introduction to the Bristol Exploratory* (London: Duckworth).

GREGORY, R.L. (1988) First hand science: The Exploratory in Bristol. *Science and Public Affairs*, **3**, 13-24 (London: The Royal Society).

GREGORY, R.L. (1989a) Alchemy of matter and minds. *Nature*, **342**, 471-473.

GREGORY, R.L. (1989b) Turning minds on to science by hands-on exploration: The nature and potential of the hands-on medium. In: *Sharing Science* (London: The Nuffield Foundation Interactive Science and Technology Project on behalf of the Committee on the Public Understanding of Science) pages 1-9.

GREGORY, R.L. (1993) Exploring science hands-on. *Science and Public Affairs*, **3** (London: The Royal Society).

HEIN, Hilde (1987) The museum as teacher of theory: A case study of the Exploratorium Vision Section. *Museum Studies Journal*, **2** (4), 30-39.

HEIN, Hilde (1990) *The Exploratorium: The Museum as Laboratory* (Washington: Smithsonian Institution Press).

HOCHBERG, J. and BROOKS, V. (1978) The perception of motion pictures. In: *Handbook of Perception*, edited by E.C. Carterette and M.P. Friedman (New York: Academic Press).

HOCHBERG, J. (1987) Perception of motion pictures. In: *Oxford Companion to the Mind*, edited by R.L. Gregory (Oxford: Oxford University Press) pages 604-608.

HODGKIN, Robin A. (1985) *Playing and Exploring* (New York: Methuen).

HUMPHREY, N. (1993) *History of the Mind* (London: Vintage).

KUHN, Thomas (1962) *The Structure of Scientific Revolutions* (Chicago: University of Chicago Press).(『科学革命の構造』中山茂訳, みすず書房, 1971).

MATTHEWS, G.B. (1990) *Philosophy and the Young Child* (Cambridge, Mass.: MIT Press).(『子どもは小さな哲学者』鈴木晶訳, 新思索社, 1996).

MILLER, Arthur I. (1987) *Imagery in Scientific Thought: Creating Twentieth Century Physics* (2nd ed.) (Cambridge, Mass.: MIT Press).

MURPHY, Pat (1985) *The Exploratorium* (San Francisco: The Exploratorium) Special Issue March.

PAPERT, Seymour (1980) *Mindstorms: Children, Computers and Powerful Ideas* (New York: Basic Books). (『マインドストーム――子供・コンピューター・そして強力なアイデア』奥村貴世子訳, 未来社, 1982).

PIAGET, J. (1929) *The Child's Conception of the World*, translated by Joan and Andrew Tomlinson (London: Routledge and Kegan Paul). (『児童の世界観』大伴茂訳, 同文書院, 1955).

PIAGET, J. (1972) *The Child and Reality: Problems of Genetic Psychology*, translated by Arnold Rosin (London: Frederick Muller). (『発生的心理学――子どもの発達の条件』芳賀純訳, 誠信書房, 1975).

PINKER, Steven (1994) *The Language Instinct: The New Science of Language and Mind* (London: Penguin). (『言語を生みだす本能(上・下)』椋田直子訳, 日本放送出版協会, 1995).

PIZZEY, Stephen (1987) *Interactive Science and Technology Centres* (London: Projects Publishing, 67 Eccles Road, London SW11).

PRICE, Derek de Solla (1975) *Gears from the Greeks: The Antikythera Mechanism—A Calendrical Computer from c.80BC* (New York: Science History Publications/Neale Watson, 156 Fifth Avenue, New York NY10010).

REISZ, K. and MILLAR, G. (1953, 1968) *The Technique of Film Editing* (London: Focal Press). (『映画編集の理論と実際(上・下)』大谷堅志郎訳, 岩崎放送出版社, 1971).

RHEINGOLD, H. (1991) *Virtual Reality: The Technology of Computer-Generated Artificial Worlds—And How It Promises and Threatens to Transform Business and Society* (New York: Summit). (『バーチャル・リアリティ――幻想と現実の境界が消える日』田中啓子・宮田麻未訳, ソフトバンク出版事業部, 1992).

SHORTLAND, Michael (1987) No business like show business. *Nature*, **328**, 213.

STEVENSON, John (1991) The long-term impact of interactive exhibits. *International Journal of Science Education*, **13** (5), 521-531.

VAN LAWICK-GOODALL, Jane (1968) Early tool using in wild chimpanzees. In: *Play: Its Role in Development and Evolution*, edited by J.S. Bruner, A. Jolly and K. Sylva (London: Penguin) Chapter 10.

VINES, Gail (1993) TV's electronic assault on the brain. *New Scientist*, **13**, December, page 10.

ZEEMAN, C. (1986) Gears from the Greeks. *Proceedings of the Royal Institution*, **58**, 137-156.

ZIMAN, John (1978) *Reliable Knowledge: An Explanation of the Grounds for Belief in Science* (Cambridge: Cambridge University Press). (『科学理論の本質』桜井邦朋・大江秀房訳, 地人書館, 1985).

10章

AYER, A.J. (1936) *Language, Truth and Logic* (London: Gollancz). (リプリント版はPenguin (London, 1971)). (『言語・真理・論理』吉田夏彦訳, 岩波書店, 1955).

BERKELEY, G. (1963) *Dialogues between Hylas and Philonous* (London: Dent). (『ハイラスとフィロナスとの三つの対話』名越悦・名越諭訳, 薩摩書館, 1984).

BOHM, David (1980) *Wholeness and the Implicate Order* (London: Routledge and Kegan Paul). (『全体性と内蔵秩序』井上忠ほか訳, 青土社, 1986).

BRADLEY, J. (1971) *Mach's Philosophy of Science* (London: Athlone).

BRIDGMAN, P.W. (1927) *The Logic of Modern Physics* (London: Macmillan). (リプリント版はAyer (Salem, New Hampshire, 1993)).

CRAIK, K.J.W. (1952) *The Nature of Explanation* (Cambridge: Cambridge University Press).

DENNETT, Daniel C. (1991) *Consciousness Explained* (London: Penguin). (『解明される意識』山口泰司訳, 青土社, 1998).

EINSTEIN, Albert（1936）Physics and reality. *Franklin Institute Journal*, **221**, 349-382.

GREGORY, R.L.（1980）Perceptions as hypotheses. *Philosophical Transactions of the Royal Society of London B*, **290**, 181-197.

GREGORY, R.L.（1981）*Mind in Science*（London: Weidenfeld and Nicolson）pages 239-243.

GREGORY, R.L.（1987）Intelligence based on knowledge—Knowledge based on intelligence. In: *Creative Intelligences*, edited by Richard L. Gregory and Pauline K. Marstrand（London: Francis Pinter）pages 1-8.

GREGORY, R.L.（1994）What is the catch in neural nets? *Even Odder Perceptions*, Essay 18（London: Routledge).

GRIBBIN, John（1995）*Schrödinger's Kittens: And the Search for Reality*（London: Weidenfeld and Nicolson).（『シュレーディンガーの子猫たち』櫻山義夫訳, シュプリンガー・フェアラーク東京, 1998).

JAMES, William（1890）*Principles of Psychology*（London: Macmillan）Vol.2, pages 449-450.

JOHNSON-LAIRED, P.N.（1983）*Mental Models*（Cambridge: Cambridge University Press).（『メンタル・モデル——言語・推論・意識の認知科学』海保博之監修, AIUEO訳, 産業図書, 1989).

LOCKE, John（1690）*Essays Concerning Human Understanding*（Oxford: Clarendon Press）Book II, Chapter I, Section 2.（『人間知性論（1-4)』大槻春彦訳, 岩波書店, 1972).

MACH, Ernst（1976）*Knowledge and Error*（Dordrecht-Holland: Reidel).

MARR, David（1982）*Vision*（New York: W.H. Freeman).（『ビジョン——視覚の計算理論と脳内表現』乾敏郎・安藤広志訳, 産業図書, 1987).

MILL, J.S.（1865）*An Examination of Sir William Hamilton's Philosophy*（London: Longman）Chapter X.

PENROSE, Roger（1989）*The Emperor's New Mind: Concerning Computers, Minds, and the Laws of Physics*（Oxford: Oxford University Press).（『皇帝の新しい心——コンピュータ・心・物理法則』林一訳, みすず書房, 1994).

PENROSE, Roger（1994）*Shadows of Mind: A Search for the Missing Science of Consciousness*（Oxford: Oxford University Press).

POLANYI, Michael（1958）*Personal Knowledge*（London: Routledge and Kegan Paul）page 15.（『個人的知識——脱批判哲学をめざして』長尾史郎訳, ハーベスト社, 1985).

POPPER, Karl（1972）*Objective Knowledge: An Evolutionary Approach*（Oxford: Clarendon Press）pages 6-7.（『客観的知識——進化論的アプローチ』森博訳, 木鐸社, 1974).

PRICE, Derek de Solla（1975）*Gears from the Greeks: The Antikythera Mechanism—A Calendrical Computer from c.80BC*（New York: Science History Publications/Neale Watson, 156 Fifth Avenue, New York NY10010).

RUSSELL, Bertrand（1946）*History of Western Philosophy*（London: Allen & Unwin).（『西洋哲学史（1-3)』市井三郎訳, みすず書房, 1970).

SARTON, George（1952）*A History of Science: Hellenistic Science and Culture in the Last Three Centuries BC*（Cambridg, Mass.: Harvard University Press).

SHERWOOD, Stephen L.（1966）*The Nature of Psychology: A Selection of Papers, Essays and other Writings by Kenneth J.W. Craik*（Cambridge: Cambridge University Press).

SUTHERLAND, Stuart（1992）*Irrationality: The Enemy Within*（London: Penguin).

WEISKRANTZ, L.（1987）Neuropsychology and the nature of consciousness. In: *Mindwaves*, edited by Colin Blakemore and Susan Greenfield（Oxford: Blackwell）Chapter 21.

WEISKRANTZ, L.（1997）*Consciousness Lost and Found: A Neuropsychological Exploration*（Oxford: Oxford University Press).

WELLS, Stanley and TAYLOR, Gary（1986）*The Oxford Shakespeare*（Oxford: Oxford University

Press).
WOLPERT, L.（1993）*The Unnatural Nature of Science*（London: Faber).